PENSÉES

ET

OBSERVATIONS

MORALES ET POLITIQUES

Pour servir à la connaissance des vrais

principes du Gouvernement.

Par l'abbé *SABATIER DE CASTRES.*

PRÉFACE.

Il y a longtems que je pense ce que je sou-
mets ici au jugement du Public; mais il n'y a
que quelques mois, que je me suis déterminé à
l'écrire, à la sollicitation d'un Homme en
place, qui m'honore de son amitié. Cet Ami,
connoissant à fond mes opinions et mes principes, a crû que leur publicité pourroit être
utile aux Gouvernemens, et par conséquent à
l'Humanité.

Ceux qui pensent qu'on a tout dit sur le
bien et le mal, sur l'art de régir les Nations,

A

seront détrompés, s'ils lisent ces Pensées et ces Obſervations.

Quelques unes seront trouvées hardies et même dures ; mais les événemens récens et les circonstances actuelles me justifient. Lorsqu'il n'est aucun bien qu'on ne puisse faire, il n'eſt aucune vérité qu'on ne doive dire.

Point de Gouvernement qui ne soit intéressé à la réfutation des maximes philosophiques. Elles ont séduit tant d'esprits, et causé tant de maux, qu'on ne sauroit en faire trop sentir l'erreur et le danger. Combien d'arbres, utiles par leur fruit et par leur ombrage, la Philosophie n'a-telle pas abattus dans ce que ses disciples apellent la forêt des préjugés *)!

---

*) Le fameux *Diderot* vantoit beaucoup la philosophie moderne devant Mᵉ. la Mˡˢᵉ. *Dudefant*. Eh! qu'ont fait de si merveilleux, dit-elle, ces philosophes, pour les prôner si fort? Ils ont abattu, répondit *Diderot*, la forêt des préjugés qui séparoit les hommes de la vérité. *Je ne suis plus étonnée*, reprit la Dame, *s'ils nous ont débité tant de fagots.*

J'ose donc espérer que les vrais amis de l'Humanité me sçauront quelque gré d'être entré dans les champs de la Morale et de la Politique, pour réparer, autant que possible, les ravages que de prétendus philosophes y ont causés, et en arracher les plantes vénéneuses, qu'ils y ont semées avec autant d'audace, que de profusion. Les tristes fruits, que la France et ses voisins ont recueillis de leurs maximes, peuvent se reproduire, et causer aux générations futures des maladies aussi funestes, que celles dont nous avons été témoins et victimes. C'est servir essentiellement les Peuples, que de combattre des préjugés nuisibles, et d'enlever le masque aux charlatans.

La plupart des opinions que j'attaque sont consacrées par l'autorité de quelques Écri-

---

C'est cette même Dame qui, entendant louer l'Ouvrage de *l'Esprit des loix*, par *Montesquieu*, dit malignement: ,,Je vois que c'est de l'esprit sur les loix."

vains célèbres ; mais SIDNEY , GROTIUS , MON-
TESQUIEU , ROUSSEAU de Genève , MABLY , dont
le suffrage est d'un grand poids, quand on leur
oppose d'autres Écrivains , ne sont que des
Auteurs ordinaires, quand on leur oppose l'expérience, la raison, et la vérité.

Je juge les Gouvernemens , les Religions ,
les Législateurs, les Princes, les Ministres, les
Hommes célèbres, sans aucun asservissement
aux opinions établies , sans aucun égard aux
idées d'autrui; et si ma manière d'apprécier les
choses et les hommes n'est pas la meilleure,
elle servira du moins à rendre les esprits plus
circonspects dans leurs décisions, et les portera à se défier des jugemens du vulgaire.

Je parle en faveur des Gouvernemens absolus et crois avoir démontré, que de toutes les
espèces de Gouvernement, le monarchique est
le moins vicieux et le plus favorable au plus
grand nombre de Sujets. Mais on verra que,
si je vante l'esprit monarchique, c'est moins

par zele pour les Monarques, que par amour pour les Peuples.

N'est-il-pas surprennant que, dans un Siècle, si fécond en Écrivains qui ne sont rien moins qu'avares de leurs talens, de leurs connoissances et de leurs idées, qui se font un plaisir d'endoctriner leurs semblables et de régenter leurs supérieurs; que, dans un tems, où l'on ressasse tant de sujets déjà traités, où l'on n'entend parler que d'observations nouvelles sur des matières qu'on croyoit épuisées; n'est-il pas, dis-je, étonnant que toutes les plumes soient dirigées contre les Monarques, sans qu'aucune d'elles ait encore entrepris de prendre leur défense et celle des principes qui constatent la légitimité de leur puissance et de leur souveraineté? Je n'ai garde d'accuser personne d'une coupable indifférence sur un sujet si important et si juste. Ces Écrivains peuvent avoir des raisons qui justifient cet oubli apparent. Sans chercher à approfondir leurs motifs, je me félicite de ce que les encouragemens de

l'amitié m'ont mis à portée de réparer une négligence si extraordinaire, en reveillant l'attention des bons esprits sur une matière si intéressante pour le bonheur des peuples, et en
essayant de faire moi-même quelques pas
dans la carrière que je leur ouvre.

Quoiqu'on ait beaucoup écrit sur la morale
et la politique, il n'existe encore aucun ouvrage
capable de servir de regle aux Législateurs. On
a envisagé l'homme tel qu'il devroit être, et
non pas tel qu'il est. Au lieu de le rappeller à
sa propre nature, les Moralistes se sont efforcés
de l'en éloigner. Les uns ont placé dans la Religion les sources de la morale; les autres ont
regardé la justice, l'amour de la vertu, la pitié,
la bienveillance, comme des qualités inhérentes
à l'espèce humaine; et l'on est parti de ces
préjugés, pour faire des loix.

Mes Observations prouveront aux Esprits
droits, aux Esprits amoureux de la vérité,
qu'une Morale antérieure à l'existence de

l'homme en société, est une Morale aérienne et chimérique; que le bien et le mal, le vice et la vertu, sont relatifs aux conventions sociales; que l'homme n'apporte en naissant d'autre sentiment que l'amour de soi; qu'étant sujet à des besoins, il aura toujours des passions, par conséquent toujours des vices et des défauts qui l'empêcheront d'être heureux; que l'art du Gouvernement consiste à faire concourrir les passions des individus au bien général de la Société; que pour parvenir à cette fin, on est indispensablement obligé d'employer le frein de la religion; et enfin, qu'il ne peut y avoir de bonne Législation, qui n'ait pour base ces vérités incontestables.

Les Lettres et les Beaux-Arts n'étant point étrangers à la politique, j'ai crû devoir exposer sans déguisement les idées que je dois à leur culture. Quelque extraordinaires qu'elles soient, il y a des Lecteurs à qui je n'apprendrai rien de nouveau; mais des idées connues ne sont pas des idées communes; et il est de l'intérét général, que des opinions utiles à la Société soient propagées, et qu'elles remplacent, s'il est possible, celles qui, sous des noms imposans, nuisent aux Etats et aux Peuples. D'après ce principe, je n'ai pas fait difficulté de remettre sous les yeux du public quelques observations que j'avois déjà publiées, mais dans des ouvrages de circonstance, peu répandus, et sans doute oubliés.

Quelque étendu que soit celui-ci, je n'ai pas prétendu faire un Traité de Morale ou de Politique. Quand mon goût et le cercle trop étroit de mes connoissances ne s'y seroient pas opposés, le désir d'être lû m'en auroit détourné. On n'aime pas les Ouvrages, qui exigent une attention trop continue. Je ne les aime pas non plus, parcequ'ils fatiguent trop les nerfs. J'ai préféré les pensées détachées à des raisonnemens suivis. Outre qu'elles réveillent l'esprit, quand elles sont variées, elles se gravent plus aisément dans la mémoire, et épargnent au Lecteur, comme à l'Écrivain, des circuits aussi inutiles que fatiguans. Il suffit de mettre de l'ordre et de la méthode dans la distribution des matières, et c'est ce que j'ai taché de faire, du mieux qu'il m'a été possible. En un mot, mon but a été d'instruire, sans ennuyer. Je n'ose me flatter de l'avoir atteint; mais si l'amour des Peuples ne se fait pas sentir dans l'ensemble de mes Observations, je n'aurai pas exprimé le sentiment qui domine le plus dans mon coeur.

Au reste, quelque purs et louables que soient mes motifs, je connois trop les hommes, pour ne pas m'attendre à des contradictions et à des critiques. Des Observations qui détruisent ou combattent des erreurs accréditées et, pour ainsi dire, enracinées dans les têtes, paroîtront sans doute folles, et même révoltantes, aux esprits vulgaires qui, par-tout, même parmi les Gens de lettres, forment le plus grand nombre. Mais, comme l'annonce l'Epigraphe que j'ai choisie, ce n'est pas de l'approbation de la multitude dont je suis jaloux, c'est du suffrage des vrais Connoisseurs, espèce de postérité vivante qui, quoique peu nombreuse, dirige à la longue l'opinion publique et met les hommes à leur place ; et si je pouvois craindre d'être condamné par ce petit nombre de juges, ce n'est pas pour moi-même que j'en gémirois.

LIVRE I.

PENSÉES ET OBSERVATIONS PRÉLIMINAIRES.

CHAPITRE I.

De l'erreur et des préjugés.

§. I.

En Morale, comme en Politique, presque tout est erreur ou préjugé. L'homme aime mieux agir, que penser; il aime mieux croire, qu'examiner. Le doute est un tourment pour lui; son esprit ne peut se tenir en suspens. Il n'estime la vérité que par raison, et il suit l'erreur par instinct. L'Erreur entre dans son cerveau par tous les sens, par tous les pores, et la vérité n'y pénètre que de force et par violence. Toute idée admise sans examen, sans la ratification du jugement est un *préjugé*: or nous n'apprenons, dans notre enfance, que les idées d'autrui. Notre raison est corrompue, avant même qu'elle soit formée.

§. II.

La vérité est une. On n'y arrive que par un chemin, et on s'en écarte par mille. C'est ainsi qu'on n'entre à

la vie que par une porte, tandis qu'il en est une infinité par lesquelles on peut en sortir.

§. III.

Pour connoître la vérité, il faudroit commencer par
épurer l'esprit de toutes les idées qu'il a acquises par
tradition, dans l'enfance, ou qu'il a reçues d'une étude
peu approfondie, dans un âge plus avancé. Mais la raison, formée de cette succession de préjugés, fuit les dis-
cussions, comme un injuste Possesseur évite d'en venir
à des éclaircissemens.

§. IV.

Tout concourt à multiplier l'erreur et les préjugés;
mais leur principale source vient de cette malheureuse
pente de l'ame vers tout ce qui flatte ses appétits.

L' homme policé semble si peu fait pour la vérité,
qu'il n'ose ni la dire, ni la regarder. Manifestez à un sot
ou à un fat ce qu'il vous fait éprouver: il est aussi-tôt
votre ennemi; dites à un malade ce que vous pensez du
danger de son état: vous l'assassinez. La vérité est,
pour la plupart des hommes, la tête de *Méduse.*

L'Esprit ne voit les objets qu'à travers le prisme
des passions. Nous les appercevons d'une façon, et ils
existent d'une autre; nous ne les définissons ni tels
qu'ils sont, ni même tels qu'ils nous paroissent, faute
d'expressions assez énergiques. L' homme qui a la jeaunisse, voit jeaune, et nous avons tous plus ou moins
la jeaunisse dans l'esprit. Les expressions sont impuis-
santes à rendre nos sentimens. Il n'y a qu'un gouteux et
qu'une mère, à qui l'on puisse donner une juste idée des
douleurs de la goute et de l'enfantement. Nos idées
sont de fausses images, nos définitions des signes équi-

voques des objets. Le moyen de parvenir à la connoissance de la vérité, lorsque tout concourt à courber la tête de l'homme sous le joug de l'erreur?

§. V.

La science est le résultat de l'observation et de l'expérience. Il faut avoir beaucoup étudié pour savoir peu et bien.

La science ne consiste pas à savoir beaucoup, mais à savoir bien ce qu'on sait. Ce n'est pas tout ce que nous mangeons qui nous nourrit: c'est ce que nous digérons, ce qui se change en chyle, ce qui passe dans le sang. Des connoissances, que l'esprit n'a pas digérées par la réflexion, ne sont pas une véritable science, comme des matériaux de sable et de pierre ne sont pas un édifice. *Montesquieu* aimoit les paysans, parceque, disoit-il, ils n'en savent pas assez pour raisonner de travers. Il y a une sorte d'hymen entre le savoir et l'erreur, qui les rend presqu'inséparables.

§. VI.

Un homme voit un Dessus-de-porte peint en Bas-relief. Se borne-t-il à dire qu'il apperçoit des traits saillans? Il ne s'écarte point de la vérité, parcequ'il est certain qu'il a la sensation de figures en rélief. Mais s'il affirme que les traits qui lui semblent saillans et convexes, le sont effectivement, alors il se trompe, et il induit en erreur ceux qui s'en rapportent à son assertion.

Avant de juger, il faut examiner, voir si l'apparence n'est pas trompeuse, vérifier le rapport des sens l'un par l'autre, douter jusqu'au moment où l'on s'est assuré de la vérité par l'expérience. Mais combien peu d'esprits font ce qu'ils doivent! Au moral, comme au physique, nous imitons l'homme qui raisonne sur les figures du Bas-relief, avant d'y avoir porté la main, avant de s'être convaincu que leur saillie est seulement l'effet magique de la disposition des couleurs et des ombres.

Presque toutes nos erreurs viennent de la précipitation et de la légèreté de nos jugemens. Les premiers qui apperçurent de jeunes Thessaliens à cheval, s'imaginèrent que c'étoit une nouvelle espèce d'animaux, et c'est de-là qu'est venue l'opinion fabuleuse des Centaures.

Pour peu que nos idées aient pris racine dans notre entendement, quelque fausses et absurdes qu'elles soient, non seulement nous les croyons vraies, mais nous leur donnons le nom de *raison*, de *lumière naturelle*, de *principes incontestables*. Le moyen de les rectifier? Les préjugés sont les passions de l'esprit, comme les passions sont les préjugés du coeur: il est aussi difficile de reformer les uns, que de résister aux autres.

§. VII.

Il y a des préjugés, pour ainsi dire, héréditaires et inhérens à l'humanité: tel est celui qui nous fait regarder l'homme comme le Fils uniquement chéri de la Nature, et comme le Chef-d'oeuvre de ses ouvrages. Mais si le plus vil des animaux; si l'insecte plat, venimeux, avide de notre sang, et qui profite de notre sommeil pour s'en repaître; si le ver solitaire, qui nous affame et nous ronge; si tant d'autres insectes, qui vivent à nos dépens, pouvoient raisonner, ils ne manqueroient pas de dire, que la Nature nous a faits, pour leur servir de nourriture.

La Terre n'est qu'un point, dans ce vaste Univers;

et l'Homme, qui n'est lui-même qu'une particule péris-
sable de cette Terre, se cro.., un être important! Animal foible et vain! apprends que le Nature ne s'occupe pas plus de toi, que des cirons à qui tu sers de
logement et de pature, de ton vivant, et que de vers
qui te dévorent, après la mort. Tous les êtres animés,
sensibles, ou non sensibles, sont égaux à ses yeux, et
lui sont également chers. Mais s'il est une Espèce qu'elle
ait favorisée, ce n'est assûrément pas l'Espèce humaine,
destructive de presque toutes les autres, et la seule qui
se détruise elle même.

§. VIII.

Tels sont les préjugés de l'orgueil humain, qu'il n'est
rien dans l'Univers que l'Homme ne rapporte à lui. A
l'en croire, le soleil ne se leve, que pour l'éclairer, et ne
se couche, que pour l'inviter à prendre du repos. La Lune
n'a été faite que pour favoriser ses voyages nocturnes;
les étoiles ne brillent que pour récréer sa vue. Si le Nil
déborde, c'est pour engraisser ses champs, et doubler
ses moissons; mais la fièvre et la peste qui naissent
de ces débordemens, sont elles aussi pour l'utilité de
l'Homme? Quel profit retire-t-il de la foudre, et de
l'éclair éblouissant qui précède ou accompagne sa
chûte*)?

---

*) Qui croiroit que des Physiciens même aient donné dans
l'orgueilleuse extravagance que tout a été fait pour l'Homme?
Le célèbre *Muschenbroeck* dit que les marées sont faites pour
conduire nos vaisseaux dans nos ports, sans songer que la Mé-
diterranée a des ports et point de reflux. L'estimable auteur du
Spectacle de la nature, M. *Pluche*, est du même sentiment que
Muschenbroeck. *Mathieu Garo*, qui, dans la Fable de *Lafon-*

§. IX.

L'erreur fut et sera toujours le partage du très-grand nombre. Peu d'hommes agissent par leur volonté et pensent d'après eux-mêmes. Presque tous se conduisent par imitation; l'exemple est leur premier maître, et l'habitude, leur raison; ils regardent sans voir, entendent sans écouter, et ne suivent d'autre guide que la multitude qui les précède ou les environne. Quand tous marchent vers l'erreur nul ne paroît y marcher; il n'y a que celui qui sort de la foule et qui s'arrête qui apperçoive le mouvement insensé des autres. On l'a dit; mais c'est ici le lieu de le répéter: *Voulez-vous voir la vérité? tournez le dos à la multitude.*

Les Tyriens, étant convenus d'élire pour leur Chef celui d'entre eux qui apperçevroit, le premier, le lever du soleil, s'assemblèrent dans la Campagne, les yeux tournés vers l'Orient. Un seul regardoit du côté opposé, et celui-là, que les autres traitoient de fou, vit pourtant les premiers rayons du soleil, qui doroient le faîte d'une tour fort élevée. Nous laissons au lecteur le soin de l'application.

§. X.

L'esprit d'observation peut seul couper court à cette pullulation d'erreurs, à cette transmission de préjugés, dont le Genre-humain est obsédé. L'observation nous

---

taine croit avoir eu tort, en Europe, de trouver mauvais que les citrouilles rampent à terre et ne soient pas pendues aux cimes des arbres, auroit eu raison, en Amérique, où la Calebasse, fruit aussi gros que nos citrouilles, croît aux branches d'un arbre aussi haut, que nos pommiers et nos poiriers les plus élevés.

fait connoître ce que nous savons mal et ce que nous ne savons pas; comme la lance d'*Ituriel*, elle détruit l'erreur et le mensonge.

Un Observateur pénétrant saisit tous les rapports, et réunit mille objets divers sous quelques principes généraux. Le tableau du Monde se retrécit, à mesure qu'il l'observe. Il approfondit ce que les autres ne font qu'effleurer, et voit la cause des effets et même la cause des causes. Il lit l'avenir dans le passé, et par ce que dit l'histoire, il juge de ce qu'elle n'a point dit. La raison est pour lui un sixième sens; mais comme ce sens manque aux esprits vulgaires, il trouve de la difficulté à se faire entendre, et rarement est-on de son avis. Ses idées paroissent des erreurs ou tout ou moins des paradoxes, et les *So......**) qui s'empressent d'écrire contre lui, trouvent des lecteurs et même des approbateurs.

Ces inconvéniens n'arrêtent point l'observateur qui aime véritablement l'Humanité. Ce sont les épines des roses qu'il cueillit dans le jardin de la vérité. Content du suffrage du petit nombre des bons esprits et de l'es-

---

*) Nom d'un Professeur émérite des Sciences politiques, en l'Université de Vienne. Il a publié, en Allemand, une Brochure de 96 pages in 8., à laquelle il a mis son nom, contre M. de *Meilhan* et contre moi, à l'occasion de la *Lettre sur la Republique françoise* que M. de *Meilhan* m'a addressée, et que j'ai fait imprimer avec des *Notes*. Une de ces Notes est consacrée à faire connoître le danger des lumières trop répandues. M. le ci-devant Professeur plaide, comme de raison, la cause des lumières; mais, à la manière dont il les défend, on croit voir un Eunuque prendre la défense des plaisirs de l'amour.

Voyez, dans le livre IV., le chapitre IV.

B

time de ceux qui sont dignes de la sienne, il brave les cris des pédans, et ne se laisse pas même décourager par les persécutions de la méchanceté. Il sent que si le premier besoin de ceux qui gouvernent les peuples est de connoître le *vrai*, qui, en politique n'est que le *bon* et l'*utile*, le premier devoir de l'homme de bien est de leur faciliter cette connoissance.

C'est l'unique but que nous nous sommes proposés, et pour y arriver plus sûrement, nous croyons néces- saire de porter préalablement un oeil attentif sur la na- ture du Coeur et de l'Esprit humain.

CHAPITRE II.

De la nature de l'Homme.

§. I.

Hobbes et ses partisans prétendent que l'Homme naît méchant*); *Rousseau* de Genève et ses disciples sou- tiennent, qu'il naît bon. La vérité est, qu'il ne naît ni bon ni méchant, et qu'il devient l'un ou l'autre par les cir- constances.

La Nature ne fait rien de mauvais, même lorsqu'elle s'écarte de ses loix ordinaires.

---

*) Nous suivons ici le sentiment général; car dans aucun des ouvrages de *Hobbes* nous n'avons rien trouvé qui autorise à dire qu'il regarde l'homme comme naturellement méchant. Il combat au contraire, à la tête de son livre *du Citoyen*, ceux qui soutien- nent cette opinion, qu'on ne peut, dit-il, leur accorder sans im- piété, *quod concedi sine impietate non potest.*

Au moral, comme au physique, tout est relatif. Ce qui est vertu dans un tems, peut être crime dans un autre. Ce qui est permis et louable dans un pays, est défendu et puni de mort, quelques lieues plus loin. Les mots justice et injustice, bien et mal, bonté et méchanceté, n'expriment que des idées relatives aux loix et coutumes établies.

§. II.

L'Homme est évidemment né pour vivre avec ses semblables, comme l'abeille, la fourmi, le castor et d'autres animaux. De quelle manière qu'il ait été placé dans la chaîne des êtres, ses besoins, sa foiblesse, le désir de se conserver, tout annonce qu'il a toujours vécu en société, d'abord avec sa femme, ensuite avec ses descendans. Il n'y a que des cerveaux creux ou malades qui aient pû supposer, qu'un individu de la première famille l'ait désertée, pour aller vivre seul dans les forêts, et se priver de gaïeté de coeur des secours et des avantages qu'il trouvoit dans la Société, où il étoit né. L'homme fut et sera toujours nécessaire à l'homme. Pour n'avoir ni Loix ni Gouvernement, les Sauvages n'en vivent pas moins en société. — Ainsi la Sociabilité est un sentiment naturel à l'homme.

§. III.

Quoique l'homme soit fait pour vivre avec ses semblables, il ne paroît pas que la Nature l'ait destiné à la civilisation, puisqu'en l'écartant de la vie agreste et sauvage, la civilisation l'a rendu le plus *dépravé*, le plus *méchant*, et le plus *malheureux* de tous les animaux.

La dépravation de l'homme civilisé est si grande,

que ses goûts et ses besoins les plus impérieux sont
tous factices; elle est si générale, qu'une conduite conforme à la Nature paroîtroit, dans une Société policée,
aussi étrange, qu'une figure regulière l'est, aux yeux
des Peuples qui s'écrasent le visage. Il n'est besoin, pour
faire sentir d'un seul trait combien l'homme policé est
dépravé, que d'observer qu'il est le seul animal qui soit
suïcide.

Pour se convaincre de sa méchanceté, il suffit de
citer la plupart des loix criminelles, ou de rappeller les
noms des *Sylla*, des *Marius*, des *Néron*, des *Mirabeau*,
et des *Marat*.

On ne doutera pas que l'homme policé ne soit le
plus malheureux des animaux, si l'on daigne observer,
qu'outre ses maux d'opinion, souvent plus intolérables
que le maux physiques, *Boerhave* compte dix-huit cent
espèces de maladies, dont la race humaine est at-
taquée, et que, dans le nombre il n'y en a pas quatre,
dont ne soient exempts le Sauvage et l'animal non do-
mestiqué.

§. IV.

L'état ou la condition des Sauvages n'a rien qui avi-
lisse la dignité de l'homme, aux yeux de l'observateur
qui n'en juge point par ses préjugés. Et véritablement,
ce ne sont point les Sauvages, mais la plupart de nos
Savans qui méritent le nom de *barbares*, à prendre ce
mot dans sa véritable signification. La Barbarie n'est
pas l'iguorance, mais l'erreur, c'est-à-dire, l'ignorance
mêlée au savoir. L'ignorance et la science, bonnes chacune en particulier, sont mauvaises, quand on les réunit, à peu-près comme deux potions salutaires peuvent

dévenir, par leur mêlange, un dangereux poison. D'ailleurs, je nie que les Sauvages soient ignorans, puisqu'ils
savent tout ce qu'il leur importe de savoir, pour satisfaire leurs besoins et assurer leur conservation. Dans
les climats rigoureux, par le trop de froid, ou par le
trop de chaud, il faut de l'art aux hommes, pour exercer
leurs facultés physiques, les seules qui leur soient nécessaires. Leur science est de former le corps à la souplesse, à la fatigue, à la course, d'apprendre à lancer
un javelot avec force et dextérité; et la plupart y réussissent si bien, qu'ils sont sûrs de mettre à quarante pas
dans un blanc de la largeur d'un écu. Ils s'exercent à
agir, comme nous nous exerçons à penser, et leurs actions sont aussi subtiles et souvent plus justes, que nos
raisonnemens. Que diroit-on d'un Iroquois, ou d'un
Lapon-Moscovite qui s'étonneroit de la mal-adresse
d'un de nos philosophes à manier son arc, et de son
impuissance à escalader un arbre, à franchir un large
fossé, et qui le déclareroit ignorant?

Nos Beaux-esprits sont-ils plus sensés, lorsqu'ils
taxent d'ignorance les peuples sauvages? l'homme dont
le savoir passe les besoins, est un homme savant; et
celui dont les besoins sont au-dessus de son savoir, fut-
il membre de toutes nos Académies, est un ignorant.
La vraie science est la connoissance de ce qu'il importe de savoir et de ce qu'il est honteux ou nuisible
d'ignorer.

§. V.

L'homme, en venant au monde, n'apporte qu'un seul
sentiment, l'amour de soi ou des choses pour soi. Ce
sentiment est si impérieux en lui, que, s'il avoit des

(1)

dents, il dévoreroit la mamelle qui le nourrit. Il est
même des enfants assez robustes, pour meurtrir le sein
qui les allaite, et que, par cette raison, l'on sèvre avant
les autres.

De ce sentiment primitif, qui ne quitte l'homme qu'à
la mort, découlent tous les autres, ou plutôt, toutes les
autres passions ne sont que des modifications de celle-
là. En effet, les noms qu'on a donnés aux divers mouvemens de l'ame, n'ont été introduits que pour distinguer les différens degrés et les différentes formes de cette
passion unique. Est-elle occupée à la poursuite d'un
bien? Elle prend le nom d'*affection* ou d'*amour* ou de
tendresse. Tant qu'elle n'atteint pas à son but, ses
mouvemens s'appellent *desirs*. Se flatte-t-elle de parvenir à la possession du bien qu'elle recherche, c'est
l'*espérance*. Envisage-t-elle les obstacles? c'est la *crainte*.
Ne peut-elle se satisfaire? c'est la *tristesse*, et quelquefois le *désespoir*. A-t-elle réussi? c'est la *joie* et la
félicité. Perd-elle le bien qu'elle convoitoit? le contentement se change en *regret*, en *affliction*. Si ce bien
devient fade par la jouissance, ou nuisible par l'abus,
ou odieux par quelque accident, il fait naître l'*indifférence*, l'*aversion*, ou la *haine*, selon la nature et
la vivacité des mouvemens, dont l'ame est affectée. En
un mot, tous les sentimens, toutes les passions, dont
l'homme est susceptible, dérivent de l'amour de soi,
comme autant de ruisseaux, qui, sortant d'une source
féconde et intarissable, prennent chacun un nom analogue aux lieux qu'ils parcourent.

§. VI.

L'amour de soi-même conduit à la recherche du

(1) il naît doux-méchant.

plaisir ou de *l'utilité*, et éloigne de la *douleur* ou de ce qui eſt *nuisible*. Cette recherche et cette haine datent du moment de l'existence de l'homme. Si l'on donnoit du lait amer à un enfant, il s'éloigneroit de la mamelle de sa nourrice, avec autant d'empressement qu'il s'en approche, lorsqu'il est attiré par la liqueur douce et balsamique qui satisfait son appétit. Cet amour du plaisir, ou cette aversion de la douleur est inhérent à notre existence, et doit être même antérieur à notre naissance; car il est probable que cet instinct porte l'enfant, ou, pour parler plus exactement, l'être destiné à le devenir, à prendre, dans le sein maternel, l'attitude qui le gêne le moins.

§. VII.

La nécessité des loix et leur impuissance, pour arrêter les désordres qui troublent et dégradent la Société, semblent justifier l'opinion de ceux qui pensent que l'homme par sa nature, est plus méchant que bon. La Religion elle-même ne vient-elle pas à l'appui de cette triste observation, lorsqu'elle nous représente le premier homme, foible et vain, la première femme, cautuleuse et rebelle, le premier né jaloux et assassin? „Le beau début! disoit le poëte *Malherbe*, ils n'étoient „que trois ou quatre au monde, et l'un d'eux tue son „frère."

§. VIII.

Quelque enclin que soit au mal l'homme naturel ou sauvage, tels qu'étoient nos premiers pères, il l'est beaucoup moins, que l'homme policé. Plus les rapports de l'homme avec ses semblables se multiplient, plus il devient méchant et malheureux. Le bonheur de chaque

individu, dans les Sociétés civilisées, est pour ainsi dire
le prix du malheur d'autrui. Le Médécin et le Phar-
macien veulent des maladies, les Vivriers désirent la
guerre, les Monopoleurs la famine, les Curés la morta-
lité. La civilisation porte les hommes à s'entrehaïr, à
se nuire réciproquement. Il y a peu de Riches à qui des
héritiers pauvres, et souvent leurs propres enfans, ne
souhaîtent la mort en secret.

Le cercle reserré des besoins de l'homme sauvage
le met à l'abri des passions qui tyrannisent l'homme
policé. Il ne connoît ni les biens ni les maux d'opinion,
d'où découlent presque tous les vices qui infestent les
sociétés. Ne désirant que les choses qu'il connoît, ne
connoissant que celles, dont il a besoin et qu'il peut se
procurer sans nuire à ses semblables, il vit presque
toujours en paix avec eux et sur-tout avec lui-même.
Rousseau avoit-il donc si grand tort de vanter la vie
des Sauvages, et de fuir le plus qu'il pouvoit la société des habitans des villes?

§. IX.

L'homme naturel est exempt des travers et des vices
qu'engendre *l'amour propre*, qu'il ne faut pas confondre
avec l'amour de *soi-même.*

Celui-ci est un sentiment naturel, qui porte tout être
sensible à veiller à sa conservation, et qui, dirigé par
la raison, peut chercher hors de soi son bonheur, et
même le placer dans le bonheur d'autrui.

L'amour-propre est un sentiment relatif, né dans
la Société, qui porte chaque individu à se préférer aux
autres, qui est à lui-même son seul objet et sa seule
fin, qui se fait le centre de tout.

L'amour de soi, modifié par le bésoin d'aimer ses parens et ses enfans, produit, même chez le Sauvage, la pitié, l'humanité, la tendresse, la vertu, tandis que l'amour propre, qui subordonne tout à soi, étouffe le plus souvent ces sentimens naturels, et inspire aux hommes policés tous les maux qu'ils se font récipro- quement, au nom, et pour le nom, de ce qu'ils appellent *honneur*.

L'amour de soi-même ne rend méchant ou n'est nuisible, que dans les cas assez rares où l'on ne peut satisfaire les besoins naturels, qu'au préjudice d'autrui; au lieu que l'amour propre, enfant du luxe et de l'opi- nion, se permet tout, pour appaiser sa fausse faim. Il est à l'amour de soi, ce que le fanatisme est à la Religion; et, s'il falloit prouver combien il déprave les hommes et les rend cruels, il suffiroit de citer la mu- tilation de ces Malheureux, dont la plus douce partie de l'existence et toute la posterité sont sacrifiées à de vaines Ariettes, ou, ce qui est pis encore, à l'absurde jalousie de quelques riches Orientaux.

Pour peu qu'on soit de bonne foi, on conviendra que ce n'est guères qu'en fait de corruption et de méchanceté, qu'éclate la supériorité de l'homme policé sur l'homme naturel, et sur les autres animaux.

CHAPITRE III.

De l'Instinct et de la raison.

§. I.

La distinction du plaisir et de la douleur, ou de ce qui est utile et de ce qui nuit, est appellée *Instinct* dans les bêtes, et *raison* dans les hommes. N'est-ce-pas aussi notre orgueil, plus que la vérité, qui a établi cette différence de nom? La raison des hommes, dans leur enfance et leur caducité, dans l'excès et l'absence des passions, est-elle supérieure à l'instinct des bêtes?

Ceux qui refusent de la raison à certaines espèces d'animaux, en manquent eux-mêmes. L'esprit des animaux ne diffère du notre, que du plus au moins, et tout bon et sincère Observateur conviendra même, qu'il y a plus de distance de tel homme à tel autre, que de la bête à tel homme.

Placez le stupide Huron ou l'ignorant Iroquois, à côté de *Montesquieu* ou de *Newton;* opposez l'industrie d'un Lapon, avec le génie d'*Archimède* ou de *Vaucanson;* comparez les moeurs et les idées d'une Hottentote, avec les graces, les lumières et la politique de *Catherine II.;* et puis osez me nier que l'intervalle de tel homme à tel autre, ne soit pas plus considérable, que de tel homme à l'éléphant, au singe, au renard, et au cast ∴

Les hommes n'ont au-dessus des animaux qu'une plus grande perfectibilité et la faculté d'ajouter aux signes naturels des signes convenus, tels que la parole et l'écriture; avantages dont nous devons peu nous enorgueillir, puisque l'usage qu'on en fait ajoute moins à notre bien, que l'abus ne contribue à notre malheur. On peut en juger par l'effet des Discours et des Écrits des Philosophes, des Jacobins, des Orateurs des Clubs et des Assemblées législatives de France.

§. II.

Qu'est-ce que la raison, si ce n'est la science d'une sage conduite? Or, les hommes se conduisent-ils mieux, agissent-ils aussi bien que les animaux, relativement à leur destination? Nos connoissances acquises valent-elles le sentiment naturel, qui guide les animaux dans toutes leurs actions, et qui ne les trompe jamais? Si l'on excepte ceux que la domesticité a dégradés, tous atteignent, chacun dans son espèce, le même période de vie, tandis que l'homme meurt à tout âge, et presque toujours, avant l'instant prescrit par la nature.

§. III.

Un être qui ne seroit que sensible ou sentant, n'auroit que des sensations, sans pouvoir jamais se déterminer, en conséquence de ce qu'il sentiroit: semblable à un miroir, il demeureroit immobile à la présence des objets, dont il recevroit l'image. Non seulement les animaux sentent, mais ils agissent en conséquence de leurs sensations, ce qui suppose de la mémoire, de l'intelligence, du jugement, et par conséquent de l'esprit et de la raison.

§. IV.

La sensibilité est l'instrument par lequel l'animal connoît ce qui lui est utile ou nuisible. Cet instrument est-il meilleur, est-il même aussi bon, dans l'homme, que dans la bête? Se méprend-elle sur l'objet de ses besoins? L'erreur et les préjugés, si communs chez les hommes, corrompent-ils, offusquent-ils son jugement?

La raison est le résultat de l'expérience, le souvenir réfléchi ou irréfléchi de l'impression des objets sur la sensibibité. Le proverbe qui dit, que *Chat échaudé craint l'eau tiède*, suffit, pour prouver que la bête se ressouvient, compare, juge, se décide, et raisonne, avec cette différence pourtant, que, chez elle, ces opérations sont plus promptes et plus sures, que chez l'homme. Si l'esprit des bêtes est plus sûr que le nôtre, c'est par-cequ'il est plus en proportion avec leurs besoins. De tous les êtres animés et intelligens, le moins sujet à se tromper, est celui qui a la plus petite portion d'intelligence, comme celui qui n'a qu'un chemin, peut moins s'égarer, que celui qui en voit plusieurs. Voilà pourquoi les hommes qui n'ont que du bon sens, font moins de fautes, que les gens d'esprit.

§. V.

Plutarque et *Montagne* parlent d'une espèce de renards qui, en s'avançant sur la glace d'une rivière, prêtent l'oreille de tems en tems, pour écouter si l'eau coule, et juger si la glace est solide, suivant ce raisonnement: „Ce, qui fait du bruit, remue; ce que remue, „n'est pas gelé; ce qui n'est pas gelé, est liquide; ce qui „est liquide, n'est pas solide; ce qui n'est pas solide, ne „peut me porter, etc."

Le manière très-connue, dont la plupart des renards des pays méridionnaux se débarassenst des puces qui les incommodent, n'est-elle pas le résultat d'une raison ingénieuse?

§. VI.

Sans avoir besoin de rappeller ce que les Voyageurs et les Naturalistes racontent des moeurs des éléphans, des castors, des lions, des crocodiles, de l'orang-outang, il suffit d'observer, d'un oeil attentif et non prévenu, les animaux qui sont autour de nous, pour se convaincre de l'intelligence, de l'industrie, du jugement, de l'esprit, de la sagacité, et de la raison des bêtes. Sans parler du chat et du chien, dont on connoît des traits d'esprit et de raison, dont quelques hommes pourroient s'enorgueillir, n'est-ce pas au travail ingénieux et varié de l'araignée, que l'homme doit l'idée des filets et des étoffes? Qu'on ne dise pas, que la toile de cet insecte est un ouvrage purement méchanique, puisqu'il la fait plus ou moins épaisse, plus ou moins large, selon les lieux, selon les tems, selon l'espèce de proie qu'il veut enlacer; puisqu'il répare, avec autant d'économie que d'habileté, et comme pourroit le faire l'Ouvrier le plus expérimenté, les déchirures survenues à son ouvrage. Les nids de certains oiseaux ne sont pas moins admirables. Dira-t-on qu'ils sont l'ouvrage d'une intelligence aveugle, quand le même ouvrier bâtit sa maison en demi-cercle, s'il l'attache à un mur; quand il la bâtit en quart de cercle, s'il la construit dans un angle; et en cercle, si c'est sur un arbre? Et le soin avec lequel les oiseaux matelassent, de mousse ou de duvet, l'intérieur de leur demeure, pour ne pas blesser les membres délicats des nouveaux nés, n'est-il pas une preuve non équivoque de leur prévoyance et de leur amour pour leurs enfans *)?

---

*) Mon sentiment sur les bêtes n'est pas contraire aux Livres

Etre orgueilleux et vain, qui t'arroges si absurdement
le titre de Roi de la Nature, Homme! dépouille toi encore
une fois de tes erreurs, de tes préjugés, de ton faux
savoir; porte un oeil observateur et désintéressé sur
toi·même, tu verras que loin d'être l'Enfant chéri de
cette Mère commune, elle a fait moins pour toi, que
pour la plupart de ses autres enfans. Les animaux,
mieux vetûs, mieux armés, par la Nature, que tu ne
l'es, ont moins de besoins, que tu n'en as, sans parler
de ceux que tu t'es faits. Ne te vante pas de ton industrie et de tes inventions: tes tards, tes sabres, tes cui-
rasses, tes fusils et tes canons, sont des témoignages certains de ta foiblesse naturelle, j'ajoute, et de ta dépravation, puisqu'inventés pour te défendre contre les
animaux féroces, tu t'en sers contre tes propres frères.

Telle est la perversité humaine, qu'un homme chargé
d'or et traversant une forêt, craint moins la rencontre
d'une bête carnaciére, que celle d'un autre homme.

L'Analyse de la Nature animale de l'homme et de
la bête n'est pas une spéculation frivole ou inutile,
comme il pourroit le paroître à des esprits superficiels.
Outre qu'elle sert à approfondir la connoissance de
l'homme, elle peut découvrir au Lésiglateur de nou-

---

saints. Outre qu'il est dit, dans le Genèse, chap. 9., que Dieu fit
un pacte solemnel avec les hommes et les animaux, ce qui suppose dâns les animaux une intelligence, on lit formellement dans
l'Ecclésiaste, chap. 18. „Dieu fait voir que l'homme est sem-
„blable aux bêtes; car les hommes meurent comme les bêtes;
„leur condition est égale; comme l'homme meurt, la bête meurt
„aussi; les uns et les autres respirent de même; l'homme n'a
„rien de plus que la bête."

veaux ressorts propres à changer, à adoucir, à regler les moeurs de la Nation confiée à ses soins. L'utilite de la comparaison de l'homme avec la bête devient plus sensible encore, lorsqu'on fait attention aux avantages que la Société humaine retire de certains animaux, dignes par ce motif de l'attention de tout sage Gouvernement. Si l'estime doit se mésurer sur l'utilité sociale, d'où vient n'auroit-on pas, pour le boeuf et le cheval, plus d'égards, que pour certains hommes dont l'existence est un fardeau inutile à la Société? Si, comme il n'est pas permis d'en douter, ces animaux sont sensibles et ne diffèrent de l'homme que du plus au moins, pourquoi les loix ne défendroient-elles pas de les maltraiter sans raison, et ne puniroient-elles pas ceux qui crevent un cheval sans nécessité *)?

CHAPITRE IV.

Du prétendu droit naturel.

§. I.

Les Déclarations des *droits de l'homme*, données par l'Assemblée et par la Convention nationales de France, et l'espèce d'approbation générale qu'elles ont obtenues, sont des Monumens qui déposeront un jour contre les lumières politiques du siècle de la philosophie. On y avance

---

*) Si M. le Professeur émérite *Sonnenfels* fait une nouvelle Brochure contre moi, je ne pense pas qu'il soit tenté de me reprocher d'avoir maltraité les *bêtes*.

que *les hommes sont égaux, par la nature et devant la loi*;
que *la loi doit être la même pour tous, soit qu'elle protège,
soit qu'elle punisse*, qu'*elle est l'expression libre et solem-
nelle de la volonté générale*; que *le gouvernement est in-
stitué, pour garantir à l'homme la jouissance de ses droits
naturels et imprescriptibles*; que *le droit de manifester
sa pensée et ses opinions, soit par la voie de la presse,
soit de toute autre manière, le droit de s'assembler, le
libre exercice des cultes, ne peuvent être interdits*; autant d'erreurs et de faux principes, qu'il importe aux
Gouvernemens de voir refutés, et qui le seront, dans le
cours de cet Ouvrage, d'une manière, nous osons le dire,
aussi victorieuse que persuasive. Nous ne nous attache-
rons, pour le moment, qu'à faire sentir l'absurdité du
prétendu *droit naturel*, et quelques nouvelles observations sur les facultés naturelles de l'homme suffiront
pour cela. Mais afin d'éviter l'apparence de toute contradiction, et de nous faire entendre des lecteurs les
moins familiers avec les observations abstraites, il est
bon d'expliquer ici le sens qu'on attache au mot *Nature*.

Ce mot, pris dans sa signification la plus étendue,
désigne le Système des loix établies par le Créateur, pour
l'existence, la durée et la succession des êtres qui composent l'univers. Dans un sens plus borné et plus ordinaire, la Nature est l'essence des êtres, l'assemblage
des propriétés qui distinguent les êtres les uns des autres.
Ainsi la nature des animaux consiste dans la réunion
des qualités qui les distinguent des êtres inanimés, et
la nature de l'homme, dans les qualités qui le distinguent des bêtes, ou qui lui sont communes avec elles.
Ses qualités distinctives sont la parole et la perfectibi-

lité de sa raison: ses qualités communes avec les autres espèces d'animaux ou d'êtres animés, sont la sensibilité et l'amour de soi-même.

C'est pour ne s'être pas formé des idées vraies de la nature humaine, que tant de Moralistes se sont trompés, et que tant de Politiques se sont égarés, dans une méthaphysique aussi incertaine que fallacieuse.

§. II.

Né sans idées, sans avoir même d'autre notion de son existence, que le besoin qu'il éprouve pour la conserver, l'Homme *naturel* ne connoît d'autre loi, que celle de satisfaire ses appétits. Toute idée de *justice* lui est étrangère. Il n'a ni, dans son coeur, le sentiment, ni dans son esprit, la notion du *juste* ou de l'*injuste*, ni dans sa langue, des mots pour l'exprimer: Comment pourroit-il avoir l'idée de justice, lorsque l'injustice, comme nous l'avons déjà observé, est la violation d'une loi, et qu'il n'existe pour lui d'autre loi que le besoin?

§. III.

Les loix de la Nature ne sont ni obscures, ni équivoques; elles sont claires, communes, universelles. Tout ce qu'elle prescrit aux êtres animés, ils l'exécutent sans préparation, sans étude, sans expérience, sans imitation, et elle ne leur prescrit que ce qui est nécessaire à leur conservation, et à celle de leur espèce. Elle n'a point excepté l'Homme, de cette loi commune à tous les êtres animés. Si elle l'avoit destiné à la civilisation, l'homme non civilisé seroit contre Nature, et l'homme de tous les pays, de tous les climats, connoîtroit nécessairement les loix de civilisation. Peut-on parler, après cela, des *droits naturels et imprescriptibles de l'homme?*

C

§. IV.

La Nature prescrit des devoirs à l'homme et ne lui donne point de *droits*. Ses devoirs sont ses besoins, et ses besoins ses seules loix. La Nature a écrit, dans l'organisation de chaque animal, le genre de vie qu'il doit suivre, ou ce qui est la même chose, les besoins qu'il doit satisfaire. Et véritablement, aucun Naturaliste ne niera que les besoins ou le genre de vie de l'homme, du chien et du chat, de l'aigle, de la colombe et de la chauve-souris, ne soient, rigoureusement parlant, les résultats nécessaires de leur organisation. N'est-il pas évident que la faim a son principe dans la construction organique de l'estomac?

La nature de l'homme n'est que la réunion de ses organes, et on doit entendre par organes, toutes les parties relatives à la conservation de l'individu et de l'espèce. Cette réunion d'organes indique la destination de l'homme; car chaque organe est un moyen physique, relatif à une fin physique. Cette fin est la satisfaction des besoins, ou l'amour du plaisir. Or, il n'y a là rien qui annonce, que l'homme soit destiné par la Nature à la civilisation. Comment donc peut-il avoir des *droits naturels*, à moins qu'on ne mette au rang des droits la force et l'adresse, qui ne sont que des qualités résultantes de l'organisation? Le mot *droits* exprime une relation, signifie ce qui est juste, et la *justice*, comme nous l'avons déjà observé, est une chose purement relative aux loix et aux usages établis.

§. V.

Le célèbre M. *Bonnet* de Genève, pour prouver, que l'état de civilisation est naturel à l'homme, établit

en principe, que tout ce qui résulte des facultés de
l'homme, est conforme à la Nature, et on ne peut nier,
dit-il, que les Sociétés policées ne résultent des facultés de l'homme. Mais, peut-on lui répondre, le parricide, l'infanticide, le suicide, résultent aussi des facultés de l'homme: dira-t-on, pour cela, que ces actions
soient conformes à la Nature? la Nature brute por-
te-t-elle les mères à détruire leurs enfans, même avant
que de naître, et les pères à se détruire eux-mêmes?

§. VI.

L'homme naturel, et même l'homme sauvage qui
vit avec ses semblables, ayant plus de besoins, à cause
de leur organisation et de leur nudité, que les tigres et
les lions, doivent être, et sont effectivement, plus cruels
et plus féroces que ces animaux. Leur conservation,
comme celle de ces bêtes, est attachée à la destruction
des autres animaux; mais une férocité, qui leur est particulière, et qu'on ne voit dans les autres espèces, que
dans le cas d'une faim extrême, c'est qu'ils se nourris-
sent sans repugnance, et même avec délices, de la chair
de leur propre espèce. Les Anxicos mangent leurs esclaves. Les Iroquois en font de même. On assure que
les Habitans d'Angola mangent jusqu'à leurs parens et
leurs amis, croyant leur donner, après leur mort, une
nouvelle marque d'amour, en s'unissant à eux d'une
manière inséparable *). Chez la plupart des Peuples antropophages, la chair humaine eft aussi commune, dans
les marchés, que la chair de boeuf et de mouton, dans

---

*) Voyages de Perse et des Indes Orientales, par *Herbert*.

nos boucheries. Et, toute prévention à l'écart, cette conduite n'est pas si déraisonnable, qu'elle noûs le paroît; car pourquoi seroit-il défendu de manger, ce qu'il est permis et même glorieux de tuer *)?

§. VII.

Les hommes s'étant multipliés, et les plus forts opprimant ceux qui l'étoient moins, la raison, qui n'est que le résultat de l'expérience, fit sentir la nécessité d'établir des Conventions. Les Conventions furent les premières loix. Il ne sauroit y avoir de *droit naturel* pour l'homme en société. Les droits sont une émanation des loix positives. S'il y avoit de loi naturelle, de loi primitive, antérieure aux Conventions, cette loi seroit imméconnoissable, commune, universelle, et ce ne seroit qu'avec effort qu'on pourroit s'en écarter.

Voltaire, plus Bel esprit que philosophe, plus coloriste que penseur, et qui n'a jamais eu de profond que sa méchanceté, n'a fait que suivre les pas des Moralistes vulgaires, dans son Poëme de la *Loi naturelle.* Les idées de *justice* sont des idées acquises et relatives, et ce qu'il appelle la *Conscience*, n'est, quoiqu'il dise, que le sentiment de la conformité ou non-conformité de nos pensées ou de nos actions, avec les principes établis. Quand il donne **) pour un sentiment inné, pour une

---

*) Lés habitans de la Nouvelle-zélande sont antropophages. Ils ne mangent leurs ennemis que rotis. Un Navigateur, demandant à un Zélandois fort âgé ce qu'il faisoit de la tête des hommes dont il se nourissoit: *Nous en mangeons,* dit le Vieillard, *la cervelle qui est excellente, et si vous êtes curieux d'en goûter, je vous en regalerai dès demain.* Histoire des Nouvelles découvertes dans la mer du Sud; 1776. par M. *Fréville.*

**) Dans ses *Remarques* sur les *Pensées de Pascal*, et dans

loi écrite dans tous les coeurs, cette Maxime, *ne faites point aux autres, ce que vous ne voudriez pas qu'on vous fît*, il trompe ses lecteurs, ou du moins il avance une erreur. Un précepte n'est pas un principe. Un sentiment inné, gravé dans tous les coeurs, est sensible à tous les hommes, évident par lui-même; sa vérité imméconnoissable ne souffre point de question, tandis que l'homme naturel, sans préjugés, même l'homme policé, dominé par une passion violente, pressé par un besoin urgent, peut demander la raison pour laquelle il lui seroit défendu de se satisfaire contre le voeu d'autrui. Une preuve assez claire, que cette Maxime n'est pas proprement *naturelle*, une preuve qu'elle n'est ni universellement ni nécessairement vraie, c'est qu'elle est obligatoire, ce qui suppose qu'il est des cas où l'on peut faire, et où l'on fait effectivement aux autres, ce qu'on ne voudroit pas souffrir soi-même.

La vertu est si peu naturelle à l'homme, que son nom même désigne un effort. Un être qui n'apporte en naissant, comme je l'ai assez prouvé, que l'amour de lui-même, seroit presque toujours injuste et nuisible, si les loix de la Société ne reprimoient de bonne heure ses penchans naturels. Le précepte: *fais aux autres ce que tu voudrois qu'ils te fissent*, est si peu conforme aux loix naturelles, si peu antérieur aux loix positives ou de société, que l'enfant d'un villageois ne cédéroit pas son déjeuné à l'enfant affamé d'un Roi, si on n'employoit la violence ou la menace, pour l'y déterminer.

---

son *Dictionnaire philosophique*, Art. *Athée*, tom. 2. de l'édit. de *Beaumarchais*.

L'Homme est si peu porté à traiter les autres comme il voudroit en être traité, que le Législateur inspiré du vrai Dieu lui a fait un devoir, une loi, d'aimer, je ne dis pas son prochain, mais ses père et mère. Ne se fut-il pas reposé sur la nature, si cet amour étoit inné? L'Homme hait la gêne, la dépendance, la contradiction. En un mot, il est si enclin au mal, qu'il n'est aucun homme parvenu à l'âge de vingt ans, qui n'eut été homicide, peut-être fratricide, et même parricide, si sa puissance eut égalé sa volonté. Que le plus honnête des Lecteurs rentre en lui-même, qu'il revienne sur ses premières années, et qu'il prononce ensuite, si je calomnie l'humanité.

Quelques observations suffiront pour faire connoître la fausseté du principe que *les Hommes sont égaux par la Nature et devant la loi.*

CHAPITRE V.

Des prétendus droits d'égalité et de liberté.

§. I.

Moïse, Orphée, Zoroastre, Lycurgue, Solon, Numa, Mahomet, tous les Législateurs dont les loix ont été suivies, ont envisagé l'Homme, non dans l'état de Nature, mais dans l'état de Société, dans ses rapports avec ses semblables, avec la Divinité, avec ses passions et ses préjugés. Ils se sont efforcés de combattre, par la sagesse de leurs Institutions, les sentimens de l'animalité, les penchans de la pure Nature.

Les Philosophes modernes, se croyant plus éclairés et plus sages, ont suivi une autre route; ils ont moins considéré l'Homme tel qu'il est, que tel qu'il devroit être. Voulant le corriger de ses vices, ou en diminuer le nombre, ils ont crû qu'il falloit commencer par le dépouiller de ses habitudes sociales, et le ramener autant que possible à l'état de nature; ils ne se sont pas apperçus, que l'état de nature est tout contraire à l'état de civilisation; que l'homme naturel a plutôt la faculté de connoître le bien et le mal, qu'il n'en a la connoissance; que ce qu'ils appellent *justice*, *égalité*, *liberté*, suppose des idées sociales, des rapports avec la religion, avec les loix, avec les moeurs établies; en un mot, ils n'ont pas senti que leurs idées et leurs principes impliquent condradiction.

§. II.

Ni dans l'état physique ou de nature, ni dans l'état moral ou de société, les hommes ne naissent ni ne vivent égaux. La Nature ne fait absolument rien d'égal, parcequ'elle ne fait rien d'inutile, parcequ'elle ne se répète point; elle est inépuissable.

Quoique nos visages paroissent jettés dans le même moule, aucun ne ressemble parfaitement à l'autre. La même différence se trouve dans les autres parties de notre corps, dans la plus petite particule de notre organisation.

Il en est tout ainsi des autres productions de la Nature. Non seulement une rose n'est pas la répétion d'une autre rose, mais aucune feuille d'une même fleur ne ressemble rigoureusement à une autre feuille, comme on peut s'en convaincre au microscope.

Le moral de l'homme est la chaîne, qui le lie à ses semblables réunis en société par des loix. Les enfans naissent dépendans de l'autorité, que les loix ont accordées sur eux à leurs parens, et leurs parens sont soumis eux-mêmes à d'autres loix.

Les rapports de l'homme en société sont nécessairement différens; car l'un est riche, et l'autre pauvre; l'un prince ou magistrat, l'autre valet ou bourreau.

Chaque homme est plus ou moins bien organisé, a plus ou moins de sensibilité, de force, de santé, d'esprit. La Nature, égale dans ses loix, est inégale dans ses dons.

Or ces loix, ces rapports, ces relations, ces disproportions, forment autant d'inégalités sociales, fortifiées par la différence des organes, des besoins, du génie et des circonstances.

§. III.

Dans tous les pays, les femmes sont soumises aux hommes. La Nature elle-même paroît avoir établi de l'inégalité entre l'homme et la femme, en donnant à celle-ci une organisation plus délicate, un sang plus aqueux, et en l'assujettissant à des incommodités, telles que la grossesse, l'enfantement et ses suites, qui ne lui permettent pas, du moins en tout tems, lex exercices pénibles et fatiguans.

Il faut nier, ou que les femmes font partie de l'humanité, ou convenir de la fausseté du principe établi par les *Solons* de la France, que *les hommes sont égaux par la Nature et devant la loi.*

Mais, puisqu'on ne nie pas, que les femmes font partie du Genre-humain, d'où vient les Instituteurs de l'égalité ne les ont ils pas appellées aux honneurs, aux charges, aux dignités et à tous les emplois de la Société?

On a lieu d'être surpris que, d'après la première *Déclaration des droits de l'homme*, les femmes ne se soient pas mises sur les rangs, cette Déclaration à la main, pour être députées à la seconde Législature et à la Convention; pour prétendre aux places du Ministère et même aux fonctions sacerdotales; car voilà à quoi mene le Système de l'égalité.

§. IV.

Les hommes naissent si peu égaux, que les loix ont été établies pour corriger les inégalités qui existent entre eux. Les loix sont sans cesse occupées à diminuer, pour le bonheur général, l'aspérité et le nombre de ces inégalités, non à les faire disparoître. Ces inégalités sont inhérentes et nécessaires à la vie sociale, et à l'ordre public. Il faut qu'il y ait des riches et des pauvres, pour-qu'il puisse y avoir des boulangers et des bouchers, des charpentiers et des maçons, des soldats et des prêtres. C'est de ces inégalités que se forme l'harmonie de la Société, comme la diversité des Instrumens contribue à l'agrément d'un Concert.

§. V.

Supposons qu'un million de François, imbus des principes qu'ils affichent aujourd'hui, aillent s'établir dans une Île nouvellement découverte, sous la direction des plus sages d'entre eux; qu'ils se distribuent, en portions égales, le terrein de cette Île, et qu'ils fassent les loix les plus prévoyantes, pour maintenir l'égalité entre les habitans. Cette égalité pourra-t-elle subsister long-tems, entre un million d'hommes dont le nombre ira chaque jour en augmentant? Tel Colon, cultivant mieux son champ, que son voisin, ou ayant un meilleur sol, n'acquerra-t-il pas bientôt sur ce voisin un avantage marqué? et de cette richesse, fruit du hazard ou de l'industrie, ne naîtra-t-il pas d'autres avantages qui rompent l'équilibre? Le Cultivateur paresseux ou celui qui aura le malheur d'éprouver des grêles et des orages déstructeurs de sa récolte, ne sera-t-il pas obligé, pour soustraire sa famille et lui-même aux douleurs de la faim, de recourir aux Riches? et si la loi, sans être évidemment injuste, ne peut obliger ceux-ci à partager gratuitement avec les paresseux et les fainéans, peut-elle défendre d'exiger un travail, un hommage, une soumission, un service personnel, au défaut d'argent ou de tel autre signe représentatif des denrées?

Voilà donc les droits seigneuriaux établis, et ces droits, quoiqu'on en dise, seront conformes à la justice, à l'équité, à la raison.

§. VI.

En ne fixant point l'intérêt de l'argent, en le laissant au choix ou à la volonté des propriétaires, en le considérant comme marchandise, les nouveaux *Lycurgues* de la France ont permis l'usure, et en permettant l'usure, ils ont permis et autorisé la servitude.

J'ai besoin de cent pistoles, pour sauver la vie de ceux à qui je dois la mienne ou qui l'ont reçue de moi; je n'ai pas de bien, ni d'ami qui réponde de la somme qui m'est nécessaire; mais en offrant de servir, une année, tel Usurier, je puis me procurer la somme dont j'ai besoin. Le Gouvernement qui permet l'usure, peut-il, sans être inconséquent et déraisonnable, me défendre de vendre ma liberté pour un an? Et s'il m'est permis, comme de raison, de l'aliéner pour un an, pour un mois, pour un jour, d'où vient ne pourrois-je pas l'aliéner pour toute la vie? Et s'il est libre à un individu de vendre sa liberte, il doit l'être à cent mille, à tout un peuple. On exerce sa liberté, en l'engageant sous des conditions avantageuses: c'est un échange qu'on fait d'un intérét, contre un autre plus grand ou qu'on juge tel.

Il suit donc des principes mêmes des Représentans de de la Nation françoise, que la liberté de l'homme n'est point inaliénable, et que ses droits ne sont rien moins qu'imprescriptibles.

§. VII.

Cent mille hommes qui s'engagent à servir le Roi ou la Patrie, six ou sept ans de suite, n'aliènent-ils pas réellement leur liberté? Peuvent-ils, sans rompre le contract social, manquer à leur engagement? Et si cent mille individus ont la faculté de céder leurs droits sociaux, de s'attacher pour un tems au joug du Service militaire, d'où vieut que le reste de la Nation ne pourroit, point comme en Danemarc, céder les siens à un Prince et lui aliéner sa liberté?

§. VIII.

S'il est permis à l'État de contraindre, directement ou par la voie du sort, ceux de ses membres, en état de porter les armes, à marcher contre l'ennemi de l'État, peut-on dire que l'Homme social naisse libre, même dans un Gouvernement *libre* ou qualifié tel par les Politiques?

§. IX.

Si, pour se défendre d'un voisin ambitieux, les Insulaires, dont j'ai parlé, sont obligés de cultiver l'art de la guerre; si, comme à Sparte, les sujets de l'État se font soldats, ne seront-ils pas dans le cas d'appeller et de gager des Étrangers, pour labourer et sémer leurs champs? Ces Serviteurs à gages auront-ils les mêmes droits que les indigènes? Et si, au défaut de ses Serviteurs volontaires, la Colonie contraint, comme on le pratiquoit à Sparte, ses prisonniers de guerre à cultiver ses terres, l'égalité entre les Insulaires ne sera-t-elle pas anéantie? Des prisonniers cessent-ils d'être hommes, pour s'être laissé vaincre?

§. X.

Le débiteur insolvable a été condamné, par différens peuples, à devenir l'esclave de son créancier. Cette loi très-dure s'étendoit aux enfans mêmes du débiteur. Aujourdhui les débiteurs insolvables ne tombent point dans l'esclavage, mais, en Angleterre même, où la dignité de l'homme est, dit-on, plus respectée qu'ailleurs, il depend de leurs créanciers de les emprisonner et de les laisser mourir en prison.

Les loix et les usages, voilà la seule source des *droits*.

§. XI.

Ce n'est pas d'après les idées, les sophismes, et les déclamations d'une fausse et ignorante Philosophie, qu'un Esprit sage doit juger, si la servitude ou l'esclavage proprement dit est dans l'ordre de la raison et de la justice. Ceux qui ont des idées saines de morale et de politique, conviennent que, chez toutes les Nations civilisées, l'intérêt public, le bien de l'État, l'utilité générale, sont la mesure, d'après laquelle on doit décider de ce qui est bon ou nuisible, honnête ou malhonnête, vice ou vertu.

S'il est de l'intérêt de la chose publique, d'avoir des serfs et des esclaves, la servitude et l'esclavage n'ont rien qui blesse la nature sociale, la raison, ni même l'humanité; car, parmi le peuple, il y a une infinité de gens, plus malheureux que les esclaves.

L'État sacrifie la liberté de quelques individus, pour conserver la liberté du plus grand nombre, comme il expose et sacrifie la vie de quelques citoyens, pour assurer l'existence de l'État.

§. XII.

Les Philosophes sont d'étranges gens! D'un coté, ils prétendent que l'homme peut quitter la vie, quand elle lui est à charge; que *Caton*, *Brutus*, *Cassius*, *Antoine*, et beaucoup d'autres ont fort bien fait de se tuer, plutôt que de se laisser avilir par leurs ennemis; et de l'autre, ils nous assurent qu'on ne peut vendre sa vie, ni même sa liberté, pour se tirer d'une situation facheuse, ou pour assurer le bonheur de ceux qui nous sont chers.

§. XIII.

La nécessité de la guerre autorise l'esclavage. Dès qu'il est permis au vainqueur de tuer l'ennemi qu'il poursuit, il doit lui être permis d'en faire son esclave, quand il l'a atteint. Il seroit absurde, qu'il fut permis de briser un vase qu'on juge utile, et qu'il fut défendu de se l'approprier.

Un criminel est condamné à périr sur l'échafaud; il est mort civilement, par ses forfaits et par sa sentence: la Société ne peut elle, sans offenser la raison, et l'humanité, lui accorder la faculté d'échanger la

conservation de sa vie, contre la perte de sa liberté?
Un acte de clémence, qui tourne à l'avantage de l'État,
seroit-il contraire à la justice et à la raison? En un mot;
la servitude ne blesse pas plus les *droits de l'homme*, que
les coups de baton, la prison, les galères, les potences,
et les guillotines.

§. XIV.

Quand je vois, disoit dernièrement une petite Veuve,
qui ne l'est pas encore de sa beauté et qui ne le sera
jamais de sa vertu, „quand je vois les Constitutionaires
„de France prêcher l'équité, l'égalité, la liberté, je
„crois entendre des Courtisannes publiques faire des
„loix sur l'honneur et la chasteté."

LIVRE II.

PENSÉES ET OBSERVATIONS
RELATIVES AUX MOEURS.

———◆———

CHAPITRE I.

Des sources de la Morale; et des Devoirs.

§. I.

La Morale est la connoissance des rapports qui subsistent entre les hommes, réunis en famille ou en plus
grande société, et des devoirs qui résultent de ces rapports. Elle tire ses principes des coutumes et des loix
établies. Un homme qui vivroit seul dans un désert, et
qui ne communiqueroit d'aucune manière avec les autres
hommes, n'auroit aucune vertu morale ou sociale.

§. II.

Voltaire se moque avec raison de l'Historien du
Bas-Empire qui dit que *les Chrétiens avoient une morale
et que les Payens n'en avoient pas ;* mais il déraisonne
lui-même, quand il ajoute, *qu'il n'y a qu'une Morale,
comme il n'y a qu'une Géométrie ; que la Morale n'a
rien de commun avec les cérémonies et les dogmes de la
religion; qu'elle est la même chez tous les hommes qui*

font usage de leur raison , et qu'elle *vient du ciel comme
la lumière *).*

La Morale n'est point un sentiment, mais un jugement; c'est la science des moeurs, et les moeurs ne sont
autre chose, que la manière de penser et de se conduire
d'un peuple. Le mot latin *mores* signifie usages, habitudes, coutumes, et rien n'est moins naturel, moins
universel, moins uniforme, que les moeurs des Nations.
La religion, faisant une partie essentielle des habitudes
d'un peuple, *les dogmes et les cérémonies de la réligion*
ne sauroient être étrangers à la Morale. En un mot, on
n'a de la morale et des moeurs, qu'autant qu'on est
fidèle aux usages, aux préjugés établis, aux opinions
consacrées par une adoption générale. N'est-il pas singulier, que *Voltaire* et les autres Philosophes du siècle,
qui s'efforcent d'écarter de leurs Systêmes tout ce qui
les rapproche de la Divinité, d'une Puissance supérieure
et ordonnatrice, fassent de la Morale un sentiment inné
et un don du ciel commun à tous les hommes?

§. III.

La connoissance de la morale est celle des intérêts
particuliers et généraux. Cette connoissance éclaire
l'homme sur ses devoirs, sur ce qu'il doit aux autres
et sur ce qu'il se doit à lui-même. Elle lui apprend à
regler ses desirs, à ménager ses facultés intellectuelles
et physiques, à employer en un mot tous les moyens
qu'il a reçus de la Nature et de l'éducation, pour faire
son bien-être et celui de ses semblables.

---

*) *Diction. philos. tom. 6. art.* Morale, *formant* le tom. 42.
des *Oeuv. complettes* de l'édit. in 8. publiée par *Beaumarchais.*

§. IV.

Pour connoître les devoirs de l'homme, il suffit de savoir qu'il a de la sensibilité, de l'intelligence, qu'il tend à se conserver, et que, dans chaque instant de sa durée, il s'efforce de rendre son existence agréable. S'il veut parvenir au bonheur qu'il cherche, il doit prendre les moyens, sans lesquels il ne pourroit y arriver. Vivant avec des êtres semblables à lui, capables de lui nuire et de le servir, il doit travailler à se les rendre favorables. Il y réussira, en ménageant leurs *intérêts*.

L'*intérêt* est l'objet auquel chaque individu ou chaque Société attache son bien-être. De l'intérêt de la société dépend celui des particuliers. Chaque particulier est donc dans l'obligation de concourir au bien public, de confondre son intérêt dans l'intérêt de l'État.

Tout ce qui tend au maintien ou à l'augmentation de l'intérêt général, est un *bien*; tout ce qui tend à sa diminution ou à sa destruction, est un *Mal*.

D'après ces principes, si simples et pourtant si méconnus, il est aisé de conclure, que la *Vertu* morale ou sociale est la préférence de l'intérêt général au personnel, et que le *vice* social est le sacrifice du bonheur public au particulier.

Telle est la source de la Morale et des Devoirs de l'homme en Société; telle est la mesure du bien et du mal, et la juste appréciation des vertus et des vices. Dire, avec le vulgaire des Moralistes, que nous avons des idées morales, antérieures à l'expérience du bien et du mal social, c'est dire que nous connoissons les causes, avant d'avoir senti leurs effets.

CHAPITRE II.

De l'Utilité et de la Nécessité des passions.

§. I.

Les passions, que la plupart des Moralistes regardent comme des maladies de l'ame, ne sont que les mouvemens de cet amour de soi-même, que l'Auteur de la Nature a imprimé dans l'ame de tous les êtres sensibles et intelligens, pour les porter à veiller à leur conservation et à celle de leur espèce. Étant des émanations de cet amour impérieux et salutaire, les passions sont bonnes par elles-mêmes, et ne sont pas plus des maladies, que la faim qui avertit l'animal de se nourrir, et que l'attrait qui le pousse auprès d'une femelle. De ce que des hommes surchargent leur estomac d'alimens nuisibles à la santé et de ce qu'ils abusent des plaisirs du mariage, on ne peut pas en conclure, que la *faim* et l'*amour* soient des maladies, ni que le desir de les satisfaire soit blamable. Les passions ne sont mauvaises que par l'abus qu'on en fait. Ce sont des instrumens destinés à nous faire connoître ce qui nous est utile ou nuisible, mais dont nous pervertissons l'usage par des excès. Pour que les passions contribuent à notre bonheur il faut qu'elles n'agitent notre ame, que comme les petits poissons agitent l'eau, sans la troubler.

§. II.

La Religion n'est pas l'ennemie des passions, puisqu'elle fait un devoir de l'*amour* de Dieu et des hommes, de la *haine* des hypocrites et des méchans, de l'*indignation* contre les injustes et les impies, et qu'elle nous permet de nous livrer à l'*espérance*, sentiment consolateur qui appelle l'avenir au secours du présent, et adoucit nos maux, en nous en montrant le terme.

§. III.

L'art de gouverner l'homme et les peuples n'est à proprement parler, que celui de diriger les passions et de les faire concourrir au but qu'on se propose. Elles sont les différentes touches du Clavier politique. Si l'harmonie la plus exacte naît sous les doigts d'un musicien, c'est parcequ'il a longtems étudié son instrument et qu'il s'est exercé à le manier avec précision et dextérité. Ceux qui gouvernent ont-ils également étudié le Clavier des passions humaines? et peuvent ils se flater d'établir l'ordre et l'harmonie dans l'État, s'ils ne connoissent pas toutes les touches du coeur et de l'esprit humain?

§. IV.

Plutarque compare les passions aux vents qui enflent les voiles du vaisseau de l'État. Sans les vents, le vaisseau ne marche pas, et si les vents sont trop forts, il est agité, bouleversé, et souvent il fait naufrage.

Les passions sont au moral ce que le feu est au physique, il rechaufe, il ravive, il brule et cause des incendies.

§. V.

Toutes les passions de l'homme n'ont pour objet que de satisfaire l'amour de lui-même; c'est toujours en vue de cet objet, qu'il a de l'affection pour les autres. Prétendre que ce principe des actions humaines est ignoble et bas, c'est dire qu'il est ignoble d'être homme, c'est faire entendre que le Créateur de toutes choses auroit dû faire l'homme autrement qu'il ne l'a fait.

§. VI.

Quelque contraire que paroisse à l'ordre social le sentiment impérieux qui nous contraint de nous préférer à tout, il n'est pas moins vrai, que c'est le noeud qui nous unit les uns aux autres avec le plus de force, que c'est le ciment le plus propre à lier ensemble les matériaux de l'édifice social. Plus foible et plus nécessiteux que l'homme sauvage, l'homme policé a plus d'intérêt de menager ses semblables. Pressé par les besoins toujours rénaissans qui l'assiègent, et ne pouvant se suffire à lui-même, tout ce qui l'entoure lui devient nécessaire. Il s'attache à tous ceux qui lui font du bien, et pour engager ses associés à lui en faire d'avantage, il leur en fait lui-même. Or rien n'unit plus les hommes entre eux, que l'amour et l'éspoir des bienfaits. Nous aimons ceux qui nous obligent, parcequ'ils nous font plaisir, et nous aimons ceux que nous obligeons, parceque l'idée du plaisir que nous leur avons fait en est un pour nous mêmes, en ce qu'il flatte notre foiblesse et qu'il augmente et justifie notre propre estime. C'est ce qui a fait dire à *Sénèque* le philosophe, que *celui qui s'aime bien soi-même, est l'ami de tous les autres*).*

§. VII.

Les Moralistes disent aux hommes, soyez justes, soyez bons, parceque la justice et la bonté sont des vertus ; les Politiques doivent dire, exercez la justice et la

---

*) *Qui sibi amicus est, scito hunc amicum omnibus esse.* *Epist.* 6.

bienfaisance, parceque ces vertus sont avantageuses à la Société et à vous-mêmes.

Une passion, un sentiment, une action n'est vertu, que parcequ'elle est utile. La vertu ne seroit qu'un vain nom, si elle étoit absolue et sans relation au bien de la Société. On en profite, lors même qu'on l'outrage ou qu'on l'a dédaigne.

Le caractère, après celui du méchant, qu'un bon Gouvernement doit le plus décrier, le plus avilir, est le caractère de l'homme personnel qui rapporte tout à lui, et qui cherche à jouir des avantages de la société, sans y contribuer.

§. VIII.

Ce n'est pas la raison, ce sont les passions qui gouvernent le monde; la raison commande, et les passions seules sont obéïes. Quand la raison l'emporte sur les passions, ce n'est pas une preuve de sa force, c'en est une seulement de la foiblesse des passions. La raison se cache devant les passions énergiques, comme un Esclave fugitif devant un Maître irrité, et qui ne reparoit, que pour le flater lachement.

§. IX.

L'homme de bien, l'homme vertueux n'est pas celui qui est exempt de passi . puisqu'il seroit sans activité et par conséquent dans l'impuissance d'être utile; c'est celui qui n'a que des passions conformes à son bonheur, et qui ne sépare pas son bonheur de celui des autres. La sagesse ne nous dit pas de n'aimer rien, mais elle nous prescrit de n'aimer que ce qui est vraiment digne de nos désirs et de notre destinée. „Tout honnête „homme," dit *Ciceron,* „doit faire ensorte que ce qui lui

„est utile, le devienne aux autres*)." Mais qu'il y a peu
d'honnêtes gens, dans ce sens là!

CHAPITRE III.

De l'Utilité et de la Nécessité des préjugés.

§. I.

Quand nous avons dit et tâché de prouver, dès le
commencement de notre Ouvrage, que tout n'est qu'erreur et préjugés, nous n'avons pas prétendu proscrire
ceux-ci, puisque nos institutions morales et politiques
en sont farcies; notre but étoit de préparer l'esprit de
nous Lecteurs à recevoir avec moins de répugnance les
idées qui contredisent certaines opinions généralement
établies, et que nous croyons nuisibles au bonheur de
l'Humanité. Nous sommes si peu ennemis des préjugés,
que nous les regardons comme inhérens à l'Espèce humaine réunie en société.

Et véritablement, les préjugés sont une suite nécessaire de l'esprit de civilisation. En s'éloignant de l'état
de nature, en augmentant ses rapports avec ses semblables, l'homme acquiert des idées, et en multipliant
ses idées, il en acquiert indispensablement beaucoup
de fausses. Il s'accoutume à regarder comme nécessaires
bien de choses qui ne composent pas le nécessaire, et
il prend des mesures pour se les procurer. Ces besoins

---

*) Cic. de Offic. l. 1.

factices deviennent des besoins réels; ces nouvelles passions engendrent de nouvelles idées, et de-là naissent tant d'erreurs et de préjugés.

§. II.

Un préjugé, selon le sens litteral de ce mot, est un jugement prématuré, et, dans un sens plus étendu, une idée admise avant le jugement, une opinion reçue sans examen. Or, qu'elle est l'idée morale, religieuse, politique, sociale, qui ne soit pas d'abord entrée dans notre tête sur la parole d'autrui?

Une opinion admise sans examen cesse d'être un préjugé, lorsque la raison et le jugement bien formés la ratifient. Mais combien peu d'hommes, parvenus à l'âge de raison, ont fait l'examen des idées qu'ils ont adoptées sans examen!

§. III.

L'animal et l'homme naturel n'ont point de préjugés, et n'en sont que d'autant plus heureux ou moins malheureux. Ils ont pour se conduire le sentiment qui ne les trompe jamais. Une mère n'aime pas son enfant, parcequ'on lui a dit qu'il faut l'aimer, mais parceque la Nature lui en fait un besoin. C'est par la même loi que l'enfant chérit sa mère; le sentiment de sa foiblesse, l'attache naturellement a l'objet qui pourvoit à ses besoins. Mais, qu'on y fasse attention, cet attachement diminue avec les besoins. A mesure que l'enfant croît en âge et en force, il apprend qu'il peut se passer de secours, et met naturellement moins de prix à ceux qu'on lui donne, pouvant pourvoir par lui seul à ses besoins. L'animal qui se suffit à soi-même ne s'occupe, qu' à exercer ses nouvelles facultés, et il ne cherche pas ˙ˠˡ₃tems une mère qu'il a perdue, et qui ne lui est plus nécessaire. L'intérêt individuel chez les animaux et chez les hommes sauvages l'emporte sur l'intérêt général. Il en seroit de même chez les hommes policés, s'ils prenoient la Nature pour modèle. La Société doit avoir d'autres bases. L'intérêt général et particulier étant fondé sur des passions, sur des besoins, presque tous factices, doit avoir des principes analogues, non aux sentimens naturels, mais aux idées acquises. Et véritablement, *Rousseau* dans son *Contract social*, chap. 2., convient lui même, que les enfans ne restent liés au père qu' aussi long-tems qu'ils ont besoin de lui pour se conserver. „Si tot que ce besoin cesse, dit-il, le lien na-„turel se dissout. Les enfans, exempts de l'obéïssance „qu'ils devoient au père, le père exempt des soins, qu'il „devoit aux enfans, rentrent tous également dans l'in-„dépendance. S'ils continuent de rester unis, ce n'est plus „*naturellement*, c'est volontairement." L'homme social et religieux est donc un tout autre être, que l'homme naturel ou non-gouverné par des loix. La Société civilisée est une seconde Nature, qui a ses besoins, ses allures, ses mouvemens particuliers, et qui ne conserve de la première, que le sentiment qui porte chaque individu à s'aimer de préférence à tout. Combien sont donc peu philosophes, les Philosophes qui cherchent à rapprocher l'homme social de l'homme naturel!

§. IV.

Les prétendus Philosophes ont-ils plus de raison de déclamer, de se déchainer, dans toute occasion, contre les préjugés? Il faut avoir bien mal observé l'esprit humain, pour ignorer que toute la Philosophie ne vaut

pas un seul des préjugés utiles qu'elle détruit. *Les pré-*
jugés les plus opposés à la vérité, deviennent la raison
même, quand ils coopèrent au bien général. Celui, par
exemple, qui flétrit, dans l'opinion, les parens d'un
criminel, tout injuste qu'il paroît, a plus empêché de
crimes, que la crainte même du supplice; et les Assemblées nationales de France ont donné une bien mince
idée de leurs lumières politiques aux esprits vraiment
observateurs, quand elles se sont efforcées de détruire
cet utile préjugé. Que d'actions criminelles n'a pas
épargné à la Société la crainte de déshonorer son père,
ses enfans, ses frères, et ses soeurs! Que de Scélerats,
au dessus ou au dessous de l'honneur, ont été retenus,
méditant le crime, moins par l'idée de leur propre châ-
timent, que par l'idée de celui qu'ils alloient infliger à
des innocens qui leur étoient chers! C'est depuis que
les Anglois sont parvenus à briser le frein salutaire de
ce préjugé, que les vols et les suïcides sont devenus si
fréquens dans leur Île. Les Chinois, dont les Philosophes nous vantent si fort la sagesse, pour élever plus
de barrieres autour du crime, ont ajouté au préjugé
qui flétrit le sang d'un criminel, une loi qui impose une
punition aux deux plus proches voisins d'un criminel.

La loi suprême des Sociétés policées étant l'intérêt
public, *une erreur utile est préférable à une vérité nui-*
sible, et *une injustice particulière, devient justice, dès*
qu'elle tourne au profit de la Société générale.

§. V.

La vraie philosophie est la sagesse; point de sagesse, sans l'amour de l'ordre, et point d'ordre, sans
de sacrifices continuels au bien public. Rien ne porte

autant à ces sacrifices, que les préjugés. C'est pour acquérir de la considération, et vivre dans l'opinion
d'autrui, qu'on sacrifie sa fortune et qu'on expose sa
vie à la défense de l'État. Le premier de nos devoirs
est sans doute de servir la patrie; mais est-ce la première de nos inclinations? La Nature ne nous porte-
t-elle pas à nous préférer aux autres? Il est donc nécessaire de chercher des objets assez intéressans, des ressorts assez énergiques, pour tromper et détourner les
inclinations naturelles; et où les trouver ailleurs que
dans les préjugés? L'Athénien croit habiter des murs
élevés par *Minerve:* le préjugé est pour les Arts, et les
Arts sont portés à leur perfection. Le Romain est persuadé que son Fondateur est fils du Dieu *Mars:* le préjugé est pour la guerre, et Rome devient la maitresse
de l'Univers. Le Musulman, persuadé que tout disciple
de *Mahomet* qui meurt à la guerre va droit en paradis,
expose sans regret sa vie pour la défense de ses Maîtres.
Quelle idée doit-on avoir des lumières et de la sagesse
de ceux qui, dans Athènes ou dans Rome ou à Constantinople, auroient cherché à dissuader le peuple des
préjugés de son origine et de sa religion? C'est pourtant
à ce degré d'extravagance que l'esprit philosophique a
porté la plupart des Écrivains de nos jours.

§. VI.

Les préjugés, dira-t-on, sont la honte de la raison:
mais la même sagesse qui fournit des lumières pour les
connoître et en gémir, nous ordonne de les respecter et
même de les accréditer par notre conduite. Avant de
boire la cigue, celui que vous regardez vous-même
comme le plus sage des Grecs, sacrifia un coq à *Es-*

culape, celui de tous les Dieux, auquel il croyoit le moins, et dont il avoit le moins besoin.

§. VII.

Telle est la nature de l'Esprit humain, et telle sa foiblesse, que l'illusion et le mensonge ont plus d'empire sur lui, que la raison et la vérité. C'est par l'imagination qu'on mène les hommes. Ils n'admirent et ne respectent que ce qu'ils ne connoissent pas bien, que ce qui en impose aux sens et à la raison. Voilà pourquoi les Législateurs qui, sans contredit, sont les vrais Bienfaiteurs de l'humanité, les vrais Sages, ont eu recours au merveilleux, pour rendre leurs loix respectables. Presque tous ont fait intervenir la Divinité, pour concilier plus de confiance et de soumission à leurs reglemens. Éclairer le peuple sur les préjugés enfantés par cette espèce de Charlatanisme, c'est lui apprendre à mépriser les loix. Il en est en général des Autorités les plus imposantes, comme des fleuves, d'autant plus majestueux, qu'ils sont plus éloignés de leur source, et qu'on respecte moins, à mesure qu'on s'approche d'avantage de leur origine.

§. VIII.

Les préjugés sont la raison de la multitude et les passions des gens d'esprit. L'homme qui sent le mieux que la gloire n'est qu'une vaine fumée, qui ne vaut le repos qu'on lui sacrifie, est souvent celui qui lui fait le plus de sacrifices.

§. IX.

Ceux qui déclament contre les préjugés sont d'autant moins raisonnables, qu'il seroit dangereux pour leur fortune ou leur tranquillité de faire des prosélites. Quel philosophe, tant soit peu sensible, ou malheureux, voudroit que sa femme, sa fille, son Ami, son juge, son Médécin, son héritier, son cuisinier, fussent sans préjugés?

§. X.

Un des mots les plus sages et les plus profonds du célèbre Chancelier *Bacon* est celui-ci : *Peu de philosophie détache des préjugés et beaucoup y ramene.*

CHAPITRE IV.

De l'Utilité et de la Nécessité des vices.

§. I.

Pour faire entendre raison aux esprits foibles, que le titre de ce Chapitre doit effaroucher, il est nécessaire de définir avant de prouver.

Les *vices* sont les passions portées trop loin. La *Vertu* se trouve placée entre un défaut et un excès, comme *Aristote* l'a observé, le premier; elle tient le milieu entre eux: la piété, selon cet instructif Moraliste, est le terme moyen entre l'Athéisme et la superstition. „La „Vertu," dit *Horace*, „est le milieu entre deux excès, et „elle est également éloignée de l'un et de l'autre *)." La poltronerie ou la pusillanimité est le défaut de courage, la témérité en est l'excès. Le bon esprit occupe le milieu entre l'imbécillité et la folie, ou entre la stupidité, qui

---

*) *Virtus est medium vitiorum et utrinque reductum. Lib.* 1. *Ep.* 18.

vient de la trop grande lenteur des idées, et la légèreté, qui vient de leur trop grande vitesse.

Nous pourrions pousser plus loin cette explication ; mais elle suffit pour montrer que les vices sont l'excès des vertus, ou que c'est au moins dans ce sens que nous les prenons ici.

§. II.

Les vices sont aussi naturels à l'homme social, que la faim et la soif à l'homme sauvage. Ainsi que les vertus, ils sont les élémens et les alimens de toute Société policée. Aucun Gouvernement ne pourroit subsister sans eux. Otez aux hommes l'ambition, la cupidité, la jalousie, la haine, la crainte, la superstition, l'hypocrisie, la charlatanerie, l'amour du merveilleux et du mensonge, ils cesseront aussitôt d'être sociables ; les liens qui les unissent, seront rompus, et la Société tombera en dissolution.

§. III.

Parmi les absurdités dont le monde philosophique regorge, une des plus accréditées et des moins contredites, est celle qui fait de la vérité la source du bonheur des hommes et le principe de tout bien.

Que les philosophes connoissent peu cette vérité qu'ils vantent tant, lorsqu'ils nous assurent qu'elle ne sauroit jamais nuire et qu'il ne faut pas plus la cacher au peuple qu'à ceux qui le gouvernent !

La vérité est si peu faite pour l'homme, qu'il n'est pas d'homme qui ne la redoute, pour lui-même, qui ne la défigure pour les autres, et qui ne cherche à l'étouffer, quand elle contrarie ses idées ou ses penchans.

La vérité plait si peu aux hommes, qu'il a fallu re-

courrir aux allégories, aux apologues, à des fables,
pour la leur rendre supportable, et c'est ce qui a fait
dire à l'un des Fabulistes du siècle dernier,

> l'homme est de glace aux vérités,
>
> il est de feu pour le mensonge;

et à un poëte de ce siècle-ci,

> la vérité plait moins, quand elle est toute nuë;
>
> et c'est la seule vierge, en ce vaste univers,
>
> qu'on aime à voir un peu vétue.

Les Grecs, qui l'appellent *Aletheia* et qui en ont fait
une Divinité, la représentoient dans les tableaux sous
les traits d'une Femme modeste et laissée à l'écart *).
Elle est restée vierge, sans doute à cause de son peu
d'attraits. Elle a eu des amans, mais aucun n'a osé
l'épouser.

Montrer au peuple la vérité, ce seroit vouloir le
faire renoncer à tout ce qu'il croit, et lui faire mépriser tout ce qu'il honore.

Allez dire à un Persan ou à un Turc, que *Mahomet*
n'étoit qu'un Imposteur, que l'*Alcoran* n'est qu'un recueil d'absurdités; vous verrez comme vous serez accueilli.

Un Philantrope qui eut dit aux Romains, qu'un
peuple conquérant n'est qu'une troupe de brigands,
n'eut-il pas passé pour un insensé, et le Sénat n'auroit-
il pas eu raison de le punir comme un ennemi de la
patrie?

Qui oseroit annoncer sans précaution à une mère

---

*) *Lucian. de Calumnia.*

tendre et accablée par la maladie, que son enfant chéri vient d'être tué?

Quel homme qui a reçu quelque éducation oseroit manifester, même aux gens les plus honnêtes, ce qu'il pense d'eux? Qui n'a pas quelque défaut, et qui de nous souffre patiemment qu'on l'en fasse appercevoir?

Essayez de faire entendre ou de prouver au Philosophe même qui préconise si absurdement la vérité, que toutes les vérités ne sont pas bonnes à dire; qu'il en est de dangereuses, de nuisibles, de criminelles; que l'homme préfère l'erreur qui le flate, à la vérité qui l'humilie; qu'il est plus heureux par les illusions, que par la réalité; en un mot, faites sentir à ce Zélateur du vrai, que ses idées manquent de justesse et de raison, et vous verrez combien lui-même aime peu la vérité.

§. V.

Les vices et les vertus de la Société ressemblent aux pierres des voûtes, dont l'obstacle mutuel fait le support *). Les unes et les autres contribuent également à la pression et au soutien de l'ensemble. Le Législateur est la clef destinée à contenir chaque pierre à sa place.

§. VI.

L'*hypocrisie* de moeurs n'est pas moins détestable, et est encore plus dangereuse, que celle de religion. Cependant si l'on se dépouille de toute prévention, de

---

*) *Societas nostra lapidum fornicationi simillima est : qua casura, nisi invicem obsturent, hoc ipso sustinetur. Senec. Epistol.* 95.

tout préjugé, on conviendra que ce vice, tout bas et
odieux qu'il est, a son coin d'utilité. Outre que la
franchise et la sincèrité sont de toutes les vertus les
plus mal récompensées, l'hypocrisie respecte les bienséances, nous épargne des scandales et force les plus
scélérats à l'exercice, au moins extérieur, de la vertu. L'hypocrisie des Courtisans de *Louis XIV.*, devenu
dévot, inspira une veritable piété à leurs enfants, et
les moeurs y gagnèrent.

Soyons vrais, si ce qu'on appelle dans le monde les
gens du bon ton, les gens de la bonne société, se montroient tels qu'ils sont, ne feroient-ils pas horreur à la
véritable honnêteté? et qui de nous n'aime mieux voir
un joli masque, qu'un visage hideux? Quand on a les
mains galeuses, on fait bien de porter des gands, en
plein été, comme en hyver. Pourquoi les femmes qui
mettent du blanc et du rouge, pour couvrir leurs rides
ou déguiser leur mauvais teint, ne cacheroient-elles pas
aussi, sous le fard de la vertu, l'inconstance et la bizar-
rerie de leur goûts, leurs petites ou grandes perfidies?
Soyons sincères encore une fois, et nous conviendrons
que la toilette de l'ame n'est pas moins nécessaire à nos
plaisirs, que celle du corps. Nous réussissons beaucoup
mieux à l'une qu'à l'autre, et c'est la première qui
exige moins de soins, tant l'amour-propre nous rend
habiles à cacher nos vices et nos travers. Nous vou-
drions pouvoir nous les déguiser à nous-mêmes, tant
l'erreur et l'illusion ont de charmes pour nous. Et puis
qu'on vienne nous dire encore, que la vérité n'est
propre qu'à faire le bonheur de l'homme!

§. VII.

Les vices s'opposent aux vices et peuvent se servir de contre-poids.

L'*Orgueil*, qui naît d'une trop grande confiance en soi-même, nous préserve de la *jalousie*, qui est un sentiment de nos désavantages comparés au bien d'autrui.

La *jalousie* fait naître l'*émulation*, passion noble qui, admirant le mérite des autres, nous porte à l'imiter et à le surpasser.

La *présomption*, qui fait que nous nous estimons au-dessus de notre valeur, nous garantit de l'*envie*, sentiment bas et malheureux qui tourmente, à la fois, et celui qui l'éprouve et celui qu'il attaque.

La *colère*, qui est une aversion subite et violente; l'*indignation*, qui est un sentiment de haine mêlé de mépris, sont des passions estimables, quand c'est le tableau de l'injustice ou de la méchanceté qui les excite.

La *timidité* justifiée par l'événement, devient *prudence*; une *témérité* qui réussit, devient *héroïsme*.

En général, les sentimens modérés font les hommes communs; et les gouvernemens ont besoin de passions fortes, d'ames immodérées, d'esprits exaltés, d'hommes imprudens. Si j'attends l'ennemi, quand il s'agit du salut de l'État, je ne suis qu'un citoyen ordinaire. Point de sublimité sans enthousiasme. Tranchons le mot, la prudence est ennemie des grandes vertus. Si le péril de mon ami, de ma maitresse, de mon roi, me laisse les yeux ouverts sur le mien, je ne suis qu'un ami, qu'un amant, qu'un sujet commun, et méprisable. Il n'y a

E

que les sentimens exaltés qui produisent les grandes
actions.

§. VIII.

Les vices sont aussi naturels aux hommes réunis en
Société, que la laine aux brebis, la plume aux oiseaux,
et la suffisance aux *So*......*).

A moins d'un changement dans le climat et le gouvernement, qui ont tant d'influence sur les moeurs,
l'Espagnol sera toujours grave et superstitieux, l'Italien
souple et vindicatif, l'Allemand guerrier et flegmatique,
l'Anglois sérieux et profond, le François vain et léger,
le Hollandois froid et intéressé, le Turc humain et religieux, le Grec fourbe et bas, et les Jeunes gens de tous
les pays, de toutes les religions, fanatiques ou liber-
tins. Il n'y a guères que les viellards et les génies
étroits, qui soient avares. Par-tout les gens doués d'une
grande sensibilité, sont ou voluptueux ou dévots, et souvent l'un et l'autre; par-tout les courtisans sont faux,
les politiques dissimulés, les financiers peu délicats, les
marchands frippons, les femmes astucieuses, les viellards durs, les enfans menteurs. Chaque âge, chaque
sexe, chaque condition a ses vices particuliers. Entreprendre de les réformer, ce seroit vouloir anéantir les

---

*) Le Personnage dont il s'agit est le même dont il est parlé
dans la Note qui termine le premier chapitre de cet Ouvrage. Quoiqu'il ait mis son nom et le mien, en toutes lettres, à la tête
du Libelle qu'il a publié contre moi, je crois devoir ne le dé-
signer ici que par les deux premières lettres de son nom et de son
caractère.

Ceux qui ont lû sa Diatribe, loin d'être étonnés de l'idée que
nous donnons de cet Auteur, ne le seront que de notre modération.

passions, c'est-à-dire, le seul ressort qui fait mouvoir les hommes et le seul lien qui les unit.

§. IX.

Les vices sont en général plus sociables que les vertus. Quel homme voudroit passer sa vie avec des hommes sans foiblesse? C'est ce qui faisoit dire à une Polonoise de beaucoup d'ésprit, qu'elle ne détestoit rien tant dans les hommes, que la perfection, ce qui certainement ne doit pas l'empêcher d'aimer son mari.

§. X.

L'homme social est naturellement si vicieux, que la sagesse fait un devoir de l'indulgence, et la religion, du pardon des injures.

Le cercle des vices s'aggrandit en proportion de celui des passions, et celui de nos passions ne se retrécit qu'à mesure que nous viellissons, que nous commençons à être inutiles à nos semblables, jusqu'à ce que la caducité, en nous faisant perdre tout sentiment, nous laisse à peine celui de notre existence, et nous ramene enfin au point d'où nous sommes partis.

§. XI.

C'est plus aux vices qu'aux vertus des peuples et des individus, que le Genre-humain est redevable de tout ce qui s'est fait de grand, de sublime et d'utile; que les États ont dû leur gloire et leur prospérité.

Les Républiques de Tyr et de Carthage seroient elles devenues si florissantes, sans l'*avarice* et la *cupidité* de leurs citoyens, qui leur faisoient braver tous les dangers et vaincre tous les obstacles?

N'est-ce pas à cette même soif des richesses que la

Hollande a dû sa splendeur et que l'Angleterre doit la sienne?

Si l'*envie* et la *jalousie* n'eussent tourmenté *Thémis-tocle*, à la vue des trophées de *Miltiade*, *Thémistocle* eut-il acquis les vertus et les talens, qui empêcherent les Grecs de succomber sous les forces gigantesques de *Xercés*?

N'est-ce pas à leur *ambition* demesurée que les Romains durent l'Empire de Monde?

Les Macédoniens, depuis longtems tombés dans l'obscurité et le mépris, se seroient-ils relevés, couverts de gloire, et rendu maîtres de la Grèce et de l'Asie, si *Philippe* et *Alexandre* n'eussent-eu le talent de leur communiquer l'enthousiasme de leur *vanité* ambitieuse?

A propos de vices, d'enthousiasme, et sur-tout d'ambition, c'est ici le lieu de parler de *Mahomet*, et de combattre l'opinion du vulgaire sur ce Grand homme.

J'observe d'abord que les Écrivains, qui semblent tous s'être donné le mot, pour traiter *Mahomet* d'imposteur, ont tort de lui attribuer cette qualification malhonnête, ou de ne pas qualifier du même nom *Zoroastre*, *Orphée*, *Minos*, *Lycurgue**), *Numa* et tous les autres

---

*) Qu'on ne me chicane point sur celui-là, le moins charlatan de tous. Il ne donna ses loix, qu'après avoir eu la précaution de se faire déclarer, par l'Oracle de Delphes, *l'Ami des Dieux*, et *Dieu plutôt qu'homme*. Imitateur de *Minos*, qui avoit persuadé au Peuple qu'il tenoit de *Jupiter* même les loix qu'il leur imposoit, *Lycurgue* fit croire aux Grecs, qu'il ne faisoit rien que par l'ordre d'*Apollon*. Ces Législateurs connoissoient mieux l'homme, que nos prétendus Philosophes ne le connoissent.

Législateurs profanes qui ont fait intervenir la Divinité, pour s'arroger de l'autorité et se rendre imposans.

N'en déplaise aux admirateurs enthousiastes de la Grèce et de Rome, je regarde *Mahomet* comme l'homme le plus grand, le plus étonnant de tous ceux qui figurent dans l'histoire abominable du genre-humain. Lui seul a réuni dans sa personne le Conquérant, le Prophète et le Législateur; projet qu'aucun homme encore n'avoit osé entrependre, ni peut-être imaginé, et dont l'exécution seule pouvoit prouver la possibilité.

Né dans l'obscurité, élevé dans la pauvreté, sujet à des attaques d'épilepsie, quels obstacles n'eut-il pas à surmonter, pour devenir le Chef de sa nation et le Fondateur d'un Empire, dont les débris ont formé trois puissantes Monarchies? *Alexandre* étoit Roi de Macedoine et avoit une armée déjà formée aux exercices militaires, lorsqu'il commença ses conquêtes; *César* étoit Dictateur et déjà fameux par plusieurs exploits guerriers, lorsqu'il tenta, inutilement pour lui, de subjuguer sa patrie; *Mahomet* seul puisa tous ses moyens dans son ame et dans son génie. Il fut secondé, dira-t-on, par l'ignorance de son siècle et par la grossièreté des peuples qu'il entreprit de conquerir. Oui, sans doute; mais sans les talens les plus sublimes, l'esprit le plus fécond en ressources, le caractère le plus courageux et le plus intrépide, sans la constance la plus ferme et la plus opiniâtre, étoit-il possible de s'élever à cette hauteur de puissance, presque surnaturelle, qui a soumis à sa loi l'Arabie et ses diverses Tributs, la Syrie, l'Égypte, la Perse, l'Asie mineure, les différentes Hordes de la grande Tartarie, la plupart des pays voisins

de l'Océan Éthiopien, de la mer Noire, de la mer Cas-
pienne, et tout l'Empire de l'Indoustan? La Religion de
Mahomet, toute fausse qu'elle est, a plus de Sectateurs,
je ne dis pas que la Catholique, dont le nombre a beaucoup diminué, mais que la Chrétienne avec toutes ses
Sectes. Et ce Prophète conquérant a sçu imprimer à ses
Sectaires un tel respect pour ses loix, qu'un Juif ou un
Chrétien qui porteroit la main sur l'Alcoran, qui en est
le recueil, n'éviteroit la mort, qu'en embrassant le Maho-
métisme, et qu'un Musulman même seroit puni avec la
même rigueur, s'il touchoit ce Livre, avant de s'être
lavé les mains.

La superstition et le fanatisme, sont après la faim et
la soif, les ressorts qui ont le plus d'énergie pour la conduite des peuples. C'est la poudre et le salpètre de la
morale. Que ceux qui gouvernent, au lieu d'éteindre ce
feu, apprennent à s'en servir, à le diriger, et il n'y aura
point d'entreprise qu'ils ne viennent à bout d'exécuter.

Quoique la Religion soit liée à la morale, il y a tant
de choses utiles à dire sur cet objet de la politique, qu'il
est bon d'en faire un livre à part.

LIVRE III.

PENSÉES ET OBSERVATIONS
RELATIVES A LA RELIGION.

———◆———

CHAPITRE I.

Des sources de l'idolâtrie et du penchant des
hommes pour la superstition.

§. I.

L'existence de l'homme en Société est tout différente
de l'existence de l'homme naturel. La Civilisation est
pour lui une seconde nature, comme nous l'avons déjà
observé, qui a ses besoins particuliers. Ceux de l'homme
sauvage sont en très-petit nombre. Ceux de l'homme
social, presque tous factices, sont très-nombreux; ils
se sont multipliés avec ses rapports.

Un des besoins du coeur et de l'esprit de l'homme
civilisé, est celui d'une religion. J'entends par religion la
croyance qu'on a de la Divinité et l'hommage qu'on lui
rend, en conséquence de l'opinion qu'on s'en est formée.
Les Descendans du premier homme, ayant perdu la connoissance du vrai Dieu, et ne pouvant vivre sans religion,
cherchèrent l'Etre suprême dans tous les êtres dont l'in-

fluence leur étoit ou nuisible ou avantageuse. Faute de connoître les causes naturelles et ne sachant à qui s'en prendre, lorsqu'ils éprouvoient quelque grave infortune, ils supposèrent dans les astres, dans l'air, dans les autres élémens, des Génies, des Dieux, des Puissances intelligentes et surnaturelles, qui gouvernoient à leur gré les élémens et les astres; et ces êtres, enfans de l'imagination craintive de l'homme, furent autant de Dieux, auxquels il adressa ses hommages. La terre, les saisons, les fleuves, les vents, les météores, en un mot tous les objets capables d'inspirer ou de la crainte ou de la reconnoisance eurent part à ses adorations. Les Dieux furent presque aussi nombreux que ses besoins, et comme a dit un Orateur religieux, tout fut Dieu excepté Dieu même.

§. II.

On ne juge ordinairement des êtres qu'on ignore, que par analogie avec ceux qu'on connoît déjà. L'homme prêta aux Dieux qu'il s'étoit faits une intelligence, une volonté, des vues, des passions, analogues aux siennes. Il crut que les élémens ou leurs moteurs irrités s'appaisoient, comme lui, par des prières et des présens. Il tacha de deviner quelles pourroient être les offrandes les plus agréables à ces Génies muets, qui ne faisoient pas connoître leurs inclinations. On leur offrit d'abord les prémices des fruits de la terre; on leur servit ensuite des viandes; on leur immola des agneaux, des génisses, des taureaux; et comme le délire de l'imagination humaine va toujours en augmentant, on finit par leur sacrifier des enfans et des hommes. C'est ainsi que nacquit l'idolâtrie, que s'établit le culte des faux

Dieux, et que de toutes ces extravagances il se forma peu à peu un Corps de doctrine religieuse, dans chaque société civilisée.

§. X.

L'homme est naturellement foible et accablé de besoins; le sentiment de sa foiblesse lui inspire de la timidité et de la crainte; la crainte le rend crédule et avide de tout ce qui peut l'étourdir sur ses maux. Il cherche à les adoucir par l'espérance, sentiment précieux, qui joint à l'état où nous sommes, les plaisirs de l'état où nous ne sommes pas et où nous désirons de parvenir. De-là, notre curiosité pour connoître l'avenir, et notre penchant à croire tout ce qui flatte nos désirs. A peine le Culte des Dieux fut il établi, qu'on leur éleva des autels et des temples, où l'on alloit les honorer plus particulièrement. Les prêtres, nommés pour desservir les autels et présider aux sacrifices, étant censés avoir un commerce plus intime avec la Divinité, furent consultés comme ses interprêtres, et de-là l'art de la divination et l'établissement des Oracles. Cette espèce de porte de l'avenir ne fut pas plutôt ouverte, qu'on vit les hommes de toutes les classes y accourir en foule, les gens d'esprit, comme les autres, tant la nature humaine est crédule pour tout ce qui l'intéresse vivement! Qu'on ne s'y trompe pas, quelque éclairé que soit notre Siècle, si l'on permettoit à des Charlatans d'établir un Oracle, dans un de nos temples ou ailleurs, le peuple s'empresseroit d'aller le consulter, dans toutes les affaires importantes, et bientôt les citoyens des plus hauts rangs, entraînés par l'exemple, ou séduits par des récits trompeurs courroient aussi, pour l'interroger sur leurs intérêts les plus chers.

On a défini l'Homme un animal raisonnable: il eut sans
doute été plus philosophique, et plus vrai, de le définir
un animal superstitieux, puisque dans tous les tems et
dans tous les pays, il a mieux aimé se prescrire les
cultes les plus extravagans, que de demeurer sans culte.
Rien n'atteste plus la nécessité d'une religion, que ce sentiment de crainte et de dépendance qui naît avec nous
et qui suit presque tous les hommes jusqu'au tombeau.
Notre imagination a besoin de nourriture comme notre
estomac, et la Religion, toujours féconde en merveilleux
et en consolations, peut seule lui en fournir une satis-
faisante. Combien sont donc peu philosophes ces Écrivains qui en ont pris le titre, lorsque ils s'efforcent d'ô-
ter aux hommes la religion, c'est-à-dire, ce qui est
seul capable de leur faire supporter le fardeau de la vie,
si lourd, si fatigant, pour quiconque né sensible a le
malheur d'être privé de cet appui!

CHAPITRE II.

De la Nécessité et de l'Utilité de la Religion.

§. I.

Plus d'un Lecteur sera peut-être scandalisé de nous
voir établir en principe l'utilité de la Religion, comme
si on en doutoit; mais qu'on daigne observer que nous
écrivons contre les Philosophes, et dans un tems où l'on
a publié, jusques dans des Gazettes, des Discours en faveur de l'Athéisme. Ne suffit-il pas d'ailleurs, que les
Constitutionaires françois aient considéré dans leurs Co-

des, la Religion comme inutile et même comme nuisible à l'État, pour que nous soyons autorisés à tâcher d'en montrer les avantages et la nécessité?

Nous parlerons d'abord de la Religion, en général, et puis de la religion chrétienne, en particulier, et dans l'un et l'autre Chapitre, nous nous bornerons à considérer la religion relativement à la politique. Si la sainteté et la vérité du Chriftianisme avoient encore besoin de preuves, nous laisserions cette tâche aux Théologiens qui en savent plus que nous.

§. II.

„Par-tout où il y a une Société établie, une Religion „est nécessaire." Cette maxime ne paroîtra pas suspecte, quand on saura qu'elle est de *Voltaire*. Cet auteur dit dans le même Ecrit*): „Telle est la foiblesse du Genre „humain et telle sa perversité, qu'il vaut mieux sans „doute pour lui d'être subjugué par toutes les supersti-„tions possibles, pourvû qu'elles ne soient pas meur-„trières, que de vivre sans religion." Il dit encore ail-leurs**): „Ôtez aux hommes l'opinion d'un Dieu ven-„geur et rémunérateur, *Sylla* et *Marius* se baignent alors „avec délices dans le sang de leurs concitoyens. *Au-guste*, *Antoine* et *Lépide* surpassent les fureurs de *Sylla*. „*Néron* ordonne de sang froid le meurtre de sa mère. „Il est certain que la doctrine d'un Dieu vengeur étoit „éteinte alors chez les Romains; l'Athéisme dominoit, „et il ne seroit pas difficile de prouver par l'histoire „que l'Athéisme peut causer autant de mal, que les su-

---

*) Traité de la Tolérance.
**) Homélies prononcées à Londres en 1762.

„perstitions les plus barbares. Je ne voudrois pas avoir
„à faire, ajoute - t - il dans un autre endroit *), à un Prince
„athée qui trouveroit son intérêt à me faire piler dans
„un mortier; je suis bien sûr, que je serois pilé. Je
„ne voudrois pas, si j'étois Souverain, avoir à faire
„à des Courtisans athées, dont l'intérêt seroit de m'em-
„poisonner; il me faudroit prendre au hazard du con-
„trepoison tous les jours. Il est donc absolument né-
„cessaire pour les princes et pour les peuples, que
„l'idée d'un Être suprême, Créateur, Gouverneur, Rému-
„nerateur et Vengeur, soit profondément gravée dans
„les Esprits.” Pourquoi donc t - es - tu si souvent efforcé
toi - même, d'effacer ces utiles vérités du coeur et de
l'esprit de tes Lecteurs? Pourquoi dans tes *Dialogues
de l'A. B. C.*, dans tes *Lettres philosophiques*, dans ton
Dictionnaire philosophique et dans tant d'autres ouvrages,
nous as - tu prêché le Matérialisme et l'Athéisme?

Dans un recueil d'observations morales et politiques,
et sur tout dans un Chapitre consacré, tel que celui - ci,
à faire sentir l'utilité et la nécessité de la Religion, il
n'est pas hors de propos d'observer que *Voltaire*, par
ses Écrits, a fait cent fois plus de mal que de bien à
l'Humanité, et que si la postérité ne consacre que les noms
qui se présentent devant elle avec le suffrage des gens
de bien, on ne se souviendra du sien, que pour le placer
à côté des *Erostrates*, des *Protagoras* et des l'*Aretins*.
Et véritablement, quelle estime peut - on faire d'un Auteur qui systématise sans principes, moralise sans moeurs,
dogmatise sans mission; qui retracte dans un endroit

---

*) *Oeuv. compl.* tom. 35. de l'édit. de *Beaumarchais.*

ce qu'il avance dans un autre ; qui ridiculise la vertu ; qui semble avoir pris à tâche d'en corrompre les
sources ; qui brave la pudeur, franchit les limites,
renverse les loix, attaque la Religion par des épigrammes ou des sarcasmes, la défigure par de fausses im-
putations ; qui prêche l'indépendance, le désordre, la corruption, l'anéantissement de tous les préjugés utiles? Qu'on
le lise, qu'on le suive, qu'on adopte ses idées: qu'en
résultera-t-il? les Jeunes-gens apprendront à son école
à secouer le joug du devoir, à moins respecter leurs
supérieurs, à répéter des impiétés et des blasphêmes,
à triompher dans leurs déréglemens ; les Gens de lettres,
à s'écarter des vrais principes, à violer les regles, à
oublier les bienséances, à se déchirer les uns les autres;
les Nations, à abbandonner leurs usages, leurs loix,
leurs moeurs, leur caractère, pour se repaître d'idées
frivoles, ou de vues chimériques, à préférer à leur intérêt et à leur gloire des goûts fantasques, l'attrait du
plaisir, et les honneurs du persifflage.

Tel est cependant l'Homme dont le Siècle a fait son
idole, qu'on a préconisé, honoré avec enthousiasme,
qu'on a encensé, sur ses derniers jours, au point de le
couronner et de lui décerner, sur un Théâtre public, les
honneurs de l'apothéose, et à qui la Nation françoise
s'est proposée très-sérieusement d'élever des statues,
sans songer que dans l'antiquité, et chez tous les peuples
sages, cet honneur n'a jamais été que le prix des vertus héroïques, ou des services rendus à la patrie. Faut-
il être surpris que le Gouvernement qui a souffert tous
ces Scandales, ait été renversé par les propres disciples
de celui qui en a été l'objet ? Quel homme a plus appris

aux hommes, que *Voltaire*, à dédaigner la Religion et
les Prêtres, à mépriser la Noblesse et les Nobles, à ne
pas respecter la Royauté et les Rois? les Prêtres, les
Nobles et les Princes françois ont recueilli les fruits
amers de leur imprévoyance ; je désire que cette terrible
leçon ne soit pas perdue pour les autres Gouvernemens.
Quelques uns paroissent trop se fier sur la discipline et la
force de leurs armées. Qu'ils songent que c'est l'opinion
qui dirige les armées ; que l'opinion se forme des idées,
et que le cours des événemens suit toujours celui des idées
ou de l'opinion, Voila pourquoi l'on appelle l'opinion la
Reine du monde, ou la Souveraine des Souverains.

§. III.

Dire à l'homme vertueux, en proye au malheur et
aux souffrances, qu'il n'y a pas de religion qui ne soit
l'ouvrage de la foiblesse, ou de la politique humaine ;
que tout finit avec la vie, et qu'il peut hâter la fin de
ses maux par une mort volontaire, c'est comme si, pour
encourager un Navigateur battu de la tempête, on lui
disoit qu'il n'y a plus de port ni de rivage pour lui, et
que devant être submergé, il dépend de lui de prévenir
ce désastre, en se précipitant dans les flots.

§. IV.

L'homme étant plus impérieusement gouverné par
les passions, que par la raison, c'est nuire à la Société
que de lui ôter le frein de la religion.

La probité est la vertu des philosophes et des
impies ; la vertu est la probité des hommes religieux.

L'Irreligion, dans les hommes élevés aux grandes
places, s'accorde difficilement avec la vertu et même

avec l'austère probité; ils seroient inconséquens, s'ils n'étoient des pervers.

Ce n'est tout au plus que dans la tranquillité de la vie privée, que l'habitude de l'honnêteté peut subsister avec l'absence de la religion, parceque dans la vie privée, on est moins en butte à la violence des passions d'autrui et des siennes propres. L'homme doué d'un tempérament doux et exempt des grands mouvemens de l'ambition, marche d'un pas plus ferme dans les sentiers de la justice et de l'honnêteté. Mais, si sa conduite étoit fortifiée de la croyance en un Dieu Vengeur et Rémunerateur, ses bonnes Actions seroient plus fréquentes, plus vertueuses, plus utiles. L'homme heureusement né, et qui a brisé le frein de la Religion, peut absolument ne pas nuire à la Société: mais s'il eut conservé l'espoir d'une autre vie, la croyance en un témoin de ses actions les plus secrettes; ce même homme eut servi la Société plus utilement et lui auroit fait des sacrifices, parceque la Religion peut seule en inspirer le désir et en fournir les moyens.

§. V.

Tous les anciens Législateurs ont senti l'insuffisance des loix civiles, pour le maintien de l'ordre social, parce-qu' elles n'ont point de prise contre les délits cachés.

Orphée n'a été placé au rang des bienfaiteurs du genre-humain, et n'a mérité le surnom de *divin*, que pour avoir jetté, le premier, dans le coeur des Thraces les semences de la religion. Qui n'honoreroit sa mémoire, quand on se le représente environné des habitans sauvages du Mont-ismare, et s'attirant leur attention, moins par les accords de sa lyre, que par ses récits sur la nature des Dieux qu'il annonçoit? En disant qu'il attendrissoit les rochers, et que les tigres perdoient auprès de lui leur férocité, la Fable a voulu nous faire entendre que les hommes les plus stupides, les plus cruels, ne pouvoient résister aux charmes de ses discours. C'est par le merveilleux, par l'espérance et par la crainte, qu'on captive les hommes, et chez tous les peuples les loix n'ont marché qu'après la religion ou avec elle.

§. VI.

Pour que la Religion conserve son empire dans un État, il faut que sa prédominance soit avouée par la loi; qu'il ne soit pas permis de lui manquer publiquement de respect; que ses Ministres jouissent, chacun selon son grade, d'une fortune qui les mette au dessus des besoins, leur attire la considération publique, et leur fournisse même les moyens de soulager les pauvres et de secourir les indigens. On ne respecte que ce qu'on honore, on n'honore que ce qu'on estime, et on n'estime que ce qui est hors de notre dépendance. Si les Desserviteurs du culte étoient pauvres, ils ne pourroient maintenir le respect dû aux solemnités de la religion: elles ont besoin de pompe et ses Ministres d'une certaine aisance. C'est ce qui a fait dire à un des plus ingénieux Écrivains de nos jours, que tout certain qu'il est de la durée du Catholicisme, il ne voudroit pas l'exposer à la privation des bénéfices *).

** *Lettre de M. de* RIVAROL *a M.* NECKER *sur l'importance des opinions religieuses.*

§. VII.

Les Grecs et les Romains étoient si fort pénétrés de l'importance de la religion, qu'ils avoient un Magistrat préposé pour veiller à sa conservation.

Par-tout la religion éleve un tribunal plus haut et plus redoutable, que celui des loix. Elle ne se borne pas à défendre le mal, elle ordonne de faire le bien; non seulement elle veut que nous paroissions honnêtes et vertueux, mais que nous le soyons véritablement. Son but est d'éclairer l'homme sur sa perfectibil té, de lui faire aimer ses devoirs les plus pénibles, de réprimer les égaremens d'une raison indocile, d'enchaîner les mouvemens des coeurs corrompus ou près de se corrompre, de faire de tous les hommes une Société d'amis ou de frères; en un mot, de les rendre moins malheureux dans la vie présente, en leur faisant espérer un bonheur parfait dans la vie future.

§. VIII.

Le serment est un des ressorts les plus utiles, pour retenir ou faire rentrer les hommes dans le cercle de leurs devoirs: or le serment est purement un acte de religion par lequel on prend la Divinité à témoin de la sincérité d'une affirmation. Ce lien salutaire n'en est plus un, dès que la religion perd son empire: et une des cent mille inconséquences des Constitutionnaires françois, c'est d'avoir considéré la religion comme inutile, et d'avoir, malgré cela, recourru, presqu'à tout moment, à la voie des sermens, pour affermir leurs Décrets contradictoires. On sait, que les sermens solemnels pretés par la première Assemblée ont été detruits par les sermens, non moins solemnels, de la seconde, et que

F

les sermens de la troisième étoient entiérement op
posés à ceux des deux autres. Quels Législateurs,
que des hommes qui familiarisent une Nation avec le
parjure!

L'Usage des sermens date, chez tous les peuples,
du commencement de la religion. Dès que les hommes
eurent quelque chose de respectable, de sacré, leurs
Chefs en firent aussi-tôt un frein pour suppléer à l'insuffisance des loix civiles, qui ne peuvent arrêter ni punir
les crimes dont les auteurs sont ignorés. Aussi la morale
des anciens sur les sermens fut-elle toujours très-sé-
vère. Le parjure étoit le plus grand des forfaits; quiconque en étoit convaincu passoit pour infame, demeuroit entaché le reste de sa vie, et étoit quelquefois puni de mort.

La loi du serment étoit irréfragable chez les payens;
aucune considération n'en pouvoit dispenser. Tout
homme qui avoit promis par serment de faire une
chose, étoit indispensablement tenu de l'accomplir, soit
qu'il eut été surpris, soit qu'il dût en résulter pour lui
des désavantages, pourvu toute fois qu'on n'eut pas
usé de violence pour lui arracher son serment. *Alexandre* insulté par la ville de Lampsaque y court
aussi-tôt, dans la résolution de la détruire. Un des habitans, nommé *Anaximene*, qui avoit eu part autrefois à l'éducation de ce prince, va au devant de lui
pour implorer sa clémence. Mais d'aussi loin qu'*Alexandre* l'apperçoit, *je jure par les Dieux de la Grèce*,
s'écrie-t-il, *que je ne t'accorderai point ce que tu viens me
demander*. Eh! bien, répond l'adroit Lampsacénien, qui
sentoit toute la force du serment, *ce que je vous de-*

mande, c'est que vous détruisiez Lampsaque. On sait que le Roi de Macédoine, lié par son serment, se vit dans l'obligation de sacrifier sa vengeance à la présence d'esprit de son ancien précepteur.

L'exactitude de *Regulus* à remplir le serment qu'il avoit fait de retourner à Carthage, malgré les supplices qui l'y attendoient, prouve encore que, dans l'opinion des payens, rien ne pouvoit dispenser d'accomplir son serment, et que plutôt que d'y manquer, on devoit être prêt à sacrifier sa fortune et sa vie.

Si le serment, comme il n'est pas permis d'en douter, n'a d'autre force que celle qu'il reçoit de la religion, il est de l'intérêt de tout Gouvernement de s'opposer aux progrès de l'irreligion, à moins qu'il ne veuille se priver du ressort le plus efficace pour maintenir l'ordre public.

§. VII.

L'ancienne constitution françoise, celle qui a élevé la Monarchie au plus haut degré de gloire et de puissance, a disparu; la constitution substituée à l'ancienne par l'*Assemblée Nationale* n'a duré qu'un moment; la *Constitution* républicaine que la *Convention* vient de donner à la France, ne sçauroit s'établir et prendre racine; la République aristocra - tyrannique de Pologne s'est éclipsée, ainsi que la Constitution monarchique qu'on lui avoit donnée le 3. Mai 1791; les Systêmes politiques changeront; les États se dissoudront, se renverseront, et le Vaisseau de la Religion se soutiendra, au milieu des orages et des tempêtes, parcequ'il sera retenu par une ancre très - forte, l'intérêt commun da la Société.

CHAPITRE III.

De la Religion Chrétienne, et de son Utilité particulière.

§. I.

Montesquieu, dont l'autorité doit être de quelque poids
auprès des Politiques, dit, en parlant de la Revelation,
une des premières bases du christianisme, *que c'est le
plus beau présent que Dieu pût faire aux hommes.* Et véritablement, le joug d'une religion et d'une loi divine
étoit nécessaire à la raison humaine; car que peut cette
raison si vantée, quand elle est abandonnée à elle-
même? Toujours active, toujours changeante, toujours
prête à s'élancer au delà de sa sphére, d'ailleurs soumise aux inégalités de la nature, aux illusions des passions, et se détruisant pour ainsi dire elle-même par le
desir de connoître et d'approfondir, il falloit opposer à
ses agitations, à ses inquiétudes, à ses méprises, une digue qui la reprimat et la contint dans une assiette capable de prévenir ses écarts. La Religion révélée à *Moïse*
et perfectionnée par la mission de *Jesus-Christ*, a posé
sagement les limites de cette raison incertaine. En l'assujettissant, elle l'éleve, en la contenant, elle la fortifie,
en la guidant, elle l'éclaire. La raison philosophique a
beau murmurer et se plaindre, la raison politique rend
hommage à cette sage contrainte. Elle avoue qu'il falloit
un Être suprême pour lui faire connoître le terme où son
aveuglement commence, et le but vers lequel elle doit
diriger ses opérations; elle rémercie cet Être bienfaisant

des grandes vérités qu'il lui a apprises, comme s'il eut voulu la dédommager du joug qu'il lui a imposé. Les Philosophes font consister la raison dans le pouvoir de tout penser, de tout examiner, de tout dire; les Politiques, plus sages, la placent dans tout ce qui est utile, dans l'erreur même, quand elle contribue au bien de la Société. Ce n'est pas dans la puissance de se nuire à soi-même, et de se donner la mort, qu'on doit placer la liberté de l'homme. L'insensé, que des liens salutaires retiennent, est-il en droit de se plaindre de ne pouvoir donner un libre essor à sa folie? La raison de l'homme le plus sage n'est-elle pas continuellemant exposée à s'égarer? Il ne faut qu'une passion, qu'une coupe de vin pour l'intercepter. La vue d'un rat, d'un Scorpion, le cri d'une scie ou d'une lime, les raisonnemens d'un Sonn....., suffissent pour faire trouver mal la femme la plus raisonnable et l'homme qui a le goût délicat.

§. II.

Bayle, que nos Philosophes regardent comme *l'honneur de la raison humaine*; *Bayle*, dont les Ouvrages ont fait naître et alimenté les déclamations de nos Discoureurs irreligieux, comment appelle-t-il cette raison, qu'on croit humiliée par sa soumission à la foi chrétienne? Il l'appelloit *un principe de destruction et non d'édification, qui ne sert qu'à douter*. Est-ce donc pour douter, que les hommes se sont réunis en Société? Tèl est cependant le terme où vont aboutir toutes les méditations philosophiques. Raisonner beaucoup, vanter une nature insociable, vouloir ramener les hommes à une égalité impraticable, chercher éternellement la vérité, et terminer ses recherches par avouer qu'elle est

cachée au fonds d'un puits, voilà ce qui résulte de cette
prétendue supériorité de raison, qui ne veut s'en rapporter qu'à elle seule.

N'est-il pas plus sage, plus digne de sa destination,
plus conforme à l'esprit de Sociabilité, de soumettre sa
raison à des loix divines, à des loix qui ne gênent que
les passions nuisibles, à des loix consolantes et qui raf-
fermissent celles de l'État où l'on vit, que de voguer
sans cesse dans le doute? Il n'y a rien de si conforme
à la raison, que l'aveu de son impuisance dans les choses qui la surpassent; son impuisance entraîne la nécessité de sa soummission; et s'il faut qu'elle se soumette
et s'humilie, n'est-il pas plus glorieux pour elle, de plier
et de se taire sous l'autorité d'un Dieu, que sous celle
des Philosophes qui se croient autant de Dieux?

§. III.

Est-il vrai que la morale du christianisme endurcisse
le coeur, et que ses préceptes soient imcompatibles avec
les devoirs du citoyen, comme l'ont avancé, d'après
quelques philosophes, les Constitutionnaires françois?

Un sauvage qui n'auroit lû que les ouvrages philosophiques de notre siècle, qui apprendroit par eux la licence qu'ils permettent, les vices nuisibles qu'ils préco-
nisent, les préjugés utiles qu'ils proscrivent, les sentimens avantageux qu'ils dégradent, l'indépendance qu'ils
affichent, et qui prendroit ces ouvrages pour nos Livres
religieux, pourroit avec raison avoir une fort mauvaise
idée de la morale chrétienne. Mais qu'un Esprit juste et
non prévenu parcoure tous les préceptes de notre Religion, il n'y trouvera au contraire que ce qui peut adoucir l'ame, la fortifier contre les misères, l'ennoblir et

la diriger vers le bien de la Société. Tels sont les effets, que la Loi Chrétienne a produits chez les peuples les plus barbares, lorsqu'on leur a annoncé les regles de perfection qu'elle enseigne. L'onction de son langage a d'abord commencé par amollir les coeurs féroces, et ces êtres auparavant depourvûs d'humanité, ont d'abord commencé par devenir hommes, avant d'être chrétiens. Qu'on lise les Relations des Voyageurs: on apprendra par elles, que de tous les Peuples policés, ceux où la Religion Chrétienne a pénétré, sont les plus humains, et les plus sociables dans le commerce de la vie. Sans parler de la barbarie, où étoit plongée toute l'Europe, avant qu'elle eut abjuré les faux Dieux et la superstition, il suffit de fixer ses régards sur le tableau actuel de la Société, pour sentir les avantages, que le Christianisme lui procure.

La morale borne ses devoirs à l'estime publique qu'on peut surprendre; notre Religion nous en fait un de notre propre estime; elle ne se contente pas du suffrage du public, si elle n'a celui de notre conscience. Elle ne permet pas à la ruse de passer pour prudence, à la prudence de passer pour la justice, à la justice de passer pour bienfaisance, ni à la bienfaisance de passer pour cette sainte charité, qui nous porte, non seulement à soulager, mais à prévenir les maux d'autrui. Rien n'échappe à son coup d'oeil, et quand la morale est obligée de sortir de l'homme pour le récompenser ou le punir, la Religion le punit au dedans de lui-même, dés qu'elle l'accuse, et le récompense, dés qu'elle l'approuve.

Où regne le plus l'honnêteté, la douceur, la condescendance, la générosité, le désintéressement? Est-ce parmi ces hommes licencieux, qui ont secoué le joug de la religion, qui ne cedent qu'à leur goût, que ne suivent que leurs penchans, et qui taxent d'imbécillité les hommes religieux qui leur sacrifient les leurs? Est-ce parmi ces Esprits cultivés, parmi ces Caractères philosophiques, parmi ces Ames enivrées d'elles-mêmes et prêtes à tout sacrifier aux mouvemens impérieux qui les dominent? Non, les Ames religieuses sont seules capables d'offrir le tableau de ces vertus réunies. L'expérience journalière prouve cette vérité.

L'homme abandonné à la nature, à la philosophie, à lui-même, est nécessairement égoïste, personnel, endurci, et devient bientôt inutile et même à charge à la Société, par l'abus qu'il fait de ses facultés.

Le Chrétien ou l'homme religieux, au contraire, s'occupe de tous les besoins de ses semblables et multiplie ses sacrifices et ses privations pour les soulager.

L'homme philosophe, s'il est conséquent, se fait centre de tout, ne s'occupe des autres que par rapport à lui; dans ce qu'il batit, au physique, comme au moral, sa propre commodité est le premier et souvent l'unique objet de ses soins; s'il sort de lui-même et qu'il s'occupe des autres, ce n'est que relativement à lui et pour en tirer quelque avantage, semblable à l'abeille, qui ne sort de sa ruche que pour y rapporter le suc des fleurs.

L'homme religieux oublie ses propres intérêts, pour s'occuper de ceux des autres, ou du moins il trouve les siens, qui ne sont pas toujours de ce monde, dans ceux d'autrui; son zèle se porte jusques sur les générations suivantes; de-là ces établissemens utiles, ces monumens de charité qui pourvoient à toutes les espèces des misères humaines. Ce n'est pas un sentiment passager qui produit la bienfaisance du Chrétien, ce n'est pas la vue seule de l'objet souffrant ou malheureux qui excite sa compassion; c'est la prévoyance, c'est le désir du bonheur général, c'est un amour profond de l'humanité entière.

§. IV.

On ne fera pas ici l'énumeration de tous les bienfaits que la sensibilité religieuse a repandus dans la Société: on se bornera à défier les Zélateurs de la Nature, de montrer un seul genre de misère auquel la Religion n'ait pas tâché de rémédier. Nous ne prétendons pas dire qu'elle soulage tous les maux: le tableau de la vie ne nous en présente que trop qui ne sont pas soulagés; mais nous soutenons que l'esprit de la religion les adoucit, et que si cet esprit étoit suivi, ils disparoîtroient tous de la surface de la terre, et les plus grands sacrifices deviendroient des jouïssances. C'est ce qui a fait dire à *Montesquieu*, que *la Religion chrétienne qui ne semble avoir d'objet que la félicité de l'autre vie, fait encore notre bonheur dans celle-ci**).

§. V.

Qu'on suppose une Société vraiment religieuse, quels genres des vices pourroient subsister dans son sein? Quelles obligations n'y seroient pas remplies? Quel principe de discorde ou de division en troubleroit la paix? Vainement la morale s'efforceroit-elle de suppléer aux

---

*) *L'esprit des loix*, *Liv.* 24. *C.* 3.

maximes de la Religion et à l'ascendant de ses inspirations : la morale est chancelante, il lui faut un soutien
pour la diriger constamment vers la justice et la vertu ;
et la Religion seule peut le lui fournir. Il est aisé de
tromper l'autorité, parcequ'elle est sans pouvoir sur
l'esprit et sur le coeur : il faut un ressort qui agisse sur
l'ame ; car c'est dans l'ame où réside le principe de
tous les désordres extérieurs : or la Religion seule peut procurer ce ressort et son efficacité. Son principal objet est
d'apprendre aux hommes de tout rang et de tout âge,
que le bonheur ne sauroit consister que dans la pratique
des devoirs. Un Gouvernement sage et éclairé aura bien
le même but ; mais il ne maintiendra l'ordre et la subordination, qu'autant que la Religion lui prêtera son
secours ; car il a nécessairement besoin de l'action d'une
puissance qui influe sur les coeurs, qui les adoucisse,
les reprime et en écarte les passions tumultueuses, dont
l'inquiétude ou l'impétuosité bouleversent les établissemens les plus solides. Rois, jaloux de la durée de votre
Empire et du bonheur de vos sujets ! n'oubliez jamais
que les dogmes du seul *Epicure*, après avoir corrompu
et renversé tous les États de la Grèce, causerent la
ruine de la République romaine, qui avoit resisté aux
armes victorieuses des Gaulois ; n'oubliez jamais que
les Gouvernemens les plus sages ont toujours protégé
et défendu la Religion, et que de touses les Religions la
Chrétienne est celle dont les principes et la morale sont
les plus propres à soutenir, entre vors et vos peuples,
cet amour reciproque, qui fait le bonheur de tous.

§. V.

Quels fruits d'utilité la Religion ne produit-elle pas?

Par elle les Souverains sont assurés de la soumission sincère de leurs sujets, es les sujets de la justice et de
l'amour de leurs Souverains. Par elle seule, le maître
peut s'assurer de la fidélité de ses serviteurs ; le mari,
de cette de sa femme ; le père, du respect de ses enfans ;
le commerçant, de la probité de ses commis ; le client,
de l'intégrité de son juge ; le grand seigneur, de la probité de son intendant ; et tous les subordonnés de la justice de leurs supérieurs. Par elle, les désirs coupables
sont étouffés, et les sentiments reglés sur l'utilité publique et individuelle. La Religion seule peut porter l'homme
à détacher de lui-même ce qu'il juge nécessaire à son
semblable, à lui restituer le bien ou l'honneur qu'il lui
a ravi. Que de familles injustement flétries par l'ignorance ou la scélératesse, doivent leur réhabilitation au
répentir que la Religion a fait naître dans l'ame des
vrais criminels ! Les loix civiles ont le pouvoir d'arrêter
le cours des injustices, de les réparer, ou du moins de
remédier à celles qui sont sensibles et connues : la Religion fait non seulement des hommes justes, elle veut
encore que la justice, la modération, la bienfaisance
soient aussi réelles qu'apparentes, qu'elles aïent leur racine dans le coeur ; qu'elles existent dans toute leur perfection. Dans ce dessein, elle n'approuve, elle ne loue,
elle ne récompense, que ce qui est aussi pur dans sa
source, que dans ses effets. En un mot, elle oblige l'homme
à se regarder comme ennemi de lui-même, au moment
qu'il cesse de se montrer l'ami des autres hommes, ou
qu'en se montrant leur ami, ses motifs ne soient pas
aussi nobles que ses actions.

§. VI.

Les Philosophes ont eu grand soin de relever avec
éclat quelques traits de superstition, de condamner avec
amertume certains excès de zèle, que la Religion con-
damnoit elle-même, de péser avec complaisance sur
plusieurs crimes commis en son nom, quoique proscrits
et anathématisés par sa morale. Ils ont osé même lui
imputer avec assurance des désordres dont elle n'a été
que le prétexte, et ont poussé la mauvaise foi, jusqu'à
mettre sur son compte toutes les horreurs commises par
le fanatisme.

„Soutenir, peut-on répondre avec *Montesquieu*, que
„la Religion n'est pas un motif réprimant, parcequ'elle
„ne réprime pas toujours, c'est soutenir que les loix ci-
„viles ne sont pas motif réprimant non plus*).”

De ce que la Religion a servi de prétexte pour répandre le sang, s'ensuit-il qu'elle ne soit pas utile?
La bonne foi, la bienfaisance, l'amitié, cessent-elles
d'être des vertus désirables et infiniment utiles, parceque des trompeurs, des ingrats et des perfides en abusent et se couvrent du manteau de ces vertus? Faut-il
rendre l'homme, dont on a pris le nom et la livrée, re-
sponsable des forfaits et des crimes qu'on a commis, à
la faveur de ce déguisement?

Nous savons qu'on rencontre, parmi les vicieux et
les criminels, des hommes persuadés de la vérité de la
Religion; mais quelle différence entre l'homme qui manque aux devoirs de sa Religion, en conservant dans son

---

*) *Esprit de Loix*, *Liv. 24. Chap. 2.*

coeur le respect pour cette Religion même, et l'homme effréné qui se livre par principe à ses passions, à sa perversité naturelle, ou acquise, parcequ'il a abjuré au dedans de lui même la Religion qui combat ses mauvais penchans! Il y a toujours de la ressource pour ramener au bien celui qui s'en est écarté, tant que la voix de ses devoirs peut se faire entendre à son coeur; au lieu que le méchant irreligieux est inaccessible au cri de la justice, comme à celui du remord; son ame endurcie, semblable à celle d'un homme frappé de paralysie, n'offre ni assez de feu pour le bien, ni assez de mouvement pour la vertu. J'en appelle à l'expérience. N'a-t-on pas vu, dans mille circonstances, des maux occasionnés par la corruption des penchans, désavoués ensuite par le regret, et reparés par un sincère retour vers le bien, aussi-tôt que la Religion a repris son empire dans le coeur du coupable? Lors même que l'aveu du crime sera stérile, n'est-il pas toujours un hommage à la Religion? et en humiliant le criminel, cet aveu n'est-il pas propre à retenir, par l'exemple, ceux qui seroient tentés d'imiter ses forfaits?

Dans l'Ordre philosophique rien reclame; point de motif qui ramene au devoir; les injustices, les crimes, les atrocités se consomment et subsistent sans aucune retractation. 'endurcissement le plus absolu est une suite nécessaire de l'incrédulité. Un homme qui ne tient, par aucun sujet de crainte ou d'espérance, à l'Auteur de tous les êtres, doit persister opiniâtrement dans sa feroèité, source de ses attentats. Aussi n'est-ce que dans ce Siécle de lumières et de philosophie, qu'on a vu des criminels braver jusques sur la roüe les menaces salutaires de la

Religion et expirer sans avoir déclaré les complices de leurs crimes.

Comme c'est à la Religion que s'addressent les reproches que les philosophes font à la superstition et au fanatisme, il est bon de faire quelques Observations sur ces deux excès; de voir s'il est possible d'en corriger les hommes, et dans le cas contraire, quel parti la Politique peut tirer de ces vices. C'est ce qui fera le sujet du Chapitre suivant.

CHAPITRE IV.

De la Superstition et du Fanatisme, et du parti que les Gouvernemens peuvent en tirer.

§. I.

Pour bien s'entendre et être bien entendu, il faut tout définir, comme dit le sage *Locke*.

La Superstition est une fausse idée de la Divinité, et dans ce sens toutes les religions, hors la véritable, sont des superstitions, et tous les adorateurs de Dieu, hors les Catholiques, des superstitieux, à parler en Chrétien catholique. Or, si comme nous l'avons prouvé, les hommes réunis en Société ne peuvent se passer de religion, la Superstition est un mal nécessaire dans les États qui ne sont pas Catholiques.

On entend plus communément par Superstition un excès de Religion, ou la fausse idée qu'on attache à certaines pratiques religieuses et auxquelles on se voue par trop de crainte ou trop de confiance; et dans ce sens, le Chrétien Catholique n'est superstitieux, que quand, par ignorance du véritable esprit de la Religion, il tombe dans quelque excès religieux. — Or, même dans ce sens resserré, on peut dire, qu'il est peu d'hommes qui ne soient superstitieux; car qui peut se flatter de saisir, dans la théorie et la pratique de la Religion, le point caractéristique de la vérité?

Dans un sens figuré, la Superstition ne diffère point du Fanatisme, et designe, comme lui, un excès de zèle, d'exactitude, d'amour, de piété, et même d'impiété. Ainsi, la vérité, la gloire, la philosophie, la Royauté, la Démocratie, l'Incrédulité, les Arts et les Sciences ont, tout aussi bien que la Religion, leurs dévots, leurs superstitieux, et leurs fanatiques.

§. II.

La Superstition est un abus sans doute, mais cet abus est inséparable de la Religion, et le détruire, c'est vouloir anéantir le principe qui le fait naître. Telle est la foiblesse de l'homme né et élevé dans la Société, que lors même qu'il a secoué le joug salutaire de la Religion, il reste dans son ame des germes de Superstition qu'il lui est impossible d'entiérement étouffer. Il a beau le nier, c'est une révolte et non pas un système. A moins d'être tout à fait insensible, il est des momens de douleur, de chagrin, d'infortune, de maladie, de vif intérêt, où le coeur du Philosophe le plus intrépide se rejette dans le sein de la Divinité, comme dans un port qui va le soustraire aux tourmens qui l'agitoient. On a vû des Joueurs, des Navigateurs athées recourir aux Superstitions les plus ridicules, au moment où ils étoient

menacés de la perte de leur fortune ou sur le point d'être
engloutis par les flots irrités.

§. III.

La Superstition est tout ce que la crainte ajoute au
culte du vrai Dieu. — Or quel homme doué d'un peu
de sensibilité ou d'une imagination tant soit peu vive,
n'est pas sujet à s'exagérer ses sentimens et ses idées?
L'amour divin, comme l'amour charnel, est une passion d'autant plus sujette à s'égarer, qu'elle est plus ardente ou plus tendre. La Dévotion conduisit *Sainte Thé-
rése* *) à l'exaltation et *Fénélon* au quiétisme. Si, comme
il n'est pas permis d'en douter, il se mêle toujours dans
nos idées quelque chose de nos sentimens et de nos passions, il est bien difficile qu'aucun homme religieux,
soit exempt de Superstition.

§. IV.

La plus grande erreur est de prétendre guérir l'homme
de ses erreurs. La Philosophie n'y parviendra jamais.
L'erreur est le résultat des passions, et sans les passions point d'existence sociale.

Un grand intérêt fait naître la crainte, la crainte engendre la crédulité, et la crédulité la Superstition. C'est
de ces passions séparées ou réunies, que sont nés les
Génies, les Démons, les Sorciers, les Magiciens, les
jours de bonheur ou de malheur, et tous ces préjugés
qui font tour à tour la consolation et le tourment des
petits esprits.

---

*) Voyez les *Lettres* de Sainte *Thérèse* et sa *Vie* écrite par
elle-même. Cette tendre Espagnole désignoit le Diable par ces
mots si profonds, *le Malheureux qui n'aimoit jamais.*

§. V.

La Superstition est la petite vérole de l'esprit de l'Homme en Société. Peu d'individus en sont exempts, et il est encore plus rare que les esprits, qui en ont été attaqués n'en conservent point quelque marque. *Newton*, l'orgueil de l'Espèce humaine, le grand *Newton* a commenté l'Apocalypse et a trouvé dans ce Livre que le Pape est l'Antechrist.

§. VI.

Le Fanatisme n'est autre chose que la Superstition mise en action. Il est à la Superstition ce que la frénésie est à la fièvre, comme la Superstition est à la Religion ce que la fièvre est à la santé.

§. VII.

Le plus horrible des fanatismes est sans contredit celui qui a porté les hommes à immoler leurs semblables à la Divinité, et cependant il n'est pas de Peuple, dans l'antiquité, qui n'ait été attaqué de cette triste fureur.

Homère peint *Achille* sacrifiant de sa main douze Troyens aux manes insensibles de *Patrocle*.

Au rapport d'*Euripide*, les prêtres Crétois mangeoient de la chair humaine aux fêtes nocturnes de *Bacchus*.

Selon les mythologues et les historiens, *Minos*, Roi de Créte, immoloit tous les ans sept jeunes Athéniens.

Les Carthaginois ne sacrifioient à *Saturne* que des victimes humaines. *Diodore* de Sicile rapporte que ces Peuples, ayant été vaincus par *Agathocle*, ils attribuerent leur défaite à ce qu'ils avoient irrité ce Dieu, en substituant d'autres enfans à leurs propres fils qu'ils

G

auroient dû lui immoler *). Pour réparer cette faute,
ils sacrifièrent, selon *Plutarque*, deux cent jeunes gar-
çons, qu'ils choisirent parmi la première Noblesse. Le
même Auteur nous apprend que *Gélon*, Tyran de Sicile, ayant aussi. vaincu les Carthaginois, près de la
ville d'Himere, mit pour une des conditions du traité de
paix, qu'ils n'immoleroient plus leurs enfans à *Saturne*
ni à aucun autre Dieu**).

Les Autels de *Diane* furent aussi arrosés de sang
humain dans la Tauride, à Sparte, et en Italie, dans
le Latium.

De pareils sacrifices étoient en usage chez les anciens
Brames ou Brachmanes, et l'on sait que cette barbarie
n'est pas entiérement abolie dans l'Inde, où les veuves,
par un reste de Fanatisme, se brulent sur le bucher de
leur mari.

Les Phéniciens, les Syriens, les Égyptiens ont également immolé des hommes à leurs Dieux.

On sait que les Druides, chez les Gaulois, bru-
loient des enfans dans des paniers d'osier.

Les Romains eux-mêmes, lorsqu'ils craignoient de
grands désastres, enterroient vifs, dans une place publique, deux Grecs, et deux Gaulois, de différent
sexe***).

En un mot, on seroit tenté de croire que cette fureur de répandre le sang humain, pour appaiser les

---

*) *Diodor. Sicil. Lib.* 20.

**) *Plutarch. de scite dictis Reg. ac Imp.* . . . . . *Id. de
Exilio.*

***) *Plin. Hist. Nat. lib.* 28. *et* 30. . . . . *Tit. Liv. Decad.
lib.* 22. *et alibi.*

Dieux ou se les rendre favorables, a été moins le Fanatisme de quelques hommes, que celui du Genre-humain.

Mais le Genre-humain, en s'éclairant, est-il devenu meilleur et plus sage? quelle différence y a-t-il entre immoler des hommes dans un temple ou sur un bucher et les faire périr sur une mine ou devant un bastion? Le Fanatisme de l'ambition, de la gloire, de la liberté, est-il plus raisonnable et moins cruel, que le Fanatisme religieux? Les hommes, en changeant de passions, ne font que changer de vices, comme en changeant de constitution, ils ne font que changer de chaînes. A la différence des moeurs prés, ce qu'ils sont aujourd'hui, ils l'ont déjà été et le seront toujours.

§. VIII.

On a tort, ou du moins on paroit avoir tort, quand on a raison avant les autres; quand on ne pense pas comme le public; quand on heurte de front les opinions accréditées; quand on devance l'opinion générale de quelques années. Qu'il me soit permis de m'honorer ici d'avoir eu de ces torts-là dans plusieurs de mes Ecrits, entre autres, dans le *Tableau philosophique de l'esprit de M. de Voltaire*, publié en 1771., où l'on trouve sur le Fanatisme la Tirade suivante. Elle fut regardée, dans le tems, comme le langage d'un zèle immodéré, mais les Philosophes législateurs de France n'en ont que trop démontré la vérité.

„Le Fanatisme religieux, disois-je, est dangereux
„sans doute, puisqu'il est l'effet d'une fausse conscience
„qui abuse des choses sacrées, et qui asservit la Re-
„ligion aux caprices d'une folle imagination; mais il
„faut convenir, qu'il en est une autre qui n'est pas moins

„à craindre et à reprimer, c'est le Fanatisme philoso-
„phique, qui offusque tout, attaque tout, brouille tout,
„renverse tout; Fanatisme qui prend sa source dans l'en-
„flure du coeur et dans la petitesse de l'esprit; Fana-
„tisme raisonneur, turbulent, qui veut tout changer, tout
„réformer; Fanatisme ambitieux, qui s'arroge tout et veut
„triompher de tout; Fanatisme artificieux qui emploie tous
„les moyens, qui se sert de toutes les ressources, pour
„s'accréditer et se faire valoir; Fanatisme téméraire et
„licentieux, qui ne respecte rien, qui sappe le Trône
„et l'Autel, altère la vérité, défigure la vertu et fait
„l'apologie du vice et du crime; Fanatisme intolérant,
„qui s'est permis plus d'invectives, qui a préconisé
„plus d'injustices, qui a exhalé plus de fureurs et d'abo-
„minations, que les fanatiques les plus outrés de la Re-
„ligion n'en ont proposées et exécutées contre les Phi-
„losophes. . . . . Depuis que les Incrédules s'érigent en
„prédicateurs, les loix sont elle mieux observées, les
„sentimens plus épurés, les devoirs mieux remplis, l'Hu-
„manité est-elle plus heureuse? La Religion a produit
„autre fois ce spectacle, et le produira toujours, quand
„on pratiquera ses préceptes. Que les Philosophes ne di-
„sent pas que si tout va mal, malgré leurs doctes prédica-
„tions, c'est que l'Autorité ne seconde pas leur zèle.
„Qu'on leur confie donc l'Autorité? qu'en arrivera-t-il?
„Les Philosophes ne seront plus que des Tyrans.”

Voilà ce que nous avons dit, il y a plus de vingt ans,
et ce que nous n'avons cessé de répéter de cent manières
différentes dans *les trois Siècles*, et dans nos autres ouvrages, sans que le Ministère, la Noblesse de la Cour,
ni le haut Clergé de France, aïent paru y faire la moindre

attention. Il a fallu, que la Philosophie achevât de renverser l'Autorité, qu'elle s'emparât de tous les pouvoirs, et se rendît coupable de toutes les espèces de
tyrannie, pour reconnoître la justesse de nos observations, et rendre justice aux motifs de notre zèle. Les
Dieux ayant résolu la ruine de Troye, rendirent les
Troyens insensibles aux avertissemens de la prévoyante
Cassandre: Quos Jupiter vult perdere, dementat.

§. IX.

Jusqu'à quel point la Politique permet-elle qu'on
ruine la Superstition? Peut-il exister un peuple libre de
tous préjugés superstitieux? deux Questions que fait *Vol-
taire*),* et auxquelles il ne répond à son ordinaire que
par des quolibets qui n'enseignent rien.

Nous observerons que la Politique tenteroit envain
de ruiner la Superstition, puisque la Superstition est,
pour ainsi dire, l'écorce inséparable de l'arbre de la Religion; puisque ce sont moins les pratiques minutieuses
et inutiles de la Religion, que les dogmes de Sectes religieuses qui passent pour Superstition, chez les autres
Sectes; puisque la vraie Religion regarde comme fausses
toutes les autres, et que celles-ci s'accusent reciproque-
ment de fausseté, et en accusent celle que nous regardons comme la véritable. La Politique ne permet de
ruiner que les Superstitions nuisibles à l'intérêt social,
et doit encourager celles qui, dirigées par elle, tournent à l'avantage de la Société.

Quant à la possibilité d'un *Peuple libre de tous préjugés superstitieux*, nous n'y croyons pas, par la rai-

---

*) Questions sur l'Encyclopédie, Article *Superstition.*

son, qu'il ne peut exister un peuple de vrais sages, un
peuple d'hommes parfaitement éclairés, un peuple sans
vices et sans passions. *Voltaire* est lui-même de cet avis
quand, imitant le ton et la profondeur du Citoyen de
Genève, il nous dit, que „l'Esprit humain une fois sorti
„des routes lumineuses de la Nature, n'y rentre plus; il
„erre autour de la vérité, sans en rencontrer autre chose
„que des lueurs, qui, se mêlant aux fausses clartés, dont
„la Superstition l'environne, achevent de l'enfoncer dans
„les ténèbres *).”

Celui de nos Philosophes qui a le mieux connu l'homme
naturel et l'homme social, ou qui du moins a mieux peint
l'un et l'autre, *J. J. Rousseau*, avoue que „le Fanatisme re-
„ligieux, quoique sanguinaire et cruel, est pourtant une
„passion grande et forte qui éleve le coeur de l'homme,
„qui lui fait mépriser la mort, qui lui donne un ressort pro-
„digieux et qu'il ne faut que mieux diriger, pour en tirer les
„plus sublimes vertus; au lieu que l'irreligion et en gé-
„néral l'esprit raisonneur et philosophique, attache à la
„vie, effémine, avilit les ames, concentre toutes les
„passions dans la bassesse de l'intérêt particulier, dans
„l'abjection du *moi* humain, et sape à petit bruit les
„vrais fondémens de toute Société.”

Il est bon, dans un Ouvrage consacré à la connoissance des vrais principes, de mettre quelquefois les Philosophes en prise les uns contre les autres, et le même
Philosophe, en opposition avec lui-même. Le Lecteur,
frappé de leurs contradictions générales et particulières, et qui sait que la vérité est une et invariable,

---

*) Diction. Philos. Tom. 4.; et 40. des Oeuvres complettes.

en est plus aisément convaincu que leurs Systêmes ne sont rien moins que conformes à la vérité.

§. X.

Pour faire sentir les inconveniens et les avantages qui peuvent résulter de la superstition et du fanatisme, il nous suffira de rappeller que l'un et l'autre sont l'effet d'un zèle outré des vertus, et d'appuyer cette définition de quelques exemples.

Les Musulmans accusent toutes les Sociétés chrétiennes de superstition et en sont accusés. Qui oseroit nier que *Mahomet* et ses Successeurs n'aïent dû le succès de leurs armes et le progrès de leurs conquêtes au zèle qu'ils ont sçû inspirer à leurs peuples pour la religion?

Judith, partant de Béthulie pour aller assassiner *Holopherne*, et Mlle de *Cordai*, partie de Câen pour aller délivrer la terre d'un monstre tel que *Marat*, étoient animées, l'une, d'un amour extrême pour sa patrie, l'autre d'un excès d'amour pour l'humanité; fanatisme précieux et d'autant plus digne d'admiration, dans la dernière de ces héroïnes, qu'elle ne s'étoit point dissimulé que la mort devoit en être le prix.

§. XI.

Le Ch^er. d'*Assas*, capitaine au régiment d'Auvergne, à l'affaire de Clostercamp, étant près d'un bois, pendant la nuit, y entre seul pour le fouiller, de peur de surprise. A peine a-t-il fait quelques pas, qu'il est investi par une troupe d'ennemis. Ils le saisissent, et, lui mettant la bayonette sur le coeur, le ménacent de le tuer, s'il dit un mot. Malgré cela, cet Officier crie avec intrépidité: *Auvergne! faites feu, ce sont les ennemis;* et percé de coups, il tombe mort. Il faut avouer qu'un fanatisme qui porte l'homme à sacrifier sa vie au salut de ses Compatriotes, mérite les encouragemens de la Politique.

§. XII.

Ne peut - on pas ranger parmi les fanatiques de cette gloire qui s'acquiert par les armes, ce Prince aimable et bien aimé, d'un esprit très-cultivé, Amateur éclairé de tous les Beaux-arts, et digne de leurs hommages, par l'accueil amical qu'il fait à ceux qui les cultivent avec quelque distinction ; en un mot, le Prince *Christian-Auguste* de *Waldeck* qui, à la première Campagne contre les Révolutionnaires de France, après avoir eu un bras emporté par un boulet de canon, n'a témoigné d'autre regret que la perte du tems employé à ses pansemens, et qui n'a pas été plutôt guéri, qu'au mépris des voeux de l'amitié, de la tendresse et des arts, il a volé à de nouveaux dangers?

§. XIII.

L'amour de l'humanité souffrante a aussi ses enthousiastes et ses fanatiques ; car le fanatisme n'est que la passion portée à l'excés. En 1781, M. d'*Apchon*, Archevêque d'Auch, apprenant que le feu embrase une maison de sa ville épiscopale, sort soudain de son palais et se transporte au lieu de l'incendie, pour ordonner les secours nécessaires. On lui dit qu'un enfant de trois ans est resté, dans une chambre que la flamme environne. Le Prélat crie aussi-tôt, *mille écus à celui qui le délivrera!* Personne n'ose affronter le danger. *Douze cent livres de pension!* s'écrie-t-il avec plus de force. Mais aucun de la foule n'osant tenter l'entreprise, le vertueux Archevêque s'élance lui-même à travers les flammes, va chercher l'infortunée victime, et la rapporte vivante. Les Lecteurs qui ignoroient ce trait d'humanité n'apprendront pas sans un nouvel intérêt, que ce digne apôtre de la Religion, plaça sur la tête de l'enfant les douze cent livres de pension qu'il avoit offertes à celui qui le sauveroit.

§. XIV.

Les Martyrs volontaires de la religion, de l'honneur, du patriotisme, peuvent être comptés parmi les fanatiques. Le fanatisme n'est condamnable que par son objet et ses résultats. Il n'est point incompatible avec la vertu, ni même avec la raison, qui doit approuver toute passion utile au bien général; mais il l'est avec l'esprit philosophique et raissonneur, qui, sous prétexte de tout analyser, de tout approfondir, refroidit l'imagination, desséche le coeur, étouffe le sentiment, et ôte à l'esprit l'enthousiasme et les illusions qui portent les hommes aux grandes et belles actions.

Qu'on daigne y réfléchir, et l'on conviendra, ou qu'il faut changer l'ancienne signification des mots, ou que l'art de gouverner les hommes en Société, est l'art de les dénaturer et de les fanatiser. Et véritablement, les meilleures institutions sociales sont celles qui font le mieux oublier aux hommes le sentiment naturel qui les porte à se préférer aux autres; celles qui éloignent l'homme de ses passions primitives, au point de lui faire sacrifier sans répugnance ses penchans à ses devoirs; en un mot, celles qui le dépouillent de sa propre nature, pour le revêtir des qualités factices qui constituent le citoyen.

CHAPITRE V.

Du Culte public; des Ministres de la Religion chrétienne, en général, et des Prêtres de l'église romaine et grecque, en particulier.

§. I.

La manière dont j'ai parlé de la religion, en général, et de la chrétienne, en particulier, ne doit laisser aucun doute sur mon respect pour la véritable: cependant comme je ne suis ni prêtre ni théologien, mais Écrivain moraliste et politique, et qu'il peut m'être échappé et m'échapper encore des choses hétérodoxes, je crois devoir déclarer, pour prévenir les malignes interprétations, que je ne considère les divers objets de la religion, que d'une manière humaine, et que je ne prétends point faire céder les intérêts sacrés aux intérêts politiques, mais les unir. La religion, qui ordonne aux hommes d'obéir aux Puissances établies, veut sans doute qu'on éclaire ces Puissances, pour qu'elles soient plus en état de donner aux hommes les loix qui leur conviennent. Or c'est là l'unique bût de mes observations. Il faut songer qu'il y a, en Europe, différentes Religions, des Juifs, des Chrétiens catholiques, romains et grecs, des Chrétiens grecs chismatiques, des Luthériens, des Calvinistes, des Anglicans, des Presbytériens, des Quakers etc. Nous écrivons, non seulement pour les États catholiques; mais pour tous les Gouvernemens.

„Toute Religion, dit *Hobbes*, fondée sur la croyance

„d'un pouvoir invisible et sur l'avenir, est une fable
„qui, avouée par le Gouvernement, porte le nom de
„vérité, et désavouée, porte le nom de superstition."

Sans adopter le sentiment impie de l'Auteur Anglois, on peut observer que la vraie Religion, passant
en effet pour superstition dans les Gouvernemens, où
elle n'est pas admise, il doit être permis à l'Observateur
qui écrit pour toutes les Sociétés policées, d'envisager
toutes les religions comme des institutions humaines, et
de les soumettre sans distinction aux regles de la Politique. Chaque peuple croit sa religion vraie, et meilleure que celle de ses voisins. Il importe peu au Législateur qu'elle soit vraie, mais il lui importe qu'elle soit
bonne, c'est à-dire, qu'elle ne puisse entraver les opérations nécessaires ou utiles au bien de l'Etat.

§. II.

De la nécessité de la religion résulte le besoin d'un
Culte public. Sans un Culte extérieur, la religion ne pourroit se conserver. En rassemblant les hommes dans un
lieu où ils croient la Divinité plus présente, en les éga-
lisant devant l'Être suprême, le Culte public les console
de leur foiblesse, nourrit leur espérance, les encourage
dans leurs devoirs, et les attache à la religion qui se
perdroit sans ce point de ralliement.

§. III.

Comme les idées religieuses ont précédé l'invention
des Arts, ce fut d'abord autour de simples autels de
terre, de gazon et de pierres brutes, qu'on s'assembla
pour faire des prières et des sacrifices à Dieu et aux
Dieux. Le persuasion, où l'on étoit que la Divinité af-
fectionnoit ces autels, élevés au milieu des champs et

des forêts, établit la coutume d'y recourir dans toutes les affaires intéressantes. C'étoit-là que les époux juroient la foi conjugale, que les magistrats promettoient de remplir avec fidélité leurs fonctions, et que les peuples contractoient des alliances avec leurs voisins.

Dès que l'architecture fut connue, on vit sortir du sein de la terre une infinité de temples plus magnifiques les uns que les autres. L'Égypte fut la première décorée de ces demeures divines. Le temple de *Jupiter* à Thebes, celui de *Minerve* à Sais, celui de *Vulcain* à Memphis, commencés par les premiers Rois, furent embellis par leurs successeurs. Les autres Nations imitèrent les Égyptiens. Les temples de *Belus* à Babylone, de *Jupiter-Olympien* à Athènes, de *Diane* à Ephèse, celui d'*Apollon* à Delphes, ont été les plus fameux.

Les autels et les temples regardés comme la demeure de la Divinité auroient dû n'être que le séjour de la piété et de la vertu. Ils servirent d'asyle aux coupables, et le téméraire qui auroit osé en arracher celui qui s'étoit mis sous leur protection, auroit été traité de profanateur et de sacrilege. Le droit d'asyle ne fut d'abord établi que pour les crimes involontaires; mais l'abus le fit servir aux attentats réfléchis. On voit encore des traces de ce respect superstitieux pour les lieux saints, chez quelques peuples chrétiens, où les églises servent de réfuge aux scélérats qui ont enfreint les loix du Dieu qu'on y adore.

§. IV.

La nécessité du Culte public entraîne celle des Ministres de la religion, ou des Desserviteurs des temples.

Le Philosophes ont beaucoup écrit contre les prêtres

de toutes les religions, beaucoup déclàmé contre l'autorité qu'ils se sont arrogée sur les autres hommes, et
beaucoup crié contre l'abus qu'ils ont fait de cette autorité pour enrichir leur ordre; mais en cela, comme en
une infinité d'autres choses, les Philosophes ont montré
leur peu de justice et de raison.

Et véritablement, s'il y a une classe d'hommes qui
ait bien mérité des hommes, c'est celle des prêtres;
s'il y a sur la terre une autorité naturelle, et une richesse excusable, c'est l'autorité et la richesse de l'ordre
sacerdotal. Ce sont les prêtres qui ont dénaturalisé,
c'est à dire, désabruti, décrassé, civilisé, policé l'Espèce humaine. Je ne décide pas si l'Espèce humaine en
est plus heureuse; mais on ne peut nier que ce ne soit
aux prêtres qu'elle doit sa civilisation. Chez tous les
anciens Peuples, ils ont été les premiers Dominateurs,
les premiers Poëtes, les premiers Médécins ou Charlatans, les premiers Législateurs, les premiers Princes,
les premiers Dispensateurs des biens factices et réels
de ce monde, et les premiers Géographes de l'autre.

Dans tous les pays, la Théocratie a été le Berceau
de tous les Gouvernemens; dans tous les pays, les premiers Rois étoient des Prêtres, ou les vice-gerens des
Prêtres. Les Prêtres de Chaldée, de Perse, de Syrie,
de Phénicie, d'Egypte, avoient une si grande part à
l'administration, qu'on peut dire que l'Empire, chez tous
les peuples, étoit partagé entre le Sceptre et l'Encensoir.
Les Daïris ou les Grands-prêtres des Dieux du Japon,
ont été les premiers Rois de cette contrée, et ont regné
dix-huit cent ans de suite. L'Empereur de la Chine est
encore aujourd'hui le Grand-pontife de la religion Chi-

noisc. Les Brames, descendans des anciens Brachmanes, vivent encore sous le pouvoir théocratique.
Depuis longtems le Thibet jouit aussi de cet avantage sous le Grand-Lama. Chez les Celtes et les
Gaulois, les Druïdes gouvernoient tout. Les Rois du
Pérou étoient de la famille des Incas, Prêtres du Soleil. Les Peuples n'en sont que mieux gouvernés, quand
l'Autorité divine et civile se trouvent réunies dans la
même main :

> Rome encore aujourd'hui, consacrant ces maximes,
> joint le Trône à l'Autel par des nocuds légitimes.

Enfin telle est encore la puissance religieuse sur les
esprits, que, depuis sa séparation du pouvoir monarchique, les Rois, pour se rendre plus respectables à
leurs sujets, ont crû devoir se revêtir eux-mêmes du
Sacerdoce, par le Sacre et les Cérémonies religieuses
de leur couronnement.

Et puis, qu'on vienne nous dire que les Prêtres,
instituteurs des premières Sociétés, premiers Dépositaires
de la confiance des peuples, premiers Possesseurs des
honneurs, des dignités et des biens de ce monde; que
les Prêtres, dont les Princes et les Rois n'ont été, dans
le commencement, que les Vicaires et les Lieutenants;
qu'on vienne, dis-je, nous répéter jusqu'à la satiété,
que les Ecclesiastiques sont usurpateurs des biens et des
Principautés qu'ils possèdent, et qu'il convient de les
en dépouiller, de les séculariser (ainsi que l'ont si équi-
tablement pratiqué les sages Législateurs de France)
sous prétexte que les Donations pieuses qui ont enrichi

l'Eglise, ont été faites dans un tems de crédulité et obtenues par la séduction.

Nous nous reservons, quand nous traiterons du *droit
de propriété*, d'exposer notre opinion sur la manière dont
les Gouvernemens peuvent, sans injustice, s'approprier
la partie des biens du clergé, qui excède les besoins du
culte public et de l'honnête entretien des Ministres de
la Religion.

En attendant, nous observerons que, quand l'Eglise
Catholique n'auroit fait que repandre la doctrine de
l'Evangile, cette morale sublime qui, des hommes de
tous les pays, fait un peuple de frères, l'Eglise auroit
droit aux hommages des amis de l'humanité. Mais le
Genre-humain lui a de plus l'obligation d'avoir dé-
friché une grande partie des terres de l'Europe; tem-
péré, dans les Siècles barbares, la férocité des guerriers; émoussé le fer des Gothes et des Vandales; servi
de barriere au Despotisme des Rois, et produit une
infinité d'Ecrivains et de saints Personnages, dont les
leçons et les exemples ont fait germer et entretenu les
vertus sur la terre.

Peuples! qui vivez sous des Princes ecclesiastiques,
malheur à vous si, guidés par les Systêmes destructeurs de la moderne Philosophie, il vous arrivoit jamais
de secouer le joug sacerdotal, qui est, fut et sera toujours le plus tolérable, le plus léger de tous!

Chargés de présider au culte et de diriger les moeurs,
les Souverains Ecclésiastiques mettent plus d'humanité
dans les loix, plus de retenue dans leur conduite, plus
de modération dans les châtimens, plus de reserve et
d'équité dans l'exercice de leur pouvoir. Si, dans les

tems d'ignorance et de ténèbres, ils ont imposé le joug de la superstition, ce joug étoit alors lié à la morale et remplaçoit le frein des loix. Les Temples étoient alors la seule école des Peuples.

En mettant, pour ainsi dire, le cachet de la Divinité aux loix civiles, les Pontifes de la religion les rendent plus respectables; et si, par ce moyen, ils ont amassé des richesses, fondé des villes, formé de petits Etats, mieux vaut pour les peuples, que ces richesses, que ces Souverainetés soient dans les mains du Clergé, que dans celles des Séculiers. Ceux-ci les retiennent, pendant des siècles, dans la même famille, tandis qu'elles ne font que passer dans la famille des autres et qu'il n'est pas de particulier qui ne puisse espérer d'en obtenir une portion. Que dis je? Il n'est pas d'homme obscur à qui il ne soit permis d'espérer de donner un Successeur au Pontife Souverain.

Combien sont donc insensés, ceux qui déclament si légèrement contre une Religion fondée sur la fraternité des Hommes et sur la paternité de l'Etre suprême; ceux qui se déchainent si indécemment contre un Sacerdoce ouvert à tous les Hommes, et qui les met à portée d'exercer la bienfaisance! Que de Races illustres se seroient éteintes dans la misère et l'opprobre, si des Ecclésiastiques tirés de leur sein, ne les avoient aidées, soutenues, avivées, par des secours légitimes? De combien de Grands-hommes les Arts, les Lettres, et les Sciences n'eussent-ils pas été privés, si les secours d'un Abbé, d'un Chanoine, d'un Curé, n'avoient mis ces Grands-hommes à portée de cultiver les talens qu'ils tenoient de la Nature?

Nations de l'Empire Germanique, profitez des fautes des François et n'imitez pas leurs travers. En dépouillant le Clergé de ses biens, ils ont péché non-seulement contre la justice, contre le droit universel et sacré des propriétés, mais encore contre la politique, en privant l'État d'une ressource et les particuliers d'un bien auquel les enfans de tous les Citoyens pouvaient aspirer. Un Peuple qui, au lieu de réformer les abus, a brisé tous les ressorts d'un Gouvernement qui duroit depuis treize siècles, et dont la gloire et la prospérité étoient l'objet de la jalousie des autres Gouvernemens; un Peuple, qui a abusé de la bonté de son Roi, pour l'avilir, le tyranniser, et enfin l'assassiner juridiquement; un peuple, où ceux qui possèdent reçoivent la loi de ceux qui n'ont rien, où le talent est préféré à la vertu, où les foibles sont sans appui, les pauvres sans secours, les opprimés sans protection, les malheureux sans consolation, les troupes sans discipline, la licence sans frein et sans limites, l'impiété sans crainte, le crime sans remords, où pour n'être pas victime, il faut devenir bourreau; ce Peuple, dis je, n'est pas fait, braves Germains, pour vous servir de modèle; mais pour vous attacher davantage, par l'exemple de ses malheurs, à vos Loix, à votre Religion, et à vos Souverains.

CHAPITRE VI.

Continuation du même sujet.

§. I.

La meilleure religion est celle qui a le plus de prise sur l'esprit et sur le coeur humain. A cet égard la religion Catholique, romaine et grecque, l'emporte sur les autres. Les images et les ornemens de ses temples, la pompe et la majesté de ses cérémonies, parlent aux sens, captivent l'imagination, et disposent l'ame à la piété, à la soumission et au respect.

L'obligation de déclarer, au moins une fois l'an, ses fautes à un prêtre, est un nouveau titre à la prééminence du Catholicisme sur toutes les Sectes chrétiennes. Que d'infidélités de tous les genres le seul souvenir de cette obligation n'a-t-il pas arrêtées! Que d'injustices cette confession salutaire n'a-t-elle pas réparées! Que de restitutions ne lui doit-on pas! *Rousseau* de Genève, tout protestant et philosophe qu'il étoit, reconnoît lui-même que la Société recueille de grands avantages de la confession.

§. II.

On reproche à la religion Catholique d'avoir trop de dogmes et de favoriser plus que les autres religions le fanatisme et la superstition, le célibat et l'esprit de contemplation, l'oisiveté, et l'intolérance.

Ces accusations intéressent trop la politique, pour ne pas mériter quelques observations.

Plus une Religion a de dogmes, plus elle a d'énergie et de puissance pour réprimer. Ce sont les dogmes qui donnent de la force aux préceptes. Et quand les Philosophes nous disent qu'il faut prêcher la morale aux hommes, et laisser de côté les dogmes, ils prouvent bien qu'ils n'ont qu'une connoissance superficielle de l'esprit humain. C'est le merveilleux qui attache à la Religion, qui la fait regarder comme divine, et qui par conséquent en fait respecter la morale. Otez le merveilleux ou les dogmes, la morale n'a plus qu'une autorité humaine. La morale religieuse ne peut pas plus se passer de dogmes, que les loix civiles ne peuvent se passer de la morale religieuse. Jamais la multitude ne sera assez éclairée, ni la portion éclairée d'un Etat assez maîtresse de ses passions, pour admettre comme regle de conduite l'utilité générale de la Société, ou le plaisir qu'on trouve à faire le bien. Il faut, pour brider le peuple, parler à son imagination et lui présenter des objets imposans ; comme il faut quelque chose de plus que l'amour de l'ordre, pour déterminer les gens éclairés à sacrifier leur intérêt à l'intérêt public.

Les loix civiles, par la crainte qu'elles inspirent, empêchent tout ou plus de mal faire ; au lieu que la religion, c'est-à-dire, la morale appuyée sur le mystérieux, force à faire le bien, à pratiquer la vertu, et, sans négliger le ressort des punitions ou de la crainte, elle entretient encore de récompenses et de félicités.

Le Législateur ne doit pas ignorer que le sentiment passager de la crainte a moins d'empire sur le cœur de l'homme, que celui de l'espérance qui compose l'habitude de la vie, car l'idée d'un sort plus heureux se mêle à toutes nos affections. La crainte est à l'espérance ce

H 2

que la haine est à l'amour, c'est-à-dire, la modification d'une passion habituelle, prédominante et mère de toutes les autres.

La superstition et le fanatisme, rouille naturelle et inévitable du frein de la religion, dirigés par une main habile, peuvent non-seulement concourir au bien de l'État, comme les autres vices, mais devenir un des plus puissans ressorts de la politique.

Le célibat, l'esprit de contemplation, les jours de fêtes et de repos sont sans doute des abus, puisqu'ils nuisent à la population et entraînent une suspension de travail qui diminue la richesse de l'État et les ressources des particuliers; mais si on rapproche les inconvéniens des grands avantages du Catholicisme, ils paroîtront bien foibles et trouveront grace aux yeux de la politique.

Toutes les religions dogmatiques ont des dévots et des tièdes, des superstitieux et des fanatiques, des pénitens et des fous. On sait que les Galles, prêtres de *Cybele*, se faisoient eunuques pour mieux honorer la Déesse. Certains prêtres d'*Isis* *) et ceux d'*Astarte*, Déesse de Syrie, se flagelloient en l'honneur de leur patrone. Les Saliens ou prêtres du Dieu *Mars*, sautoient, dansoient et se donnoient des coups de sabre dans leurs cérémonies. *Diane* avoit quelques temples dont les prêtres s'ensanglantoient à coups de verge. Le prêtre qui desservoit le temple que cette Déesse avoit dans la forêt

*) Cette Divinité, une des plus anciennes du paganisme, avoit un temple à Saïs, ville d'Égypte, et on lisoit au pied de sa statue cette belle inscription applicable au vrai Dieu: „Je suis tout „ce qui a été, tout ce qui est, tout ce qui sera, et nul mortel n'a „encore levé le voile qui me couvre." *Plutarch. de Iside et Osirid.*

d'Aricie, ne pouvoit être remplacé que par celui qui le tuoit; de-là vient qu'il étoit sans cesse armé d'un poignard. Nous avons déjà observé que toutes les religions anciennes, la chrétienne exceptée, ont porté le fanatisme jusqu'à immoler des hommes à la Divinité. *Numa*, le sage *Numa* institua l'ordre des Vestales. La religion des Chinois et celle des Mahométans ont des prêtres célibataires, des contemplatifs, des moines qui abregent leur vie à force de jeûnes, de prières et de macérations.   .

La religion des Grecs et des Romains étoit plus surchargée que la Chrétienne catholique de cérémonies, de processions, et de fêtes solemnelles, comme on peut s'en convaincre au mot *Fête* de notre *Dictionnaire des siècles payens*.

L'homme est sans doute né pour le travail; le plus grand nombre des individus est même condamné à s'en faire une ressource pour vivre ; mais comme l'homme le plus robuste ne peut toujours travailler, et qu'il a besoin de réparer ses forces, la religion et la politique lui ont assigné des jours de repos consacrés aux Dieux et aux réjouissances. Si ces jours de délassement et de piété publique sont trop fréquens parmi les Catholiques, il dépend des Princes d'en faire diminuer le nombre par les primats et les Evêques qui en ont le droit. Il dépend également d'eux de faire supprimer dans leurs États les célibataires inutiles ou à charge à la Société, tels que les moines non propriétaires ou qui ne vivent que d'aumônes. Le célibat n'est point un précepte évangélique, mais un conseil pour ceux qui aiment la perfection. Il ne nuit aux mœurs et à la population que lors-

qu'il est trop étendu et que l'Etat n'est pas assez po-
puleux.

Que les Législateurs ne s'y méprennent point. Il est
de la nature de l'esprit humain d'aimer, en fait de religion, ce qui est extrême et difficile; comme en matière de morale tout ce qui porte le caractère de la sévérité. Des diverses Sectes de philosophie, la Stoï-
cienne, dont les principes étoient si rigides, si outrés,
est celle qui a produit les meilleurs citoyens, le plus
de grands hommes, les princes les plus vertueux; car
les *Antonins* étoient de cette Secte. Le célibat, ainsi
que *Montesquieu* l'a observé, a été plus agréable aux
peuples à qui il sembloit convenir, et pour lesquels il le moins
pouvoit avoir de plus facheuses suites. Dans les pays du
midi de l'Europe, où par la nature du climat, la loi
du célibat est plus difficile à observer, elle a été admise
et conservée; tandis que dans les pays du nord, où
les passions sont moins vives, elle a été rejettée et
proscrite. Les hommes aiment tout ce qui suppose un
effort. Si le célibat a ses inconvéniens*), le mariage
des prêtres a aussi les siens. Les bénéfices n'étant pas
héréditaires, les enfans des pasteurs mariés, ayant communément reçu une éducation plus soignée que les enfans du peuple, et ne pouvant se soutenir, après la
mort de leur père, dans l'aisance dont ils jouissoient de
son vivant, peuplent l'Etat de misérables, de mendians,

----

*) Les Gouvernemens ont un moyen bien simple de diminuer
le nombre des Célibataires et de réparer bientôt le tort qu'ils font
à la population: ils n'ont qu'à exclure des emplois et de certaines
places les hommes non mariés.

ou d'escrocs. On prétend que la plupart des courtisanes de Londres doivent le jour à des Ministres de la Religion. Ces diverses observations ne sont pas indignes de l'attention du Législateur.

§. III.

Voltaire et d'autres Philosophes sans vraie Philosophie reprochent au Christianisme d'avoir mis au rang des Saints des hommes obscurs, des moines qui n'ont eu d'autre mérite que l'ignorance et l'enthousiasme ; mais quand ces hommes n'auroient pas édifié leurs contemporains par leur piété et par d'autres vertus, est-ce donc un si grand mal que de les avoir placés dans le ciel? Les Payens n'abuserent - ils pas des honneurs de l'Apothéose? Quel bien avoit fait à l'humanité le bel *Antinoüs*, à qui l'Empereur *Adrien* éleva des temples, donna des prêtres et même un Oracle? L'homme abusera toujours de tout, lorsqu'il en aura les moyens. „Quand il seroit inutile, dit Montesquieu, que les su-„jets eussent une Religion, il ne le seroit pas que les „Princes en eussent et qu'ils blanchissent d'écume le „seul frein que ceux qui ne craignent pas les loix hu-„maines puissent avoir *).

§. IV.

La nécessité de la Religion en fait une d'honorer ses Ministres. Chez la plupart des peuples, les prêtres ont fait un corps séparé et distingué des autres Castes. Chez les Égyptiens, les Juifs, les Perses, les Grecs, le Service des autels étoit confié à certaines familles, qui se perpétuoient dans le Sacerdoce. On sait que,

---

*) L'Esprit des Loix Liv. 24. Chap. 3.

chez les Péruviens, les Rois et les Grands-Pontifes étoient pris dans la Caste des Incas. *Les fonctions sublimes et sacrées des prêtres leur firent partager avec les Dieux la vénération des Peuples. Une longue prescription leur donna et leur conserve encore le droit d'élever la jeunesse, d'enseigner la morale, et de diriger les consciences. Ce n'est donc pas sans raison, ni sans justice que le Clergé occupe un des premiers rangs dans la Société. S'il a des possessions qui le mettent en état de paroître avec splendeur aux yeux du peuple, il les doit aux services qu'il a rendus et qu'on attend de lui. Mais plus il jouit de considération et de fortune, plus ses membres doivent de reconnoissance et d'attachement à la patrie qui les comble de bienfaits. Ils sont plus obligés que les autres hommes d'être bons citoyens, de s'occuper de la félicité publique et particulière, d'y concourir par leurs leçons, leurs exemples et leurs bienfaits. Dépositaires des aumônes que les fidèles ont remises en leurs mains, ils ne doivent jamais les fermer à l'indigence des particuliers, ni aux besoins de l'Etat. Un avare est un mauvais citoyen, mais, dans un Prêtre, l'avarice est une infidélité et un vol impardonnable.

§. V.

Les Enfans de la vraie Religion seront indulgens envers ceux des autres Religions, s'ils daignent réfléchir que c'est un bonheur, et non un mérite de se trouver dans la bonne voie; que les trois quarts et demi du genre humain ne sont pas Chrétiens et que les deux tiers des Chrétiens sont hors de l'Eglise Catholique Romaine. *La Nation, le pays, le lieu donnent la Religion,* (comme l'a dit *Charron*, dans son langage provincial) *l'on est de celle que le lieu auquel on est né et élevé tient: nous sommes Circoncis, Baptisés, Juifs, Mahométans, Chrétiens, avant que nous sachions, que nous sommes hommes; la Religion n'est pas de notre choix et élection* *). C'est ce qui doit engager ceux qui se trouvent placés dans le vrai chemin du Ciel à plaindre, et non à persécuter, ceux qui n'ont pas le même avantage. „Si le Ciel vous a assez aimés pour vous faire connoître „la vraie Religion, disoit un Calviniste à des inquisiteurs, „il vous a fait une grande grace; mais est - ce aux enfans „qui ont eu l'héritage de leur père de haïr ceux qui en „ont été privés?"

CHAPITRE II.

De la Tolérance et de l'Intolérance, en fait de Religion.

§. I.

Il n'y a peut - être point de matière sur laquelle les Philosophes du Siècle aient avancé tant d'erreurs, débité tant de mensonges, et si complétement déraisonné, que sur celle qui fait l'objet de ce Chapitre; mais comme il n'en est pas non plus qui intéresse d'avantage les Gouvernemens, nous tâcherons de ne rien omettre de ce qui peut répandre du jour sur la nature et les limites de la Tolérance civile et religieuse.

---

*) *De la Sagesse* Liv. 2. Chap. 5.

Ne perdons jamais de vue que l'homme s'aime de préférence à tout, et que ce sentiment, le seul qu'il apporte en naissant et le seul dont il ne peut se défaire qu'en cessant de vivre, lui fait haïr ce qui contrarie ses passions, ses idées et ses préjugés. Les hommes sont donc naturellement portés à l'intolérance, c'est-à-dire, qu'ils ne supportent qu'avec peine ceux qui sentent et pensent autrement qu'eux.

§. II.

Si la Tolérance est, comme on doit l'entendre, la permission tacite ou déclarée de professer et d'exercer librement et publiquement une Religion différente de celle qui domine dans l'Etat et que professe le Souverain, il n'y a point encore eu de Gouvernement tolérant; car celui des Etats-unis d'Amérique est encore trop récent pour avoir droit de faire exception.

Voltaire prétend néanmoins que les Grecs et les Romains furent tolérans et qu'ils ne persécuterent jamais personne pour ses opinions religieuses. „Ce qui fait „beaucoup d'honneur aux Grecs, dit-il, c'est qu'aucun „de leurs Gouvernemens ne gêna les pensées des hommes. „. . . . Athènes laisse une liberté entière, non-seulement „à la Philosophie, mais à toutes les Religions *)." „Chez „les Romains, dit-il encore, avec la même vérité, depuis „*Romulus* jusqu'au tems où les Chrétiens disputerent „avec les Prêtres de l'Empire, vous ne voyez pas un „seul homme persécuté pour ses sentimens **)."

---

*) Oeuv. complettes de Volt. Tom. 18. page 116. de l'Édit. de *Beaumarchais.*

**) Traité de la Tolérance.

L'Histoire nous apprend, au contraire, que les Gouvernemens Grecs furent intolérans, autant par zèle pour la religion, que par principe politique.

Et véritablement, loin de laisser *une liberté entière aux pensées des hommes*, *à la Philosophie*, *et à toutes les Religions*, les Athéniens se montrerent très-sévères à l'égard des Novateurs et des impies. *Diagoras*, le Molien, ayant fixé son séjour à Athènes et y professant l'Athéisme, fut déféré aux Magistrats et n'évita la mort que par la fuite. Le Gouvernement Athénien le condamna par contumace et décerna un talent à quiconque le tueroit, en quelque lieu que ce fût, et deux talens à celui qui l'ameneroit vivant à Athènes *). Ce Décret du Sénat fut gravé sur une Colonne d'airain.

Vingt ans auparavant, les Athéniens avoient jugé avec la même rigueur le Philosophe *Protagoras*, accusé seulement d'avoir douté de l'existence de Dieu. Ils ne souffroient pas qu'on élevât même des doutes sur cette matière. Ils ordonnerent aux Crieurs de rassembler tous les Ecrits de ce Philosophe, les firent brûler avec infamie, c'est à-dire, par la main des Bourreaux, et bannirent l'auteur de leur territoire à perpétuité. On peut citer encore, en preuve de l'intolérance des Grecs, l'exemple de *Socrate* accusé de mépriser les Dieux. C'étoit le pere de la philosophie morale et un excellent personnage; mais trouvant la Théologie des Athéniens trop grossière pour des Sages, il entreprit de la réformer parmi ses écoliers. On l'accusa de ne pas croire aux Dieux qu'honoroit la République et de corrompre la

---

*) *Cic. de Natura Deor. L.* 5.

jeunesse; et sur cette accusation, il fut, malgré ses vertus, condamné à mort et exécuté, ayant alors plus de soixante - dix ans.

Aristote, Précepteur d'*Alexandre*, après avoir achevé l'éducation de son illustre éleve, retourna à Athènes et y enseigna, pendant douze ans, dans le Lycée, la philosophie des Péripatéticiens. Il fut accusé de tenir des opinions contraires à la Religion de l'État, mais n'osant pas s'exposer à un jugement, dans la crainte d'être condamné, comme *Socrate*, à boire la ciguë, il s'enfuit à Chalcis, Ville d'Eubée, où il mourut deux ans après.

Il faut convenir, ou que *Voltaire* ignoroit ces traits de l'Histoire grecque, ou qu'il a menti impudemment dans son Apologie de la Tolérance.

Les Romains ne furent pas plus tolérans que les Grecs. Par une loi des douze tables, il étoit expressément défendu d'introduire et d'honorer, dans la Domination Romaine, d'autres Dieux que ceux de l'Etat: *Deos peregrinos ne colunto.* Cette loi, qu'on observa sous les Rois de Rome, fut renouvellée par la République. „Combien de fois, dit *Tite - Live*, liv. 39., au tems de „nos ayeux n'a - t - on pas donné Charge aux Magistrats „d'empêcher que le culte étranger ne s'introduisît parmi „nous? Ces hommes, consommés en prudence, jugeoient „que rien n'étoit plus contraire à tout droit divin et „humain, ni de plus propre à anéantir la Religion, „que la Licence de substituer des rits étrangers au culte „que nous tenons de la piété de nos pères."

Mécène, le Protecteur des Gens de Lettres, le Ministre et l'Ami d'*Auguste*, conseilloit à ce Prince de ne jamais souffrir aucun changement dans la Religion. On lit dans le sage Discours qu'il lui adressa, pour le détourner d'abdiquer l'Empire: „Voulez-vous jouir d'une „véritable immortalité? Profitez de mes conseils, et „par dessus toutes choses, honorez la Divinité en tout „tems, en tout lieu, suivant le culte de nos pères. Obligez „chacun à s'y conformer. Haïssez, punissez ceux qui „s'efforceroient de le détruire; vous le devez par poli„tique, autant que par piété. Qui méprise les Dieux, „ne respecte rien. Tout changement dans la Religion „en apporte aussi dans l'Etat. De-là les Associations, les „Cabales, les Complots, dont l'effet est si redoutable „aux Monarchies *)."

Voilà l'intolérance par principe clairement établie, chez les Romains.

Pour prouver leur intolérance par les faits, il suffit de rappeler ce que les Empereurs ont fait souffrir de persécutions et de tourmens aux Chrétiens jusqu'au Regne de *Constantin.* On peut citer aussi, d'après *Tacite,* le Décret rendu par le Sénat, l'An 19. de *Jésus-Christ,* pour purger l'Italie de la Religion des Égyptiens et des Juifs **).

Les Philosophes, toujours de mauvaise foi dans les mauvaises causes qu'ils défendent, citent l'impunité de *Lucrece* pour son poëme impie *de la nature des choses.* Mais, outre que *Lucrece* étoit devenu fou et qu'il se tua peu de tems après avoir composé cet ouvrage, il

---

*) Ce Discours de *Mecène,* qui renferme d'excellens Principes d'État monarchique, a été conservé par *Dion-Cassius,* Lib. 52., et traduit en françois par Mr. le Mis. de *Pompignan.*
**) Tacit. Ann. Liv. 2. C. 85.

n'y en avoit peut - être pas deux exemplaires dans Rome lorsqu'il mourut. Ce n'est que la publicité des impiétés que les Loix civiles doivent punir.

Les Romains étoient si peu tolérans, que leur into-lérance s'étendoit jusqu'aux ouvrages contre les moeurs, quand ces ouvrages étoient devenus publics par la multiplicité des Copies.

On sait qu'*Ovide* fut relégué dans les glaces de la Scythie, pour son *Art d'aimer*. Ni sa dignité de Che-valier, ni la bienveillance de la fille d'*Auguste*, ni ses Alliances avec *Mecène* n'empêcherent qu'il ne fût sacrifié à la sévérité de la loi *Julia*. Quand la Licence de son poëme n'auroit servi que de prétexte à son exil, il n'en se-roit pas moins vrai que les Loix Romaines punissoient, non - seulement les impies, mais les Poëtes licencieux.

Et l'on ose, après cela, d'un ton qui ne peut tromper que l'ignorance et la crédulité, on ose affirmer que les Grecs et les Romains *laissoient une liberté entiere à toutes les Religions, à toutes les pensées des hommes!* N'est - ce pas se mocquer des Gouvernemens et vouloir les induire en erreur?

§. III.

Quelque grossières et ridicules que fussent les fables qui formoient le tissu de la théologie des Grecs et des Romains, ces peuples étoient trop sages, pour souffrir qu'on méprisât ouvertement ces fables et qu'on les dé-criât. Ils appréhendoient avec raison, qu'on ne se-couât les moeurs, en secouant la religion. *Qui méprise les Dieux ne respecte rien*, comme le disoit *Mecène* à son maître, et comme tous les ministres des Rois de-vroient en paroître persuadés. Les Champs Elisées et le Tartare n'étoient sans doute que des fictions; mais ces fictions faisoient craindre des tourmens et espérer des récompenses après la vie. Prétendre gouverner la Société des hommes sans cette crainte et cette espérance, c'est vouloir qu'une machine conserve le mouvement et l'harmonie, après l'avoir privée de ses ressorts.

§. IV.

A voir l'indifférence avec laquelle la plupart des gouvernemens ont laissé depuis quelque tems circuler tant d'écrits licencieux, ne semble-t-il pas que nous ayons autant d'intérêt à sapper notre religion, que les anciens en avoient à assurer la leur? Cette Tolérance est d'autant plus bizarre, qu'il n'y a pas d'incrédule qui ne fût effrayé de voir son valet ou sa servante penser comme lui. Le frein de la religion une fois rompu, quelle digue peut-on opposer aux passions cachées des domestiques, des Aubergistes, des marchands de vin, des Droguistes et des autres personnes qui ont une influence immédiate sur la vie des autres citoyens? Il est si aisé à tout ce monde-là de se soustraire à l'oeil de la police et de la loi, qu'il ne peut être retenu dans le devoir, que par une autorité invisible et surnaturelle. Il faut au peuple, ainsi qu'aux hommes les mieux élevés, un ressort qui agisse sur leur ame, parce que c'est dans l'ame où réside le principe de tous les désordres, et la religion peut seule fournir ce ressort efficace.

§. V.

Telle est l'inconstance de l'homme et son amour pour la nouveauté, que les idées du jour ne seroient pas celles de la veille, si des esprits inquiets et turbulens avoient la liberté de publier leurs opinions, et d'employer, à l'abri de ces opinions, les ressources de l'éloquence et de l'intrigue.

Tolérer les Novateurs en fait de religion, c'est ouvrir la porte aux dissentions et aux troubles.

Qu'on ne s'y trompe pas : les prédicateurs de la tolérance sont moins les amis du Gouvernement, que les ennemis du culte dominant ; ils sont moins une secte de religion, qu'un parti dans l'État.

L'erreur commence d'abord par se répandre avec précaution ; foible, elle réclame la tolérance ; dès qu'elle s'est accrue, elle se révolte et veut dominer. Toute nouvelle Secte imite la Chienne de la fable, qui demande en suppliante un asyle pour mettre bas ses petits, et qui, lorsque ses petits sont devenus grands, chasse le propriétaire.

Telle est la marche des passions, et telle a été celle de toutes les hérésies qui ont pris faveur dans le monde. Que de troubles, de désordres, de malheurs et de sang répandu, on eut épargné à l'Allemagne, à la France, à l'Ecosse, etc., si on eut arrêté dans le principe les Écrits de *Luther* et de *Calvin!* C'est au défaut de vigilance et de vigueur de la part des Gouvernemens qu'on doit attribuer l'accroissement du Protestantisme. Il avoit déjà acquis une sorte de consistance, quand on s'occupa d'en arrêter les progrès. D'ailleurs, les moyens qu'on y employa étoient opposés aux conseils de la saine politique. On commença par des supplices, quand il ne falloit que des précautions ; on continua par être foible et complaisant, et l'on finit par ces effroyables boucheries dont le souvenir excite encore de l'horreur.

Le fameux massacre de *la saint Barthélemi* fut une

suite de cette malheureuse politique. On sait qu'il fut accompagné de tout ce qui caractérise l'inhumanité la plus barbare et le renversement des loix. Le parlement de Paris eut la lâcheté d'approuver, par un seul arrêt, les six ou sept mille*) assassinats qui avoient été commis dans cette ville.

Le parlement de Toulouse observa quelque forme extérieure de justice, mais le grand nombre d'exécutions qu'il fit faire équivaloit à un massacre. *Mezerai* dit que

---

*) L'Abbé de Caveirac, dans sa Dissertation sur la journée de la *St. Barthélemi*, (qui n'est rien moins qu'une Apologie de cet affreux événement, quoique *Voltaire* l'ait donnée pour telle,) a prouvé jusqu'à l'évidence, que ce massacre ne fut point une affaire de religion, mais une affaire de politique, une véritable proscription, et qu'il y a péri beaucoup moins de monde qu'on n'a écrit. Il est en effet démontré, par le martyrologe même des Protestans, que le nombre des victimes immolées dans les provinces fut encore moins considérable que celui de Paris. Cependant nos Philosophes l'ont porté jusqu'à cent mille, sans doute pour faire plus d'honneur à la France leur patrie. Le célèbre *Bossuet* fait monter le nombre des assassinats, commis dans Paris, à six ou sept mille, et nous avons suivi son opinion, parce qu'il étoit mieux instruit que les Écrivains postérieurs, parcequ'aucun d'eux n'a montré plus d'horreur que lui contre cette horrible boucherie. Il faut en lire la description dans son *Histoire de France*, tome 4, depuis la page 532, jusqu'à la page 545. Ce morceau l'emporte infiniment sur tout ce qu'on peut voir de plus éloquent et de plus fort, touchant la *St. Barthélemi*, dans les historiens, les orateurs et les poëtes. Ces deux vers de la *Henriade*,

Et des fleuves françois les eaux ensanglantées
Ne portoient que des morts aux mers épouvantées,

paroissent beaux, et le sont en effet, quoiqu'un peu traînans; mais qu'il sont foibles en comparaison de la phrase de *Bossuet*, que voici! *Et on voyoit les rivieres traîner, avec les corps morts, l'horreur et l'infection dans tous les pays qu'elles arrosoient.*

I

ce Tribunal fit trancher la tête, dans moins de cinq semaines, à trois cent Calvinistes, sans compter ceux qui
furent pendus, brûlés ou écartelés. Ce nombre de victimes
seroit encore trop grand, quand il s'agiroit de tout un
Royaume révolté. Dans ces cas malheureux, un Gouvernement sage compte avec économie les têtes qu'il
faut sacrifier. Le supplice des Chefs et des plus mutins
ramene bientôt le Peuple à son devoir. Si la saine politique et l'humanité prescrivent des restrictions et des
bornes dans les punitions, lors même qu'il est question
de venger la république et d'étouffer des révoltes; si la
discipline militaire, plus inflexible et plus rigide que la
justice des tribunaux, ne condamne au supplice qu'une
partie des coupables, quand ils sont en trop grand
nombre, sera-t-on plus sévère pour les crimes qui intéressent la religion? Les punitions de la justice ne doivent
point être des massacres. Le Christianisme est ennemi
du sang. Il n'admet aucune punition corporelle contre les
hérétiques ni contre les impies. Quand le prince ou le
magistrat les punit de peines afflictives ou capitales, ce
n'est et ce ne doit pas être comme hérétiques et impies purement et simplement; mais comme perturba-
teurs de la religion de l'État, ennemis de l'ordre, infrac-
teurs des loix civiles, des loix du souverain, rebelles
ou conspirateurs.

Le Conseiller *Anne Dubourg* fut justement dégradé
par l'Evêque de Paris: c'étoit un prêtre apostat: voilà
un jugement canonique. On le livra ensuite au bras séculier: voilà un procédé d'Inquisition et contraire à
l'esprit évangélique. Il fut condamné à être pendu et
brûlé; c'est un arrêt injuste contre lequel les Philo-

sophes de ce siècle ont eu raison de s'élever. J'en dis autant de tous les jugemens rendus en pareil cas. Il est barbare, il est affreux de punir de mort des hommes, non séditieux, uniquement pour leur croyance. La religion chrétienne affronte les supplices, mais elle ne les ordonne pas. Les premiers chrétiens expiroient dans les flammes et sur les roues; ce n'est point à leurs successeurs à dresser des échafauds pour y déchirer leur frères, ni des bûchers ardens pour les y brûler.

§. VI.

'L'humanité, la raison et même la saine politique disent au Législateur que les pensées et les opinions ne doivent point être du ressort des loix civiles. Les loix civiles ne peuvent avoir de prise que sur les actions. Un homme qui a le malheur de ne pas croire à la vraie religion est à plaindre et non à punir; mais s'il enseigne, s'il prêche publiquement de vive voix ou par des écrits la religion qu'il croit, dans un pays où l'exercice en est défendu, il mérite une punition, parcequ'il désobéit aux loix; mais ce n'est point alors la croyance qu'on punit, c'est la contravention aux loix.

§. VII.

Rien de plus dangereux pour la tranquillité d'un État que d'y autoriser l'exercice d'une culte différent de la religion dominante. Pour faire sentir la vérité de cette maxime, nous croyons devoir jetter un coup d'oeil politique sur l'établissement, les progrès, et la décadence du Calvinisme en France. C'est sur-tout par l'exposition des fautes des Gouvernemens, qu'on peut se rendre utile à la politique.

CHAPITRE VIII.

Contination du même Sujet. De l'Edit de Nantes,
de sa Révocation, et des fautes qui accompa-
gnerent ces deux Loix.

§. I.

On a introduit en Europe des fruits que la Nature sembloit n'avoir destinés qu'à naitre et à mûrir sous la Ligue; on a eu raison d'en enrichir nos climats. Mais s'il
y avoit, en Perse ou en Afrique, une plante qui, trans-
plantée chez nous, y causeroit des maladies, feroit-
on sagement de l'y cultiver? Quel propriétaire oseroit
l'introduire dans son verger ou dans sa terre? Une religion étrangère ou nouvelle est cette plante exotique,
qu'on ne peut accueillir sans danger, sans nuire essentiellement à l'arbre de la tranquillité, sans ruiner le cultivateur imprudent qui l'admettroit sur son sol.

§. II.

C'est un artifice commun à toutes les Sectes nais-
santes de prêcher les avantages de la Tolérance. Elles
défendent leur intérêt. La proscription des nouveautés
entraîneroit la leur, et c'est bien moins la liberté commune qu'elles réclament, que la permission particulière
d'établir leurs dogmes. A peine l'ont-elles obtenue et
sont-elles parvenues à affermir leur doctrine, qu'elles
deviennent intolérantes et persécutrices. „C'est un prin-
„cipe, dit l'auteur de *l'esprit des loix*, que toute religion
„qui est réprimée, devient elle-même réprimante:
„car, si-tôt que, par quelque hazard, elle peut sortir

„de l'oppression, elle attaque la religion, qui l'a ré-
„primée *).”

C'est ce que fit la Secte de *Calvin*, en France, dès
qu'elle y eut de l'accroissement. Un coup d'oeil impar-
tial sur la naissance, les progrès, et la conduite de cette
Secte, ainsi que sur les imprudences du Gouvernement
à son égard, peut n'être pas inutile à la connoissance
des vrais principes de régir les États. L'esprit de parti,
philosophique et religieux, a tellement défiguré cette
partie de l'histoire de France, que ceux qui s'occupent
de la morale des événemens, nous sçauront sans doute
gré de faire, de ces tems d'erreur et de fanatisme, l'objet de nos observations.

§. III.

Les mécontentemens de quelques Seigneurs, la politique des Princes voisins, la vie scandaleuse des Ecclésiastiques, la passion des hommes et sur-tout des François
pour la nouveauté, la crédulité du Peuple, et le défaut
de vigilance dans le Gouvernement, contribuèrent à l'accroissement d'une Secte qui, sous le nom de réforme,
relâchoit le lien sacré de la religion, diminuoit le
nombre des devoirs, corrompoit la morale, et tendoit
visiblement à l'anarchie et au républicanisme.

Les nouvelles maximes trouvèrent, plus que par-tout
ailleurs, des partisans dans les provinces méridionales, où les têtes échauffées par le climat, s'exaltent
facilement.

Le parlement de Toulouse, scrupuleusement attaché

---

*) L'esprit des loix liv. 25. c. 29.

à la religion catholique, s'allarma des progrès de l'hérésie et l'attaqua, dès qu'il la vit pénétrer dans son sein. Il interdit, en différentes occasions, retrancha même de son corps, ceux de ses membres convaincus ou violemment soupçonnés de l'avoir embrassée. Il n'y avoit en cela rien d'outré ni de cruel; mais bientôt après il eut le malheur d'adopter la barbare jurisprudence ecclésiastique qui punissoit de mort toute personne convaincue de Luthéranisme ou de Calvinisme, quoiqu'on ne pût lui imputer ni prédications, ni écrits séditieux. C'est ce qui est prouvé par plusieurs de ses arrêts, entre autres par celui rendu contre *Louis de Rochette*, Dominicain, brûlé vif, pour cause d'hérésie. On procédoit alors contre les hérétiques, à peu près comme on procede encore dans quelques tribunaux de l'inquisition. Le parlement ne voyoit seulement pas le procès; il ne faisoit *vû* que de la sentence ecclésiastique, et déclaroit la peine *indite de droit aux hérétiques*: cette peine n'étoit rien moins que d'être *brûlé tout vif**). *Arnaud de Bresse*, disciple d'*Abaylard*, après avoir été condamné par le concile de Latran, avoit été brûlé vif à Rome. *Henri Hermite*, qui

---

*) Nous croyons devoir rapporter tout au long l'arrêt contre le dit de *Rochette*. Cet arrêt ne permet pas de douter que la seule conviction d'hérésie, sans autre circonstance aggravante, n'entraînât la peine de mort. *O tempora! O mores!*

„Vû, par la cour la sentence rendue par l'archevêque de Tou„louse ou son Vicaire général, par laquelle frère *Louis de Ro„chette*, religieux de l'ordre de *St. Dominique*, jadis inquisiteur „de la foi, a été dit et déclaré *hérétique* et comme tel renvoyé au „bras séculier; la dite cour, les chambres assemblées, a déclaré „et déclare icelui de *Rochette* avoir encouru *les peines indites de* „*droit contre les hérétiques*; et pour ce l'a condamné et condamne

enseignoit les erreurs de *Pierre de Bruys*, avoit souffert le même supplice à St. Gilles, en Languedoc. A Constance, on avoit traité avec la même rigueur *Jérôme de Prague et Jean Huss*. Ces exemples réunis formoient la cruelle jurisprudence, qu'un zèle aveugle et sanguinaire avoit établie, mais que la religion bien entendue désavouoit, alors, comme aujourd'hui.

Les autres tribunaux ne furent pas plus sages que celui de Toulouse. L'arrêt rendu par le parlement de Paris contre le malheureux *Anne Dubourg*, dont nous avons dit un mot, en est une preuve. Les sentimens de ce conseiller Clerc le rendoient indigne de sa charge, comme apostat de la foi et infracteur de son serment: c'étoit plus qu'il n'en falloit sans doute pour le dégrader, mais ce n'étoit pas assez pour le condamner à mort. Son supplice ne pouvoit plaire qu'à des fanatiques, qu'à des tigres altérés de sang.

On lit avec peine dans l'histoire *), que le Pape, ayant appris ce qui s'étoit passé à la Mercuriale du parlement, le 15. Juin 1559, quand le Roi *Henri II.* fit arrêter en sa présence et conduire tout de suite à la Bastille trois conseillers, fauteurs du Calvinisme; on lit avec peine, dis-je, que ce Pontife blâma le Roi de n'avoir pas fait brûler sur le champ le principal d'entre eux. De pareils traits irritent les ennemis de l'église et

---

,,d'être mis et délivré entre les mains de l'exécuteur de la haute ,,justice, mené à la place de Salin, et là *brûlé tout vif*. Et as- ,,sisteront au présent arrêt le Sénéchal, juge d'appaux, etc. le 19. ,,Septembre 1539.''

*) Voyez, entre autres, l'histoire de France par le P. *Daniel*, où ce fait est rapporté.

affligent ses enfans. Un Catholique respectueux ne s'abandonne pas pour cela à de vaines déclamations contre le St. Siège; mais il méconnoit, dans ces mouvemens de fanatisme et de cruauté, la douceur et la charité qui doivent caractériser un Vicaire de *Jésus-Christ.*

§. IV.

Regle générale, on ne doit punir de mort, en matière de religion, que ceux qui troublent l'État par des factions, par des révoltes, ou qui les provoquent par des écrits séditieux, et on ne doit les punir qu'après un jugement légal et juridique.

Cependant, dans ces tems malheureux, que de jugemens et de punitions opposés à cette maxime dictée par l'équité!

§. V.

Si, au lieu de brûler les Luthériens et les Calvinistes, lorsqu'ils commencèrent, sous *François I.*, d'infecter la France, on leur eut opposé une police rigoureuse contre leurs assemblées, l'exclusion absolue de tous les emplois pour les personnes convaincues ou justement suspectes d'erreur, des punitions capitales contre les Prédicans et contre les auteurs et distributeurs de livres, on auroit empéché les progrès de leur doctrine, sans rendre le Gouvernement odieux. Les voies que l'on prit, faute de connoître la marche des passions humaines, furent effrayantes sans succès et cruelles sans fermeté. Outre le grand nombre de citoyens de tout rang qu'on fit périr dans les supplices, on incendia des Contrées entières dont on égorgea les habitans, sans distinction d'âge ni de sexe; et l'on passa de ces excès d'inhumanité à des actes de tolérance, aussi honteux à l'autorité royale, que nuisibles à la religion et à l'État. En fait de gouvernement, le vice des opérations suit toujours le défaut de plan.

Les Calvinistes obtinrent bientôt toutes leurs demandes.

Les Édits de pacification rétablirent, dans les charges et dans les emplois, ceux qui, pour avoir embrassé la prétendue réforme, en avoient été privés. La Ligue, dont l'objet apparent étoit de les détruire, et le but réel, d'exclure *Henri IV.* de la succession à la couronne, ne servit qu'à les affermir. Un État gouverné par de bonnes loix n'a pas besoin, pour se maintenir, de l'association particulière de ses sujets. Que les Ligueurs, qui occupoient les trois quarts du Royaume à la mort d'*Henri III.*, se fussent déclarés sur le champ pour son légitime Successeur, la guerre civile étoit finie, et les Huguenots n'eussent pas rendu à *Henri IV.* les services signalés, qui le portèrent enfin à leur accorder le fameux Édit de Nantes. Ils se prévalurent, comme de raison, des obligations qu'il leur avoit et des craintes que lui causoient toujours, malgré son abjuration, les partisans secrets de la Ligue. Et véritablement, il eut beaucoup de peine à désarmer le Vatican et l'Escurial. Il étoit converti, et Rome ne laissoit pas de l'excommunier et l'Espagne de lui faire la guerre. On ne sait pas si ces deux Puissances se reconcilièrent sincèrement avec lui; mais on sait que plusieurs années après sa conversion, dans quelques Diocèses et dans quelques maisons religieuses, vouées au Vatican, on ne faisoit point mention de lui dans les prières pour la famille royale. Ainsi l'on

peut dire que c'est sur-tout par la faute du St. Siege que
les Protestans ont obtenu en France le libre exercice de
leur religion.

§. VI.

Si les Catholiques de France eussent été persuadés,
comme ils devoient l'être, qu'on doit rendre à *César* ce
qui est dû à *César*, de quelque Religion qu'il soit ; qu'il faut
obéir aux Souverains, même hérétiques, *etiam discolis*,
ils auroient plaint *Henri de Navarre* comme hérétique et
l'auroient servi comme Roi. Par là les Protestans lui de-
venoient inutiles ; ils n'avoient plus de droit à ses faveurs.
De quel front eussent-ils osé lui demander des temples, des
tribunaux, des places fortes ? Quel titre avoit une Secte
si récente, pour entrer en partage avec la Religion catholique, qui, depuis onze cent ans étoit la Religion unique ,
héréditaire, patrimoniale des François et de leurs Rois ?

§. VII.

Si l'Édit de Nantes fut l'effet de la nécessité et de la
reconnoissance, sa Révocation fut, à quelques dispositions près, l'ouvrage de la justice et du devoir. Je n'y
mets pour rien la piété, parce qu'il est des matières et
des occasions où ses mouvemens ne doivent pas influer
sur la conduite d'un Souverain.

Qu'un Prince soit appellé, par droit de naissance
ou par élection au Gouvernement d'un Etat, dont la Religion dominante seroit différente de la sienne, et qu'il
promette de la maintenir (ce qu'eût fait *Henri IV.* s'il
eût gardé sa Religion, en montant au Trône) ce Prince
est obligé, non seulement par les loix de l'équité, mais
même par les loix de la conscience, d'être fidèle à son
serment. Il n'a d'autre voie que l'exemple, d'autres re-

cours qu'à la providence, d'autre droit que la persuasion, pour convertir ses sujets. Un Roi d'Angleterre de
notre Communion ne pourroit, sans trahir sa sonscience,
violer en faveur des Catholiques, les constitutions qu'il
auroit juré d'observer, ni refuser sa protection à l'Eglise
anglicane. Les Electeurs de *Saxe* entendent la messe,
dans leur palais, et ne permettent pas qu'on la dise publiquement ailleurs.

Or la Religion Catholique avoit en France sur le
Calvinisme et sur le Luthéranisme des avantages que
ces Sectes n'ont pas sur elle, dans les pays mêmes qui
les ont adoptées. Elle étoit sur le Trône et dans l'Etat
depuis *Clovis*. Un prêtre apostat, des religieux défro-
qués, premiers apôtres de la prétendue Réformation,
pouvoient-ils prétendre l'exercice libre et public de leur
Secte, dans le plus ancien des Royaumes Catholiques?
Ils n'avoient pour eux ni titres, ni profession. Séparés
tout récemment de l'Eglise, ils avoient eux-mêmes pro-
fessé la Religion de leurs pères. Ils sortoient du sanctuaire, et demandoient des temples! On est encore plus
étonné de l'injustice, que de la témérité de leur prétention. N'étoit ce pas autoriser tous inventeurs d'opinions nouvelles à réclamer pour eux la même publicité
de culte et les mêmes priviléges, que le Calvinisme avoit
obtenus dans sa naissance? et de-là quelle confusion
dans la croyance! quel danger pour la Religion! quel
désordre pour l'Etat!

Cependant les Calvinistes eurent non seulement des
temples, des places de sureté, des forteresses, mais
encore des chambres particulières de justice; en quoi
leur privilége étoit bien plus étendu, que celui de nos

Ecclésiastiques qui sont jugés en matière criminelle
par les Magistrats ordinaires. Qu'auroit répondu le Parlement d'Angleterre, sous la Reine *Elisabeth*, aux Catholiques, dont la religion, peu d'années auparavant
étoit la dominante, dans la grande Brétagne, s'ils
eussent demandé pour eux ce qu'*Henri IV.* accordoit
en France aux Protestans?

§. VIII.

Le mélange de diverses Sectes autorisées est toujours funeste à la religion. Au milieu de tant de Sectes
permises, la foi diminue chez les uns, se corrompt
chez les autres, s'éteint tout à fait chez plusieurs. La
Tolérance de différens cultes n'eut-elle d'autre incon-
venient que celui-là, c'en seroit assez pour la re-
jetter de tout Gouvernement jaloux de conserver la
Religion; et nous avons prouvé, et les impies sont convenus eux-mêmes, qu'*il vaut mieux être subjugué par
toutes les Superstitions possibles, que de vivre sans Religion.*

On ne peut lire les dispositions de l'Edit de Nantes,
sans gémir à chaque mot sur l'impolitique de cette Loi, sur
l'injure faite à l'Eglise et à l'Etat. C'étoit élever trône contre
trône, autel contre autel. Quelles en furent les suites?
Altercations continuelles entre les Catholiques et les
Protestans; querelles scandaleuses entre les Prêtres et
les Ministres; conflicts de jurisdiction entre les Parlemens et les Chambres de l'Edit; révoltes dans les villes
toutes Calvinistes; troubles et divisions, insultes ou
représailles, injures et batteries, dans les lieux mi-
partis; plaintes ou séditions, mépris de l'autorité royale,
prédications et libelles réciproques, qui tendoient à la
destruction de la foi, que dirai-je? tous les maux

qui peuvent affoiblir un Etat, favoriser le crime, détruire la Société.

Falloit-il laisser subsister ces désordres qui déchi-
roient la France et faisoient le malheur de ses habitans ? *Louis XIII.* connut les inconvéniens de l'Edit
de Nantes, et en éprouva les tristes effets, pendant le
cours de son Regne. Forcé, par les rebellions fréquentes
des Huguenots, d'en venir contre eux à une guerre
reglée, il assiégea leurs villes principales, les punit,
rasa les fortifications, et laissa subsister les temples.
Son Successeur coupa la tête de l'hydre; après avoir
affoibli le parti Calviniste par de sages Loix, il révoqua
tout-à-fait le funeste Edit, et par cette suppression indispensable, *Louis XIV.* rendit à la Religion ses droits,
et le Trône reprit les siens.

Toute l'Europe a long-tems retenti des cris des Protestans contre cette Révocation. Les Encyclopédistes et les
autres Philosophes du siècle, à qui d'ailleurs les intérêts de la Religion et de toute Monarchie sont assez
indifférens, ont appuyé ces murmures des raisonnemens
de leur politique. A les entendre la concession de l'Edit
de Nantes fut, de la part d'*Henri IV.*, un acte de sagesse et d'humanité, et la Révocation un acte d'imprudence et de barbarie. Les Bibliothèques regorgent de
ces Ecrits vagues et superficiels où l'on tranche du législateur et du patriote, avec des maximes aussi fausses
que séditieuses, qui ne renferment ni vues, ni solidité,
et qui ne laissent dans l'esprit qu'un souvenir confus de
décisions impérieuses, d'anecdotes controuvées ou incertaines, et de traits malins contre la Religion. Mais
qu'on lise les Mémoires particuliers du tems, ceux même

des Calvinistes; qu'on lise les Lettres particulières d'*Henri IV*., les Arrêts du Conseil d'Etat, les Edits successifs de *Louis XIII.* et de *Louis XIV.*, et l'on se convaincra du peu de confiance qu'on doit avoir dans les Ecrits de *Voltaire*, de l'Abbé *Raynal* et des autres ennemis de l'Autel et du Trône qui ont préparé et amené la révolution actuelle. Ce n'est pas sur ces Ecrits trompeurs, ni d'après les déclamations souvent mensongères et toujours outrées des prétendus apôtres de l'humanité, qu'il convient de prononcer sur la Révocation de l'Edit de Nantes. Voici en quels termes s'exprimoit sur cette loi de *Louis XIV.*, le sage et véridique *Fénélon*, dans un Mémoire qu'il avoit rédigé et fait présenter au Conseil d'Etat par le *Duc de Bourgogne*, son éleve, alors Dauphin de France: „Quoique le Roi sçut que les Huguenots n'avoient pour titres primordiaux de leurs privi-„léges que l'injustice et la violence; quoique les nou-„velles contraventions aux Ordonnances lui parussent „une raison suffisante pour les priver de l'existence lé-„gale qu'ils avoient envahie en France, les armes à la „main; S. M. néanmoins voulut encore consulter, avant „de prendre un dernier parti. Elle eut des conférences „sur cette affaire avec les personnes les plus instruites, „et les mieux intentionnées du Royaume; et dans un „Conseil de conscience particulier, dans lequel furent „admis deux Théologiens et deux Jurisconsultes, il fut „décidé deux choses: la première, que le Roi pour toute „sorte de raisons, pouvoit revoquer l'Edit d'*Henri IV*. „dont les Huguenots se couvroient comme d'un bouclier „sacré. La seconde, que si S. M. le pouvoit licitement, „elle le devoit à la Religion et au bien de ses Peuples."

„Le Roi de plus en plus confirmé dans la légitimité
„de son projet, le laissa mûrir encore plus d'un an, em-
„ployant ce tems à concerter l'exécution par les moyens
„les plus doux. Lorsque S. M. proposa dans le Conseil
„de prendre une dernière résolution sur cette affaire,
„. . . . il fut conclu, d'un sentiment unanime, à la sup-
„pression de l'Edit de Nantes. Le Roi qui vouloit traiter
„en pasteur et en père ses sujets les moins affectionnés,
„ne négligea aucun des moyens qui pouvoient les gagner
„en les éclairant. On accorda des pensions, on distri-
„bua des aumônes, on établit des missions, on répandit
„par-tout des livres qui contenoient des instructions à la
„portée des simples et des savans. Le succès répondit
„à la sagesse des moyens . . . le plus grand nombre fit
„abjuration; les autres s'y préparèrent, en assistant aux
„prières et aux instructions de l'Eglise. Tous envoyèrent
„leurs enfans aux écoles Catholiques. Les plus séditieux,
„étourdis par ce coup de vigueur, et voyant bien que l'on
„étoit en force pour les châtier, s'ils tentoient la rebellion,
„se montrèrent le plus traitables. Ceux de Paris qui n'a-
„voient plus *Claude* pour les ameuter, donnèrent
„l'exemple de la soumission. Les plus entêtés sortoient
„du Royaume et avec eux la semence de tous les troubles.
„. . . . Quant à la retraite des Huguenots, elle coûta
„moins d'hommes utiles à l'Etat, que ne lui en enlevoit
„une seule année de guerre civile." etc.

CHAPITRE IX.

Continuation du même sujet. Des Limites et du Régime de l'intolérance. Des inconvéniens de la pluralité des cultes dans un même État, et des dangers de la Liberté de la presse.

§. I.

Les différentes Sectes du Christianisme sont si répandues et si mêlées dans la plupart des Etats; le Fanatisme, d'un côté, et la Philosophie, de l'autre, ont tant répandu de doutes, d'erreurs et de faux principes sur la Tolérance, et cette matière intéresse si fort la tranquillité des Etats et le bonheur des Peuples, que nous croyons devoir nous y arrêter encore, et hazarder quelques idées sur la manière dont les Gouvernemens, où le Catholicisme domine, doivent en user à l'égard du Calvinisme. Ce que nous dirons de celui-ci sera applicable au Catholicisme pour les Etats où la Religion réformée domine.

§. II.

Si la Révocation de l'Edit de Nantes étoit nécessaire, les moyens violens, les vexations et les cruautés qui la suivirent ne l'étoient pas. Il suffisoit d'ôter aux Protestans leurs temples, leurs ministres et leurs juges; le tems auroit fait le reste. Pourquoi pénétrer dans leur conscience, les forcer de fréquenter l'Eglise, d'assister au Service divin? Qu'importe à l'Etat ce qu'ils croient, pourvu qu'ils ne cherchent pas à le faire croire aux autres? La Religion

se persuade, et ne se commande pas. Les erreurs demandent des instructions et non pas des peines. Ce n'est
pas la croyance, mais la séduction, la révolte qu'on doit
punir. Des familles entières, proscrites, des Gentil-
hommes traînés ignominieusement aux galères, des ex-
péditions militaires ou plutôt des brigandages, étoient
un spectacle qu'on auroit dû épargner aux yeux d'un
Peuple Chrétien.

§. III.

Je suis étonné qu'un Protestant converti, auteur de
quelques comédies et de plusieurs ouvrages de controverse inférieurs à ses comédies, ait entrepris de démontrer la nécessité des voies de rigueur, dont on
usoit pour ramener les Calvinistes à l'unité. M. *Brueys*,
à qui nous devons l'*Avocat Patelin* et le *Grondeur*, fait
une fausse application des maximes de *St. Augustin*.

Ce grand Evêque, qui s'étoit si long-tems opposé aux
loix pénales rendues par les Empereurs contre les hérétiques en général, ne changea de sentiment que par
rapport aux hérétiques turbulens, persécuteurs ou séditieux. M. *Brueys* ne prouve, par aucun passage, que
l'opinion de ce Père de l'Eglise si éclairé et si humain,
fût qu'un particulier Manichéen, ou Donatiste, à qui on
n'auroit pu reprocher que l'erreur de sa doctrine, devoit être exilé, emprisonné, puni, comme le furent
plusieurs Calvinistes sur la fin du Regne de *Louis XIV.*,
et durant la moitié du Regne de *Louis XV.* La violence
fait d'un homme prévenu ou un hypocrite, s'il est foible,
ou un martyr, s'il est courageux. Il est absurde et ridicule de persécuter, au nom d'une Religion qui recom-
mande la douceur, et qui a été établie par le plus dé-

K

bonhaire, le plus pacifique et le plus indulgent des Législateurs.

Il est fâcheux sans doute pour la tranquillité intérieure de l'Etat, que les sujets soient divisés d'opinion et qu'ils n'aient pas un même culte ; mais ce n'est point par des tyrannies et des cruautés, qu'on peut espérer de ramener à la Religion dominante ceux qui en sont séparés. Qu'on leur interdise tout exercice public de leur croyance : c'est une voie très - efficace à la longue pour en arrêter les progrès et la détruire peu à peu ; qu'on leur ferme l'entrée aux charges, aux emplois et aux dignités : c'est un moyen sûr de les désabuser d'une Secte si préjudiciable à leurs intérêts. Mais il faudroit que l'exécution de ces deux points fût invariable et entière. Le mélange d'une douceur déplacée et d'une rigueur excessive réunit les inconvéniens des deux extrêmités, sans produire aucun bien. Rien ne nuit plus au corps politique et n'affoiblit plus l'autorité royale que les intermittences et les contradictions dans le régime, ainsi qu'on le pratiquoit en France sous *Louis XV.* J'ai vu, sur la déclaration d'Ecclésiastiques indiscrets et les representations d'un Evéque, dont le zèle n'étoit pas toujours éclairé, enlever du sein de leur famille plusieurs jeunes Calvinistes de l'un et de l'autre sexe, dont la croyance particulière ne causoit ni trouble ni scandale dans le public, tandis qu'on souffroit des Assemblées nombreuses, dans le Languedoc, qui bravoient ouvertement les loix du Prince et l'autorité du Magistrat. Un sage Gouvernement laisse en paix les consciences et veille sur les personnes.

Si celui de France se fût montré inflexible, s'il eût fait rigoureusement observer les loix qui défendent aux hérétiques les assemblées et les prédications, et celles qui écartent des emplois civils et militaires tout citoyen connu pour calviniste, il n'y auroit pas eu cent familles calvinistes, dans le royaume, à l'avénement de *Louis XVI.* au trône. Et véritablement, le moyen que cette Secte se fût perpétuée parmi des hommes qui ne se seroient point assemblés, qui ne se seroient point connus entre eux; qui n'auroient eu l'un avec l'autre aucune communication de sacremens, de culte, ni de prières; qui auroient été sans ministres, sans prédicateurs, sans instructions; et qui, ne pouvant remplir ni offices publics, ni postes militaires, ni fonctions de magistrature, n'auroient eu d'autre avantage dans l'État que celui d'y posséder tranquillement leurs biens? Dans une situation pareille, il n'y a que la foi qui soutienne les coeurs : elle s'affoibliroit bientôt chez des Catholiques abandonnés et traités de la sorte. Des hérétiques seroient-ils plus persévérans ?

On auroit pu ajouter à la sévérité des Edits l'augmentation des impôts, en usant néanmoins en cela de plus de modération et d'équité, que n'en ont observé les Anglois à l'égard des Catholiques d'Irlande*). Il

---

*) Pour achever de détruire le Catholicisme en Irlande, *Guilhaume III.* fit des loix par lesquelles un Catholique ne peut ni tester, ni hériter du bien de son pere, ni vendre ni acheter d'immeuble, à aucun titre. S'il a des hypothèques sur des biens appartenans à des Anglicans, il les perd. Si son cheval convient à un anglican (l'étalon et la jument poulinière exceptés) il est obligé de le lui céder pour cinq livres Sterling et cinq chelins, valût-il six fois autant. Enfin par le Code guilhaumien, quand un Anglican est volé sur un grand chemin, ou que sa maison de campagne est forcée, les Catholiques du Canton sont solidairement respon-

est juste que des sujets discoles, à qui on laisse la jouissance et la propriété de leurs biens, soient un peu plus
chargés d'impôts, que les citoyens soumis à la religion
de l'Etat. En Prusse, tout juif qui veut obtenir la permission de se marier, est obligé d'acheter auparavant
pour cent écus de porcelaine fabriquée dans les Etats
prussiens, et de prouver, par un Certificat en forme,
qu'il l'a vendue et fait transporter hors du royaume.

Ce plan de conduite, soutenu dans toutes ses branches, et dont on ne se départiroit en rien, est le seul
qui puisse être avantageux aux Etats catholiques, dont
les sujets discoles n'ont point obtenu l'exercice public
de leur religion. Tout autre parti, soit qu'on en vienne
aux dernières rigueurs, soit qu'on use d'indulgence, ne
sauroit remplir les vues d'un Gouvernement sage et jaloux de maintenir dans sa force le ressort de la religion.

§. IV.

Dans les pays catholiques, où l'exercice public de
la religion protestante est toléré, et dans les Etats protestans où le Catholicisme est publiquement exercé, la
politique et l'intérêt public conseillent au Gouvernement
de veiller à ce que les ministres et les théologiens de la

---

sables du dommage et forcés de le payer, à moins qu'ils ne dé-
couvrent l'auteur du délit et qu'ils ne prouvent leur innocence
par le témoignage de deux anglicans.

Nous laissons au Lecteur le soin de donner à ces lois la
qualification qui leur convient. Nous lui ferons seulement remarquer, avec quelle difficulté, le Parlement d'Angleterre s'est déterminé tout récemment à tempérer son intolérance à l'égard des Catholiques d'Irlande.

religion tolérée respectent dans leurs prédications et leurs écrits les dogmes de la religion de l'Etat.

Ce sont les écrits de controverse qui ont enfanté l'incrédulité. Laissez prêcher, laissez écrire un Calviniste contre le dogme de la présence réelle dans l'eucharistie, et bientôt le Catholique n'y croira plus. Il n'y a pas de Secte qui ne cherche à dominer et qui ne desire la destruction de sa rivale. Elles s'entredéchireroient et ridiculiseroient réciproquement leurs dogmes, si on leur en laissoit la liberté. Le pirrhonisme et l'impiété naîtroient de leurs débâts, et le mépris de la religion engendreroit celui des moeurs et de toutes les autorités.

Combien sont donc insensés ces Philosophes qui ne cessent de recommander la liberté de la prédication et de la presse! Le Roi de Prusse, *Fréderic II.*, qui, sur les degrés du trône et sur le trône même, donna tant de symptômes d'athéïsme, permit-il dans ses Etats qu'on prêchât ou qu'on écrivît contre la religion? Et quand ce Prince auroit autorisé ou toléré une licence si contraire au bonheur de ses sujets, cette licence en seroit-elle moins impolitique? Quel Etat pourroit se flater de jouir d'un instant de repos, s'il étoit permis aux sujets de prêcher et d'écrire contre les opinions religieuses qui les divisent? Quelle religion pourroit se sou~ ~ir contre les déclamations de l'impiété ou contre l'éloquence d'un Réformateur hypocrite? Peut-on oublier que les prédications et les écrits de *Luther* et de *Calvin* ont bouleversé plusieurs Etats et que, pendant trente ans, la révolution qu'ils ont causée a inondé de sang la moitié de l'Europe? *Milton*, le même à qui nous devons le *Paradis perdu*, avoit bien raison de comparer les livres aux dents du dragon de *Cadmus*: j'avouerai, dit-il, que semés dans le monde, ils peuvent y produire des hommes armés *).

Après s'être épuisé en subtilités et en tours de force, pour établir la liberté de penser et d'écrire, *Voltaire* ne détruit-il point tous ses raisonnemens, lorsqu'il ajoute: „Sachez qu'un capucin enthousiaste, factieux, ignorant, „souple, véhément, émissaire de quelque ambitieux, „prêchant, cabalant, aura plutôt bouleversé une pro-„vince que cent auteurs ne l'auront éclairée **)?" Et véritablement, il suffit d'un *Linguet*, d'un *Mirabeau*, d'un Ecrivain audacieux et tant soit peu éloquent, pour séduire, exalter, et tourner plus de têtes, que cent bons auteurs ne pourroient en redresser et remettre au ton de la raison. C'est ce qui est arrivé, dès le commencement de la révolution françoise. Les voeux contenus dans les douze cent Cayers, rédigés par les Commettans des Députés des trois Ordres aux Etats généraux, n'ont-ils pas échoué contre les déclamations du seul *Mirabeau*, soutenu de quelques autres séditieux?

§. V.

Les hommes policés, qui ont cultivé les beaux arts et goûté le poison du luxe qui les engendre, sont faits de manière que, leur permettre de donner un libre essor à leurs opinions, ce seroit déchaîner leurs passions les plus dangereuses contre l'ordre social, encourager les méchans à ridiculiser, à calomnier, à noircir les objets de leur jalousie et de leur haine, inviter les pervers à

---

*) Voyez l'*Areopagitica* de *Milton*.
**) Diction. philosoph. Articl. *liberté d'imprimer*.

inonder la Société de maximes destructrices des loix et des mœurs nationales, et faciliter aux fous les moyens de contrarier les opérations ministérielles les plus avantageuses au bien général et particulier.

N'avons - nous pas assez d'écrits corrupteurs, sans chercher à les multiplier par une liberté illimitée? Sans parler de ces Ouvrages systématiques, où l'on étale les doctrines les plus monstrueuses, de ces Pamphlets où l'on s'efforce de renverser par des sophismes les principes et les vérités les plus utiles, de ces Diatribes contre les Princes, les Prêtres et contre toutes les autorités constituées, de ces Dissertations où l'on fait tenir à la nature et à la raison un langage qu'elles désavouent et qui, s'il étoit écouté, feroit de la Société humaine une Caverne de brigands et d'assasins, il suffit de parcourir les livres de pur amusement, destinés à soulager l'ennui des gens oisifs ou à abreuver l'avide curiosité de la jeunesse, pour se convaincre que les Gouvernemens n'ont déjà accordé que trop de liberté aux productions de l'esprit. Que de perversions, que de ravages ne produisent pas tous les jours ces lectures d'autant plus dangereuses, qu'elles sont plus attrayantes,

qui corrompent le cœur en chatouillant les sens,

selon l'expression de *Boileau*, qui embrasent le tempérament, après avoir échauffé l'imagination, où l'art de séduire l'innocence est mis en action, où l'on jette, d'un côté quelques fleurs fanées sur le tombeau de la vertu, tandis que, de l'autre, on caresse, on pare complaisamment le vice de tout ce qui peut le rendre aimable et intéressant! J'en atteste non - seulement les peres et les meres qui ont vu échouer leurs instructions contre ces

misérables productio s· mais ces infortunées victimes
de l'imprudente curiosité, si jamais elles jettent un regard douloureux sur la cause de leurs égaremens.

§. VI.

Il faut que les Apologistes de la liberté de la presse
aient une bien mauvaise opinion des gouvernemens et de
la raison publique, lorsqu'ils cherchent à leur persuader,
que gêner cette liberté, c'est attenter aux droits de l'être
pensant et nuire au bonheur des peuples, en privant les
Gouvernemens du plus grand moyen qu'ils aient d'acquérir des connoissances et des lumieres capables de seconder leurs vues.

L'être pensant, membre d'un Etat policé, n'a de droits
comme nous l'avons déjà dit, et comme nous le prouverons plus en détail dans les livres suivans, que ceux
que les loix de l'Etat dont il est sujet, lui accordent.
Si les Pharmaciens, Empyriques, Charlatans et tous
ceux qui se mêlent de distribuer publiquement des remedes, sont soumis avec raison à une certaine police,
crainte qu'ils n'abusent de la crédulité du Peuple et
qu'ils ne débitent des drogues nuisibles, pourquoi les Littérateurs, les Philosophes, les Théologues et autres distributeurs de drogues morales, non moins dangereuses,
quand elles sont mauvaises, ne seroient-ils pas as-
sujettis à cette même police du Gouvernement, aussi intéressé à empêcher l'empoisonnement des ames, que
celui des corps?

Qu'on ne s'y trompe pas, quand un citoyen est vraiment animé du zèle de l'amour patriotique; quand il
apperçoit des abus dans l'administration, il ne les dé-
nonce pas à tout le public qui ne peut y remédier; mais

il les fait remarquer à ceux qui peuvent y apporter du remede; il leur propose modestement ses idées et les invite à y réfléchir. Est-il rebuté par le silence ou le dédain? il ne perd pas courage, il cherche les momens favorables pour se faire écouter, et s'il n'y parvient pas, qu'il publie alors ses idées; et s'il le fait avec les ménagemens dûs à l'autorité et en s'abstenant de tout ce qui peut la rendre odieuse ou méprisable, il n'est point de bonne police qui s'oppose à la publicité de ses observations.

§. VII.

Dans tout Etat bien gouverné, personne n'a ou ne doit avoir le droit de parler au public, que le Gouvernement, parce qu'il est lui seul préposé à maintenir l'ordre dans la Société, et à veiller que le vice ou l'erreur ne s'y introduisent. Les prédicateurs, comme les magistrats, ne sont que les mandataires du Gouvernement et les dépositaires de son autorité. Or, mettre au jour un ouvrage, c'est parler en public et au public, c'est exercer une fonction du ressort du gouvernement. Un auteur ne peut donc avoir le droit de communiquer ses pensées et ses opinions au public, s'il n'en a obtenu la permission du Gouvernement, si la loi de l'Etat ne lui en a donné le droit. Car tout droit n'est que le résultat d'une convention, à moins qu'on n'attache au mot *droit* la même idée qu'à celui de *faculté*; et dans ce sens, tout homme a non seulement le droit de publier ses pensées, mais aussi celui d'égorger le premier qui s'y opposeroit.

CHAPITRE X.

Continuation du même sujet. De l'esprit du Calvinisme. La Nécessité de l'Intolérance, reconnue
par les Philosophes.

§. I.

Sur leurs Cartes géographiques, les Chinois désignent, par des figures d'homme, les pays habités ; mais
ils représentent par des hommes sans tête les pays qui
ne sont pas de leur domination. Les géographes du monde
religieux resemblent à ceux de la Chine ; ils ne marquent
des couleurs de la vérité, que les pays habités par
des gens de leur communion. Il n'y a pas de Secte qui
ne se regarde comme la seule raisonnable et qui ne regarde les autres, comme dépourvues de sagesse et de
vérité. Chacune cherche à nuire à sa rivale, et à s'élever sur ses ruines. Il n'est pas donné à l'homme d'être
froid et indifférent sur les choses qui l'intéressent vivement, et rien n'affecte plus son amour propre, que ses
opinions et sur-tout ses opinions religieuses. Le Juif, le
Catholique, l'Anglican, le Luthérien, le Calviniste, se
plaignent ou se maudisent mutuellement, selon qu'ils
sont plus ou moins voisins et rivaux, et il n'y a qu'un
pas de l'habitude de plaindre et de maudire au désir de
convertir ou d'exterminer. On a beau dire, que le Monde
s'est éclairé et que l'esprit philosophique a détruit
jusqu'aux germes des guerres de religion, l'horrible
conduite des Révolutionnaires françois nous prouve que
la philosophie est impuissante contre l'exaltation des

sentimens et des idées, et qu'elle même a ses fanatiques, ses persécuteurs, ses *Cléments* et ses *Ravaillacs.*

§. II.

Je ne haïs point les Calvinistes; ma mere l'a été:
comme hommes, ils sont mes semblables, et comme
Chrétiens, ils sont mes frères. J'en connois plusieurs
parmi les Suisses et les Hongrois, que j'estime et que je
chéris; mais je trahirois la cause des Princes et la vérité, si je dissimulois que leur Religion est essentiellement ennemie des Monarchies, et qu'elle a fait plus
de mal à la Catholique, son aînée, qu'elle n'en a éprouvé de celle-ci. Cette assertion n'a pas besoin de preuves, pour ceux qui ont lu l'histoire dans les sources.
Bayle, tout Philosophe et Calviniste qu'il étoit, en fait
l'aveu dans plusieurs endroits de ses ouvrages. Il suffit
de lire son *Avis aux Refugiés*, pour se convaincre combien le calvinisme favorise l'esprit républicain. „Il éta-
„blit (dit cet Auteur) dans un *nombre infini* de Livres,
„envoyés par toute la terre, en forme d'Instructions ca-
„théchétiques et de Lettres pastorales, *que l'autorité des*
„*Rois vient des peuples; que les Rois ne sont que Dépo-*
„*sitaires de la Souveraineté; qu'ils sont justiciables du*
„*peuple pour la mauvaise administration de ce dépôt; que*
„*le public est en droit de retirer ce dépôt, lorsque le bien*
„*public et le bien de la religion le veulent ainsi, et le con-*
„*fier à qui bon lui semble**).*"

Bayle, dans le même ouvrage, reproche aux Calvinistes refugiés d'avoir répandu en France „des Ecrits

---

*) Avis aux Refugiés 2e. partie.

„où l'on a tâché de faire soulever jusqu'à M. le Dau-
„phin contre son propre père, d'armer tous les Fran-
„çois en faveur des plus irréconciliables ennemis de la
„Nation, pour mettre la Monarchie sur le pied d'un
„Royaume Aristo - Démocratique."

La Croix du Maine, Auteur protestant, cite plusieurs ouvrages où les ministres calvinistes prêchent le
régicide, le Livre, entre autres, du ministre *Hugues
Sureau de Rozier* „par lequel, dit - il, il s'efforce de
„montrer qu'il est loisible de tuer et Roi et Reine, ne
„voulant obéir à la religion, prétendue réformée, et
„porter (protéger) le parti protestant*).

Qui doute que si *M. Necker* n'eût engagé *Louis XVI.*
à permettre, contre les loix du Royaume, l'élection des
Protestans, pour être députés aux Etats généraux, ce
Prince ne vécût encore? Personne n'ignore combien les
discours séditieux et cruels du Calviniste *Barnave* ont
contribué à corrompre les esprits de la première Assemblée, et combien les intrigues du Ministre *Rabaud
de St. Etienne*, membre de la première Assemblée et
de la Convention, ont également contribué à l'entière
extinction de la Royauté et à l'établissement de la prétendue République Françoise.

§. III.

Il n'y a point de religions qui sympathisent moins
ensemble, que la Catholique et la Calviniste. L'une
exige non - seulement des temples et des assemblées,
mais un cérémonial pompeux et éclatant, des fêtes, des

---

*) Biblioth. françoise de *la Croix du Maine* pag. 173.

processions, l'administration publique des Sacremens; tandis que l'autre ne veut rien de tout cela, et enseigne que le Catholicisme est une religion superstitieuse, et ridicule; que le sacrifice de la messe, l'adoration de l'Eucharistie, le culte des Saints est une idolâtrie abominable; que les fêtes et les processions sont des folies; que le Vicaire de J. C. en est l'ennemi prédit par les prophéties, et que c'est se rendre agréable à Dieu que de proscrire cette Religion par toute sorte de moyens. Si les ministres protestans ne prêchent point aujourdhui cette doctrine, elle n'est pas moins consignée dans les livres de leurs docteurs.

Les Philosophes ont trouvé étrange et condamnable qu'on ait proscrit en France l'exercice public de cette Religion, et ils ont trouvé naturel et louable, non seulement l'abolition des Jésuites, mais leur expulsion du Royaume. „Si les Jésuites, dit *Voltaire*, même dans „son Traité *de la Tolérance*, ont débité des maximes „coupables; si leur institut est contraire aux loix du „Royaume, on ne peut s'empêcher de dissoudre leur „Compagnie et d'abolir les Jésuites." Ne voilà-t-il pas l'apologie la plus complette de la Révocation de l'Edit de Nantes et la condamnation la plus entière des Philosophes qui ont débité dans leurs Ecrits des maximes coupables et contraires aux loix du Royaume? Ne voilà-t-il pas l'intolérance approuvée par *Voltaire* lui-même? Mais telle est l'inconséquence des ennemis de la Religion, et tel l'aveuglement de leurs partisans, que les uns ne craignent pas de se contredire, d'avoir des principes variables selon leur humeur et l'intérêt du moment, et que les autres ne s'apperçoivent point de ces contradictions et ne se doutent seulement pas de l'abus qu'on fait de leur crédulité, ni du mépris qu'ils inspirent aux esprits sages et vraiment éclairés.

§. IV.

„Lorsqu'on annonce au peuple un dogme qui con„tredit la religion dominante ou quelque fait contraire „à la tranquillité publique, justifia-t-on sa mission par „des miracles, le Gouvernement a droit de sévir et le „peuple de crier *Crucifige*.” De qui croiroit-on ces douces paroles? l'un théologien fanatique? Non, elles sont de *Diderot*, et dans quel ouvrage encore? dans celui où il s'est donné un plus libre essor contre la religion: dans ses *Pensées philosophiques* *), la plupart *injurieuses à la religion dominante et pleines* d'observations et de faits *contraires à la tranquillité publique*. Et cependant ce même Homme qui n'appuyoit pas assurément comme on le peut croire, *sa mission par des miracles*, ne laissa pas que de crier à l'injustice et à la tyrannie, lorsqu'il fut enfermé quelque tems au Château de Vincennes pour d'autres Ecrits opposés aux loix de l'Etat.

§. V.

J. J. Rousseau, ce zélé défenseur des droits de l'homme, reconnoît, jusques dans son *contract social*, la nécessité de l'intolérance de toute Secte ennemie de la religion de l'Etat. „Sans pouvoir obliger personne „à en croire les dogmes, le Souverain, dit-il, peut „bannir de l'Etat quiconque ne les croit pas; il peut „le bannir, non comme impie, mais comme incapable

---

*) Celle que nous avons citée est la 42.

„d'aimer sincérement les loix, la justice, et d'immoler „au besoin sa vie à son devoir. Que si quelqu'un, „ajoute - t - il, après avoir reconnu publiquement ces „dogmes, se conduit comme ne les croyant pas, *qu'il* „*soit puni de mort*; il a commis le *plus grand des crimes*, „il a menti devant les loix*)."

Et puis qu'on vienne nous dire encore que la Tolérance des opinions religieuses ou philosophiques est un des droits de l'homme, et que l'intolérance à l'égard des incrédules, des impies et des Sectes différentes de la Religion de l'Etat, est une injustice et une barbarie!

§. VI.

La justice retranche tous les jours de la Société les membres qui en dérangent l'harmonie, un Voleur domestique, un Receleur, un Maraudeur, un Faussaire, un Déserteur, c'est à dire des hommes qui souvent ne sont coupables que d'un seul crime, quelquefois suivi d'un vrai repentir. Et l'on toléreroit des Ecrivains qui, par le danger de leurs maximes, l'artifice de leurs déclamations, peuvent devenir la source de mille crimes, la cause du soulevement des sujets contre l'autorité légitime? Et l'on toléreroit des Philosophes qui, tout en prêchant la Tolérance, se déchaînent contre la religion de l'Etat, qui vomissent des torrens d'injures et de calomnies sur ceux qui osent s'élever contre l'abus déplorable qu'ils font de leurs talens?

Malgré leur intolérance, dont j'ai plus d'une fois ressenti les effets, je suis bien éloigné de desirer qu'on

---

*) Contract social, liv. 4. chap. 8.

les traite, selon la rigueur des loix, ni comme ils trai-
teroient eux-mêmes, s'ils avoient la puissance en main,
tous ceux qui ont obtenu des succès en combattant
leurs opinions. J'irois contre mon penchant, en imitant
leurs procédés; j'irois contre mes principes, en applau-
dissant au faux zèle de quelques-uns de leurs adversaires. Mais que pourroient-ils objecter à la sévérité
dont on useroit à leur égard? La raison ne dit-elle
pas à chacun des membres de l'Etat: vous avez une
religion; cette religion est celle de l'Etat où vous êtes
né, où vous vivez et qui peut-être vous pensionne.
Elle y est consacrée par les loix, par une adoption générale; Elle y maintient l'ordre, la subordination, la
force, l'union, la tranquillité. Quiconque attaque ouvertement cette religion est dès-lors l'ennemi de l'Etat.
Et vous oseriez, pour des idées coupables, puisqu'elles
contrarient celles de l'Etat, pour des opinions criminelles, puisqu'elles s'opposent aux principes de l'Etat,
pour le vain desir de vous faire un nom, vous oseriez sacrifier cette religion à votre inquiétude, à votre amour-propre,
à votre vanité, à vous seul, sans vouloir en être repris!
Vous oseriez vous plaindre d'être réprimé, quand vous
blâmez, quand vous frondez, quand vous attaquez
ouvertement ce que l'Etat approuve, ce que l'Etat
protége? Insensé! cessez donc de vous donner pour
un Sage, ou respectez ce que les sages respectent et
ce qui contribue à votre propre sureté.

§. VII.

Je ne vois pas ce qu'on pourroit opposer de raisonnable à ces observations. L'ordre pourra-t-il se
soutenir, tant qu'il sera permis à des hommes qui

ont des talens de donner un libre essor à la fougue de leur imagination?

Dans tous les Etats monarchiques, il y a des loix qui prononcent des peines capitales contre ceux qui attaquent, dans leurs écrits, la Religion, le Souverain, ou les moeurs. Il y en avoit même en France contre ceux qui tenoient des discours séditieux dans des sociétés particulières. Il y a pourtant bien de la différence entre des paroles qui passent, et un ouvrage imprimé qui circule et qui reste. Des paroles échapent dans l'emportement, dans la colère, dans l'yvresse, dans d'autres situations où l'ame et le corps ne sont pas dans leur assiette naturelle. Elles ne sont entendues que d'un certain nombre de personnes et presque toujours diversement entendues. Un Livre, un Libelle impie, séditieux ou infame est un crime réfléchi, un corps de délit constant, public, avéré, qui porte avec soi sa preuve, et dont il n'est question que de connoître l'auteur.

Dans les cas de simples discours contre la Religion, contre le Prince ou contre le Gouvernement, je crois qu'en général on doit se conduire avec beaucoup de modération et même de clémence, sur-tout lorsque des circonstances particulières n'exigent pas des exemples de sévérité, sans quoi l'on tomberoit dans les affreux excès de l'Inquisition.

A l'égard des Livres, qu'on en juge par leurs effets; et qu'on décide ensuite, si des Ecrivains qui de gaieté de coeur pervertissent le genre-humain, s'érigent en docteurs d'irreligion, de licence, de libertinage, méritent d'être tolérés. Je vous le demande, ô vous, ar-

L

bitres des Gouvernemens! Au surplus votre Autorité y
est plus intéressée que celle de la Religion. La Religion
subsistera sans vous: nul Etat ne peut s'en passer; mais
vous ne subsisterez pas sans elle.

LIVRE IV.

PENSÉES ET OBSERVATIONS RELATIVES AUX SCIENGES ET AUX ARTS.

CHAPITRE I.

Des Gens de Lettres.

§. I.

Ce seroit fermer les yeux aux considérations les plus indispensables de la Politique et de la Morale, que de ne pas regarder la Littérature comme un des objets les plus dignes de l'attention du Gouvernement. Les productions de l'Esprit ont toujours eu une influence marquée sur le genie et les moeurs des Nations, sur les révolutions que les États ont éprouvées, et peuvent même être, et sont en effet le plus souvent, la source de ces révolutions. Quand on ne les considéreroit que comme un moyen de gloire et de délassement, c'en seroit assez pour devoir prendre des précautions capables d'en prévenir l'abus et la dégradation. De la corruption du goût naît celle des moeurs, et de celle-ci la ruine des Etats les mieux affermis. En politique, comme en morale,

Une chûte toujours entraine une autre chûte.

§. II.

L'oubli des principes, dans un genre, conduit au mépris des regles dans un autre. Depuis longtems, en France, l'esprit philosophique avoit introduit l'arbitraire et l'indépendance dans les matières de goût, comme dans les matières de raison. Le plus grand nombre des ouvrages d'agrément annonçoient l'oubli des principes, le mépris des régles, l'amour des systêmes; la plupart des ouvrages de Morale n'étoient que le fruit d'une imagination indépendante, qui assujettit à ses caprices les sentimens, les devoirs, les bienséances; dans les ouvrages de raisonnement, le sophisme triomphoit, la Philosophie attaquoit les vérités les plus certaines, minoit avec activité les fondemens de la religion, des moeurs, des loix; entouroit de globes de compression les appuis de la puissance monarchique, et répandoit les vapeurs du doute sur les notions les plus claires de tout ce qui contribue à resserrer les liens de la Société. Le moyen que ces désordres, tolérés par le Gouvernement, et souvent protégés par des Ministres vains et ineptes, n'amenassent pas une Révolution?

§. III.

En honorant les Lettres par ses talens agréables, variés et supérieurs, *Voltaire* les a deshonorées par les abus scandaleux qu'il en a fait contre la religion, les moeurs et la vérité. Que de critiques astucieuses, d'injures grossières, de calomnies atroces, ne s'est-il pas permises contre les Auteurs qui excitoient sa jalousie ou sa haine! Quelle estime peut-on faire des Gens de Lettres, lorsqu'on voit le premier d'entre eux, pour l'esprit et le talent, prodiguer à ses confrères, sans égard pour lui-même, les épithetes les plus odieuses, telles que celles de *radoteur*, *d'énergumène*, *de cuistre*, de *polisson*, de *gredin*, de *valet de libraire*, d'*escroc*, de *voleur*, de *scélérat*, de *pédéraste*, et tant d'autres que nous rougirions de répéter?

Quelle idée peut-on se former de la morale des Ecrivains moralistes, lorsqu'on voit *Rousseau* de Genève mettre en division et en feu sa patrie, par ses *Lettres de la Montagne*, sous prétexte que sa patrie a condamné et flétri un de ses ouvrages *) qui, de son propre aveu, auroit dû faire condamner l'auteur à mort? Lorsqu'on voit ce même Ecrivain élever au rang des plus honnêtes femmes, celle qui partageoit alternativement sa couche avec son valet jardinier et son musicien **)?

Quelle image peut-on se faire du coeur des Gens de Lettres, lorsqu'on a vu un *Laharpe*, enfant trouvé dans la rue dont il porte le nom, déchirer, dans ses premiers Vers, le Professeur qui l'avoit recueilli et fait élever à ses frais; un *Linguet*, réfugié à Bruxelles et comblé de bienfaits par l'Empereur *Joseph II.* entrer,

---

*) *L'Emile*, où, dans la profession du Vicaire Savoyard, se trouvent les plus forts argumens contre la religion chrétienne; et l'on a vu, par le passage du *Contract social* rapporté ci-devant, que *Rousseau* dit que le Gouvernement peut et doit punir de mort quiconque attaque ouvertement la Religion de l'Etat.

**) Voyez, dans ses *Confessions*, ce qu'il dit de la Baronne de *Warens*.

le premier, dans la Conspiration contre le Gouvernement des Pays-bas, et exhaler les venins de l'ingratitude et de la méchanceté sur la conduite de son Bienfaiteur, oubliant qu'il avoit dit et publié*), peu auparavant, en parlant de ce grand Prince: „il ne con-„noissoit d'autre repos que le changement de travail, „il n'avoit d'autre application que l'étude des abus, et „d'autre jouissance que la satisfaction de les reformer;" lorsqu'on a vu un *Bailly*, un *Champfort*, un *Condorcet*, qui n'avoient d'autre revenu et d'autre bien que les pensions et les places académiques, qu'ils tenoient de la Cour, donner, les premiers, l'exemple de l'insolence, de la rebellion, et de la révolte contre l'Autorité royale?

Quelle opinion doit-on concevoir des sentimens des Ecrivains érudits, et même des Ecrivailleurs pédantesques, quand on voit un des plus féconds, d'entre ces derniers, ci-devant Professeur de l'Université de Vienne, en matières politiques, garder un profond silence à l'égard des ennemis de l'Autorité royale et écrire contre un des plus zélés defenseurs de cette Autorité, sous le risible prétexte qu'il pourroit être un Stipendiaire déguisé de la République Parisienne**)?

---

*) Dans l'Avertissement qu'il a mis à la tête de sa Traduction du *Discours sur la chirurgie*, par M. *Brambilla*, premier chirurgien de S. M. I., qui a fait plus d'honneur et plus de bien à la chirurgie, dans les États Autrichiens, que MM. de la *Peyronie* et de *La Martinière* réunis ne lui en ont fait en France, ce qui n'est pas peu dire.

**) Voyez le chapitre IV. du livre IV. où il est plus amplement parlé de cet ex-professeur.

N'est-il pas à craindre que le titre d'**Homme de Lettres**, autrefois si honoré, ne tombe dans l'avilissement, à force d'avoir appartenu à des gens méprisables?

§. IV.

On a comparé le Savant, dont la conduite est déréglée, à un aveugle qui tient un flambeau; il éclaire les autres, sans être lui-même éclairé.

Sage et *savant* désignoient autrefois une même chose; et depuis la découverte de l'imprimerie, qui a rendu l'instruction si commune, ces deux mots désignent le plus souvent deux choses opposées.

Les Muses, dit *Hésiode*, *sont filles de Jupiter et de Mnémosyne*, ou de la *Mémoire*: elles ne devroient point oublier la noblesse de leur origine; et quand elles l'oublient, c'est aux *Jupiters* modernes à les réprimer.

§. V.

„En quoi le Roi de Perse est-il plus grand que moi, „disoit *Agésilas*, s'il n'est pas plus juste?"

„En quoi le plus éclairé des hommes est-il plus „estimable que moi, s'il ne fait pas plus de bien?" disoit avec raison un Riche charitable.

§. VI.

Ou l'honnêteté, la décence, la vertu, ne sont que de vains noms, ou l'Auteur de la *Pucelle*, de *l'Epitre à Uranie*, de la *Guerre de Genève*, de la *Princesse de Babylone*, du *Dictionnaire philosophique*, et de tant d'autres ouvrages scandaleux, étoit digne, non des hommages, mais de la haine du Siècle, comme il sera l'objet de l'exécration de tous les siècles qui auront de la religion et de la morale. Il avoit de grands talens; d'accord; mais *Catilina*, *Cartouche*, *Mirabeau*, en avoient aussi. La plus vile des Courtisannes, la plus mal saine des Prostituées peut avoir une grande beauté : l'honorerez-vous, comme votre soeur ou comme votre femme? Conseillerez-vous à votre fils, à votre ami, de lui faire sa cour?

De grands talens sont un glaive brillant et acéré. Ce glaive n'a de valeur que par l'emploi qu'on en peut faire. Dans la main d'un homme honnête et vertueux, il défendra la vie des citoyens; dans la main d'un homme vicieux et méchant, ce glaive les assassinera.

Sous un bon Gouvernement, l'utilité publique est la mesure de l'estime et de la considération.

Voulez-vous conserver et améliorer l'héritage de vos pères? peut-on dire à tous les Princes: versez la honte et l'opprobre sur ceux qui cherchent à corrompre vos sujets, en les amusant.

§. VII.

C'est par des sentimens plus élevés, par des moeurs plus sociables, par des idées plus utiles au bonheur public, que doivent se distinguer ceux qui se vouent à l'instruction des autres. L'habitude d'observer, de penser, de méditer, doit apprendre à dompter, à régler ses propres passions, et à épurer son ame de tout ce qui lui est commun avec les ames communes. L'homme d'esprit n'est tel, que parce qu'il est doué d'un tact plus fin, d'une vue plus perçante et plus étendue que les autres : il est donc plus coupable que les autres, quand il s'écarte de ses devoirs, puisqu'il les sent et les voit avec plus de promptitude et de facilité.

§. VIII.

C'est toujours le faute du Gouvernement, quand les Gens de Lettres ne dirigent point leurs travaux vers l'utilité publique. En les obligeant à soumettre leurs productions à une censure éclairée et patriotique, avant d'en permettre l'impression ; en encourageant, par des distinctions, des honneurs et d'autres récompenses, les auteurs qui emploient leurs talens à la propagation des bons principes, au maintien des moeurs et à tout ce qui contribue au bien de la Société ; en punissant ceux qui, pour se livrer à l'intempérance de leur plume, enfreignent les réglemens de la police ; en s'opposant à la circulation des livres, des feuilles, des journaux et de tous les Ecrits qui n'ont pas obtenu sa sanction, tout Gouvernement ne tardera pas à faire concourir les Ecrivains de tous les genres au profit de la Société. Si les Gens de Lettres commandent à l'opinion, il ne dépend que des Princes de commander aux Gens de Lettres, et de se rendre par-là les arbitres de l'opinion.

§. IX.

Parmi les moyens qu'un Gouvernement sage peut employer, sans se compromettre, pour remonter les esprits au ton de la soumission et de la sagesse, un des plus efficaces seroit de s'affectionner et de protéger des plumes zélées et courageuses, destinées à avertir, à redresser, à humilier même les Ecrivains qui s'écartent des bons principes. Il faut, à une raison révoltée et entreprenante, opposer une raison réfléchie et capable de ramener aux idées qu'on doit avoir de chaque objet ; il faut, pour réprimer l'esprit d'indépendance introduit dans tous les genres littéraires, armer des Écrivains attentifs à rappeller les regles et à proscrire les abus; et les journaux et même les gazettes, dirigés par des mains fidèles et habiles, peuvent offrir des ressources sûres, pour repousser les usurpations, pour arrêter la corruption du goût, rétablir les bons principes, et mettre l'opinion, cette Souveraine des Souverains, dans les intérêts du Gouvernement.

CHAPITRE II.

De la Puissance de l'Opinion.

§. I.

Personne n'ignore et tout le monde dit, que l'opinion est la Reine des Peuples et des Rois, la Souveraine de l'Univers; mais si les Gouvernemens en étoient bien persuadés, s'ils sentoient la force de ces expressions, s'ils avoient une juste idée da la puissance et de l'empire tyrannique de l'opinion, se montreroient-ils si indifférens sur les moyens de mettre l'opinion dans leurs intérêts? Ne porteroient-ils pas un oeil plus vigilant et plus sévère sur les Gens de Lettres qui, par leurs Écrits, forment et dirigent cette opinion tout puissante?

Qui oseroit nier que ce ne soit aux Écrits de *Bayle*, de *Freret*, de *Boulanger*, de *Voltaire*, de *Rousseau* et des Encyclopédistes, qu'on doit l'affoiblissement du respect pour la Religion, les Moeurs et la Royauté, dans tous les pays où la langue françoise est répandue? A force d'avoir dit, crié, et répété, que *l'homme naît libre, que sa liberté est inaliénable, que la Religion et le Monarchisme ne font que des esclaves, que la Souveraineté de toute Nation appartient de droit au Peuple,* les philosophes ne sont-ils pas parvenus à faire regarder, par le commun des esprits, ces propositions comme autant de vérités ? et n'est-ce pas à la faveur de ces succès, qu'ils ont réussi à renverser le Trône, à détruire la Monarchie, et à éteindre l'esprit monarchique en France ?

§. II.

Les Princes et les Ministres qui ont pour maximes de laisser parler, pourvu qu'on les laisse agir, finissent par être dupes de leur sécurité ; car le cours des choses suit presque toujours celui des mots.

Les hommes sont très-crédules pour tout ce qui tend à humilier leurs supérieurs. Toute proposition hardie paroîtra marquée au coin de la vérité, par cela seul qu'elle est hardie ; mais si en même tems. elle flate quelque penchant, si elle favorise ou met à l'aise l'amour propre du Lecteur, l'impression qu'elle fera sur son coeur passera bientôt à son esprit et lui tiendra lieu de démonstration ; chaque jour verra éclorre de nouvelles licences ; les préjuges favorables au Gouvernement seront attaqués ; les productions les plus audacieuses seront les mieux accueillies, et les Ecrivains, après avoir perverti ou changé l'opinion et s'en être rendus les maîtres, courberont le Ministère sous le joug de la volonté publique ou plongeront l'Etat dans l'anarchie.

§. III.

Quand l'opinion publique est égarée, c'est par la voie de la persuasion qu'il convient de la ramener aux

principes et aux vues du Gouvernement. On ne la
dompte qu'avec ses propres armes. C'est par des écrits,
par des déclamations qu'elle s'est formée; c'est par des
écrits plus séduisans ou plus raisonnables, par des déclamations plus persuasives, qu'il faut la régénérer.
On ne tire pas des coups de fusil aux idées; on ne
mene pas les esprits à coups de sabre. L'opinion a ses
enthousiastes et ses fanatiques, comme la Religion, qui
n'est elle-même que *) l'opinion dominante; le sang de
ses martyrs n'est qu'une sémence de prosélytes. Quand
l'opinion est exaspérée, il est indispensable de compo-
ser avec elle: si on la heurtoit de front, ou courroit
risque de l'irriter et de l'exalter jusqu'à la frénésie. On
réussit mieux à la tromper, qu'à la forcer. Son cours
est si rapide, que pour l'arrêter, il faut le rendre oblique
et le détourner.

§. IV.

C'est parce que la voix de l'opinion publique commande avec plus de force, que celle des Rois et des
Ministres, que les Ministres et les Rois doivent la surveiller et la tenir sous leur dépendance. On sait qu'après
avoir été porté par une intrigue à la tête des finances de
l'Etat, M. *Necker*, qui s'y étoit rendu odieux à *Louis
XVI.* par son arrogante vanité, y fut replacé quelques
années après par l'opinion générale, contre le voeu secret du Monarque et de toute la Cour. Avec l'opinion un
pigmée peut renverser des géans.

---

*) Qu'on ne s'y méprenne point. je ne dis pas qu'*une Opinion*,
mais *que l'Opinion dominante*, ou la persuasion générale. D'ailleurs, il est aisé de voir qu'ici le mot *religion*. sans désignation
particulière, indique toutes religions.

§. V.

Outre qu'il n'est pas donné à beaucoup de monde d'être observateur, les Ministres et les Grands sont trop élevés, pour bien juger de ce qui se passe au dessous d'eux; leurs cartes du coeur et de l'esprit humain sont à vue d'oiseau. Hé bien! qu'ils apprennent d'un Homme habitué à observer de près et à méditer sur ses observations, que presque tous les gens d'esprit, ainsi que les gens sans esprit, à qui le sort a refusé ou les richesses ou une naissance distinguée, ne supportent que très-impatiemment le joug de leur supériorité; que depuis que les Constitutionnaires françois ont déclaré que *les hommes sont tous égaux par la nature et devant la loi*, l'amour de soi est devenu plus sensible et l'amour propre plus irrascible, plus exigeant dans les hommes qui ont reçu de l'éducation. Qu'ils apprennent encore que les Secrétaires d'Ambassade ou d'Ambassadeur, les Ecclésiastiques du second ordre, les Officiers de fortune, les premiers Commis, les Référendaires et autres Gens d'élite subordonnés, qui assez ordinairement ont plus de mérite et de talent que leurs Supérieurs, sentent aujourd'hui plus vivement les dédains et souffrent avec beaucoup plus de peine les empressemens, les distinctions, les préférences qu'on accorde, avec trop d'affectation peut-être, dans le commerce de la Société, à la richesse, à la naissance, aux décorations; et qu'il n'est pas rare d'entendre tous ces Gens-là, au sortir de l'audience ou de la table ou de la compagnie des Grands, où ils sont quelquefois admis, comme par grace, s'exhaler en plaintes en épigrammes ou en sarcasmes contre la grandeur et l'abus des richesses. Qu'ils apprennent enfin, que si tous ceux

dont je viens de parler ne forment pas l'opinion, parce que leur position ne leur permet pas de publier leurs
idées, ils la grossisent et la fortifient du moins par leur
suffrage et leurs propos.

Riches et Grands de la terre! écoutez une voix sincère et courageuse, une voix qui ne doit point vous être
suspecte, puisque vous croyant nécessaires à l'ordre
établi par la civilisation, elle n'a cessé d'opposer ses
efforts à ceux de vos ennemis; écoutez-moi donc et
croyez que, si vous ne prennez de promptes mesures
pour faire changer l'opinion et vous la rendre favorable,
vous courez risque d'éprouver tous, les uns après les
autres, et cela dans peu d'années, le sort déplorable
des Princes, des Riches et des Grands de France. Songez
que vous ne formez tout au plus que la vingtieme partie
de la population; que dix-neuf contre un seront les
plus forts, lorsqu'on les aura débarrassés des liens qui
les retiennent sous le joug, liens que l'opinion relâche
chaque jour à vue d'oeil. Songez que ce que je dis
aujourd'hui (à la fin de 1793.) est mille fois plus vrai-
semblable, que ne l'étoit ce que je disois, il y a vingt-
ans, à ma Nation, pour la préserver de la révolution
dont elle étoit menacée *). En un mot, ou faites taire les

---

*) Les Trois Siècles de la littérature françoise uniquement com-
posés dans l'intention de décréditer les apôtres de la Philosophie
moderne, sont pleins de morceaux où j'annonçois que si le Gouvernement continuoit d'accueillir et de protéger les ouvrages philosophiques, on ne tarderoit pas de voir l'autel et le trône renversés à la fois, parce qu'ils ont un mur mitoyen. Je pourrois citer plusieurs de ces passages; je me contenterai de celui-
ci, que je publiai, en forme de prédiction, dans le Discours pré-
liminaire de l'édition de 1779, et qui a été conservé dans les sui-

Ecrivains, ou engagez les meilleurs d'entre eux à réfuter, à ridiculiser, à foudroyer les erreurs contraires à vos intérêts et au bonheur des Peuples, ou n'espérez pas passer le reste du Siècle dans vos superbes demeures.

§. VI.

Il n'est ni inutile, ni hors du sujet, de rapporter ici quelques morceaux d'une Lettre politique qu'un Lieutenant-Colonel*), au service de la maison d'*Autriche* m'a écrite de l'Armée, le 30. Août dernier.

„Quelle est la Cheville ouvrière de ce char terrible „et gigantesque, qui roule depuis quatre ans sur la sur-„face de la France, qui s'embourbe quelquefois, re-„paroît, marche avec vitesse, verse et reparoît en-

---

vantes. „Un tems viendra où l'on muselera les hommes, où on „les maltraitera d'une étrange manière, où on les réduira en ser-„vitude, après les avoir abrutis; et dans ce tems, les hommes „ainsi muselés, ainsi maltraités, ainsi enchaînés, diront grand „merci à ceux qui les auront traités de cette manière, et les re-„garderont comme les bienfaiteurs de l'humanité. Et alors les „mots signifiéront chose contraire à ce qu'ils avoient signifié aupa-„ravant; les actions produiront un effet opposé à celui qu'elles „doivent produire. Quand on prêchera la licence, on croira qu'il „s'agit de subordination; quand on armera le fort contre le foible, „le frippon contre l'honnête homme, le valet contre son maître, „on criera vive la justice! quand on bouleversera tout, qu'on en-„couragera tous les vices, qu'on brisera tous les liens de la So-„ciété, chacun s'écriera, voilà le rétablissement de l'ordre, tous „les hommes vont être heureux." Ne croiroit-on pas cette prédic-tion faite après coup? elle existe pourtant, pour la honte de l'an-cien et du nouveau Gouvernement françois, dans plus de douze mille exemplaires des *Trois Siècles*.

*) M. *Frossard*, Auteur de deux volumes de poésies françoises dans le genre, autant que dans le goût, de celles d'*Anacréon* et d'*Ovide*.

„core, qui est bien loin d'être détruit, et qui écrase
„le terrein sur lequel il passe? C'est l'opinion.

„Voilà l'ennemi qu'il faut attaquer et combattre corps
„à corps: il ne faut pas le laisser respirer un instant: c'est
le Siège dont il ne faut pas démordre. Sans cette utile et
„importante victoire, les autres ne sont que brillantes
„. . . . . les moyens des François sont affoîblis, j'en
„conviens, par la guerre, le désordre, les dilapida-
„tions, les Assignats et la tyrannie; ils sont diminués,
„mais ils ne sont pas anéantis. L'opinion, si malheureu-
„sement elle venoit à se consolider et à se réunir, sauroit
„bientôt les aggrandir et les reproduire. Ils ont écarté
„les obstacles par la crainte, les violences et les sup-
„plices: ils cherchent maintenant à séduire ce qui reste,
„par l'enthousiasme, l'espérance et les bienfaits. Ils
„emploient sans relâche, sans intervalle, sans lassi-
„tude, sans tiédeur, tous les moyens que l'imagination
„peut suggérer. Ils font servir jusqu'à leurs revers. Ils
„enveloppent toujours davantage cette révolution de
„fils déliés et étendus, qui n'en existent pas moins,
„parce qu'ils ne sont pas visibles à tous les yeux. C'est
„une concentration imperceptible qu'on a la funeste sé-
„curité de croire une chimère. Fêtes, promesses, cor-
„ruption, coups éblouissans de lumière et de génie, la
„plus profonde scélératesse, activité infatigable, voilà
„ce qu'ils emploient et ce qu'ils opposent à des mesures
„matérielles, dispendieuses et imposantes, il est vrai,
„mais qui, à ce qu'il semble, ressemblent trop aux me-
„sures d'autrefois . . . . . . il faut, à côté des succès
„militaires, en avoir contre l'opinion. Je la regarde
„comme le poison d'une vipère, caché, dit-on, dans

„la gencive; écrasez la tête, le reptile venimeux ne
„peut plus vous nuire. Il faut opposer de grandes con-
„ceptions et l'activité la plus infatigable aux dangers du
„moment. Quoique condamné par état à des travaux
„subalternes, j'ai osé, pénétré de cette idée, parler au
„public par la voie des Gazettes . . . j'ai envoyé, à
„deux reprises, au Gazettier de Leyde quelques idées
„de circonstance etc."

L'extrait suivant de ma Réponse à cette Lettre, n'est
pas non plus étranger au titre de ce Chapitre.

. . .„J'ignore quel sera le denouement du Drame tragi-
comique qui occupe l'Europe; mais je sais bien que si les
Puissances ne se hâtent d'étouffer jusqu'au dernier germe
de l'esprit révolutionnaire et démocratique, qu'elles ont,
assez impolitiquement, laissé répandre et enraciner, elles
en seront plus ou moins victimes tour à tour. Ou il faut
démembrer entièrement la France, ou il faut donner
un Despote aux parties qu'on en laissera subsister. Une
République françoise, ne fut-elle composée que de deux
provinces, sera une école ouverte de doctrine anti-mo-
narchique, et il est aisé de sentir l'influence que l'art
funeste de l'Imprimerie peut donner à cette doctrine.
Ce n'est pas ici le cas, comme vous l'observez très-
bien, de suivre la routine de la politique. De nouvelles
circonstances, de nouveaux rapports, demandent de
nouvelles mesures. La découverte de la Boussole et
celle de l'Imprimerie ont donné à l'esprit humain une
nouvelle direction. L'Opinion a toujours gouverné le
monde; mais autrefois cette Souveraine étoit entre les
mains des Prêtres et des Rois; au lieu que l'imprimerie
l'a mise dans celle des Gens de Lettres et des Gens

M

d'esprit. Si les Princes ne se resaisissent de ce puissant levier, les armées leur deviendront inutiles et se tourneront un jour contre eux. C'est à quoi leurs Ministres ne paroissent pas songer. Ils connoissent la bonté de leur discipline militaire, mais ils ne connoissent pas la force des passions, l'impulsion insensible, mais irrésistible, de l'opinion. Ils ne s'apperçoivent pas, que c'est l'opinion qui fait que cinq cent mille hommes obéissent à un seul, et que s'ils laissent détruire cette opinion, ces cinq cent mille soldats peuvent tourner leur force contre ceux qui les commandent, ainsi qu'il est arrivé en France, et en partie dans le Pays-Bas. Toutes les plumes sont dirigées contre les Princes; toutes les gazettes, tous les journeaux sont les échos des déclamations anti-monarchiques des Orateurs de France, et les Cabinets ne s'occupent point des moyens d'arrêter la propagation de cette yvraie. On croiroit qu'ils ignorent que l'opinion a une force coactive, même pour les Rois, et qu'on ne triomphe pas de l'opinion à coups de sabre et de fusil, mais avec les mêmes armes qui la font triompher elle-même. Le Peuple est crédule et passionné: tous les Gouvernemens sont intéressés à ce que les ennemis de l'ordre n'abusent pas de sa foiblesse. Ils doivent donc imposer silence, autant qu'il dépend d'eux, aux voix audacieuses qui cherchent à le séduire et à l'égarer, et s'affectionner et encourager les voix capables de l'attacher à ses devoirs et de remonter sa tête au ton de la soumission et de l'obéissance."

„C'est ce que les Gouvernemens Monarchiques commencent à sentir, puisqu'ils permettent de défendre les

Principes..... Je suis occupé, depuis quelques semaines, d'un Ouvrage dont on imprime déjà le commencement. Il prouvera, qu'après avoir servi toute ma vie la bonne cause, par mes écrits, si non le mieux possible, du moins le mieux que j'ai pu, ma bonne volonté ni mes forces ne sont pas épuisées. J'y parlerai de la puissance de l'opinion et je prendrai la liberté de rapporter, dans ce Chapitre, quelques morceaux de votre Lettre; etc." ..... C'est, comme on l'a vu, ce que nous avons exécuté pour le plaisir de nos Lecteurs.

CHAPITRE III.

Des dangers des lumières philosophiques et littéraires.

§. I.

Quand un homme apperçoit dans un objet des rapports que les autres hommes ne voient pas, et que sa façon de voir heurte de front les notions communes, il court risque d'être accusé d'erreur. C'est ce qui est arrivé à *Rousseau* de Genève, lorsqu'il débuta dans la carrière des Lettres, par soutenir que le rétablissement des sciences et des arts a moins contribué à épurer les moeurs, qu'à les corrompre. Personne n'ignore combien son ouvrage excita de réclamations, dès qu'il fut répandu dans le public. Mais la manière dont on attaqua l'Auteur, ne fit qu'ajouter de nouvelles preuves à ses argumens, dont un des plus convaincans est l'abus que l'Auteur lui-même a fait, depuis, de ses lumières et de son éloquence, pour ainsi dire, ambidextre, et vraiment supérieure à celle de tous les Ecrivains connus.

§. II.

S'il est faux que les Lettres et les sciences cultivées selon les regles et les précautions que le bien commun exige, servent à la corruption, il est du moins très-certain qu'elles sont infiniment dangereuses et sujettes à de grands inconvéniens, à en juger par les désordres qui résultent de leur culture trop répandue. Quelle idée avantageuse peut-on s'en former, quand on voit ceux qui les cultivent par état, se decrier, se calomnier, se déchirer les uns les autres, se révolter contre les critiques et négliger des avis utiles; repaître leur vanité de suffrages mendiés, sans s'occuper à en mériter de plus justes et de plus solides; substituer à l'élévation des sentimens qui devroient être leur partage, les bassesses de l'artifice et de la flatterie, pour donner des appuis à leurs productions? Quels fruits peut-on s'en promettre, pour la perfection de l'esprit et des moeurs, quand on voit les vrais principes attaqués, les regles méconnues, les bienséances violées, l'arbitraire et la confusion établis sur les débris du goût et de la raison? quand la religion, la morale, les devoirs, la vertu, deviennent la proie d'une philosophie audacieuse et extravagante, qui outrage l'une, corrompt l'autre, détruit ceux-ci, et défigure celle-là, au gré de ses caprices ou de ses intérêts? quand on voit la Nation où il y a plus de Sçavans, de Philosophes, de Littérateurs, d'Artistes, d'Ecrivains de tous les genres, surpasser en barbaries les nations les plus barbares, et renouveller, dans l'espace de quatre ou cinq ans, toutes les horreurs de plus de treize siècles qu'a duré l'Empire françois?

§. III.

Qui a dominé dans les trois Assemblées législatives de France? Des Gens de Lettres, ou des Esprits qui les avoient cultivées. Qui a donné à la Révolution le caractère machiavelliste et antropophagiste qu'elle a acquis, à la troisième Législature? Le Club des Jacobins dont les Chefs étoient Gens de Lettres. Qui a provoqué le mépris de la Noblesse, de l'Autorité royale, le renversement total de la Monarchie et l'assassinat juridique du plus vertueux des Princes? Des Avocats sans cause, des Journalistes sans principes, des Académiciens sans vues, et d'autres Demi-Savans qui se sont crus de Grands-Hommes, pour avoir étudié la Philosophie, dans le *Systéme de la Nature*, la Législation, dans le *Contrat social*, la Morale, dans des Romans, la Politique, dans des Gazettes, et qui, pour la plupart, ont fini par être martyrs de leur folle présomption et victimes des complices de leurs ineptes atrocités.

La science littéraire est un feu moral qui brûle plus qu'il n'éclaire, et qui n'éclaire, que pour servir les passions, toujours plus fortes que la raison.

§. IV.

Un des vices les plus caractéristiques de notre Siècle est l'égoïsme, passion aussi ardente que funeste, quoique ses mouvemens soient insensibles et que les maux qu'elle cause soient cachés. C'est le Remora qui, selon les anciens, avoit la force d'arrêter les plus grands vaisseaux dans leur course, et qui par-là nuisoit plus à l'intérêt public, que les écueils et les tempêtes. L'égoïsme est le poison le plus subtil des vertus sociales; il les étouffe dans leur germe, en rendant les ames inactives pour tout ce qui ne les intéresse pas immédiatement.

Il est aujourd'hui peu d'hommes, parmi ceux qui ont cultivé leur esprit, qui ne soient plus ou moins attaqués de ce vice, effet ordinaire des lumières philosophiques, qui vieillissent les ames avant le tems et les font passer, pour ainsi dire, sans intermédiaire, à la décrépitude. La conduite des François en est une preuve. Les uns satisfaits de n'avoir pas contribué aux troubles de leur patrie, renfermés dans l'intérêt de leur seule personne, se sont, en s'éloignant du séjour de l'anarchie, dispensés de chercher les moyens de la faire cesser. Les autres, concentrés dans l'amour de leur famille ou de leur fortune, ont borné leur courage à braver les dangers de l'anarchie, et leur patriotisme, à former des voeux impuissans pour le retour de l'ordre et le rétablissement de la Monarchie. Ceux-ci, plus foibles et plus méprisables, n'ayant ni caractère ni principes, se sont laissé aller au gré des événemens. Démocrates sans dessein, parce que la démocratie domine, il seroient Royalistes sans systême et sans vertu, si l'esprit monarchique et la raison dominoient. Comme l'eau, ils n'ont ni goût ni couleur, et, comme elle, ils contractent la couleur er le goût de tout ce qui les touche.

§. V.

La Richesse est sans contredit une des principales causes de la corruption des Etats; mais ce n'est pas la plus dangereuse. Il en est une autre plus terrible, c'est l'abus de l'imprimerie. Et véritablement, si, comme le démontre l'histoire de tous les peuples, même des moins policés, la religion est un des premiers fondemens de toute Société, l'Art qui propage si rapidement les lumières philosophiques, qui multiplie si facilement les livres où l'on prêche l'incrédulité et l'athéisme, l'Art qui a répandu dans toute l'Europe le prétendu système de la Nature, que la Nature désavoue, production infernale, plus calamiteuse que la boëte de *Pandore*, puisqu'elle ôte à l'humanité jusqu'à l'espérance; cet Art, dis-je, qui perpétue toutes les maladies de l'esprit humain, doit être regardé comme une source intarissable de corruption et de perversité.

„A considérer, dit *Rousseau* de Genève, les désordres „affreux que l'imprimerie a déjà causés en Europe, à „juger de l'avenir par le progrès que la mal fait d'un „jour à l'autre, on peut prévoir aisément que les Sou-„verains ne tarderont pas à se donner autant de soins, „pour bannir cet art terrible de leurs états, qu'ils en ont „pris pour l'y introduire."

Mais, par quelle fatalité les Princes n'ont-ils recours aux rêmèdes, qu'après avoir donné le tems au mal de pousser des racines? Peuvent-ils ignorer que dans ce Siècle, qui a la prétention d'être le plus éclairé des siècles, rien n'est plus contagieux que les leçons d'un Peuple, devenu depuis long-tems le prototype des autres peuples? Et s'ils ne l'ignorent pas, s'ils savent avec quelle facilité se propagent les erreurs qui flattent les passions aveugles de la multitude, d'où vient ont-ils souffert et souffrent-ils encore, dans leurs Etats, la libre circulation des gazettes et des Journaux françois? D'où vient n'ont-ils pas proscrit ces magazins ambu-

lans d'idées corruptrices, de maximes séditieuses, de
déclamations impies contre les Rois et la religion; ces
arsenaux odieux où l'ignorance et le vice puisent des
armes contre la raison et la vertu; ces catéchismes de
la licence, où l'on réduit la corruption en principe,
l'assassinat en système; où l'on fait effrontément l'apologie du crime?

§. VI.

Si, comme l'a dit *Horace*,

> Nos Peres, plus méchans que n'étoient leurs ayeux
> doivent être suivis pas de pires neveux;

l'Europe ne sera bientôt plus qu'un vaste coupe - gorge,
qu'un vrai pays de Lestrigons, d'où la vertu, la droiture et la probité seront obligées de s'éloigner. Déjà tous
les sentimens sont dénaturés; déjà les moeurs sont par-
tout relâchées. Les voiles mystérieux, dont l'incrédulité et le libertinage se couvroient autrefois, épargnoient
aux ames foibles le scandale et les sauvoient d'une con-
tagion funeste: aujourd'hui les vices les plus odieux se
montrent à découvert; on s'en honore même, et on en
est venu jusqu'à mépriser le mépris.

Tel est le fruit des lumières philosophiques et de
l'imprévoyance des Gouvernemens qui en a facilité les
progrès, sans songer que, plus l'esprit des Peuples
s'éclaire, et plus leur coeur se corrompt, parce que les
passions, toujours plus fortes que la raison, ont alors
plus de moyens de se satisfaire.

Et véritablement, les lumières sont un luxe de l'esprit
ou plutôt de la raison, et tout luxe corrompt les moeurs.
Quand les hommes s'occupent à définir la sagesse et la
vertu, ils négligent de la pratiquer. C'est du tems de

Néron, que *Sénèque* dissertoit sur la vertu. Jamais les Grecs ne furent si corrompus, que lorsque *Socrate* débitoit sa morale dans les écoles d'Athènes. Jamais, à Rome, il n'y eut une lâcheté plus caractérisée, une oppression plus tyrannique, un goût plus dépravé, que lorsqu'elle eut, dans son sein, des écoles d'éloquence et de Philosophie. *Sylla*, *César*, *Octave*, ces fleaux destructeurs de l'humanité, étoient les éleves et les amis des Philosophes de leur tems. Jamais il n'y eut, en France, plus d'Académies, plus de Sociétés Littéraires, plus de Philosophes, de Moralistes, de Prédicateurs profanes et religieux, qu'à l'époque de cette Révolution qui couvre d'opprobre et de deuil ce Royaume n'aguéres si florissant.

Les lumières dégradent les ames, énervent le courage, multiplient les besoins, concentrent les hommes en eux-mêmes, les isolent de la chose publique; elles retrécissent les coeurs et élargissent les consciences, pervertissent les moeurs, fanent la nature, et rendent plus pénibles les efforts qu'exige la vertu. En un mot, les Peuples dégénèrent, en proportion qu'ils s'éclairent, qu'ils se polissent; et s'il y a plus d'innocence et plus de moeurs, dans les campagnes et dans les villages, que dans les Villes et dans les Capitales, c'est parce que les lumières y sont moins répandues; si les troupes Russes et Autrichiennes sont les meilleures de l'Europe, les plus robustes et les mieux disciplinées, c'est parceque, parmi les soldats, il y en a très-peu qui sachent lire. Rien ne nuit plus aux hommes, considérés en masse, que les livres. Un seul mauvais, et il en est tant de ceux-là! fait plus de mal, que vingt bons ne font de

bien. Le seul, dont on ait bien profité, pour le malheur de la terre, est *le Prince de Machiavel*. Quoiqu'en
disent nos Beaux-ésprits, le Calife *Omar* donna moins
une preuve de barbarie, que de profonde politique,
lorsqu'il fit mettre le feu à la Bibliothèque d'Alexandrie,
sous prétexte que ces livres étoient mauvais, s'ils contenoient des choses opposées à l'Alcoran, et superflus,
s'ils ne contenoient que la doctrine de l'Alcoran. Si *Voltaire* et *Rousseau* ont procuré de nobles jouissances à
leur siècle, on peut dire, d'après les idées que leurs
écrits ont fait naître, qu'ils ont préparé bien des troubles
et bien des calamités aux siècles suivans. Qu'on en juge
par les ravages que leurs éleves ont déjà causés dans
les plus belles parties de l'Europe.

Depuis que l'imprimerie nous a inondés d'Ecrits et
de Journaux, les hommes sont-ils meilleurs, les Peuples
plus heureux, ceux qui les gouvernent plus sages? La
mauvaise foi, la perfidie, les haines, les trahisons,
les mensonges, les calomnies, les meurtres, les crimes
ont-ils disparu parmi nous? Y a-t-on vu renaître la
franchise, la droiture, la générosité, le bonheur et la
paix? Ou plutôt, malgré les lumières philosophiques,
malgré les cris hypocrites d'humanité, de tolérance, de
fraternité, se montra-t-on jamais plus féroce, plus cruel,
plus barbare? Dans quel siècle d'ignorance a-t-on vu
commettre, par le Peuple françois, plus d'atrocités, que
dans celui-ci? Les *Antropophages*, les Cannibales au-
roient-ils égorgé de sang froid, en un jour, et au pied
même des Autels, deux cents de leurs Prêtres, pour
n'avoir pas voulu abjurer la religion de leurs pères?
Les *Domitiens* ont-ils publié des Rescrits plus tyranni-

ques, plus horribles contre les Chrétiens, que les Décrets de la Convention Nationale contre les émigrés, leurs compatriotes? Tout ce que nous avons gagné en devenant plus instruits, c'est d'avoir appris à être méchans avec art, avec un raffinement qui rend le mal plus épidémique et plus dangereux.

Or, le moyen de se persuader que la corruption puisse s'affoiblir, tandis que les lumières philosophiques et l'amour des Richesses, font tous les jours de nouveaux progrès? Ce n'est pas, sans un profond effroi, que je vois l'horison politique de l'Europe chargé de nouveaux orages. Il est à craindre que l'image désastrueuse de la France ne soit successivement celle de plusieurs autres Etats. Les nouvelles maximes menacent les Sceptres d'une refonte générale, et toute l'Europe, d'un despotisme universel; mais la transition de l'anarchie au despotisme sera cruelle, et l'intervalle de l'état actuel de fermentation à celui de la tranquillité sera rempli, par des désordres, dont il n'est pas donné à l'esprit le plus pénétrant de calculer la durée.

CHAPITRE VI.

Digression polémique *).

§. I.

Quand, dès mon entrée dans la carrière littéraire, l'amour de l'humanité et des bons principes ma fait combattre sans relache la Philosophie du Siècle, pour détourner s'il étoit possible les maux, dont cette ennemie des trônes et des autels menaçoit la France et l'Europe, je ne m'étois pas dissimulé les dangers auxquels j'allois m'exposer. Je n'ignorois pas combien les apôtres de la liberté et de la tolérance sont intolérans et persécuteurs, à l'égard de ceux qui réfutent leurs principes et leurs opinions. Je savois parfaitement qu'en les attaquant tous, l'un après l'autre, dans les *Trois Siècles*, j'allois déchaîner contre moi une ménagerie des mieux fournies.

Ce que j'avois prévû est arrivé, et mon zèle n'en a point été ébranlé. J'ai éprouvé tout ce dont la vengeance littéraire est capable, et quand je vivrois autant que *Nestor*, et que j'aurois toute la prudence d'*Ulysse*, je dois croire que la haine philosophique me poursuivra jusqu'au tombeau. Mais j'avoue que, forcé de quitter ma patrie, pour continuer, en évitant la mort, de servir la bonne cause; que refugié à Vienne, où feu l'Empereur *Léopold II.*,

---

*) Les Lecteurs, non curieux des querelles des Ecrivains, doivent passer ce Chapitre sans le lire.

m'avoit offert un asyle, et où son Auguste Successeur m'a
donné des marques généreuses de sa bienveillance;
j'avoue, dis-je, que je ne me serois pas attendu à trouver, dans cette Capitale de l'Empire germanique, un
Vengeur des principes philosophiques, et à me voir
dans l'obligation de me défendre contre ses insinuations
calomnieuses et les artifices de sa mauvaise foi. M. de
Sonnenfels, Conseiller Aulique de S. M. Impériale, et
Professeur émérite de l'Université de Vienne, deux qualités qui me donnoient des droits à ses égards, s'est
rangé au nombre de mes ennemis, en publiant une Brochure où, sous prétexte de combattre mes idées et mes
opinions, il attaque mes sentimens et mon honneur.
C'est une des *Notes*, dont j'ai accompagné la Lettre imprimée de *M. de Meilhan* *), qui a servi de prétexte
et qui sert principalement de texte à son Libelle. Cette
Note, que j'ai cru devoir insérer dans cet ouvrage,
forme le dernier Paragraphe du Chapitre précédent. On
peut voir si elle est aussi extravagante, aussi blasphé-
matoire, qu'il plait à M. de *Sonnenfels* de le faire entendre.

Je lui dois une Réponse ou plutôt une leçon, pour
l'instruction de ceux de ses disciples qui seroient tentés
de marcher sur ses traces; et c'est ici le lieu de la lui
donner. Cette Digression n'est pas étrangère au sujet.
Elle fournira une nouvelle preuve de la nécessité de
mettre un frein à l'intempérance des plumes.

§. II.

Que M. de *Sonnenfels* pense autrement que moi, sur

---

*) Nous en avons déjà parlé, page 17.

l'effet des sciences et des lumières trop répandues, il n'y a là rien de surprenant, ni de blâmable, ni qui doive m'humilier. Chacun est libre dans ses opinions, et je serois bien fâché que les miennes fussent celles de tout le monde. Mais puisque mes raisons contre les lumières philosophiques sont en françois (quoique, dira-t-on peut-être, peu françoises) pourquoi, si elles lui ont paru dangereuses, les a-t-il traduites et seulement réfutées en langue allemande? Que diroit-il d'un médecin qui, convaincu de la mauvaise qualité d'un aliment, en présenteroit l'antidote, non à ceux à qui il est destiné, mais à ceux qui n'étoient ni dans le cas de s'en nourrir, ni à portée de le connoître?

Sachant que j'ai le malheur de ne pas entendre l'Allemand, auroit-il choisi cette langue, pour me critiquer et m'injurier plus à son aise? Ce procédé ne seroit guere digne d'un ancien militaire *), et donneroit une bien mince idée de la politique d'un ancien Professeur en matières politiques. Et véritablement, quoique ses ouvrages ne parviennent pas jusqu'à la bonne Compagnie, il pouvoit arriver, comme il est effectivement arrivé, que la singularité de celui-ci lui feroit franchir l'antichambre, et que je serois averti de son coup fourré..

. . . .

J'ignore, et ne suis point curieux de pénétrer les motifs qui l'ont engagé à m'attaquer avec des armes qui me sont inconnues, et sur un terrein où je ne puis me défendre qu'à l'aide d'un second; mais quelles qu'aient

---

*) Avant de devenir Auteur et Professeur, M. de *Sonnenfels* a été en effet Officier dans un *Régiment.*

été se raisons, il n'en avoit aucune pour donner des impressions défavorables, je ne dis pas de mon esprit et de mes écrits, (sur lesquels il est permis à chacun de prononcer) mais de mon moral, de ma conduite civile, de ma droiture, en un mot, de l'honnêteté de mes sentimens, contre laquelle mes ennemis les moins délicats n'avoient osé, jusqu'à lui, élever le moindre nuage, si j'excepte *Voltaire*, à qui, comme tout le monde sait, les injures et les calomnies ne coûtoient pas plus, que les adulations. . . . .

Après avoir cité et traduit ma Note, à sa guise, il s'écrie d'un ton de prédicateur, *qu'ai-je écrit? qu'avez-vous lu?* et il part de ces touchantes exclamations, pour dire, le croira-t-on? que je pourrois bien être un Agent sécret de la Convention Nationale qui, ayant dans son sein, des gens habiles, en soudoye dans les différentes Cours, pour lui fournir des renseignemens analogues à ses vues; et, dans l'intention, sans doute, de donner une couleur de vraissemblance à ces odieux soupçons, il dit que le langage de ma Note est le même que celui de la Convention Nationale et de ses Émissaires.

Si j'étois aussi connu des Habitans de Vienne, que je le suis des Littérateurs et des Emigrés françois, je me serois contenté de rire et de plaisanter de cet excès de méchanceté et de mauvaise foi. Mais, quand on songe, que je suis un étranger, un malheureux fugitif, qui n'est connu que par des superficies qu'on peut croire fallacieuses, et qu'on voit un Professeur émérite, un Homme de Lettres, un Conseiller Aulique, un Citoyen connu, qui cherche à me rendre suspect au Gouvernement et à ses concitoyens, à me représenter comme un

Sinon, comme un lâche hypocrite, à me faire passer pour le complice des destructeurs de ma patrie, et le Salarié des Assassins juridiques de mon Roi, alors l'indignation et l'idée du danger laissent peu de place à l'indulgence et à la plaisanterie; car je le demande à tout homme juste, n'est-ce pas inviter le Gouvernement autrichien, qui a tant de raisons de se défier des françois, à se défier aussi de moi et à me priver tout au moins de l'asyle qu'il m'a accordé? N'est-ce pas inciter le Peuple Viennois à m'immoler à son juste ressentiment de l'affreuse et longue Agonie qu'on fait éprouver à la Reine?

Heureusement, les efforts de ce Zélateur des lumières philosophiques ont produit un effet tout opposé à celui qu'il en espéroit. Les curieux ont approfondi sa conduite, et . . . . *(il y a ici une suppression d'une demi page)* . . . . Que ce Conseiller aulique soit Philosophe et . . . . . ce n'est pas à moi à le trouver mauvais; qu'il écrive contre mes opinions: il en est très-fort le maître, et je ne m'en plaindrois pas, quand même, s'élevant au dessus de lui-même, il mettroit de l'esprit et de l'honnêteté dans sa Critique. Mais que, sans lui avoir manqué, il me prête ses propres idées, pour me rendre ridicule; mais qu'il me croie capable d'avoir des sentimens tout contraires à ceux que j'ai manifestés, sans variation, dès mes premiers pas dans les champs de la Littérature; mais que, dans une Langue que je n'entends pas, il cherche à me ravir l'estime et la bienveillance d'une Nation que j'honore et que je chéris; mais qu'il appelle sur ma tête les anathèmes de la crédulité, et sur mon coeur les poi-

nards du fanatisme patriotique, voilà ce que je ne puis
ni ne dois lui passer.

Qu'il se mette pour un instant à ma place, et qu'il
prononce ensuite lui - même sur sa conduite envers moi.
Quelle idée se formeroit - il des principes et du caractère d'un homme qui l'auroit traité comme il me traite ?
Supposons qu'il soit un partisan de la Philosophie et
de la Démocratie, et que, pour se livrer plus commo-
dément à son goût, ou que, forcé de quitter sa patrie,
pour s'y être livré, il eût cherché et trouvé un asyle à
Paris ; que là, pouvant donner un libre essor à ses sentimens, il eût publié un Pamphlet bien philosophique
contre les inconvéniens de l'ignorance et les vices de la
Royauté. Supposons encore (car il faut faire la comparaison dans son entier) qu'un Professeur de l'Université
parisienne eût pris aussi-tôt la plume contre lui, et que
sous prétexte de défendre l'ignorance, il eût fait entendre *au Comité de Salut public*, qu'on doit se défier
de l'Etranger qui vient faire l'éloge de l'imprimerie, des
lumières, et du gouvernement républicain, parce qu'il
pourroit bien être un Émissaire déguisé du Cabinet de
Vienne, qui, ayant des gens habiles dans son sein,
doit nécessairement en soudoyer à Paris et dans les
principales provinces de France, pour l'informer de ce
qui s'y passe et y opérer, par leurs manéges sécrets, la
ruine de la République.

Dans cette supposition, M. de *Sonnenfels* ne trouveroit - il pas le procédé de ce Professeur bien inhospi-
talier, bien malhonnête, bien injuste, bien méchant,
bien cruel ? N'auroit-il pas quelque raison de soupçonner son Adversaire d'aristocratie, sur-tout si cet

N

Adversaire avoit déjà la réputation d'un partisan du Royalisme?

Mais que penseroit-il de l'audace du Parisien, si, pour le rendre plus odieux à ses nouveaux hôtes, il affirmoit, contre toute vérité, que le langage de l'Auteur autrichien est le même que celui qu'on tient dans le Cabinet de Vienne?

Et quelle idée se formeroit-il de l'équité, de la bonne foi et de la conscience de son Antagoniste, s'il eût méchamment passé sous silence les morceaux de son Ouvrage, qui ne permettroient pas aux esprits les plus incrédules de douter de la sincérité de son attachement à la Démocratie et de sa haine pour les Rois?

Or, c'est la méthode que lui-même a suivie à mon égard. Il ne s'est attaché qu'à une seule de mes *Notes*, et a laissé ignorer à ses lecteurs celles qu'il est impossible, qu'un homme qui auroit le moindre intérêt de ménager la Convention nationale eût osé hazarder en public . . . . *(il y a ici une lacune de trois pages).*

Parlant de mes *Trois siècles*, il dit pag. 9, qu'il seroit trop cruel de me rappeller les désagrémens que cet ouvrage m'a attirés, quoique je lui en aie fourni l'occasion, ajoute-t-il, par ma Note de la page 29. de la Lettre. — Mais s'il avoit lu les préfaces, les avertissemens, les discours préliminaires, dont j'ai accompagné les différentes éditions des *Trois siècles*, il auroit vû que j'ai eu soin de rappeller moi-même les critiques, les épigrammes, les injures, les calomnies, les torrens de bile et de fiel, les libelles de tout genre, que le succès de cet ouvrage m'a suscités, et que si je suis entré dans ces détails, peu satisfaisans sans doute, ce n'a été que pour mieux prouver combien les Gens de Lettres sont prompts à se révolter contre la voix qui ose combattre l'abus qu'ils font des talens et des lumières . . . . *(on a fait encore ici une suppression.)*

La sagesse et l'estime de nous-mêmes nous conseilloient le silence sur cette Brochure, mais nous devions une Réponse aux esprits foibles qui, ne nous connoissant pas, auroient pu nous juger d'après l'idée affreuse qu'on s'efforce de donner de notre caractère. Nous devions aux esprits droits et faciles à tromper, de les armer de défiance contre les Écrits de ces demi-Savans qui, rongés d'ambition, et condamnés, par la médiocrité de leurs talens, à ramper dans la poussiere et l'obscurité des colléges, se font philosophes pour avoir la consolation de médire des Grands, de vanter les lumières, afin de persuader qu'ils en ont eux-mêmes, de prêcher la liberté et sur-tout l'égalité à ceux dont la supériorité fait sentir leur petitesse. Nous devions, en reconnoissance de l'hospitalité et des douceurs dont nous jouissons, au milieu d'un Peuple bon et fidèle, lever tout-à-fait le voile qui cachoit la méchanceté d'un Ecrivain astucieux qui auroit pu, sur des objets plus intéressans, induire ses compatriotes en erreur. Nous devions à M. de *Sonnenfels* lui-même une leçon capable de dissipper les illusions de son amour-propre inconsidéré, et qui lui apprît à ne pas maltraiter un Homme qui ne lui a donné aucun sujet de se plaindre de lui; à ne pas insulter à un Infortuné qui ne s'est éloigné de sa patrie, qu'au moment où il ne pouvoit plus la servir que de loin; à ne pas barrer le chemin à un Fugitif dont tout le crime est de s'être opposé au crime; et sur-tout à ne pas donner le vernis de la fourberie et de la bassesse à un Littérateur qui, toute sa vie fut le martyr de sa franchise, l'adversaire déclaré des Philosophes modernes et l'ennemi le mieux prononcé de toutes les espèces de lâcheté. . . . . ; . . . *(il y a encore ici une lacune.)*

N. B. Les morceaux qu'on a supprimés sont précisément ce qu'il y avoit de moins médiocre dans ma Digression et ce qui auroit pû dédommager le Lecteur de l'ennui qu'elle doit lui avoir causé; mais j'ai cru devoir les sacrifier aux représentations de l'amitié. On m'a fait observer qu'il n'étoit ni généreux ni prudent d'immoler à la malignité humaine, par l'arme du ridicule, un Adversaire qui est moins méchant auteur qu'auteur méchant; qu'il devoit me suffire d'avoir repoussé ses attaques par des raisons et des plaisanteries propres à lui faire sentir son tort, sans le stigmatiser de ridicules capables de le rendre furieux. J'ai cédé à ces considérations avec d'autant plus de facilité, que ce n'est pas le sentiment de la vengeance, mais celui de l'utilité publique qui m'avoit animé, persuadé avec *Ciceron* qu'il est de l'intérêt de la Société de rendre odieux les calomniateurs. Cependant les hommes qui sentent vivement et qui sont attaqués dans ce qu'ils ont de plus cher, ne sont pas toujours maîtres de leurs mouvemens dans leur défense; la passion les emporte quelquefois au delà des limites; et c'est ce qui m'étoit sans doute arrivé dans les morceaux qu'on m'a engagé de supprimer.

Je sens que M. de *Sonnenfels* ne me pardonnera pas aussi aisément les plaisanteries que je me suis per-

mises contre lui et que j'aurois également supprimées
sans regret, si on l'eût exigé, que je lui pardonne les
soupçons calomnieux qu'il a répandus contre moi : on
est rarement généreux quand on a tort. Mais quelles que
soient ses dispositions à mon égard, je prends ici l'engagement de ne plus parler de lui, s'il n'y donne sujet
par de nouvelles attaques.

C'est ici le lieu d'avertir un autre Personnage qui me
persécute, quoique je ne lui aye jamais donné lieu de se
plaindre de moi, et qui n'a pas rougi de colporter le Libelle de M. de *Sonnenfels* chez des personnes qui m'honorent d'une bienveillance particulière, dont je me fais
gloire, et qu'il a voulu me ravir ; c'est, dis-je, ici le lieu
de lui faire observer que si j'étois méchant ou vindicatif, il m'auroit été très-facile, sans même le nommer,
de le faire repentir de ses vilains procédés. Mais je le
répéte, la vengeance est aussi éloignée de mon caractère, que la justice de celui de mes ennemis. Les méchans sont assez punis de l'être : comme le fer, ils engendrent une rouille qui les ronge, qui empêche la délicatesse d'en approcher et qui finit par les détruire.

Je ne trouve point étrange, que les Philosophes et
les Démocrates, dont j'ai attaqué les opinions et combattu les erreurs, écrivent contre moi, et me poursuivent
par des calomnies dans les Sociétés : ils ont leur amour-
propre à venger ; mais que des hommes qui ne me connoissent pas, que je n'ai point offensés, et qui par état
sont obligés à plus de décence, se fassent, pour me
nuire, les Satellites des Philosophes et des Démocrates, voilà ce qui m'étonne, sans cependant me décourager.

CHAPITRE V.

De l'inutilité et du danger des Beaux-Arts pour le soutien des Empires et le bonheur des Peuples.

§. I.

J'ai dit, et c'est ici le cas de le rappeller, que je n'écris pas pour obtenir le suffrage de la multitude, mais pour mériter celui des penseurs et l'estime de ces politiques, de ces vrais philantropes qui savent vaincre leurs goûts et se dépouiller de leur propre intérêt pour concourir au bonheur de l'humanité.

L'éloquence, la poésie, qui est une éloquence mesurée et plus hardie, la peinture, la sculpture, qui est une peinture en relief, la déclamation, la musique qui est une déclamation harmonieuse et plus soutenue, la pantomime, la danse, qui est une pantomime cadancée, sont sans contredit des Arts très-agréables pour ceux qui les cultivent ou qui les aiment ; mais ces Arts sont-ils utiles à la multitude, à la masse d'une Nation qui doit être le premier objet du Législateur ? Contribuent-ils à la prospérité de l'Etat ? Voilà une de ces questions qui intéressent le Genre-humain. Les observations que nous allons ajouter à celles du Chapitre III. pourront servir à la résoudre.

§. II.

Dans ma *Philippique et mon Manifeste contre les lumières*, (c'est ainsi que M. de *Sonnenfels* appelle le dernier Article du Chapitre III.) je n'ai pas dit, comme on me l'a fait dire, que les Sciences, qu'il faut distinguer des Beaux-Arts, sont inutiles ou mauvaises en elles-mêmes : j'ai dit et je répéte qu'elles sont nuisibles, ce qui est pis qu'inutiles, quand elles deviennent l'objet de la culture publique ou nationale ; que leur effet iné-vitable est de corrompre et de hâter la ruine des Etats qui les cultivent, et que, pour quelques individus dont elles font le plaisir, elles font le malheur de la multi-tude, en dégoûtant de la vertu ceux même qui, par état et par impuissance, les méprisent et les ignorent, tels que sont les gens condamnés à des travaux journaliers et matériels. La corruption est comme la mode, qui, du plus haut rang où commence son empire, passe aux valets et aux femmes de chambre, et de ceux-ci aux autres rangs. Un laquais n'a pas besoin de savoir lire dans les livres, pour s'imprégner de la corruption qu'on y puise, il suffit qu'il lise dans les discours et les actions de son maître ; et cette observation répond à l'argu-ment de *Voltaire* qui, pour prouver qu'un mauvais livre ne fait jamais beaucoup de mal, dit que le Peuple ne lit point.

§. III.

Plus le goût des Arts et des Lettres s'étend dans un État, plus les moeurs se policent et s'effacent. Un Peuple qui s'éclaire et raisonne, est peu disposé à la soumis-sion et aux sacrifices qu'exigent le patriotisme et la vertu. Un homme éclairé qui expose sa fortune et sa vie, pour obliger un particulier ou pour servir l'État, fait, dans ce moment, divorce avec sa raison, pour ne suivre que le sentiment ou le préjugé. Les services qui coûtent des sacrifices sont rarement rendus par des gens éclairés, et cette observation n'est pas en faveur des lumières.

§. IV.

Le Philosophe *Ménédeme*, selon *Plutarque*, comparoît les Gens de Lettres, livrés à des études frivoles et inutiles à la patrie, aux amans de *Pénélope* qui, ne pouvant épouser la Maîtresse, s'amusoient avec les servantes.

Platon, le divin *Platon*, regardoit la poésie comme un art futile, et bannissoit les poëtes de sa République. Ce même Philosophe, si prôné par les Écrivains, mettoit l'éloquence au nombre des Arts corrupteurs qui accompagnent le luxe, et comparoit le talent des Orateurs à l'industrie des Cuisiniers qui dénaturent tous les alimens, au point de faire trouver bon ce qu'il y a de plus mal sain.

Caton, le sage et vertueux *Caton*, regardoit les Arts cultivés par les Grecs comme une source de corruption, et leur introduction à Rome, comme le plus grand malheur que la République pût éprouver *).

Le Chancelier *Bacon*, l'homme le plus éclairé de son siècle, convient que la culture des Arts et des Sciences énerve les hommes, amollit leur courage, nuit aux moeurs et à la politique des États.

Rousseau de Genève, l'oracle de la plupart des Gens de Lettres, a démontré jusqu'à l'évidence, que le re-

---

*) Nous aurons occasion de rapporter ci-après, quand nous parlerons des dangers de la Médecine, le passage original de *Caton* sur cet objet.

nouvellement des Arts et des Sciences a plus contribué
à la corruption des moeurs Européennes, qu'à leur
éfuration.

§. V.

J'ai cultivé et j'aime encore les Beaux-arts; mais
l'amour de la vérité, plus fort que mon penchant, ne
me permet pas de taire que G. *Buckeldius*, dont le nom
n'est pourtant pas fort connu, a été plus utile à l'Humanité, par sa découverte de saler et d'encaquer les harengs, que *Voltaire* par tous ses Ecrits philosophiques
et non philosophiques. L'Empereur *Charles V.* donna
une haute idée de son esprit politique, lorsqu'il fit exprès le voyage de Hollande, pour aller voir le tombeau
de ce Grand-homme: car c'en étoit un, et c'est aussi
le titre que *Bayle* lui donne. On dira peut-être que j'aime
les harengs; cela est vrai, mais quand je ne les aime-
rois pas, l'amour du bien public m'auroit fait tenir le
même langage. Je ne ressemble point à ces personnes
irréfléchies qui ne séparent pas leur jugement de leurs
goûts.

§. VI.

Les bras des artisans, des laboureurs et des soldats ne sont vigoureux et dociles, qu'en raison de ce
que leur tête est vuide et leur esprit dans l'inaction.
Exercez leur cervelle, comme leurs bras, et vous les
verrez bientôt dégoûtés de leur état. L'instruction religieuse suffit à la classe laborieuse d'un Peuple. Toute
lumière qui excédera les connoissances nécessaires à la
profession particulière des artisans sera pour eux un
germe de découragement et de révolte, et pour la Société, un commencement de troubles. La Science est

comme ces alimens qui dérangent la santé, lorsqu'ils ne la fortifient pas.

§. VII.

Pour conserver long-tems un fruit, il ne faut pas hater sa maturité. Les Écoles et les Collèges où l'on apprend à lire et à écrire sont les jardins de l'esprit humain, et les Lycées et les Académies en sont les serres - chaudes. Rien ne mûrit plus vite une Nation et ne l'approche plus de la corruption et de la pourriture, que les établissemens en faveur des Beaux - arts. Si *Louis XIV.* n'en eût formé que d'utiles, tels que des casernes, des hôpitaux, des manufactures, le Trône qu'il a si long-tems occupé, et quelquefois rempli, seroit encore debout, et n'auroit pas fait, par sa chûte, ruisseler le sang du second de ses Successeurs. C'est ce Roi fastueux qui a accéléré la maturité et la décadence de la Nation françoise, en lui donnant des besoins chimériques, le goût des plaisirs, en tournant son industrie du côté des Arts d'agrément, en pensionnant *Racine*, pour ses Tragédies, et en le disgraciant, pour un Mémoire utile où il plaidoit la cause des Peuples; en comblant de bienfaits *Lully*, pour quelques futiles ariettes, et en reléguant *Fénélon* pour avoir fait l'ouvrage le plus agréablement instructif que les hommes destinés au gouvernement puissent lire. Si les bons livres, tels que le *Télémaque*, sont inutiles, à quoi servent donc les Lettres qui en produisent tant de mauvais?

§. VIII.

„La Peinture, dit le vertueux Abbé de *St. Pierre*, „la Sculpture, la Musique, la Comédie, l'Architecture „prouvent les richesses présentes d'une nation? elles ne

„prouvent pas l'augmentation et la durée de son bonheur;
„elles prouvent le nombre des fainéants et leur goût pour la
„fainéantisse, qui suffit à entretenir d'autres espèces de
„fainéans. Qu'est-ce présentement que la Nation ita-
„lienne, où ces Arts sont portés à une haute perfection?
„Ils sont gueux, paresseux, vains, poltrons, occupés
„de niaiseries? Ne voilà-t-il pas un peuple bien en-
„nobli?" Il faut remarquer qu'il y a près de 80 ans que
l'Abbé de *St. Pierre* s'exprimoit ainsi; qu'il ne parloit
que du général; et qu'il y avoit alors, comme il y a
aujourd'hui, des Etats en Italie dignes d'une exception;
Sed rari nantes in gurgite vasto.

§. IX.

Les Arts adoucissent sans doute les moeurs, puisqu'ils efféminent les hommes; cependant tant s'en faut
que les Princes qui les ont le plus protégés, aient été
les plus humains, les plus vertueux, et les plus utiles
à leur Nation. Il suffit, pour s'en convaincre, de se
rappeller le Nom de ceux qui, à la faveur des Lettres
et des Arts qu'ils ont encouragés, ont donné leur Nom
à leur Siècle.

Periclés, qui commença ce que les Écrivains appellent le beau Siècle d'*Alexandre*, qui embellit Athènes,
qui la peupla de savans et d'artistes en tout genre, fut-
il un homme de bien? Se montra-t-il l'ami de la vertu
et le bienfaiteur des Athéniens, en amollisant leur caractère par le luxe, en nourrissant du trésor public le
goût qu'il leur avoit inspiré pour les Arts, et en abat-
tant le tribunal auguste de l'Aréopage, dernière bar-
rière des moeurs? On sait qu'il finit par sacrifier sa
patrie et la Grèce à son ambition orgueilleuse, en ex-

citant cette guerre honteuse du Péloponnèse, qui alluma plus d'incendies et renversa plus de villes, que les *Darius* et les *Xercès*, et dont l'issue aboutit à l'oppression d'Athènes elle-même : devenue, par ses soins, brillante, efféminée, pleine de Sophistes et de Philosophes, vuide de Soldats et de Gens vertueux, cette République donna à *Philippe* tous les moyens de la vaincre et de la subjuguer.

Alexandre, éleve du Philosophe *Aristote* et protecteur de la Philosophie et des Beaux-Arts, peut-il être compté parmi les bons Rois, parmi les bienfaiteurs du Genre humain ? Qui ignore les injustices, les débauches, les cruautés, et l'orgueil altéré d'hommages de cet illustre Brigand ? Qui ne sait qu'après s'être immolé *Philotas* et avoir fait massacrer sur un simple soupçon *Parmenion*, le plus habile de ses Généraux, âgé de 70. ans, il versa le sang de *Clytus*, son ami et son bienfaiteur, et que, voulant être un Dieu, il se fit sacrifier le vertueux *Callisthène* pour première victime?

Les éloges immodérés, ou plutôt les basses flatteries de *Virgile*, d'*Horace* et des autres Gens de Lettres prodiguées à *Octave*, si lâchement surnommé *Auguste*, n'ont pu faire oublier les horreurs, les crimes, la dépravation, les infamies de tout genre de ce célébre protecteur des Arts, dont il cultiva lui-même le plus dangereux, pour le faire servir à ses débauches.

Qu'on ne dise pas que les Lettres rendirent *Auguste* plus humain et plus honnête, lorsqu'ayant affermi sa puissance, il les prit sous sa protection : il les avoit aimées et cultivées auparavant; car son Epigramme si orduriere sur *Fulvie* est antérieure aux Proscriptions.

Si Rome goûta soûs son Regne la paix et la tranquillité, elle les dût moins à son humanité, qu'à sa politique et au desir de jouir de ses rapines et de ses barbaries. S'il ne continua pas à répandre le sang des citoyens, c'est que les enfans et les petits-fils des trois cent Sénateurs et des deux mille Chevaliers qu'il avoit fait assassiner, pour s'emparer de leurs biens, étoient à ses genoux et l'adoroient.

Le Pape *Leon X.* qui ralluma le flambeau des Lettres et des Arts en Italie, a-t-il édifié la Chrétienneté par ses vertus, et rendu le Peuple de l'Etat-Ecclésiastique plus heureux? Son intronisation coûta cent mille écus d'or, dépense énorme qui eut été condamnable dans tout autre Prince, et qui est odieuse dans un Vicaire de *Jésus-Christ.* Le luxe et la magnificence de sa Cour répondirent à ce début, il fit jouer dans son palais les Comédies les plus libres de *Machiavel* et de *l'Arioste*; les arts et la corruption s'étendirent; et pour écarter la misère, le Souverain pontife exerce ouvertement la simonie, vend le pardon des crimes, céde au Roi de France plusieurs des droits du St. Siége; en un mot, ses scandales et ceux des Evêques, pervertis par son exemple, font naitre l'idée d'une réforme dans l'Eglise et facilitent à *Luther,* à *Zwingle* et à *Calvin* les moyens d'une Révolution dans la religion et la politique.

François I., le Restaurateur des Lettres en France et poëte lui-même, a-t-il grossi la liste des bons Rois et fait le bonheur de ses sujets? Peut-on dire seulement qu'il ait été économe de leur sang? A peine est-il monté sur le trône, qu'il pense à reconquérir le Milanez, pour le reperdre bientôt après. Appauvri par la guerre, plus encore par les fêtes et les divertissemens ruineux qu'il donne à la cour, il hausse les impôts, vend les charges de judicature, aliène son domaine, ce qui n'empêche pas qu'il n'entraîne la France au bord de sa ruine.

Nous ajouterons à ce que nous avons déjà dit de *Louis XIV.*, qu'il n'eut de *grand* que l'orgueil de son ambition, que les François n'ont point eu de Roi qui ait été plus prodigue de leur sang et de leurs sueurs, ni les grandes Puissances de l'Europe de rival, dont l'exemple leur ait été aussi funeste, puisque par la création d'une armée de quatre cent mille hommes et de deux cent mille en tems de paix, il les a mises dans la nécessité d'entretenir plus de troupes que n'en permet la prospérité de leurs Etats. „J'ai vu, dit l'Abbé de *St.* „*Pierre*, quatre famines en France en 64 ans, et cha- „cune a coûté à l'Etat plus de deux cent mille person- nes d'extraordinaire, l'une portant l'autre.” La France n'auroit certainement pas éprouvé ces calamités, si elle eut eu trois cent-mille soldats de moins, et trois cent- mille laboureurs de plus.

Voilà pourtant les Princes qui ont créé, restauré, et protégé les Beaux-arts, c'est-à-dire, qui ont procuré des jouissances à quelques riches, fait le bien-être de quelques particuliers et le malheur des Nations et de l'Humanité. Les Statues que les Arts leur ont élevées, et qu'ils ont noircies par la quantité d'encens brûlé à leur pieds, les Odes, les Hymnes, les Epitres et les autres Poésies où ils sont célébrés, sont des té- moins éloquens qui déposent contre l'inutilité et le danger de ces mêmes Arts. Peut-on voir sans indignation *Vir-*

gile et *Horace* prodiguer à *Auguste* les honneurs de l'Apothéose?

Virgile, après avoir imploré au commencement de ses Géorgiques le secours des Dieux, sur-tout de ceux qui président à l'Agriculture, met d'avance *Auguste* au nombre de ces Divinités et l'invoque comme une des plus grandes, disant qu'on ne sait pas encore quelle place il daignera occuper dans le ciel, s'il voudra être le Protecteur des villes ou présider aux campagnes, pour faire éclore les fruits de la terre, et gouverner les saisons, ou s'il acceptera l'empire des mers.

Horace, après avoir osé louer la régularité des moeurs de ce Prince incestueux, et avoir observé qu'on ne rend ordinairement justice aux Héros qu'après leur mort, „pour vous, ajoute-t-il dans une Epître qu'il lui „adresse, c'est avec plaisir que nous vous décernons „les honneurs divins, pendant votre vie; chaque fa-„mille vous dresse des Autels où nous jurons par votre „Divinité; et nous avouons qu'on n'a jamais rien vu et „qu'on ne verra jamais rien qui vous égale."

C'est ainsi que *Lucain* et *Stace* n'ont pas craint de louer, l'un, l'odieux *Néron* dans la Pharsale, l'autre, le cruel *Domitien* dans la Thébaïde, avec un tour assez semblable à celui de l'auteur des Géorgiques et plus honteux encore.

Que d'éloges, aussi bas qu'imposteurs, prodigués, par les Gens de Lettres de leur tems, aux *Médicis*, oppresseurs de leur patrie et destructeurs de sa liberté; au fastueux *Léon X.* qui, en ressuscitant les arts, n'a fait du Peuple de ses États qu'un Peuple de Sybarites ou plutôt d'Eunuques sans force et sans courage; à *Fran-*

çois *I.* qui se permit plus de prodigalités, de vexations, de débauches, et fit plus de mal à sa Nation que son Prédécesseur ne lui avoit fait de bien, par ses économies, et par l'exemple de ses vertus ; à *Louis XIV.*, un des plus grands et des plus longs fléaux qui aient affligé l'Europe !

Si, comme *Massillon* a eu le courage de le dire devant le Successeur de ce Monarque, père des Arts et bourreau de son Peuple, *on est aussi coupable quand on manque de vérité aux Rois, que quand on leur manque de fidélité*; combien sont donc coupables ceux qui canonisent jusqu'à leurs vices ? A quoi servent donc les Arts, s'ils n'ont pas la puissance de rendre les Princes qui les cultivent ou les protégent plus économes du sang de leurs sujets; s'ils ne leur inspirent point l'amour de leurs peuples; si, au lieu de tempérer leurs passions désordonnées, ils ne font que les flatter et les attiser ? A quoi ont servi aux Italiens la supériorité de goût et de génie, qu'ils acquirent du tems *des Médicis* et de *Leon X.*, si elle ne les a point empêchés d'être ravagés, battus, vendus par des étrangers; et des Arts qui laissent exposés à de tels malheurs ne méritent-ils pas plutôt le mépris des Sages, que leur admiration ? A quoi ont abouti l'esprit, le goût, l'industrie de la Nation françoise, dès que, par l'établissement de tant de Sociétés savantes, on a tourné son activité vers les Sciences et les Arts ? A rien autre chose qu'au mépris de la religion, des bienséances, des moeurs et généralement de toutes les autorités.

Rois, qui desirez de prolonger la durée de votre empire ou d'en étendre les limites, concentrez le plus qu'il

vous sera possible l'industrie nationale dans les objets
d'une utilité réelle au plus grand nombre de vos sujets;
préférez aux ouvrages d'agrément ceux qui sont profi-
tables à tout le monde; honorez la vertu; n'encouragez
que les talens qui en inspirent le goût, et bientôt l'Etat
que vous gouvernez sera aussi heureux au dedans, que
redoutable à ses voisins.

§. X.

Un des effets de la culture habituelle des Beaux-Arts
est de détacher des vertus sociales. Les hommes accoutumés à exercer l'imagination contractent naturellement
un goût de liberté, d'indépendance et de libertinage
d'esprit, qui ne leur permet que difficilement de se plier
aux devoirs de la Société et aux sacrifices que le bien
public exige.

Les amateurs des Arts jouissent, et les amateurs de
la vertu font jouir les autres.

§. XI.

Christine de Suède étoit née avec les talens qui font
les grands hommes. Elle avoit reçu de la nature et de
l'éducation tout ce qu'on peut desirer pour se signaler
sur un Trône. La pénétration de son esprit et son courage éclatèrent dès sa plus tendre enfance, ce qui détermina *Gustave-Adolphe*, son père, à la mener avec lui
dans les camps. Elle avoit lu *Thucydide* et *Polybe* dans
leur langue originale, à un âge où les hommes les lisent à peine dans des traductions. Elle étoit encore mineure, quand elle eut le malheur de perdre son père.
Parvenue à la majorité, elle gouverna avec assez de
sagesse; mais dès l'âge de vingt ans, elle prit un tel goût
pour les Arts et les Sciences, et ce goût amollit tellement

son ame, qu'elle se dégoûta des affaires, et qu'à l'âge de 25. ans, elle descendit volontairement du Trône, pour y faire monter *Charles-Gustave*, son cousin. En cédant à un autre le plaisir de travailler au bonheur de tout un Peuple, elle prouva qu'elle préféroit ses goûts à ses devoirs, ce qui ne décele pas un grand amour pour la vertu.

Les Gens de Lettres ont beau nous vanter cette Reine et s'efforcer d'en faire un Grand-homme, en reconnoissance de l'estime qu'elle témoigna pour les Savans, il n'est pas moins vrai que sa conduite, depuis le moment de son abdication, ne fut qu'une chaine de ridicules, d'extravagances et de fautes, impardonnables dans une personne de son rang. Il falloit que la culture des Sciences et des Arts eussent bien affoibli, bien changé son caractère, et qu'elle eût expulsé de son sang jusqu'aux moindres particules de celui de son père, pour avoir pû se déterminer, en quittant la Suède, peu de jours après sa renonciation à la couronne, à faire frapper une médaille avec cette légende, *le Parnasse vaut mieux qu'un Trône.* Il n'est peut-être pas de Littérateur, même parmi les poëtes les plus enthousiastes de leur Art, qui ne dit le contraire, s'il avoit l'option de siéger sur l'un ou sur l'autre.

Les livres et le commerce de ceux qui en font, lui ayant inspiré de l'indifférence pour la Religion, elle ne fit pas difficulté d'abjurer celle de ses pères, et d'embrasser sollemnellement le Catholicisme, à Inspruck, pour jouïr avec plus de liberté des Chefs-d'oeuvre de l'Italie où elle se proposoit d'aller. Le soir même on lui donna la comédie, ce qui fit dire aux Protes-

tans, qui ne regardoient pas sa conversion comme sincère : *il est bien juste que les Catholiques lui donnent le
soir la comédie, puisqu'elle la leur a donnée le matin.*
Quand on change de religion sans y croire, uniquement
par bienséance ou par intérêt, c'est être bien peu économe de sa réputation,

c'est trahir à la fois sous un masque hypocrite
et le Dieu que l'on prend et le Dieu que l'on quitte.

Christine ne se maria point. Elle étoit encore sur le
Trône, lorsque pressée par le Sénat de prendre un
époux, elle s'en défendit, selon ses Historiens, en disant : *ne me forcez point de me marier; il pourroit aussi
facilement naître de moi un* NÉRON *qu'un* AUGUSTE. Si,
comme il y a toute apparence, elle a voulu faire une
opposition, elle auroit dû substituer le nom de *Titus* ou
de *Trajan* à celui d'*Auguste*; car *Auguste* ne valoit pas
mieux que *Néron*. Voici ce qu'en dit *Voltaire*, dont le
jugement ne sauroit être suspect à l'égard d'un Prince
à qui les Lettres et les Arts ont tant d'obligations. „Au-
„tant qu'*Auguste* se livra long-tems à la dissolution la
„plus effrenée, autant son énorme cruauté fut tranquille
„et réfléchie. Ce fut au milieu des festins et des fêtes
„qu'il ordonna des proscriptions . . . . il fut un homme
„sans pudeur, sans foi, sans honneur, sans probité,
„fourbe, ingrat, avare, sanguinaire, tranquille dans le
„crime, et qui, dans une république bien policée, au-
„roit péri par le dernier supplice au premier de ses
„crimes *).”

---

*) Oeuvres complettes de *Voltaire*, tom. 38. et du *Diction. philosophique*, tom. 2.

N'est-il pas surprenant que le nom, ou plutôt le surnom d'un Prince si méchant et si dissolu, soit devenu l'épithète la plus honorable et la plus respectueuse qu'on puisse donner aux hommes et aux choses?

Les hommes n'honorent et ne respectent véritablement que ce qu'ils craignent. *Auguste* fut long-tems le maître du monde; tout trembloit à son nom; ses favoris avoient des Rois dans leur anti-chambre; les Gens de Lettres, qui dirigent l'opinion, qui consacrent l'erreur et la vérité, selon leur intérêt, l'encensoient comme un Dieu et comme un des Grands-Dieux; la plupart de leurs Ecrits sont restés, et la multitude qui ne réfléchit point a adopté leurs idées.

La Reine de Suède avoit raison de dire qu'il pourroit naître d'elle un *Néron* ou un *Auguste*; car il ne paroît pas, qu'en éclairant son esprit, les arts aient fortifié sa raison, ni préservé son coeur des foiblesses humaines et des excès coupables auxquels elles entraînent les ames sans vertu. Sa conduite à l'égard de *Monaldeski*, son grand Ecuyer et son amant, qu'elle fit poignarder presqu'en sa présence dans une des Galeries de Fontainebleau, annonce en effet qu'elle eut pu devenir une autre *Agrippine*.

En quoi les Arts sont-ils donc avantageux à la Société, si ceux qui les protégent ou les cultivent lui sont inutiles et le plus souvent nuisibles?

§. XII.

On pourroit inscrire sur la porte de toutes les grandes Bibliothèques: *poisons pour l'esprit et pour le coeur.* Ces pharmacies de l'ame ne valent pas mieux que celles où les médecins puisent des remedes pour la santé du corps.

Les unes et les autres sont pleines de drogues qui font plus de mal que de bien à ceux qui en usent. L'expérience prouve qu'elles détériorent, au lieu de fortifier. Il n'y a tout au plus d'utile parmi les livres, comme dans les boutiques des Droguistes, que les antidotes et les somnifères.

Mais, puisque les livres sont devenus un besoin pour les gens du monde, ils doivent faire avec eux, ce que l'homme sage fait avec les membres d'une nombreuse société: il en choisit quelques-uns pour discourir ou s'instruire; et comme il évite les ennuyeux et les mauvais sujets qui, comme les chiens, salissent ceux qui en approchent, les gens du monde doivent éloigner d'eux les mauvais livres et ne lire que les bons.

CHAPITRE VI.

De l'inutilité et des dangers de la Médecine et des Médecins.

§. I.

La santé étant le plus précieux des biens, celui du moins sans lequel tous les autres sont insipides, l'Art qui la rétabliroit, quand on l'a perdue, seroit sans contredit le plus précieux des Arts, s'il étoit connu; mais cet Art, dont les Médecins prétendent avoir la connoissance, est inconnu et le sera toujours, à moins que la nature de l'homme ne change et que son corps ne devienne transparent. La Médecine n'est point une Science proprement dite, puisqu'elle n'a point de regles fixes et invariables; c'est une charlatanerie privièlgiée et très-nuisible à la Société. Comme les Gouvernemens ne paroissent rien moins que persuadés de cette vérité si intéressante pour eux, nous croyons devoir leur soumettre ici quelques observations capables d'éveiller leur attention et de fixer leurs idées sur cet objet important. Quand on s'est mis au dessus de la haine des Philosophes, on peut braver celle des Médecins, beaucoup moins à craindre que les zélateurs de la tolérance et de la liberté.

§. II.

L'Art de la médecine tient de l'origine qu'on lui attribue, et qui est tout fondée sur l'erreur et le mensonge.

On fait honneur de l'invention de cet Art, qui n'en est pas un, à *Esculape*, fils d'*Apollon*, et éleve de *Chiron* le centaure . qui lui apprit à connoitre les *Simples*, non les hommes niais et faciles à tromper qu'on désigne par ce nom, mais les plantes médicinales ainsi appellées, peut-être, par allusion à ceux qui en font usage. *Minerve* lui donna du sang de la Gorgonne *Méduse*, et il s'en servit pour guérir les maladies et ressusciter les morts. Ce sang avoit sans doute une vertu tout opposée à celle du monstre femelle qu'il animoit, puisque la seule vue de la Gorgonne causoit la mort aux Voyans. Quoi qu'il en soit, *Pluton* fâché de ce qu'*Esculape* diminuoit chaque jour le nombre de ses sujets, s'en plaignit à *Jupiter* qui, craignant lui-même que les hommes ne devinssent trop puissans, s'ils pouvoient éviter la mort, foudroya l'habile Médecin.

Esculape, mis ensuite au rang des Immortels, fut honoré et invoqué par les mortels comme le Dieu de la médecine.

Telle est l'origine, selon les Mythologues et selon plusieurs Médecins, de l'art de guérir les maladies ; mais ce qui n'est pas fabuleux, c'est que le culte d'*Esculape* s'étendit chez les Grecs, en proportion de leurs progrès vers le luxe et la corruption, et que s'étant introduit à Rome, environ quatre cent cinquante ans après sa fondation, les maladies devinrent plus fréquentes et plus nombreuses parmi les Romains.

§. III.

La Médecine est un Art purement conjectural et par conséquent dangereux. Pour guérir un mal, il faut en connoître la source, et quel Docteur, le plus vieilli dans l'étude et l'observation des maladies, peut se flater de pénétrer la cause du dérangement des organes de la vie ? Cette cause change si subitement et si fréquemment, qu'elle est insaisissable ; c'est le *Protée* de la Fable qui prend toutes sortes de formes pour échapper à ceux qui veulent l'interroger. Les mouvemens qui changent notre physionomie produisent un pareil effet sur les parties internes de notre corps ; il ne faut souvent qu'une idée pour affécter nos fibres, nos nerfs d'une manière douloureuse, et pour donner à nos humeurs, au fluide nerveux, au sang, des qualités toutes différentes de celles qui existoient auparavant. Or la bonté, l'efficacité des remedes ne dépend-elle pas de leur application ? Et quel Médecin peut se flatter, peut espérer de saisir l'ordre, la suite, les interruptions, les mesures qu'exige cette application, sans la justesse de laquelle ce qui doit opérer la guérison ne peut qu'empirer le mal ?

Un Médecin plus sincère qu'intéressé comparoit les Médecins à des galopins qui connoissent les rues, mais qui ignorent ce qui se passe dans les maisons.

Un autre Médecin également persuadé de l'incertitude et de la futilité de son Art, s'en est expliqué avec la même franchise, dans l'apologue que voici: „la Nature, dit-il, est aux prises avec la maladie. Un aveugle „(c'est le médecin) arrive armé d'un bâton, pour les „mettre d'accord; il leve son bâton, sans savoir où il „frappe. S'il attrappe la maladie, il la détruit; s'il tombe „sur la Nature, il la tue."

§. IV.

Un Zélateur de la philosophie, homme d'esprit et écrivain élégant, dit que „la Nature travaille derrière „le Théâtre à cacher ses ressorts et ses contrepoids, „et que nos médecins sont tranquillement au parterre „débitant leurs paradoxes, leurs poisons et leurs or- „donnances . . . . . , Voyez l'intrépidité, ajoute-t-il, „avec laquelle ces Docteurs se jouent de la vie et „de la mort des citoyens: au premier coup-d'oeil ils ju- „gent une maladie dont le germe a quelquefois attendu „vingt ans à se développer. Despotes, jusques dans les „termes de leur Art, ils donnent à leurs frivoles recettes „le nom fastueux d'*ordonnances*; et quand ils ne voient „plus dans leur orgueilleuse ignorance de ressource „contre le mal qui empire, du haut de leur tribunal „ces inquisiteurs terribles condamnent leur victime à „mourir *)."

---

*) Philosophie de la nature.

§. V.

Voulez-vous vous convaincre de l'inutilité des Médecins, quand vous serez malade? Envoyez chercher l'un après l'autre les plus renommés; exposez leur votre situation, et si vous les engagez à mettre par écrit ce que vous devez faire ou prendre, vous verrez qu'aucun ne sera parfaitement d'accord avec aucun des autres. Quand il seroit vrai, ce que je suis loin de croire, qu'une de ces ordonnances vous fût salutaire, comment la connoîtrez-vous? et quand vous seriez assez heureux, en prenant au hazard la première qui s'offre à votre main, pour avoir rencontré la bonne, qui vous assurera que le garçon ou le maître apothicaire n'aura mis dans la médecine ni trop ni trop peu de tel ingrédient qui devoit y entrer, et que tous les ingrédiens sont de bonne qualité? Ne peut-il pas arriver, et n'arrive-t-il pas en effet, que, dans l'intervalle, votre état soit tout autre; que votre sang se soit épuré par la transpiration, par les sueurs et par les autres sécrétions, d'une partie des immondices qu'il charioit et qui gênoient son cours? Ces accidens ne sauroient être indifférens; et s'ils l'étoient, ils prouveroient l'inutilité des potions médicinales. Mieux vaudroit de la bonne eau, toute pure, plus facile à prendre et à digérer.

§. VI.

Les remedes que les Médecins donnent dans certaines maladies connues, telles que les fièvres, tierces, quartes, continues, putrides, malignes, sont, à peu de chose près, les mêmes pour tous les malades attaqués d'une de ces maladies; cependant les hommes diffèrent autant entre eux par l'intérieur de leur corps, que par les traits extérieurs; autant par leur manière de voir, que par celle de s'affecter. L'adolescent et le vieillard, l'artiste et l'artisan, le pauvre et le riche, le soldat et le chanoine, le tanneur et le meunier, l'épicurien et le laboureur, le mélancolique et le bilieux, le penseur et le sot, ne peuvent avoir les fibres, les nerfs, les poumons, le coeur, la tête, constitués de la même manière. Tel remede n'opère pas non plus de la même façon sur tous les tempéramens, ni dans tous les tems, sur le même tempérament. Je connois un Seigneur Transilvanien, qui aime tellement sa femme (et c'est ce qui m'empêche de le nommer, de peur de lui donner un ridicule) fait sur lui l'essai de tous les remedes qu'elle prend, sans qu'ils opèrent le moindre effet, tandis que, pris en moindre quantité par sa femme, elle en éprouve de grands. Les narcotiques causent aux uns le sommeil, à d'autres le vomissement, à plusieurs des convulsions, à quelques personnes le délire. La seule aversion que certaines gens ont pour certains alimens produit souvent en elles les effets du poison, et il y a tel poison qui ne l'est pas pour certains estomacs. *Boerner* parle d'un criminel à qui le pape *Leon X.* accorda la vie, parce que sans aucune préparation pharmaceutique, il avoit inutilement avalé une once d'arsenic pour se faire mourir. Les tempéramens sont si différens les uns des autres, que le même remede ne sauroit convenir, je ne dis pas à plusieurs personnes, mais seulement à deux individus, quoiqu'attaqués de la même maladie? C'est comme si l'on donnoit le même juste-au-corps à des hommes de différente taille, sous prétexte qu'ils ont le même costume.

§. VII.

Quoiqu'on connoisse mieux son tempérament que celui des autres, à peine un Médecin tombe-t-il dangereusement malade, qu'il envoie chercher un autre Médecin. Comment guérira-t-il les autres, dont il connoît moins bien la constitution, s'il ne sait pas se guérir lui-même? L'inconduite des Médecins dans leurs propres maux, leurs doutes, leurs incertitudes, leurs craintes, leur impuissance, trahissent celle de leur Art.

§. VIII.

Le fameux *Boerhaave* disoit que le quinkina avoit plus tué de monde, que les guerres de *Louis XIV.*, non que cette écorce ne fût utile, mais à cause de l'ignorance des Médecins qui ne savent pas l'administrer.

Ce Docteur si savant, qu'on regarde comme l'*Hipocrate* moderne et l'*Euclyde* des médecins, avoit, dit-on, placé dans sa Bibliothèque un gros Livre magnifiquement relié, et l'annonçoit à ses amis comme contenant tous les secrets de la médecine. On l'ouvrit après sa mort et on ne fut pas peu étonné de le trouver tout blanc, hors la première page, où on lisoit ces mots: *tenez vous la tête fraiche, les pieds chauds, le ventre libre, et moquez-vous des médecins.*

Cette anecdote, qu'on met aussi sur le compte d'un Médecin anglois, rappelle le mot du célèbre *du Moulin* qui, au lit de la mort, dit aux médecins, ses confrères, qui l'entouroient et déploroient sa perte, *consolez-vous, messieurs, je laisse après moi deux plus grands médecins,* et tout aussitôt de lui en demander le nom: *la diète et l'eau,* répondit-il. Il ne faut pas s'étonner de voir les Médecins ne dire la vérité sur leur Art qu'à leur dernière heure : s'ils étoient véridiques de leur vivant, ils ne mourroient pas si riches. *Boerhaave* laissa quatre millions de livres tournois à ses héritiers, quoique dans sa jeunesse il eût donné des leçons de mathématiques, pour se procurer la subsistance.

§. IX.

La meilleure définition d'un médecin est celle qu'en fait *Moliere*, quand il dit, que *c'est une espèce de comédien destiné à amuser les malades, jusqu'à ce que la Nature les ait guéris, ou que les remèdes les aient tués.*

§. X.

Presque toujours le Médecin est plus à craindre que la maladie, quelque grave qu'elle soit. La Nature dérangée par l'intempérance des hommes tend d'elle-même à se rétablir et cherche la santé, comme une eau déplacée cherche la pente. Les remedes doivent nécessairement gêner sa marche; il faudroit le plus grand des hazards, pour qu'ils la favorisassent, attendu que celui qui les ordonne n'agit et ne peut agir, que d'après des conjectures. Les yeux, le tein, la langue, le poulx d'un malade, sont des indications sans doute du dérangement de la machine ; mais quand ces signes ne seroient pas souvent équivoques et qu'ils indiqueroient ce qui se passe, dans l'intérieur, ils ne disent pas tout ce qui s'y passe, et encore moins font-ils connoître les routes que la Nature suit pour se rétablir. Les symptomes placent tout au plus le médecin au vestibule, et il prétend régir le sanctuaire!

§. XI.

Le Médecin n'ayant que des bases incertaines et

variables, n'est qu'un Art imposteur, dangereux, qui use la vie des hommes, en avance le terme, sous prétexte de le reculer. Les esprits éclairés méprisent cet Art, les sages le redoutent, les simples l'admirent, les foibles y ont recours, les fous s'y abandonnent et les Charlatans en profitent.

§. XII.

Les maladies sont la proie des médecins, comme les procès sont celle des Avocats et des Procureurs.

Plus il y a de médecins dans un pays, et plus il y a de maladies; comme plus il existe de voleurs dans une ville, plus il s'y commet de vols. Les Médecins affoiblissent les tempéramens; comme les Avocats, les Procureurs et les voleurs détériorent les fortunes.

§. XII.

Il est prouvé qu'il y a moins de malades et que les hommes vivent plus long-tems, dans les pays où il n'y a pas de Médecins.

Il est démontré que les Médecins prolongent les maladies, plus qu'ils ne les abrégent, et qu'ils tuent plus d'hommes, qu'ils n'en guérissent. Les malades qu'ils se vantent d'avoir guéris l'auroient été plutôt, s'ils n'avoient point appellé de médecin.

Les tombeaux couvrent les méprises et les fautes des médecins, tandis que deux ou trois guérisons suffisent pour leur donner la réputation d'habiles Gens. C'est ainsi que la mer enveloppe dans ses abymes les voeux non exaucés d'une infinité de malheureux, tandis-que les *ex-voto* de quelques heureux tapissent les temples voisins de ses rivages.

§. XIV.

Un Pontife Romain disoit qu'il ne concevoit pas comment deux Aruspices pouvoient se rencontrer sans rire. Il seroit plus étonnant que deux Médecins pussent se rencontrer sans rougir. Il est permis de rire d'un charlatanisme qui ne met à contribution que la bourse des sots, mais celui qui y met et leur bourse et leur santé, doit faire rougir ceux qui l'exercent. N'est-ce pas ici le lieu de s'écrier avec un Père de l'Eglise: *Vae coecis ducentibus! Vae coecis sequentibus!*

§. XV.

Les Médecins qui ont joui de la réputation la plus distinguée ont donné dans les idées les plus ridicules. Le célèbre *Winslow* croyoit aux possessions et aux sortiléges. Il attribuoit aux effets de la magie les maux qui résistoient aux médicamens. Aussi son remede favori étoit-il l'exorcisme. Si l'on veut juger de l'énorme quantité de personnes que les Médecins ont fait enterrer vivantes, il faut lire l'excellente *Dissertation* de ce Docteur *sur l'incertitude des signes de mort, en 2. Vol. in* 12.

Que de Médecins ont cru à l'Astrologie judiciaire et ont agi en conséquence dans le traitement des maladies!

J'en connois en France qui jouissent d'une grande réputation et qui croient à l'Hydroscopie *) par la baguette de coudrier.

Frédéric Hoffmann, le *Boerhave* des Allemands, a

---

*) On peut citer, entre autres; M. *Thouvenel*, nommé par le Gouvernement pour découvrir les mines et les sources d'eau.

fait un Traité pour prouver que le Diable se mêle des maladies et qu'il est la vraie cause de ces bouleverse-mens de l'économie animale où la médecine ne comprend rien.

Ce Traité est intitulé *de Potentia Diaboli*, et le titre suffit pour prouver qu'il n'étoit pas lui-même inspiré par le Diable, quoiqu'il faille avoir le Diable au corps, pour avoir écrit 9. Vol. in folio sur une Science qu'il méprisoit lui-même; car, s'il faut en croire le Docteur *Bruhier*, son Traducteur, il avoit coutume de dire à ses bons amis: *avez-vous votre santé à coeur? juyez les médecins et les remedes.*

Le même *Bruhier* rapporte de *Hoffmann* ces paroles remarquables: „j'affirme avec serment, qu'il a été un „tems où j'employois avec ardeur les remedes composés; „mais que l'âge et la pratique m'ont appris que très-„peu de remèdes, tirés des choses les plus simples et „les plus viles en apparence, sont préférables à toutes „les préparations chimiques les plus rares et les plus „recherchées." Il est aisé de juger si ses malades ont dû se bien trouver de ses premiers essais. Quelle quantité innombrable de victimes on découvriroit, si chaque Médecin faisoit, au moins dans son testament, l'aveu de celles qu'il a immolées pour sa part!

§. XVI.

On a dit que la tyrannie est moins l'ouvrage des Princes que celle des Peuples: on peut dire aussi que le charlatanisme des Médecins est moins leur ouvrage, que celui des malades. Les hommes agités par un vif intérêt, (et en est-il de plus grand que celui de la santé?) sont portés à croire les choses les plus absurdes, quand elles flattent leur espoir. Les Médecins qui ne l'ignorent pas, pour ne point courir le risque de se décrier dans l'esprit de leurs malades, aiment mieux les rendre plus malades par des remedes inutiles, et dès-lors nuisibles, que de leur dire ou que leur état n'en exige point ou qu'ils ignorent ceux que leur état exigeroit. Et véritablement, il y a peu de malades assez sensés, pour continuer leur estime et leur confiance à un Médecin qui auroit le courage de leur parler de la sorte: tant il est vrai que pour être heureux ou n'être pas malheureux, il faut être ou trompeur ou trompé, et quelquefois l'un et l'autre.

CHAPITRE VII.

Continuation du même sujet.

§. I.

On feroit une Bibliothèque très-considérable des Ouvrages de médecine. Il n'est point de Science sur laquelle on ait tant écrit, et rien ne prouve mieux son incertitude et le charlatanisme de ceux qui la professent.

Comme il est une infinité de Gens, qu'il est plus difficile de persuader par des raisons, que par des autorités, nous observerons en leur faveur, que les meilleurs esprits, que les hommes les plus renommés par leur sagesse ou leurs lumières, ont regardé la médecine comme une Science incertaine et les médecins comme un des fléaux de l'humanité.

S. II.

Platon, surnommé le *Divin*, dit que pour être un vrai médecin, il faudroit que celui qui aspire à ce titre eût éprouvé toutes les maladies dont il veut entreprendre le traitement et qu'il eût observé et retenu tous les accidens de ces maladies.

Qui voudroit et pourroit être médecin à ce prix? Plusieurs sont dignes des maladies qu'ils entreprennent de guérir, mais en est-il un seul qui consentit à les étudier sur lui-même?

S. III.

Caton, le sage *Caton*, dans une Lettre à son fils, que *Pline* le Naturaliste nous a conservée, dit, en parlant des Philosophes et des médecins grecs, que de tous les hommes lettrés, c'est l'espèce la plus méchante et la plus intraitable, *nequissimum et indocile genus illorum:* croyez ceci comme l'Oracle, ajoute-t-il, *et hoc puta Vatem dixisse.* Toutes les fois que cette Nation, continue-t-il, nous communiquera ses Arts, elle corrompra tout; mais le mal est sans remede, si elle nous envoie ses médecins: *quandocumque ista Gens suas litteras dabit, omnia corrumpet. Tum etiam magis, si medicos suos huc mittet.*). — Et puis qu'un Pédant émérite vienne nous faire l'apologie des Philosophes et des Médecins, lorsque le plus vertueux des Romains nous les donne comme l'espèce la plus capable de corrompre une Nation!

---

*) Pline Lib. 29. C. 1.

P

§. IV.

Un jeune homme qui se disposoit à étudier en médecine, fit part de son dessein à *Voltaire*. „Qu'allez-
„vous faire? lui dit-il: vous mettrez des drogues que
„vous ne connoissez pas, dans des corps que vous con-
„noîtrez encore moins. Si vous vous sentez des disposi-
„tions à tuer les gens, prenez le parti des ar. . . . du
„moins ne tuerez vous que des Gens en état de . . . . .
„fendre."

Ce même *Voltaire*, long-tems l'oracle de l'Europe,
dit, „que sur cent Médecins il y a quatre-vingt dix-
„huit charlatans; que *Molière* a eu raison de se moc-
„quer d'eux, et que rien n'est plus ridicule, que de
„voir ce nombre infini de femmelettes, et d'hommes,
„non moins femmes qu'elles, quand ils ont trop mangé,
„trop bu, trop joui, trop veillé, appeller auprès d'eux
„pour uu mal de tête un Médecin, l'invoquer comme
„un Dieu, lui demander le miracle de faire subsister
„ensemble l'intempérance et la santé, et donner un écu
„à ce Dieu qui rit de leur foiblesse *)."

§. V.

Écoutons sur les Médecins un des plus beaux Génies
de l'antiquité, un Naturaliste des plus savans, amateur zélé des Arts et des Sciences, et dont par conséquent le témoignage ne sauroit être suspect à leurs
partisans.

Après avoir parlé des différentes Sectes de Médecine,
toutes contraires les unes aux autres, et des plus fameux
Médecins, tous d'un système différent dans la ma-

---

*) Oeuvres compl. tom. 42. et du *Diction. Philos.* tom. 6.

nière de traiter les maladies, *Pline* ajoute: nul doute que ces Charlatans, cherchant la célébrité dans l'innovation, ne se font aucun scrupule de trafiquer de nos jours: *nec dubium est omnes istos famam novitate aliqua aucupantes animâ statim nostrâ negotiari*[*]).

„Delà, continue cet auteur, ces malheureuses con„testations autour des malades; delà cette triste Epi„taphe gravée sur un tombeau, *J'ai succombé sous le* „*nombre des Médecins*. Après tant de variations, l'art „change tous les jours, et souples aux impressions du „Charlatanisme, nous sommes le jouet de cette succes„sion de systèmes. Le Médecin qui sait le mieux „discourir devient à l'instant l'arbitre suprême de notre „vie et de notre mort. Et cependant combien de Nations „qui ignorent encore la Médecine et vivent sans Méde„cins! Tel a été pendant plus de six cents ans le Peuple „Romain. "

Quand la Médecine eut été introduite à Rome, elle fut abandonnée aux Grecs et aux esclaves. Le célèbre *Musa*, Médecin d'*Auguste*, étoit esclave; il fut affranchi dans la suite et même fait Chevalier Romain. Cela donna un tel relief à la profession de Médecin, que quelques citoyens Romains ne firent pas difficulté de l'embrasser, comme un moyen de s'enrichir. Mais l'expérience ayant appris qu'il y avoit moins de maladies à Rome et qu'elles étoient moins longues, avant l'introduction de la Médecine, on prit le parti d'expulser les Médecins. Ils s'y introduisirent de nouveau et continuèrent comme de raison d'abuser de la crédulité pu-

---

[*]) *Hist. Nat. l.* 29. *c.* 1.

blique. „Ils étoient Grecs, dit le même *Pline*, ou enrô-
„lés parmi les Grecs; car à moins qu'un Médecin ne
„parle Grec, il est sans crédit, même auprès de ceux
„qui n'entendent pas cette langue. Les hommes ont moins
„de confiance aux choses qui intéressent leur santé,
„lorsqu'elles sont intelligibles pour eux. Aussi dès qu'un
„Étranger se dit Médecin, on le croit sur parole, quoi-
„que nul autre mensonge ne puisse avoir des suites
„aussi funestes; mais nous n'y faisons aucune attention,
„tant l'espérance a de charmes pour nous. D'ailleurs,
„nulle loi qui sévisse contre l'impéritie; nul exemple
„de punition exercée contre les Charlatans. Ils s'instrui-
„sent aux dépens de nos jours; leurs expériences nous
„coûtent la vie et le seul Médecin tue avec impunité.
„Les reproches mêmes ne tombent pas sur eux: on
„accuse l'intempérance du malade, et les morts ont
„toujours tort; *ultroque qui periere arguuntur.*" Plin.
l. 29. c. 1.

§. VI.

Montaigne, le penseur *Montaigne*, si cité et encore
plus copié par les philosophes du Siècle, n'étoit rien
moins que partisan des Sciences. Elles ne lui avoient
appris qu'à douter et sa devise *que sais-je?* annonce le
peu de cas qu'il en faisoit, après les avoir cultivées
cependant plus et mieux que beaucoup d'autres moins
modestes. Mais celle de toutes qu'il méprisoit davantage
et qu'il regardoit comme la plus funeste au Genre humain, c'est la Médecine, ainsi qu'on peut en juger par
une infinité de passages de ses *Essais:* comme ils sont
dans un langage qui a vieilli, nous nous bornerons à
ceux-ci.

„On doit donner passage aux maladies. Laissons
„faire un peu à Nature: elle entend mieux ses affaires
„que nous."

„La Science la plus importante qui soit en notre
„usage, comme celle qui a charge de notre conservation
„et santé, c'est de malheur, la plus incertaine, la plus
„trouble et agitée de plus de changemens."

„Les Arts qui promettent de tenir le corps en santé
„et l'ame en tranquillité, nous promettent beaucoup;
„mais aussi n'en est-il point qui tiennent moins ce qu'ils
„promettent."

„Faites ordonner une purgation à votre cervelle: elle
„y sera mieux employée qu'à votre estomac."

§. VII.

Mais *Rousseau* de Genève, celui de tous les Ecrivains, au moins à mon jugement, le plus éloquent, le
plus penseur et le plus éclairé, quoiqu'il ait fait le très-
insociable *Contract social*, comme le divin *Platon* fit la
plus impraticable des *Républiques*; ce *Rousseau* dont les
erreurs ou plutôt les faux principes (car il n'a point
erré; il a fait errer les autres, ce qui est plus condamnable) ce profond observateur dont les indiscrétions
ont fait mille et mille fois plus de mal, que ses élans
sublimes vers la vertu n'ont fait et ne feront jamais de
bien; ce Génie transcendant dont la plume a donné à
l'esprit humain une direction que les Puissances matérielles de l'Europe, à qui elle est si funeste, auront de
la peine à détourner; ce *Rousseau*, dis-je, dont on n'a
guères adopté que les systèmes, que pensoit-il de la
Médecine et des Médecins? Il en pensoit ce que tous les
esprits observateurs en ont pensé et ce que ceux qui sont

à la tête des Gouvernemens devroient en penser. Voici en
partie ce qu'il en dit. Puissent ces vérités si éloquemment
exprimées faire impression sur ceux qui ont le plus
d'intérêt à en profiter!

„La Médecine est à la mode parmi nous, elle doit
l'être*). C'est l'amusement des Gens oisifs et désœu-

---

*) L'auteur de ces pensées énergiques auroit pu ajouter que
tout est de mode aussi en Médecine. Le mercure, l'émétique,
l'inoculation ont été proscrits et en vogue tour à tour. Il a été
d'usage pendant long-tems d'employer les échaufans dans la petite
vérole et ensuite les rafraichissans. La saignée est tantôt bannie
d'une maladie et tantôt elle est en faveur. *Petite vérole*, disoit le
Docteur *Silva*, *je t'accoutumerai à la saignée.*

Il n'est pas inutile d'observer pour l'utilité commune que M.
Wolstein, en Allemagne, et M. *Malon*, en France, ont chacun
publié un ouvrage contre l'abus de la saignée. Celui de M. *Malon*,
a pour titre *le conservateur du sang humain*, et l'on y démontre
clair comme le jour que la saignée est toujours pernicieuse et souvent
mortelle. „Sans les Médecins et les saignées, disoit un Curé
„pauvre qui n'étoit pas un pauvre Curé, les hommes ne mourroient
„que de vieillesse, et le casuel de ma Cure seroit réduit à bien
peu de chose."

On a remarqué que *Fontenelle* qui a vécu cent ans, qu'*Annibal*
de Provence qui en a vécu cent vingt, et que la plupart des
centenaires n'ont jamais été saignés, quoiqu'ils n'aient pas été
exempts de maladies.

J'en ai éprouvé deux en ma vie, l'une de corps, à l'âge de 30.
ans, causée par une fluxion de poitrine, accompagnée de pleurésie,
l'autre d'esprit, à l'âge de 50 ans (il y a six mois) causée par
un excès de sensibilité, qui ne m'avoit pas rendu fou, comme on
l'a débité, mais qui avoit exalté ma tête et doublé mes facultés
intellectuelles, sans altérer mon poulx. Je n'ai point appellé de
Médecin, ni dans l'une ni dans l'autre; mais dans la première, le
fameux *Bouvart*, avec qui j'étois lié, averti de mon état vint me
voir et voulut me faire saigner. Comme j'avois déjà lu l'ouvrage
de M. *Malon*, je me refusai constamment à la saignée, et ne pris
de toutes les potions qu'on me présenta que de l'huile d'amande

vrés, qui ne sachant que faire de leur tems, le passent
à se conserver. S'ils avoient eu le malheur de naître

---

douce et du syrop de capillaires divisé dans beaucoup d'eau. Au
bout de dix jours je fus convalescent, quoiqu'on m'eût dit que si
je n'étois saigné, je ne pouvois en revenir. Je ne pris même pas
la médecine qui me fut présentée le sept-ou-huitième jour; je me
contentai d'en faire le semblant et de n'en parler au Docteur
Bouvart, que long-tems après mon rétablissement.

Dans ma maladie d'esprit (car je veux croire que l'exaltation
des sentimens et des idées qui élève l'homme au-dessus des autres
et de lui-même, est une maladie) si j'ai été saigné une fois, ça
été bien malgré moi; car si je m'étois obstiné à refuser mon bras
au phlébotomiste, quatre vigoureux frères de la miséricorde, peu
miséricordieux, alloient m'attacher pour m'ouvrir la veine de force.
Trois tasses de sang de moins dans un petit corps, tel que le mien,
devoient nécessairement affoiblir mes facultés, et on n'a pas
manqué de prendre cet affoiblissement perfide pour le retour du
bons sens. Il m'avoit si peu abandonné ce cher bon sens, que
j'avois clandestinement jetté dans une chaise, qui n'est pas de
celles qui figurent dans nos Salles de compagnie, les trois quarts
et demi des potions purgatives qu'on m'avoit ordonné de prendre,
à chaque demi heure: encore ce demi-quart avoit tellement
affoibli les ressorts digestifs, que l'estomac ne faisoit plus ses fonctions ordinaires.

J'ai passé dix jours complets dans cette Maison curative, où
je fus conduit par ruse, et où je serois encore, non vivant, si
j'y étois entré Fou, comme quatre Médecins en ont paru persuadés.

Je n'avois appellé aucun d'eux: j'ai dû leurs visites à la bienveillance de deux Princes et à l'amitié de deux autres Personnes. Ces
Docteurs déjà prévenus que j'étois en démence par des bruits vulgaires répandus par l'ignorance ou la malignité, ces Docteurs sans
doute peu accoutumés à voir des Languedociens malades, ont
pris sans peine, en me voyant, pour l'effet du délire ou de la
folie les mouvemens et les expressions énergiques d'une ame
naturellement vive et trop sensible, et dont ces qualités funestes
se trouvoient alors redoublées par le sentiment profond du chagrin.
Ils sont donc excusables de s'être mépris sur mon état et d'avoir

immortels, ils seroient les plus misérables des êtres.
Une vie qu'ils n'auroient jamais peur de perdre, ne

***

jugé, d'après le calme et la régularité de mon poulx, que je ne
reviendrois pas de cette froide phrénesie, s'ils ne parvenoient à
me donner la fièvre. Ils ne me l'ont pourtant pas donnée; d'où
j'ai droit de conclure ou qu'ils ont eu tort de me croire fou ou
que je le suis encore; c'est à mes Lecteurs à prononcer sur ce
dernier point. Pour les mettre plus à portée de juger de ma raison
ou déraison, je hazarderai dans le Livre suivant quelques observations sur les maladies ou les vices de l'esprit. En attendant, si
le mien est mal sain, ce n'est pas en m'empêchant d'apprécier
l'esprit et le coeur d'autrui, et encore moins de reconnoître les
services qu'on m'a rendus. Non, les lumières ni les richesses ne
corrompent pas toutes les Ames; entre plusieurs autres, je puis citer
en preuve celle de l'incomparable Prince de *Ligne*, de l'excellente
Princesse de *Clary* sa fille, du bon et très-probe Duc de *Polignac*,
si mal jugé par ses compatriotes, du jeune et vertueux Comte
Odonel, ami sincère des Gens éclairés et de talent, parce qu'il
n'a rien à leur envier. C'est principalement aux soins bienfaisans
de ces illustres Amis, que je dois de n'avoir pas succombé à
ma singulière infortune.

Et toi aussi tu auras part aux hommages publics de ma reconnoissance, Femme obscure, mais digne, par tes sentimens et tes
actions héroïques, de figurer à côté de ce qu'il y a de plus estimable, aux yeux des Gens de bien. Reçois, bonne *Julie*, qui
méritois un Maître plus en état que moi de récompenser tes services et tes vertus, reçois les éloges dûs à ton zèle infatigable,
presque surnaturel, et au courage avec lequel tu as constamment
repoussé les fausses terreurs que l'impéritie, d'un côté, et la perfidie, de l'autre, se sont efforcées de t'inspirer, pour t'éloigner
de moi et me priver de tes secours, d'autant plus généreux qu'ils
ont été désintéressés. Si ma raison subjuguée par la douleur,
mais non aliénée, a repris le dessus après tant d'assauts; si,
poussé par l'ignorance doctorale dans l'Antre de *Trophonius*, j'en
suis sorti au bout de dix jours qui m'ont paru dix siècles, c'est à
toi, à tes rapports fidelles et touchants sur mon véritable état, à
la persévérance de tes sollicitations auprès de mes amis trompés
que j'en suis redevable. J'acquitte aujourd'hui la dette du sen-

seroit pour eux d'aucun prix. Il faut à ces Gens là des Médecins qui les menacent pour les flatter, et qui leur donnent chaque jour le seul plaisir dont ils soient susceptibles ; celui de n'être pas morts."

„Un corps débile affoiblit l'ame. De-là l'empire de la Médecine, art plus pernicieux aux hommes, que tous les maux qu'il prétend guérir. Je ne sais, pour moi, de quelle maladie nous guérissent les Médecins, mais je sais qu'ils nous en donnent de bien funestes : la lâcheté, la pusillanimité, la crédulité, la terreur de la mort : s'ils guérissent le corps, ils tuent le courage. Que nous importe qu'ils fassent marcher des cadavres? Ce sont des hommes qu'ils nous faut, et l'on n'en voit point sortir de leurs mains."

„Les hommes font, sur l'usage de la Médecine, les mêmes sophismes que sur la recherche de la vérité. Ils supposent toujours qu'en traitant un malade on le guérit, et qu'en cherchant une vérité on la trouve ; ils

---

timent, en attendant que, par mon travail, je puisse obtenir de la Fortune les moyens de t'assurer un doux abri contre les besoins et les infirmités de la vieillesse.

Au reste, puisse mon aventure rendre les particuliers et les Gouvernemens moins confians dans les décisions des Médecin. Sous un Gouvernement moins juste et moins attentif que celui de' Vienne, j'aurois infailliblement éprouvé le sort que le malheureux Comte de *Balbi* a éprouvé, en France. Tout le monde sait que, pour s'être permis des menaces contre sa femme, dans un mouvement d'indignation et d'une jalousie dont elle étoit peu digne, il fut enfermé comme fou, et que ce traitement peu mérité ne tarda pas à lui faire perdre la raison. Il faudroit n'en pas avoir ou n'en avoir qu'une bien grossière, pour ne point la perdre en pareil cas.

ne voyent pas qu'il faut balancer l'avantage d'une
guérison que le Médecin opère, par la mort de cent
malades qu'il a tués; et l'utilité d'une vérité découverte,
par le tort que font les erreurs qui passent en même
tems. La Science qui instruit et la Médecine qui guérit
sont fort bonnes sans doute; mais la science qui trompe,
et la médecine qui tue, sont mauvaises. Apprenez-nous
donc à les distinguer. Voilà le noeud de la question. Si
nous savions ignorer la vérité, nous ne serions jamais
les dupes du mensonge : si nous savions ne vouloir pas
guérir, malgré la nature, nous ne mourrions jamais par
la main du Médecin. Ces deux abstinences seroient
sages; on gagneroit évidemment à s'y soumettre. Je ne
dispute donc pas que la médecine ne soit utile à quelques
hommes, mais je dis qu'elle est funeste au Genre-
humain."

„On me dira, comme on fait sans cesse, que les
fautes sont du Médecin, mais que la médecine en elle-
même est infaillible. A la bonne heure; mais qu'elle
vienne donc sans le Médecin; car tant qu'ils viendront
ensemble, il y aura cent fois plus à craindre des erreurs
de l'artiste, qu'à espérer du secours de l'art."

„Cet art mensonger, plus fait pour les maux de
l'esprit que pour ceux du corps, n'est pas plus utile aux
uns qu'aux autres; il nous guérit moins de nos maladies
qu'il ne nous en imprime l'effroi. Il recule moins la mort
qu'il ne la fait sentir d'avance. Il use la vie au lieu de
la prolonger; et quand il la prolongeroit, ce seroit
encore au préjudice de l'espèce, puisqu'il nous ôte à la
Société, par les soins qu'il nous impose, et à nos devoirs,
par les frayeurs qu'il nous donne. C'est la connoissance

des dangers qui nous les fait craindre : celui qui se croiroit invulnérable n'auroit peur de rien."

„Voulez - vous trouver des hommes d'un vrai courage ?
Cherchez - les dans les lieux où il n'y a point de Médecins, où l'on ignore la conséquence des maladies, et où
l'on ne songe guère à la mort. Naturellement l'homme
sait souffrir constamment et meurt en paix. Ce sont les
Médecins avec leurs ordonnances, les philosophes avec
leurs préceptes, les prêtres avec leurs exhortations,
qui l'avilissent de coeur et lui font désapprendre à
mourir."

„La seule partie utile de la Médecine est l'hygiene.
Encore l'hygiene est - elle moins une Science qu'une
vertu. La tempérance et le travail sont les deux vrais
Médecins de l'homme : le travail aiguise son appétit et
la tempérance l'empêche d'en abuser."

„Si par les observations générales, on ne trouve pas
que l'usage de la Médecine donne aux hommes une
santé plus ferme ou une plus longue vie ; par cela même
que cet art n'est pas utile, il est nuisible, puisqu'il
emploie le tems, les hommes et les choses à pure perte.
Un homme qui vit dix ans sans Médecins, vit plus pour
lui et pour autrui, que celui qui vit trente ans leur
victime."

„Vis selon la Nature, sois patient et chasse les Médecins : tu n'éviteras pas la mort, mais tu ne la sentiras
qu'une fois, tandis qu'ils la portent chaque jour dans
ton imagination troublée, et que leur Art mensonger,
au lieu de prolonger tes jours, t'en ôte la jouissance.
Je demanderai toujours quel vrai bien cet Art a fait
aux hommes ? Quelques - uns de ceux qu'il guérit mour-

roient, il est vrai; mais des millions qu'il tue resteroient en vie. Homme sensé, ne mets point à cette loterie, où trop de chances sont contre toi. Souffre, meurs ou guéris; mais sur-tout vis jusqu'à la dernière heure."

§. VIII.

Les Observations que je me suis permises et les autorités dont je les ai fortifiées, contraires à l'intérêt des enfans d'*Esculape*, pourront déplaire à certains Lecteurs et révolter certains autres. On croira et l'on dira que je n'aime ni la Médecine ni les Médecins; mais je réponds d'avance, que j'aime l'Humanité et que je préfere les vérités qui lui sont utiles aux opinions qui la flatent et lui nuisent. On n'est pas digne de plaire à la postérité, quand on ne s'expose pas à déplaire à ses contemporains.

„Au demeurant, ajouterai-je avec le véridique *Montaigne*, j'honore les Médecins, non pas suivant le précepte, pour la nécessité, mais pour l'amour d'eux-mêmes, en ayant vu beaucoup d'honnêtes hommes et dignes d'être aimés. Ce n'est pas à eux que j'en veux, c'est à leur art, et ne leur donne pas grand blâme de faire leur profit de notre sottise, car la plupart du monde fait ainsi." Il en est deux, entre plusieurs autres, que Vienne a l'avantage de compter parmi ses habitans, que j'estime et respecte particuliérement pour leur lumières et leurs vertus: l'un est M. *Schreibers* qui jouit d'une haute considération et qui la justifie par l'étendue de ses connoissances, la justesse de ses observations, par la sage économie et simplicité de ses médicamens; l'autre est M. *Bourgo*, Médecin de l'hôpital des Frères de la miséricorde, moins répandu, mais non moins recommendable par son savoir, sa perspicacité, et sa rare douceur, vertu d'autant plus précieuse, dans un Médecin d'hôpital, qu'elle dispose à la confiance et à la guérison, en flattant l'amour-propre et la sensibilité des malheureux que l'Etat confie à ses soins.

Le même sentiment qui me porte à rendre hommage au mérite personnel de quelques Médecins, m'engage à m'élever contre leur Profession et à crier de toutes mes forces qu'elle est cent fois plus nuisible qu'utile, et que par cette raison elle devroit être bannie de tout bon Gouvernement. Toute Science dont on abuse, quelque bonne qu'on la suppose, et dont les abus font plus de mal, que le bon usage ne fait de bien, doit être proscrite par la politique; et c'est ce qui sans doute portera un jour les Rois à proscrire, ou du moins à s'approprier pour leur seul usage, l'Art de l'imprimerie.

L I V R E V.

PENSÉES ET OBSERVATIONS
RELATIVES AUX FACULTÉS DE
L'ESPRIT ET A L'ÉDUCATION.

————————•————————

C H A P I T R E I.

Ce que c'est que l'esprit. Que tous les hommes et même les bêtes en ont. Des différentes sortes d'esprit.

§. I.

On a remarqué depuis long-tems, que les choses dont on parle le plus, sont le plus souvent celles qu'on connoît le moins. Demandez ce que c'est que l'esprit, aux gens qui passent pour en avoir le plus: vous verrez par leurs réponses, que la plupart l'ignorent, et qu'aucun n'attache les mêmes idées à ce mot.

Comme la connoissance des facultés humaines fait partie de la Science du Gouvernement et qu'il n'est pas indifférent aux Gouvernemens, de se former une juste idée des choses dont ils ont le plus besoin, nous tacherons de donner des notions claires et justes de l'esprit, en général, et des différentes sortes d'esprit, en particulier.

§. II.

Il est incontestable que le mot esprit vient du mot latin *Spiritus*, qui signifie *soufle*, *vent subtil*, *ame*. C'est dans ce sens que l'emploient les meilleurs auteurs, entre autres *Ciceron*, *Virgile*, *Vellejus - Paterculus*, ainsi que les Traducteurs latins de la Bible*). Le mot esprit porte donc avec lui l'idée d'une chose *immatérielle*, ou du moins d'une chose dont la matière est si subtile, qu'elle est invisible à l'oeil, insensible aux autres sens, et qu'on lui donne le nom de *spirituelle*.

Cela posé, qu'on se rappelle que nous avons prouvé qu'il n'y a point d'idées innées; que l'homme n'en apporte aucune en naissant, pas même celle de son existence; que toutes lui viennent par les sens, par l'éducation, par l'expérience, par l'instruction, qui est une expérience anticipée ou sur parole; et alors on conviendra, que l'esprit n'est autre chose que le résultat de nos sensations, de nos perceptions, de la faculté de nous en souvenir, de les comparer, et que par conséquent tous les hommes ont plus ou moins d'esprit, selon qu'ils ont plus ou moins d'expérience ou d'instruction, selon

---

*) Etre animé de l'esprit divin est exprimé, dans *Ciceron*, par *Spiritu divino afflari*.

Pour dire, tant que l'ame soutiendra le corps, tant que la vie durera, *Virgile* dit, *Spiritus dum reget artus*.

Vellejus - Paterculus, exprime par *ultimum Spiritum reddere*, ce que nous entendons par expirer ou rendre le dernier soupir.

On lit dans la Bible *Spiritus Dei ferebatur super aquas*, le vent ou l'esprit de Dieu étoit porté sur les eaux.

qu'ils sont plus ou moins bien organisés; car il n'est pas vrai que l'éducation ou l'instruction produise seule la différence qu'on remarque dans les esprits, ainsi qu'il a plu à M. *Helvétius* de le soutenir. Un aveugle doit nécessairement avoir moins de sensations, moins de perceptions, par conséquent moins d'idées et d'esprit qu'un homme qui n'est point privé du sens de la vue, et qui d'ailleurs est bien organisé.

Je dis que tous les hommes ont plus ou moins d'esprit, parce qu'il n'en est aucun qui n'ait exercé ses sens et qui n'ait la faculté de se rappeler ses sensations.

§. III.

On peut comparer l'esprit au son d'une cloche ou de tel autre instrument sonore qui seroit doué de' la faculté de se retracer les impressions que les objets qui le touchent font sur lui. Le son n'est pas instrument, mais l'effet ou le résultat des impressions que l'instrument reçoit : l'esprit n'est pas le corps, c'est-à-dire, l'assemblage des organes, mais l'effet ou le résultat des impressions que les objets font sur les organes ou les sens. Si l'instrument est bon par lui-même, et qu'il tombe en d'habiles mains, il produira des sons plus variés et plus agréables, qu'un instrument mal organisé, ou qu'un instrument bon par lui-même, mais qui ne rencontreroit que des mains mal-adroites. Il y a certainement eu, parmi les Grecs et les Romains, des hommes aussi heureusement organisés qu'*Homère* et *Thucydide*, que *Virgile* et *Cicéron*, mais ils ne se sont pas trouvés dans des situations capables de développer et d'appliquer à la poésie, à l'histoire et à l'éloquence les facultés de leur heureuse organisation. Les hommes de

génie dans tous les genres sont l'ouvrage des circonstances. *Corneille* n'eut sans doute pas fait *Cinna* et ses
autres pièces, s'il fut né sur le trône et qu'on l'eût élevé
pour régner.

§. IV.

Pris dans son sens primitif et générique, l'esprit ne
diffère point de la raison, et tous les hommes ont plus
ou moins de raison.

La raison se forme de nos besoins, parce que les
besoins font naître les idées. Les sauvages ont moins
de raison ou d'esprit, que les hommes policés, par ce
qu'ils ont moins de besoins, moins d'expérience, moins
d'objets de comparaison, et ils n'en sont pas plut malheureux.

§. V.

En prouvant, comme nous l'avons fait (liv. 1. chap.
3.) que les animaux ont de la raison, nous avons
prouvé qu'ils ont de l'esprit, et s'ils n'en ont pas autant
que l'homme, c'est qu'ils sont organisés de manière
à n'en avoir que ce qu'il leur en faut, pour satisfaire
à leurs besoins. Si les bêtes pensent moins que nous,
si elles ne forment pas de raisonnemens métaphysiques et abstraits, elles sont, en revanche, moins
sujettes à l'erreur. Tous leurs mouvemens tendent à
leur utilité, à leur conservation, à leur bien être,
tandis que le plus souvent nos desirs et nos actions ne
tendent qu'à ruiner notre santé, qu'à hâter notre destruction, pour le plaisir de quelques momens. Une preuve
claire, irréfragable, évidente, que la supériorité d'esprit
sur les bêtes est plus nuisible qu'avantageuse à l'homme,
c'est que sur cent hommes civilisés, il est rare d'en

Q

rencontrer deux qui soient heureux, tandis qu'il est très-rare qu'une bête non domestiquée soit malheureuse. Les sots et les ignorans, qui sans contredit sont, d'entre les hommes en Société, ceux qui approchent le plus de la bête, ne sont-ils pas les plus contens d'eux-mêmes, les moins mécontens des autres, et par conséquent les moins malheureux? La vie des ignorans et des sots est une enfance prolongée, et des divers âges de l'homme, le premier est le moins en butte aux chagrins, aux vices, aux passions morales, aux peines de toute espèce qui assiégent la pauvre Humanité. Personne n'ignore que le divin Législateur des Chrétiens a mis la pauvreté d'esprit au nombre des béatitudes; malgré cela, c'est de toutes les manières d'être heureux celle dont les hommes ambitionneront toujours le moins la jouissance.

§. VI.

Voltaire dit qu'on pourroit définir l'esprit, *raison ingénieuse.* Je le croirois aussi, s'il ne s'agissoit que de l'esprit du monde poli et lettré; mais le mot esprit est générique; il faut donc que sa définition soit applicable aux différentes espèces d'esprit. On prend souvent l'esprit pour l'ame, comme quand on dit, *il a rendu l'esprit, il a l'esprit élevé, fort, pusillanime, mâle, dissippé;* ou pour le caractère, comme dans les expressions suivantes, *avoir l'esprit doux, flexible, modéré, fâcheux, remuant, inquiet, dangereux, insinuant;* ou pour le jugement, comme dans les exemples que voici, *c'est un esprit qui a de la conduite, un esprit sage, judicieux, reglé, plein de sens, raisonnable;* ou pour l'imagination, comme quand ou s'exprime ainsi, *c'est un esprit brillant, stérile, plein de feu, froid, inventif, fécond en ressources*, etc. La définition de l'esprit donnée par *Voltaire* ne sauroit donc convenir à l'esprit pris dans un sens général.

Il me semble qu'en prenant l'esprit dans un sens générique et indéterminé, on pourroit le définir, *la faculté de connoître et de saisir les convenances.*

Locke qui le distingue du jugement, quoique le *jugement* n'en soit qu'une partie, dit que l'*esprit consiste à distinguer en quoi lès objets qui diffèrent se ressemblent, et le jugement en quoi les objets qui se ressemblent diffèrent.* Cette définition peut être juste, mais elle est bien métaphysique. M. *Helvétius* la développe un peu, en disant que „l'esprit consiste dans la ca-„pacité que nous avons d'appercevoir les ressem-„blances et les différences, les rapports et les discon-„venances qu'ont entre eux les objets divers ," ce qui pourtant n'est pas encore assez clair pour le commun des lecteurs.

Je puis m'abuser, mais la définition que j'ai hazardée me paroît préférable, en ce qu'elle est plus précise et qu'elle renferme ce que disent les précédentes. Elle convient à l'esprit de tous les êtres sensibles et intelligens bien organisés, à l'esprit de l'homme, de la bête, de l'enfant, du sauvage, du littérateur, de l'artiste, du politique, etc. En effet, tout être créé pour sentir et connoître a une ame; toute ame unie à un corps est soumise à recevoir, par l'entremise de ce corps, des impressions ou sensations diverses, pour être avertie par elles de ce qui est bon ou nuisible à la conservation de ce corps; l'ame de l'homme est également soumise à cette loi, quoiqu'elle soit immortelle de sa nature, comme la religion nous ordonne de le croire et la politique de le persuader. Les sensations ne rempliroient pas le but du Créateur, qui a voulu que chaque être sensible veillât à sa conservation, si l'être qui les éprouve n'avoit la faculté de se les retracer dans le besoin et de les comparer, pour connoître celles qui lui sont nuisibles. Or, tout être sensible qui a une tête, même le plus petit insecte, est doué de cette faculté*). C'est dans la tête de chaque animal qu'aboutissent les impressions faites sur ses organes; c'est dans le cervean, où l'ame réside plus particuliérement, que toutes les sensations vont rayonner, le concentrer par l'entremise des nerfs et des fibres, organes déliés qui, comme on sait, ont leur racine dans la tête. — Or l'esprit n'est autre chose que cette espèce d'organe universel, établi dans le cerveau, qui réunit en quelque sorte toutes les impressions des différentes parties du corps, et par le ministère duquel l'animal sent, connoît et agit en conséquence.

---

*) Quoique mes idées touchant les opérations de l'esprit soient appuyées sur les observations des Physiciens et des Naturalistes éclairés et religieux, on ne manquera pas de m'accuser ou du moins de me soupçonner de matérialisme. Je ne puis empêcher que l'ignorance ou la méchanceté n'aillent leur train; mais je prie les honnêtes gens dont j'ambitionne l'estime d'être en garde contre les malignes interprétations qu'on peut donner à mes pensées, et d'observer que la religion d'un homme ne consiste pas dans les idées plus ou moins matérielles qu'il se forme de l'esprit, mais dans l'usage qu'il fait de son esprit. Or il est peu d'écrivains de nos jours, j'ose le dire, qui sentent mieux et qui aient plus fait sentir que moi, même dans l'Ouvrage actuel, la sainteté, l'utilité et la nécessité de la Religion.

L'animal dont les nerfs sont plus déliés, plus sensibles, ou dont le fluide nerveux est plus subtil, qui a la tête mieux faite, la cervelle plus libre, plus grosse, proportionnément à ses autres parties, est ordinairement celui qui a le plus d'esprit ou qui peut en avoir le plus, si les circonstances le mettent à portée d'exercer souvent cette espece de sixieme sens. Les animaux qui trouvent difficilement leur nourriture, tels que ceux qui sont carnaciers, l'exercent davantage, et aussi ont - ils plus d'esprit, que ceux qui sont herbivores, qui trouvent presque par tout de l'herbc et des plantes. L'esprit dépend en partie de nos besoins, de l'exercice, de la disposition des organes : on peut donc acquérir de l'esprit, perfectionner celui qu'on a, en donner à ceux qui n'en ont pas assez ou qui desirent d'en avoir davantage. Cette observation ne doit pas être indifférente aux Gouvernemens *).

---

*) Je suis parvenu, par mes observations et mes méditations, à saisir les avantages et les inconvéniens des sciences et des arts qui intéressent le plus la santé, le coeur et l'esprit des hommes, et à connoitre les préservatifs de presque toutes les maladies de corps et d'esprit, le régime qu'il convient de suivre, pour fortifier l'un et perfectionner l'autre; les remedes curatifs (tous simples et faciles) des maux physiques et moraux qui résistent le plus à la médecine ordinaire, et dont plusieurs passent pour incurables. Ayant les nerfs délicats et élastiques et l'imagination facile à s'affecter, je me suis surtout attaché à étudier l'influence des nerfs sur l'imagination et l'influence réactive de l'imagination sur les nerfs et sur le reste de l'économie animale; à chercher les vraies causes et les remedes des affections vaporeuses, hystériques, hypocondriaques, mélancholiques, maniaques, auxquelles les tempéramens délicats, tel que celui des femmes, sont principalement sujets; et je me suis convaincu et mis en état de convaincre les

§. VII.

Le mot générique *Esprit* comprend la mémoire, l'intelligence ou l'entendement, l'imagination, le jugement,

---

autres, que les remedes à ces maladies ne consistent rien moins
que dans les médicamens employés par la médecine ordinaire;
qu'il dépend des Gouvernemens de bannir ces maladies de leurs
États, comme on est parvenu à bannir la peste de l'Europe, et
la petite vérole, de certaines villes de France, entre autres (au
moins avant la révolution) de Dijon et de St. Omer; que l'inoculation ne sert qu'à entretenir la petite vérole dans les pays où
elle est en usage, sans préserver les inoculés de l'avoir une seconde
fois, quoiqu'à la vérité ils y soient moins exposés que ceux qui ne
l'ont pas eue, de même que celui qui a essuyé en sa vie une
fiévre maligne en a rarement une seconde; que dans les femmes,
presque toutes les maladies nerveuses ont leur source dans l'imagination, et que ces maladies se propagent aisément par les sens
de la vue et de l'ouie, comme les baillemens, le rire, la frayeur,
la tristesse, la colère, l'indignation et les autres passions; que
nous sommes, plus qu'on n'a paru le croire jusqu'à présent, des
animaux imitateurs, des instrumens à corde qui cherchent à se
mettre à l'unisson; et que si les Gouvernemens étoient plus éclairés sur ces objets si importans, il leur seroit plus aisé de remédier aux émeutes populaires, aux révoltes, aux vices et aux
maladies qui assiégent, tourmentent et corrompent les Sociétés
policées.

Je ne doute pas que des esprits superficiels ou méchans quali-
fient ces assertions de réveries d'un cerveau malade. Quand le
docte *Harvey* parla de sa découverte de la circulation du sang, il
fut traité de fou par tous les docteurs de son tems; à plus forte
raison regardera-t'on comme des folies les observations curatives
qu'annonce un homme qui n'est seulement pas médecin; mais
d'entre les Tyriens assemblés, pour voir à l'envi les premiers
rayons du Soleil levant, celui qui les apperçut avant tous les
autres, en tournant le dos à la multitude, étoit-il astronome?

Mon projet étoit de faire des objets dont je viens de parler un
livre particulier de cet Ouvrage; mais ne desirant, et mes moyens d'ailleurs ne me permettant de faire qu'un volume, je suis obligé de sacrifier
sur ces objets importans mes observations et mes idées qui deman-

le bon sens, la raison et le génie; il renferme en soi les diverses qualités désignées par ces mots, comme les mots racine, séve, tronc, branche, feuille, fruit sont compris dans l'*Arbre* dont ils font partie.

En comparant l'esprit à un arbre, on pourroit dire que la mémoire en est le tronc, l'intelligence la séve, le jugement une des premieres branches, le bon sens et la raison le feuillage, l'imagination les fleurs, et le génie les fruits.

§. VIII.

La *mémoire*, ou la faculté de retenir les impressions que les objets extérieurs communiquent à l'ame, est la base de toutes les opérations de l'esprit, le fondement sur lequel il bâtit ses conceptions, la palette qui contient les couleurs destinées à rendre ses pensées.

On appelle *jugement* la puissance qu'il a d'examiner et de comparer ses idées, *imagination* le don de les représenter ou par des images et des figures ou sous de nouveaux rapports, *réflexion* la faculté de se replier sur ses idées et de les modifier à son gré. L'esprit prend le nom de *raison*, quand il s'attache principalement à ap-

---

deroient un certain développement. — En France, les Libraires achetent et impriment à leurs frais les ouvrages des Auteurs; il en est de même à Londres; mais à Vienne, je me vois obligé de les faire imprimer à mes frais et risques; de sorte que par esprit d'économie, j'ai été obligé d'employer un caractere qui sera peut-être trouvé trop menu. Avant la révolution françoise, je jouissois de trois pensions et du revenu de ma plume : j'ai perdu mes pensions et aujourd'hui le revenu d'une plume consacrée à la défense des anciens principes se réduit à bien peu de chose. Il faut écrire contre les Prêtres, les Nobles et les Princes, pour être lû et s'enrichir. Tel est l'esprit du Siècle; mais à qui la faute?

précier les choses selon leur valeur réelle ou relative, qu'il rejette toute hardiesse et évite tout excès ; de *conception*, quand il opère avec clarté et précision ; d'*intelligence*, quand il agit avec promptitude et sagacité ; de *bon sens*, quand il marche avec rectitude et qu'il saisit les objets du côté utile ; de *génie*, quand il s'exerce sur de grandes choses et qu'il les manie avec facilité.

La précipitation et l'étourderie sont opposées au *jugement*, la sécheresse et la stérilité à l'*imagination*, l'inconsidération et la pétulance à la *réflexion*, l'extravagance et la folie à la *raison*, l'impuissance et la stérilité à la *conception*, l'incapacité et la stupidité à l'*intelligence*, l'inertie et la sottise au *bon sens*, l'inaptitude et la médiocrité au *génie*.

§. IX.

L'esprit est l'oeil de l'ame. Au moral plus qu'au physique les vues sont inégales et sujétes à des maladies. Tel esprit voit de loin, tel autre ne peut voir que de près, tel a la vue trouble, tel autre a l'ictére et même la cataracte.

Les objets ne font impression sur nous, que selon la proportion qu'ils ont avec nos organes et nos habitudes. Nous ne pouvons nous former de justes idées de ce qui est au dessus de notre portée, ni de ce qui est près de nous, quand nos organes sont inexercés ou altérés. L'habitude d'observer et de méditer étend et améliore la vue de l'ame ; elle donne à l'esprit la facilité d'embrasser une infinité d'objets à la fois et de saisir des rapports qui échappent à des vues moins exercées et moins attentives.

Les esprits médiocres n'ont point de mesure pour

apprécier les esprits supérieurs, cŏmme les vues courtes ne peuvent saisir tout le gracieux et toute la finesse des mouvemens de Me. *Vigano.*

Les esprits entichés de préjugés rejettent les idées les plus justes et les plus utiles, quand elles heurtent les leurs. Les grandes idées les étonnent, mais ne les éclairent point. Dites à la plupart des hommes, même au vulgaire des Géographes, qu'il n'y a point d'Orient en Géographie et vous verrez comme on se mocquera de vous. Dites au commun des Politiques, même à des professeurs en droit, que la force est l'origine et l'unique origine des droits de l'homme *), et vous verrez, comme on vous qualifiera de blasphémateur ou d'apologiste de la tyrannie.

§. X.

Les véritables sources de l'esprit sont dans la disposition matérielle du cerveau, dans la nature des fibres, et dans l'exercice de ces organes. L'étude et l'expérience enseignent quels sont les objets qui agissent avec plus de force sur le cerveau, quels sont les mouvemens que les fibres contractent avec le plus de facilité, quelles sont les idées que l'ame se plait à reproduire et à combiner. Le plus ou le moins de sensibilité et de souplesse d'un sens rend les idées plus ou moins justes, plus ou

---

*) C'est ce que nous nous proposons de démontrer, avant de quitter la plume, quand nous dirigérons plus particulierement nos Pensées sur les objets de législation et de politique. Nous avons cru devoir réserver pour la fin de l'Ouvrage cette matière, comme étant celle qui intéresse le moins la curiosité du plus grand nombre de lecteurs, quoique ce soit la plus importante pour le bonheur des Peuples.

moins viv' , et décidé du plus ou du moins de disposition à certains arts. La délicatesse de l'oreille, la sagacité de l'oeil, font que ces organes ont de la mémoire,
qu'ils saisissent et se retracent facilement les sons et les
images qui les ont frappés , et forment une disposition
naturelle pour le chant et le dessein, pour la musique
et la peinture. Qu'on y fasse attention , et l'on se convaincra, contre l'opinion commune, que l'inégalité des
esprits vient principalement de l'inégalité de la mémoire;
car la mémoire ne se borne pas à un organe, ni à retenir
beaucoup de noms, de paroles, et de faits; elle réside
dans chaque organe et dépend de son plus ou moins de
sensibilité , de flexibilité. Tel homme qui a beaucoup
de mémoire dans l'organe de la vue, n'en a que très-
peu dans celui de l'ouie , et tel qui ne peut retenir un
nom a plus d'idées que de mots dans sa tête. Tous ceux
qui ont beaucoup de sensibilité ou de mémoire dans le
palais, l'oreille ou les yeux ne sont pas des Gourmets,
des Musiciens, et des Peintres , mais il n'y a pas de
bon Peintre, de grand Musicien et de fin Gourmet qui
n'ait beaucoup de mémoire dans l'organe qui a principalement contribué à le rendre habile.

Le sage Éducateur démêle ces dispositions naturelles
dans ses éleves; comme *Ulysse*, il sait découvrir *Achille*
sous des vêtemens féminins, et en rendant chaque sujet
à sa véritable destination, en donnant à chaque talent
l'exercice qui lui convient , il peuple l'État de gens
utiles et habiles.

§. XI.

Quand j'ai dit que les animaux et les hommes les
plus bêtes avoient de l'esprit, j'ai pris ce mot dans le

sens de *raison* et d'*intelligence*, tel qu'il est employé dans ces vers de M⁰· *Deshouilières*,

> Nul n'est content de sa fortune,
> Ni mécontent de son esprit.

Ceux qui ont accusé ce dernier vers de manquer de vérité, ont confondu l'esprit avec le talent. J'avoue, surtout si j'en juge d'après moi, qu'il est des gens mécontens de leurs pensées et de leur manière foible de s'exprimer; mais est-il un seul homme qui ne soit satisfait de sa raison, un seul rustre qui ne s'en croie autant que tout autre, un seul valet qui voulût troquer la sienne contre celle de son maître?

§. XII.

Avoir véritablement de l'esprit, dans l'acception commune de ce mot, c'est bien voir, bien juger, bien entendre, bien penser, et comme très-peu de gens réunissent ces différentes parties, il en résulte que la réputation d'homme d'esprit si libéralement accordée, est très-rarement méritée.

Moins on a d'esprit, plus on croit en avoir; et plus on en a, plus on sent qu'on en manque; c'est comme les gens du peuple, qui se croient riches de peu, et les gens de cour, qui se croient pauvres avec des revenus qui feroient vivre vingt familles.

Ceux qui ont peu d'esprit, sont moins indulgens que ceux qui en ont beaucoup. Il n'y a que ceux-ci qui sachent n'en pas avoir, ou, pour parler plus clairement, qui sachent le cacher, quand il le faut. Car se taire est souvent un sacrifice et une preuve d'esprit*).

---

*) Cette dernière Observation me rappelle un mot sublime peu

§. XIII.

Quand on a beaucoup d'esprit, et quand on en manque, on admire peu; l'un, parce qu'il voit au delà, l'autre, parce qu'il ne voit pas assez. L'admiration marque le degré de nos lumières et prouve moins la perfection des objets, que l'imperfection de l'esprit. Il n'y a rien de grand pour une grande Ame; rien n'est petit aux yeux d'un Nain. Tout est relatif, au moral comme au physique. C'est le vice qui donne du lustre à la vertu, la laideur à la beauté, les Brabançons aux Peuples soumis et fidèles, et les sots aux gens d'esprit.

§. XIV.

Les hommes les plus distingués par leur esprit ne sont pas ceux qui se distinguent le plus par la sagesse de leur conduite; mais s'ils font autant ou plus de fautes, que ceux qui ont moins d'esprit, ce n'est pas parce qu'ils manquent de jugement, comme on les en accuse communément dans le monde; c'est parce que leurs passions sont plus fortes que leur raison. Un homme d'esprit qui se ruine pour des tableaux ou pour une courtisanne, sait très-bien qu'il épuise ses facultés, mais il se laisse entraîner à son penchant, aimant mieux s'exposer à des privations éloignées, que se refuser une jouissance pro-

---

connu. — On sait que le Stoïcien *Epictète* étoit esclave d'*Epaphrodite*, un des favoris de *Néron*; qu'un jour son Maitre s'amusant à lui donner des coups sur la jambe, ce Sage l'avertit froidement de ne pas la lui casser; et qu'*Epaphrodite* lui ayant brisé l'os, par ses coups redoublés, *Epictète* se contenta de lui dire sans s'émouvoir, *Ne vous l'avois-je pas dit que vous me la casseriez?* Votre *Jésus-Christ*, dit-on à un Pere de l'Eglise à qui l'on venoit de raconter ce trait „Votre *Jésus-Christ* a-t'il rien fait de plus beau?" *Oui*, répondit le Pere, *il s'est tû.*

chaine. La puissance de l'ame n'est pas dans l'esprit, mais dans les passions et dans la volonté qu'elles dirigent. La force du corps n'est pas dans les yeux, mais dans les muscles. Suffit-il à un gouteux d'avoir la vue bonne pour marcher?

§. XV.

Un esprit médiocre et un sot peuvent se rencontrer dans leurs idées avec un homme d'esprit ; mais les uns sont à leur plus haut point, et l'autre à son plus bas.

Un esprit supérieur est quelquefois la dupe d'un petit esprit, parce que celui-ci ne perd pas de vue son objet, et que l'autre dédaigne de se mettre en garde. Le défaut des gens d'esprit, c'est de compter les sots pour trop peu ; ils ressemblent à ces maitres d'armes qui se fiant trop sur la foiblesse de leur adversaire, lui donnent à force de ménagemens le tems de le tuer.

§. XVI.

C'est de l'inégalité des esprits qu'est née celle des conditions et des fortunes, et tant que cette inégalité existera, il ne faut pas espérer qu'on puisse établir l'égalité sociale parmi les hommes. Il est faux que l'égalité des conditions ait existé dans aucun ancien Gouvernement. Il y avoit à Rome, dans le tems de la République, et à Sparte, dans tous les tems, des nobles et des esclaves. Il n'y a que des semi-philosophes qui puissent concevoir le projet d'un Gouvernement établi sur l'égalité. Point de loi capable d'empêcher l'esprit et le courage de se tirer du pair. Ils gravitent vers les distinctions et la domination aussi naturellement, que les corps pesans vers le centre de la terre.

§. XVII.

Rien ne fait mieux sentir la prééminence de l'esprit
sur la force, que l'expédient dont se servit *Sertorius*
pour assujétir ses soldats à l'ordre et à la discipline.
Il fit mener au milieu de l'armée deux chevaux, l'un
vieux et maigre, l'autre vigoureux et remarquable par
l'épaisseur de ses crins. Il ordonna à un homme fort et
robuste d'arracher la queue du cheval maigre; et à un
homme d'un tempérament foible, mais qui avoit de
l'esprit, d'arracher celle du beau cheval. L'homme fort
prit la queue à deux mains, et ses plus grands efforts
furent inutiles. L'homme d'esprit arrachant les crins
l'un après l'autre, la queue du beau cheval fut dépouillée peu à peu et sans peine. On sait le parti que l'habile Général tira de cette expérience.

§. XVIII.

Il n'est donné qu'à des Princes doués d'un grand
esprit de sentir la puissance de l'esprit et de l'employer.
Des talens divers qui distinguent *Catherine* II, c'est un
de ceux qu'elle a le plus exercé, quoique ce soit celui
dont elle avoit le moins besoin, puisque pour bien faire
ses Ministres n'ont eu qu'à suivre la route que leur tra-
çoit sa politique providentielle. Mais quoique le Génie
sache tirer parti des instrumens les plus médiocres, il
est naturel qu'il préfère ceux qui lui paroissent les plus
propres à seconder son habileté. C'est ainsi que *Jupiter*
préféroit aux autres siéges les trépieds d'or faits par
Vulcain, qui alloient d'eux-mêmes à l'Assemblée des
Dieux.

§. XIX.

La plupart des Grands n'aiment pas les Gens d'esprit.

Ils ne leur pardonnent pas d'avoir une existence plus directe et plus étendue que celle que donnent la naissance et les richesses. Ceux-là n'honorent et n'estiment que les dignités, parce qu'ils ne peuvent être honorés et estimés que pour elles et par elles. Semblables à ces grands arbres qui décorent les jardins publics et qui ne sont connus que des personnes qui vont quelquefois s'asseoir sous leur ombrage, ils tombent sans que leur chûte fasse une sensation et un vide dans le monde. Il se trouve cependant parmi les grands Seigneurs des amateurs de l'esprit; mais ceux-là en ont eux-mêmes, pas assez pourtant pour sentir que c'est leur plus belle qualité, au jugement de celui qui sait apprécier les hommes à leur juste valeur. Regle générale, rien ne raccourcit plus les Grands, aux yeux de l'homme d'esprit, que leur attention à lui faire appercevoir qu'ils sont au dessus de lui. Plus on est grand, moins on cherche, je ne dis pas à l'être, mais à le paroître, et c'est ce qui explique la rare simplicité de moeurs de la plupart des Ministres les plus magnifiques de la plus grande Puissance de l'Europe.

§. XX.

Le bon sens est une des branches de l'esprit les plus chargées de fruit. Il consiste à n'envisager les objets que dans leurs rapports avec notre condition et nos intérêts, à les prendre dans le bons sens, ce qui n'exige pas un jugement bien profond. Les esprits en qui le bon sens domine ont plus de raison que de sentiment, et s'ils font moins de fautes que les autres, ils sont aussi moins capables de grandes choses. On peut comparer l'esprit des hommes de bon sens à une lanterne sourde qui ne sert qu'à celui qui la porte et qui n'éclaire que son chemin.

§. XXI.

L'esprit est de la nature de la lumière, qu'il est difficile de tenir cachée: il perce toujours par quelque endroit; le défaut d'instruction ne l'empêche pas de se faire jour. J'ai connu dans les provinces méridionales de France des Paysans dont les bons mots et les saillies feroient honneur à des Académiciens. Je me souviens qu'aux environs de Toulouse, étant allé passer avec d'autres Citadins quelques jours à la campagne, il m'arriva de faire remarquer à l'un de mes compagnons plusieurs traits d'esprit et de sagacité échappés à un laboureur. Mon compagnon émerveillé, ayant dit à ce sujet que les villageois n'avoient de grossier que leur habit, *c'est peut-être*, répliqua aussitôt le laboureur *ce que vous autres habitans des villes avez de plus fin.*

On sait que le Vicomte de la *Poujade*, mort dans la Gascogne sa patrie en 1773, ne savoit ni lire ni écrire, et que peu de nos poëtes ont fait des couplets inpromptu plus ingénieux et plus agréables que les siens. Son esprit naturel lui fournissoit seul des pensées fines et souvent tournées d'une maniere originale et neuve. Peut-on voir rien de plus délicat que ce Couplet à une Dame qui lui demandoit un Quatrain. Il est sur l'air *des folies d'Espagne*,

> Vous ne devez tenir compte à personne
> de son respect, de son attachement;
> mais sachez gré du tourment qu'on se donne
> pour vous cacher un autre sentiment.

§. XXII.

Un trait d'esprit n'est quelquefois qu'une simple application d'un mot vulgaire.

Me. *Dudeffant*, la même dont il est question dans notre préface, entendant dire qu'une Duchesse de sa connoissance avoit repris la fantaisie de coucher avec son mari : *Ne seroit-ce pas*, dit elle, *une envie de femme grosse?*

Cette même Dame se trouvant à table entre deux jeunes Ducs qui se disputoient, pour savoir s'il falloit dire au laquais de son voisin, *donnez moi à boire* ou *je vous prie de me donner à boire*, et ayant été prise pour juge, leur dit, avec sa malignité ordinaire, *messieurs, des gens bien nés et bien élevés comme vous, doivent dire, ce me semble, je vous prie, Monsieur, de me mener boire.*

§. XXIII.

Les meilleurs traits d'esprit sont ceux qui donnent à penser; tels sont les traits que voici.

Une Dame de distinction attendoit dans la première anti-chambre d'un homme de fortune. Quelqu'un lui en témoigna son étonnement. *Laissez moi là*, dit-elle, *je serai bien avec eux, tant qu'ils ne seront que Laquais.*

On disoit au célèbre *Jérome Bignon* que Rome étoit le siége de la Foi. *Cela est vrai*, répondit-il, *mais cette Foi ressemble à certaines gens qu'on ne trouve jamais au logis.*

On avoit dit à *Auguste* qu'un Gaulois lui ressembloit par la taille et les traits du visage, au point de s'y méprendre. *Auguste* le fit venir, et l'ayant placé à côté de lui devant un miroir, frappé de la conformité, il lui deman-

R

da si sa mere étoit jamais venue à Rome. *Non,* lui re-
pondit le Gaulois, *mais mon pere y a fait plusieurs
voyages.*

§. XXIV.

Pour terminer ce chapitre par des observations
utiles, nous dirons que l'esprit est un don funeste,
quand il n'est pas guidé par la raison, ou qu'il est le
partage d'un mauvais naturel; qu'il sert peu d'avoir de
l'esprit, parce que c'est le sentiment qui porte à la vertu
et que l'esprit ne sert le plus souvent qu'à en détourner.
L'esprit calcule, lorsque le sentiment agit, et la société
a plus besoin d'actions et de sacrifices, que de calculs
et de raisonnemens. L'esprit est le luxe ou le superflu
de la raison; il est inutile au peuple, mais nécessaire
à ceux qui gouvernent, et la science de la politique
est de le concentrer le plus que possible au tour du
Souverain. C'est dans les conseils d'Etat, et ce n'est
guères que là, que les lumières et les grands talens sont
nécessaires, et malheureusement pour le bonheur des
peuples et la prospérité des Empires, ce n'est pas là
ordinairement leur rendez-vous.

L'esprit est le levier avec lequel on redresse les Etats
chancelans et renverse les plus fermes: tout Gouvernement est donc intéressé à ne jamais se desaisir de ce
levier. C'est le pommier précieux des hespérides, dont il
ne faut confier la garde qu'à des dragons à cent têtes,
c'est-à-dire, à des Ministres dont la tête en vaille cent
autres. Si, en Angleterre, le parti de l'Opposition a fait
jusqu'à présent de vains efforts pour s'emparer de ce puissant ressort, l'Etat et la Nation en sont redevables au bon
choix que le Roi fait de ses Ministres; et si, en France,

les frondeurs et les mécontens sont parvenus à renverser la Monarchie, ce n'est certainement que parce qu'elle n'étoit gardée et défendue depuis quelque tems que par des Ministres sans talent et sans lumières. C'étoient les Femmes qui les choisissoient, et l'on sait que ce n'est pas à la vigueur d'esprit qu'elles accordent la préférence.

CHAPITRE II.

Du goût et du beau dans la Morale et dans les Arts. Du peu de Connoisseurs en Peinture, en Musique, et en Danse.

§. I.

La définition que nous avons donnée de l'esprit en général, est applicable au *goût* qui en fait partie; car celui qui connoît et saisit les convenances, a le discernement des beautés et des défauts dans tous les arts. On a plus ou moins de goût, selon que ce discernement est plus ou moins prompt et sûr. Le goût est passif ou actif. Le goût passif est celui des Connoisseurs, et le goût actif celui des Personnes qui joignent la pratique à la connoissance. On peut se connoître parfaitement en peinture, en musique, en poésie, comme l'Abbé *Dubos*, et ne savoir, comme lui, ni dessiner, ni faire des vers; c'est en quoi le goût diffère du *talent*. Celui-ci est le goût mis en action; nous en parlerons dans le Chapitre suivant.

§. II.

Le *beau*, dans les arts, comme dans la morale, est ce qui affecte agréablement l'esprit et le sentiment, ce qui flatte l'un et touche l'autre; de sorte que le beau n'est en dernier résultat, que le bon, l'utile. Qu'on n'oublie pas ce que nous avons dit (dans le Chap. 2. du Livre 1.) que l'homme n'apporte au monde d'autre sentiment que l'amour de soi, et que ce sentiment primitif qui ne l'abandonne qu'au tombeau, le conduit naturellement à la recherche du plaisir ou de l'utilité, et l'éloigne de la douleur ou de ce qui est nuisible; alors on verra que l'Homme n'a pu et dû attacher l'idée de *beauté* qu'à ce qui lui fait plaisir et lui épargne de la peine. Ainsi l'idée de beauté renferme celles d'ordre, de régularité, d'unité, de simplicité, de symétrie, de proportion, de variété, toutes choses agréables ou utiles; par la même raison, l'idée de *laideur* ou de *défaut* doit renfermer celles d'imperfection, d'irrégularité, de confusion, d'obscurité, de monotonie, de vice, toutes choses désagréables ou nuisibles.

Un édifice régulier, un poëme bien ordonné plaisent, parce qu'ils facilitent la mémoire, et s'ils renferment des objets d'utilité, ils plaisent davantage. Un tableau mal ordonné, un roman mal intrigué déplaisent, parce qu'ils fatiguent l'attention, et si les détails en sont communs et monotones, ils déplaisent encore plus.

§. III.

La mesure de la beauté est l'intérêt, et l'on sait que l'intérêt renferme tout ce qui fait plaisir, tout ce qui contribue au bien être soit particulier, soit général. Plus il y a dans un ouvrage de choses intéressantes, plus il est beau. L'Homme n'existe proprement que par

le sentiment et la pensée. Plus on le fait sentir et penser,
plus on aggrandit son existence. L'homme dont les sens
sont souvent exercés et dont les yeux du corps et de
l'esprit embrassent plus d'objets, a une existence physique plus grande, que l'homme dont les sens sont
moins exercés et dont la vue est plus bornée; de même
que l'homme qui, par ses talens ou ses vertus, est parvenu à se faire une réputation a une existence morale
plus considérable, que celui qui n'est connu que de ses
parens et de ses concitoyens; car la renômée fait exister
dans les lieux où l'on n'est pas et prolonge l'existence
même après la mort. — Tout ce qui exerce le sentiment ou la pensée de l'homme d'une manière agréable
lui plaît, et il l'appelle bon ou beau, selon le dégré de
plaisir ou d'utilité qu'il en retire. Le moyen de lui plaire
est donc de l'émouvoir et de l'intéresser. Le goût passif
consiste à découvrir ce moyen, à connoître la mesure
du plaisir que chaque chose doit donner, et le goût actif
à mettre en oeuvre cette connoissance, c'est-à-dire, à
employer dans ses ouvrages ce qui excite la curiosité,
soutient l'attention, flate l'amour propre, exerce l'intelligence sans la fatiguer; ce qui procure des mouvemens
de surprise et d'admiration, étend les bornes de l'esprit,
élève l'ame au dessus d'elle-même et diversifie ses affections. L'uniformité fait languir l'ame et l'endort; la
variété l'occupe et la tient en haleine. C'est ainsi qu'une
histoire nous plaît par la variété des événemens, un événement par la variété des circonstances, le style par la
variété des périodes, des tours, des images et des expressions. Mais la variété ne suffit pas, si elle est mal ordon-
née, si la confusion des matières et le defaut de sim-

plicité empêchent qu'elle ne soit apperçue, ou qu'elle
ne le soit aisément. L'architecture gothique est très-
hardie et très - variée, mais la surcharge et la petitesse
des ornemens font qu'elle déplaît au goût, parce qu'elle
manque de proportion et qu'elle exerce l'attention d'une
manière plus pénible qu'agréable.

§. IV.

Quoique les mêmes objets ne produisent pas sur les
hommes les mêmes impressions, au physique comme
au moral; que l'un trouve trop doux ce qui ne paroît pas
assez à l'autre, et que de là naisse la diversité des goûts ;
cependant il est des choses, des formes, des actions,
des pensées, que les hommes bien organisés et les esprits
sains s'accordent à trouver bonnes ou mauvaises,
agréables ou désagréables, utiles, belles ou défectueuses,
et qui leur causent du plaisir ou de la douleur plus ou moins.
Or si l'idée générale de beauté ou de laideur attachée à certains objets est, comme on n'en peut douter, ce qui caractérise le beau ou le laid, la beauté ni le goût qui en est
la connoissance, ne sauroient être arbitraires et de
caprice, comme plusieurs Auteurs l'ont soutenu.

§. V.

Presque tous les Auteurs qui ont traité du beau,
reconnoissent un beau *absolu* dans la nature, dans
la morale et dans les arts. Qu'on daigne y réfléchir,
qu'on se dépouille de tout préjugé, et l'on se convaincra
qu'il ne peut y avoir pour l'Homme rien de beau qui
ne lui soit rélatif, qui n'ait des rapports avec son bien
être et son intérêt; qu'il n'y a rien de beau ni de laid
en soi dans la Nature; que tout chez elle est ce qu'il
doit être relativement à sa destination; que les ours,

les crapaux, les chenilles ne se trouvent point laids;
que si les animaux qui nous paroissent hideux avoient
un idiome pour se communiquer leurs sensations et leurs
idées, ils donneroient le nom de bon ou de beau à tout
ce qui leur est utile ou agréable. L'arc-en-ciel n'est
pas plus beau dans la Nature, que l'éclair et la foudre,
que la pluie et la neige, ni le diamant plus avantageux
que le plus grossier caillou. Il n'en a pas plus coûté au
Créateur de faire le soleil qui éclaire et anime tant de
mondes, que le plus petit insecte qui rampe ou voltige
sur le nôtre. Tous ces objets ne sont beaux ou désagréables, utiles ou nuisibles, que relativement à nous.

S'il n'y a pas de beau absolu dans la Nature, il ne
peut y en avoir dans les Arts qui en sont l'imitation.

Il n'y a pas non plus de beauté absolue dans la Morale, puisque nous avons prouvé que la vertu et le vice
ne sont et ne peuvent être autre chose que des objets relatifs aux loix, aux conventions, aux coutumes, aux opinions, aux moeurs établies. „Le larcin,
„l'inceste, le meurtre des enfans et des pères, dit *Pascal*,
„(car il faut des autorités aux petits esprits) tout a eu
„sa place entre les actions vertueuses. . . . La coutume,
„ajoute-t-il, fait toute l'équité, par cette seule raison
„qu'elle est reçue . . . Rien n'est si fautif que ces loix qui
„redressent les fautes. Qui leur obéit, parce qu'elles sont
„justes, obéit à la justice qu'il imagine, mais non pas
„à l'essence de la loi . . . Comme la mode fait l'agré-
„ment, aussi fait elle la justice. . . . La justice est ce qui
„est établi *).

---

*) *Pensées de Pascal.*

§. VI.

Quoiqu'il n'y ait point de beau absolu, il est des formes qui sont *naturellement* plus agréables que d'autres, des formes que la Nature elle-même semble affection-ner; telles que la rondeur et l'ovale. Le soleil, la lune, les étoiles, tous les astres sont ronds; les fleurs, les fruits, les plantes et les arbres qui les produisent ont des formes rondes ou presque rondes. Ne peut-on pas dire que les corps qui réunissent le plus de rondeurs sont plus agréables et plus beaux que ceux qui en ont moins, et que c'est autant par justice que par intérêt, par nature que par raison, qu'on est convenu de regarder la Femme comme plus belle que l'Homme ?

§. VII.

La bienfaisance, la vertu, l'héroïsme composent le beau moral. Plus une action suppose d'efforts et de sacrifices, ou plus elle réveille en nous de sentimens agréables, attendrissans, nobles, d'idées de force et de grandeur, et plus elle est belle. C'est ainsi que tout le monde s'accorde à mettre au rang des belles actions, l'intrépidité des Spartiates au détroit de Thermopyles, le courage et l'habileté de *Xénophon* dans la retraite des dix-mille, l'audace du Romain *Scévola* qui force *Porsenna* Roi d'Etrurie de s'éloigner des murs de Rome, l'intrepidité avec laquelle *Horatius-Coclès* défend seul l'entrée d'un pont aux troupes du même Porsenna, pour donner à ses compagnons le tems de l'abattre der-rière lui, la magnanimité de *Fabricius* qui envoie à *Pyrrhus*, son ennemi, la lettre du Médecin qui lui offroit de l'empoisonner, la fidélité de *Regulus* à remplir son serment, aux dépens de sa vie, la justice sévère et presque atroce de *Brutus* à l'égard de son propre fils, l'action plus touchante et non moins héroïque de *Virginius* immolant à l'honneur sa propre fille, la générosité d'*Auguste* envers *Cinna* qui conjuroit contre lui, celle de Louis XII. qui devenu Roi refuse de venger les injures qu'on lui avoit faites, lorsqu'il n'étoit que Duc d'*Orléans*, etc.

§. VIII.

Le goût, comme le talent, est un don de la Nature, le résultat d'une organisation heureuse. On peut le perfectionner, non l'acquérir. On apprend à juger, à raisonner, à penser, on n'apprend point à sentir. Aussi rien n'est-il plus rare que les vrais connoisseurs en sculpture et en ouvrages d'esprit, même parmi les gens du métier. Les prompts succès de la médiocrité en tout genre et la lenteur avec laquelle on rend justice aux Chefs-d'oeuvre, en sont des preuves. *Le Paradis perdu* de *Milton*, *le Jerusalem delivrée* du *Tasse* croupirent long-tems ignorés dans la boutique des libraires. *Athalie*, le Chef-d'oeuvre de *Racine* fut d'abord regardée comme la plus mauvaise de ses pièces, même par les Gens de lettres, et la *Phedre* de ce même Poëte fut préférée dans les commencemens à celle de *Pradon*. On sait que *le Moine* auteur d'un des plus célèbres morceaux de peinture qu'il y ait en France, de l'Apothéose d'*Hercule*, peinte dans une des Salles de Versailles qui porte le nom de ce Chef-d'oeuvre, se tua de désespoir de ce qu'on vouloit payer son ouvrage à la toise. Le Ministre qui ordonna ce payement avoit pourtant un Cabinet de tableaux. Mais que de Gens qui ont chez eux des Bibliothèques, et qui confondent pour le talent

les Ouvrages de *Montesquieu* et de *Rousseau*, avec ceux
des d'*Alembert* et des *Marmontel!* Beaucoup de Gens
ont sans goût l'amour des Beaux-Arts et la plupart de
ceux qui réunissent le goût à cet amour, ont rarement
les moyens de le satisfaire.

§. IX.

Les Amateurs de peinture se croient des Connoisseurs,
quand, à force d'avoir vu et comparé des tableaux, ils
sont parvenus à distinguer la touche et le *faire* des
Peintres, et à ne pas prendre une copie pour l'original.
Ce n'est là pourtant qu'une partie des qualités qui constituent le Connoisseur. Le mérite d'un tableau n'est pas
toujours dans le nom du peintre. De Grands Maîtres ont
rarement débuté en Maîtres, et lorsqu'ils le sont devenus,
ils n'ont pas été toujours également bien disposés. L'*Agésilas* de *Corneille*, l'*Alexandre* de *Racine*, le *Narcisse*
de *J. J. Rousseau*, l'*Irène* de *Voltaire*, ne valent pas
une infinité de pièces restées au Théâtre faites par des
Auteurs médiocres. C'est une distinction que les Collec-
teurs de tableaux ne font pas et qu'ils sont rarement
en état de faire. C'est le nom de l'Artiste, non le mérite
de l'ouvrage qu'ils achetent. Parmi les auteurs ou possesseurs de Cabinets de tableaux, que de *Chaluts**)
pour un Mis. de *Gallo* **), ou un *St. Saphorin* ***)!

---

*) Nom d'un ancien fermier Général de France, mort fort âgé
et qui a laissé à ses héritiers environ douze mille tableaux, qu'il
avoit rassemblés de son vivant, et parmi lesquels il s'en est trouvé
une centaine de bons et une trentaine d'excellens.

**) Ambassadeur extraordinaire de S. M. le Roi des deux Si-
ciles auprès de la Cour de Vienne. Si le nombre de ses tableaux
n'est pas encore considérable, au moins peut-il se flatter de n'en avoir

§. X.

L'homme n'a attaché l'idée de *beau* qu'aux objets qui exercent particulièrement les facultés de l'ame, qui réveillent plusieurs idées ou plusieurs sentimens à la fois, qui parlent essentiellement au coeur ou à l'esprit. De là vient qu'il n'y a que les objets du domaine de la vue et de l'ouïe qui aient le privilége d'entrer dans la classe des *beautés*, parce que l'odorat, le toucher et le goût offrent moins d'objets de comparaison, que l'oeil et l'oreille. Ainsi quand on dit, voilà une belle poularde, une belle rose, un beau satin, on envisage ces objets relativement à leurs formes extérieures, et non relativement à la saveur, à l'odeur et au tact; car quelque excellent que soit un vin, quelque délicieux que soit un parfum, ils ne peuvent être appellés *beaux* que dans leur rapport avec la vue, celui de tous les sens dont le domaine est le plus étendu. Tout ce qui porte le nom de beau suppose un mélange, une réunion d'idées et de sentimens relatifs à l'esprit ou au coeur; et lorsqu'il nous arrive de donner à une forme, à une couleur isolée et même à un son la qualité de *beau*, ce n'est que parce que nous unissons par la pensée ces objets isolés

---

aucun qui soit médiocre. Cette Excellence n'aime que l'excellent et le beau en tout genre, et c'est dire qu'Elle est aimée de ceux qui, la connoissant, ont le même goût qu'Elle.

**) Ministre Plénipotentiaire de S. M. le Roi de Dannemark, auprès de S. M. l'Empereur. Son Cabinet de tableaux est un des plus considérables et des mieux choisis de Vienne. Sa Collection d'estampes et sa Bibliothèque ne le cédent point à celle de ses tableaux, ni pour le nombre ni pour le choix, et tous ceux qui connoissent ce Ministre, savent qu'il n'est rien moins qu'un Eunuque dans cette espèce de Serrail d'esprit. Il jouit et, ce qui vaut presque autant, il fait jouir.

à d'autres formes, à d'autres couleurs, à d'autres sens. Pourquoi les hommes vains attachent-ils plus de prix à la possession d'une jolie Comédienne qu'à celle d'une Femme honnête et tout aussi jolie? N'est-ce pas parce que la première réveille en eux plus d'idées agréables, qu'elle flatte davantage leur amour-propre, qu'ils sont plus libres, plus grands avec elle? Au plaisir des sens se joint le souvenir de l'avoir vue admirer, applaudir sur le Théâtre; à l'idée de sa personne se réunit celle de son talent et même l'idée de la Princesse ou de la Divinité qu'il lui arrive de représenter, etc. Tout cela forme un mélange qui produit le plaisir et l'attachement, et qui fait qu'on se ruine ou qu'on dérange sa fortune pour les Femmes de Théâtre.

Ces observations ne sont pas aussi étrangères à la connoissance de l'Homme civilisé, qu'on pourroit le croire, puisqu'elles nous montrent que la mesure de son admiration est celle de son intérêt.

§. XI.

Les Arts qui sont principalement du ressort de la vue sont plus susceptibles de beautés, plus propres à nous toucher, à nous intéresser, que ceux qui sont du département de l'ouïe, parce que le champ de la vue est beaucoup plus vaste et plus varié: aussi le beau en musique est-il plus rare et suppose-t-il beaucoup plus d'art et de talent, que le beau en peinture, et celui-ci que le beau en éloquence ou en poësie.

En considérant les Beaux-arts comme une imitation de la nature, on peut dire avec vérité qu'il y a vingt bons Orateurs ou Poëtes contre un bon Peintre, et vingt bons Peintres contre un bon Musicien.

Il ne me seroit pas difficile de prouver aux esprits

droits, amis de la vérité et capables de se depouiller de tout préjugé, qu'à dater de la renaissance des Arts, en Europe, jusqu'à nos jours, sur cinquante Compositeurs de Musique, il n'y en a pas deux qui aient connu les vrais principes de leur Art, et que sur mille de leurs ouvrages, il est rare d'en remontrer plus de trois ou quatre qui ne fourmillent de fautes contre le goût, la raison et le but du chant.

Je le dis, au risque de passer pour un blasphémateur; car les vérités qui contredisent des préjugés presque universels passent pour des blasphêmes auprès des esprits qui ne savent ni observer ni douter: je le dis hautement, *J. J. Rousseau*, parmi les François et le Cher. *Gluck*, parmi les Allemands, (car Mr. *Saliéri* est Italien) sont les seuls Musiciens, qui aient connu la vraie théorie, l'aient appliquée à leurs compositions. Tous les autres Compositeurs des deux Nations (je ne parle que de ceux qui sont connus) n'ont été ou ne sont que des symphonistes, que de simples mèchaniciens, plus ou moins habiles et industrieux, qui n'ont ni saisi ni même senti le beau musical.

Des sons variés, mesurés et harmonieux ne constituent pas plus la musique ou la mélodie qui en est le but, que des mots mesurés, cadencés et rimés ne constituent la poésie. De même qu'il ne suffit pas d'être versificateur pour être poëte, il ne suffit pas d'être symphoniste pour être musicien.

Ce qui fait l'essence de la peinture, de la sculpture, de la danse et de la poésie, est l'imitation de la nature et des passions humaines: il doit en être de même de la musique, si c'est un Art. La symphonie n'est qu'une science, c'est-à-dire, la partie méchanique de l'art du chant.

Quel est l'objet d'imitation d'un Faiseur de sonnates et de symphonies? Donneroit-on le nom de tableau à une toile sur laquelle il n'y auroit que des couleurs agréablement mêlangées, sans images ni figures? Donneroit-on le nom de vers et de belle pensée à ces mots *n'existoit-Dieu-si-l'inventer-faudroit-pas-il*, qui disposés naturellement forment ce beau vers de *Voltaire*?

Si Dieu n'existoit pas, il faudroit l'inventer.

Or, une sonnate, une symphonie et toute autre pièce de musique qui ne représente pas des sentimens ou des passions, ou qui en représente d'une manière qui n'est ni distincte, ni saisissable, n'est qu'un mêlange de sons mesurés et harmonieux, si l'on veut, mais sans objet, et ne diffère nullement des mots désordonnés que nous avons cités, ou de la toile couverte de couleurs nuancées et sans figures déterminées.

Ce n'est point la faute de l'art, mais celle des artistes, si la musique ne produit plus sur nous les effets prodigieux qu'elle produisoit sur les grecs. Les musiciens modernes, même les trois quarts et demi de ceux d'Italie, bornent leur art à flatter l'oreille par des sons agréables, comme on peut flater la vue par de brillans accords de couleur, au lieu d'en faire un objet d'imitation, par lequel on peut affecter l'esprit de diverses images, émouvoir le coeur de divers sentimens, donner à l'ame, par l'entremise de l'oreille, des mouvemens capables d'exciter ou de calmer les passions, en un mot opérer des effets moraux.

Quoique le défaut d'accent dans les langues modernes

soit un obstacle à la production de ces effets,*) qui sont
le vrai but de la musique, il n'est pas impossible au vrai

---

*) Nous avons déjà observé que plus un peuple se civilise,
plus il s'écarte de la nature et s'affoiblit; c'est ici le lieu de dire
qu'il en est de même de sa langue. Elle se dénature et devient
molle et froide, à mesure qu'elle s'étend et se perfectionne, si
toutefois l'abondance est une perfection.

Pour faire sentir à ceux qui l'ignorent que la langue des peuples
modernes civilisés n'a point d'accent, il n'est pas inutile de remarquer que l'homme a deux langues, l'une naturelle et l'autre
acquise. La Danse ou les gestes sont sa langue naturelle, et la
parole ou les sons articulés de sa voix, sa langue acquise. Le
geste est l'expression et l'enfant des besoins, la voix ou la langue
parlée le signe et l'enfant des passions. On sentit avant de raisonner; on gesticula avant de parler; on parla par figures avant
que la raison, fille de l'expérience, ne donnât aux choses leur
vrai nom; on fut poëte avant d'être orateur ou prosateur.

Dans les premiers tems, la langue parlée tenoit beaucoup de
la langue naturelle, c'est-à-dire, que les tons ou les modifications de la voix, qu'on appelle *accens*, remplacerent d'abord les
gestes. Accent désigne une espèce de chant, *accentus, quasi ad
cantus*, dit un ancien grammairien. En se polissant, les hommes
effacent leur caractère naturel et celui de la langue originelle. Les
langues où le Peuple donne le ton, comme dans les Démocraties,
conservent plus long-tems leur premier caractère, parce que le
Peuple reste plus près de la nature, que les Hommes cultivés et
les Gens de Cour.

La langue grecque, naturellement douce, parce qu'elle tient
du climat où elle s'est formée, naturellement énergique et pas-
sionnée, parce que c'étoit le peuple qui la gouvernoit, conserva
par ces mêmes raisons ses accens, c'est-à-dire, qu'elle ne cessa
pas d'être chantante et musicale.

On sait que les premières loix, les premiers récits, les premières histoires étoient en vers et se chantoient, parce que les
paroles mesurées et chantées se gravent plus facilement dans la
mémoire. C'étoit d'ailleurs le seul moyen de faire connoître la religion, les loix, et de conserver le souvenir des Grands-hommes et
des services qu'ils avoient rendus à la Société, puisque l'écriture

talent de les produire , quand il sera dirigé par le goût,
quand, pénétré de la connoissance des passsions hu-

---

n'étoit pas encore connue. On ne l'inventa que pour soulager la
mémoire, lorsque les choses que les hommes devoient savoir
s'étoient trop multipliées pour être retenues.

On sait quels effets surprenans produisoient sur les Grecs les
discours de leurs Poëtes, de leurs Orateurs et les harangues de
leurs Généraux. Ces grands effets étoient le résultat de l'union de
la musique avec l'éloquence ou de la parole avec les accens. La
Musique et la Poésie nées ensemble furent inséparables dans l'établissement de toutes les premières Sociétés. Les Egyptiens et les
Hébreux en firent partie de la religion. Les Gaulois et les Germains ne les séparèrent jamais et s'en servoient pour conserver
leurs loix et leur histoire. On a observé de nos jours que les
Nègres, les Caraïbes et les Iroquois ont une Poésie accentuée ou
chantante.

Les langues modernes n'ont point de musique ou d'accent. La
perfection de la françoise consiste à n'en avoir pas du tout, de
sorte qu'on est venu à se mocquer des Languedociens et des Gas-
cons, les Grecs de la France, parce que leur éloignement de
la Capitale et la douceur de leur climat, leur permettent moins
qu'aux autres de se défaire de leur vivacité naturelle et de leur
accent. Cependant quoi de plus absurde , que de supprimer dans
la langue parlée le tiers des lettres qui composent la langue écrite ?
Ou prononcez - les , en parlant, ou supprimez - les , en écrivant,
puisqu'elles sont les signes des idées et des sentimens dans l'un
et l'autre langage.

La civilisation et le progrès des lumières éloignent tellement
de la nature , qu'en Europe la bonne éducation consiste à ne manifester aucun sentiment naturel, à ne permettre aucun geste ex-
pressif, aucun son élevé, à dire du même ton à celui qui se présente chez un homme bien né, *je vous prie de vous asseoir*, ou
je ne sais ce qui me tient que je ne vous fasse jetter par la fenêtre.
Et ces mêmes hommes veulent avoir une musique et se prétendent connoisseurs dans les arts qui sont l'imitation de la nature !
Que de contradictions ! d'absurdités ! de travers, dans le monde
poli, aux yeux de l'homme qui observe et qui pense !

Les Italiens que le climat tient plus près de la nature et à qui

maines, il s'attachera uniquement à les imiter dans ses compositions.

J'ai été plusieurs fois tenté d'écrire quelques observations sur les absurdités qui regnent et qu'on admire dans presque tous les *Opéra* comiques ou sérieux, et de publier mes idées sur les moyens de diriger, d'une manière aussi agréable au goût qu'utile à la morale, les talens des Compositeurs; mais j'en ai été détourné par la crainte d'augmenter le nombre de mes ennemis, sans diminuer celui des sourds et des ingrats. Ceux qui applaudiroient peut-être à mes observations, ne seroient certainement pas ceux qui pourroient en profiter ou qui auroient le crédit de les rendre utiles. De même que mes *Trois Siècles* n'ont pas empêché la révolution que j'y annonçois et contre laquelle je cherchois à prémunir le Gouvernement, mes idées sur la musique changeroient encore moins l'usage absurde que les plus habiles artistes en ce genre font de leurs talens et le mauvais goût des amateurs et prétendus connoisseurs qui entretient cet abus. La raison seule est impuissante contre des préjugés enracinés et presqu'universels. Qu'importe d'ailleurs au bonheur d'un peuple que ses Musiciens et ceux qui les

---

la mollesse du Gouvernement a presque toujours permis de suivre leurs penchans, ont une langue plus musicale que les autres, parce qu'elle est naturellement plus harmonieuse, moins privée de rythme, de sons, d'accens, ou de chant et de mélodie. Voilà ce qui fait que leurs Compositeurs réussissent mieux à rendre les sentimens et les images et qu'ils s'approchent plus du but de leur art que les Compositeurs des autres pays. Mais le parti que *J. J. Rousseau* et le Chev. *Gluck* ont tiré de la langue françoise prouve que le Génie, éclairé par le goût, peut, avec un mauvais instrument, arriver, si non à la perfection, du moins aux beautés dont l'art mal secondé est susceptible.

S

admirent manquent de goût, pourvu que ceux qui le
gouvernent ne manquent pas de raison, ni lui, du
nécessaire? Ceux qui sont à la tête des Nations seront
toujours excusables de souffrir qu'elles chantent à contre
sens, tant qu'ils leur donneront sujet de chanter.

§. XII.

Qu'on applique à la danse tout ce que nous avons
dit de la musique et de ses amateurs, et l'on aura une
juste idée de ce qu'il faut penser de la danse moderne
et de ceux qui se donnent pour connoisseurs dans cet
art. Je me permettrai pourtant ici quelques observations
qui prouveront que cet art, le plus facile de tous à perfectionner, est, après la musique, celui qui l'a été le
moins, si l'on en juge parce qu'il est aujourd'hui.

Chez les anciens, la *danse* proprement dite n'étoit
pas ce que le vulgaire d'aujourd'hui entend par ce mot,
l'art de sauter et de gambader en mesure, mais l'art
d'imiter les passions et les actions humaines, par le geste,
par la déclamation et par le chant.

Son étroite liaison avec la poésie et la musique l'a
fait confondre avec elles; car les Grecs et les Romains,
les désignent indifféremment toutes les trois sous le nom
d'une seule. En effet les mots *musique, danse, poésie*
comprenoient séparément non seulement l'art particulier que chacun désigne, mais l'art désigné par les
deux autres, et de plus le geste et la déclamation. C'est
ce qu'il seroit facile de prouver par vingt citations puï-
sées chez les Grecs et les Latins; je me bornerai à une
seule, après avoir pourtant fait remarquer que, selon
le savant *Varron*, cité par *Isidore**) le mot latin *saltatio*

---

*) Isid. Orig. l. 18. c. 90.

ne vient pas de *saltus*, qui signifie *saut*, mais d'un Arcadien appellé *Salius*, qui le premier avoit enseigné l'art de la danse grecque aux habitans du Latium; c'est delà que les Saliens prêtres danseurs du dieu Mars, établis à Rome par *Numa*, ont pris leur nom. Pour se convaincre que par la *Danse* on désignoit quelquefois la musique et la poésie, il suffit d'observer qu'*Ovide* emploie le mot *saltari*, danser, dans le même sens que nous employons les mots jouer ou représenter la comédie et la tragédie: *Quand-vous m'ecrivez*, dit-il à un ami qui lui mandoit dans son exil que sa Tragédie de *Medée* étoit fort suivie, *Quand vous m'écrivez que le théâtre est plein, lorsqu'il y* danse *ma pièce et qu'on y applaudit à mes vers, je etc.**)

La Danse étoit donc, chez les anciens, l'art d'imiter les passions et les actions des hommes par les mouvemens et les gestes, au son des instrumens, et non l'art de battre des entrechats, de faire lestement la pirouette sur le talon ou sur la pointe du pied, ou de walser et

---

*) *Carmina cum pleno* saltari *nostra theatro,*
Versibus et plaudi scribis, amice, meis.

OVID. Trist. 5. Eleg. 7.

Du tems de *Juvenal* on employoit aussi le mot *danser*, pour l'art de chanter et de gesticuler. Ce Poëte dit que l'Écuyer tranchant dépeçoit les viandes sur les grandes tables en dansant, *saltantem*. On peut bien découper un faisan et un lièvre en gesticulant et en chantant; mais on ne voit pas comment la chose seroit praticable, *en dansant*, selon l'idée vulgairement attachée à ce mot. D'ailleurs *Juvenal* ne laisse aucun doute sur ce point, puisqu'il ajoute, par plaisanterie, que ce n'est pas un petit mérite que de découper les lièvres et les poulets, avec un geste varié et conforme à chaque opération:

Nec minimo discrimine refert,
quo gestu lepores et quo gallina secetur.

SAT. 5. V. 123.

S 2

de tourner deux à deux, comme des sabots qu'on fouette. Cet art fit partie de la religion chez les Égyptiens, les Hébreux, les Grecs, les Romains, et chez les premiers Chrétiens. On sait que le Roi *David* dansa, en présence de tout le peuple juif, en s'accompagnant de la Harpe, lorsqu'on porta l'Arche sainte de la maison d'*Obededon* jusqu'à la ville de Bethléem; mais l'Écriture ne dit pas qu'il sautoit et gambadoit, comme nos premiers danseurs sur nos théâtres. On sait qu'auparavant, après le passage de la Mer rouge, *Moyse* et sa Soeur rassemblèrent deux grands choeurs de musique, l'un composé d'hommes, l'autre de femmes, qui danserent en actions de graces un Ballet imitatif de ce fameux passage, qui ne se fit pas sans doute en sautant, mais en courant et en tremblant, de peur que les eaux séparées ne se réunissent sur les passagers ou passans; car j'ignore lequel de ces deux mots convient dans cette circonstance unique. On sait aussi que la danse faisoit partie des cérémonies religieuses, chez les premiers Chrétiens, et qu'elle ne fut proscrite par les Conciles et par les Papes, que parce qu'elle dégénéra, comme chez les Romains, en licence et en lascivité. Mais ce que tout le monde ne sait pas, c'est que malgré les anathêmes des Papes, la danse fait encore partie des cérémonies religieuses dans quelques Pays Catholiques, comme dans le midi de la France, où les filles, les veilles des fêtes consacrées à la Vierge, s'assemblent devant les Eglises qui lui sont particuliérement dédiées, et passent la nuit à danser en rond, en chantant des cantiques en son honneur.

Le Cardinal de *Ximenés*, pour tirer de l'oubli la

lithurgie en usage, parmi les Espagnols, du tems qu'ils
étoient sous la domination des Maures, fonda dans la
Cathédrale de *Tolède* une chapelle où l'on célébroit l'of-
fice et la Messe mozarabiques, pendant lesquels on
exécutoit, en face de l'autel, des danses, avec autant de
gravité que de dévotion. Mais toutes les Messes, chez
les Catholiques romains, sur-tout celles du dimanche
des rameaux, du jeudi et samedi Saints, que sont-elles
autre chose, que des danses sacrées, dont le but est l'imitation des actions qui signalèrent les derniers jours de
la vie humaine du fils de l'Eternel? Les Messes solemnelles avec Diacre, Sous-diacre, Assistant, Accolites,
Thuriferes, où les Célébrans marchent d'accord et en
mesure, ne sont-elles pas de véritables danses imita-
tives des sublimes mystères de notre Religion?

Ainsi l'on peut juger que la Danse est aussi noble,
que le chant et la poésie; que ce n'est que par abus et
faute de goût, qu'elle a dégénéré en gambades, en sauts
et en entrechats; que le mérite d'un vrai Danseur consiste dans son habileté à saisir le caractère du personnage ou les mouvemens de l'action qu'il imite; que
l'art de la danse n'est que celui de la pantomime caden-
cée ou mesurée; et que des mouvemens, qui ne représentent pas une action ou des sentimens bien distincts, ne
méritent pas plus le nom de Danse, qu'une Sonnate de
Hayden ou que les Vers de *Marmontel* ne méritent, l'une,
le nom de musique, les autres, celui de poésie.

§. XIII.

Les hommes en général aiment mieux la danse que
la peinture, la musique, la poésie, et n'aiment celles-ci
que parce qu'elles sont une imitation de la premiere,

prise dans son vrai sens, je veux dire, comme une imitation des mouvemens, des attitudes, des gestes, des
soupirs, des larmes, du sourire, des ris, que les passions excitent. Le goût vif et déterminé du public pour
les Ballets et sur-tout pour les Ballets pantomimes en est
une preuve. Qu'on rappelle la danse à sa premiere institution, qu'on la ramene à son objet naturel, et les
Ballets seront plus courus, que les Opéra sérieux, dont
d'ailleurs le chant fait perdre les trois quart des paroles
à ceux qui n'ont pas la pièce à la main. Les étrangers
qui ne savent pas ou qui savent peu la langue du pays,
accourront à ce genre de spectacle. La peinture et la
danse ont cet avantage sur les autres arts, qu'elles sont
de tous les pays, du goût de tout le monde, et que leur
langage est universellement entendu. Les maîtres de
ballets, les musiciens et les danseurs, ayant donc plus
de juges, auront plus de moyens de se perfectionner
chacun dans sa partie, et les plaisirs du Public en seront
plus grands et mieux motivés.

On peut juger, par les succés de M⁰˙ *Vigano* sur les
Théâtres de Vienne, combien il est naturellement porté
à goûter tout ce qui rapproche la danse de son véritable
but, qui est l'imitation des moeurs, des passions, des
habitudes, des sentimens, des ridicules et de toutes
les actions de l'Homme. Ceux qui reprochent à cette
Actrice, pleine de grace et de finesse, de ne danser que
de la ceinture en haut, font son éloge, sans s'en douter,
et prouvent en même tems combien ils sont éloignés de
connoître les vrais principes de la danse. La peinture
des passions est, nous le répétons, dans les mouvemens
du corps et dans le jeu de la physionomie, et point

dans les jambes, à moins qu'il ne s'agisse d'imiter un homme qui fuit ou qui a un fossé à franchir ou un sault en l'air à faire. Les pieds sont destinés à se remuer ou à marcher en mesure, puisque la danse est une imitation rhytmique et harmonieuse, comme la musique et la poésie; mais non à sautiller ni à former des pas difficiles et insignifians. Cependant, ne sont-ce pas les pirouettes, les saults, les entrechats péniblement multipliés, qui obtiennent à presque tous les théâtres le plus d'applaudissemens? Combien d'heureuses dispositions étouffées, combien de talens égarés par le mauvais goût des prétendus connoisseurs! Que de musiciens, de danseurs, de chanteurs et d'acteurs, nés pour se distinguer, sont restés médiocres, pour avoir sacrifié l'art et la nature au desir d'obtenir l'approbation des ignorans et des sots qui par-tout forment la multitude!

§. XIV.

Tous les Beaux-arts se touchent et se ressemblent par bien des endroits; ils ne demandent pas moins de génie et de talent les uns que les autres. Les Poëtes, les vrais Musiciens, les excellens Comédiens, les bons Danseurs ou Pantomimistes, ne sont que des peintres, comme les Peintres sont des poëtes par la composition et le coloris, des musiciens par l'harmonie du clair obscur, des comédiens et des danseurs par le dessin, l'expression et l'attitude des figures. Les ouvrages de *Raphael*, de *Michel-ange*, du *Guide*, du *Poussin*, de *Rubens* ne supposent ni moins de génie ni moins de talent, que ceux d'*Homère*, de *Pindare*, de *Sophocle*, d'*Euripide*, de *Plaute*, de *Térence*, de *Virgile*, d'*Horace* et d'*Ovide*, et si un excellent peintre, un habile

comédien, un véritable danseur, un vrai mélodiste, ne
jouissent pas dans la société d'autant de considération
qu'un bon Poëte et un bon Écrivain, c'est par la raison
qu'ils ont moins de juges et que parmi leurs juges, il y
en a infiniment peu qui aient assez de connoissances et
de goût pour savoir les apprécier. Rien n'est plus rare
en tout genre que les connoisseurs. Les Grands sont
trop dissipés et trop frivoles pour rien approfondir.
Mais s'ils ne peuvent se passer des Beaux - Arts, s'il
leur faut des poëtes, des comédiens, des peintres, des
danseurs et des musiciens, d'où vient entendent - ils
pour la plupart si mal leurs intérêts, que de ne pas accueillir et rapprocher d'eux les Artistes supérieurs dans
leur genre ? Les Grands, s'ils veulent mériter ce nom,
doivent honorer tout ce qui est grand. Peuvent ils se
dissimuler qu'un million de familles aussi opulentes et
d'une race aussi noble que la leur, ont été ensevelies
dans les abymes de l'oubli, tandis que voguent encore
avec honneur sur le fleuve du tems les noms des *Archi-
méde*, des *Appelle*, des *Phydias*, des *Xeuxis*, des *Polignote*, des *Praxitelle*, des *Roscius*, des *Batylle*, des
Pilade et de plusieurs autres Artistes, sans parler des
Poëtes, des Orateurs, des Historiens et des Écrivains qui
ont fait la gloire de leur patrie ? Cette considération
devroit, ce me semble, diminuer un peu la morgue des
Nobles qui ne sont que Nobles.

Alexandre, *Auguste*, *Charles- Magne*, *Charles- Quint*,
Francois I., *Louis XIV.*, *Pierre I.*, *Fréderic II.*, tous ceux
qui ont mérité le surnom de *Grand* parmi les Grands,
ont honoré les talens par des distinctions, les ont ap-
prochés de leur personne, admis dans leur familiarité,

comblé de bienfaits; et de petits Princes à brevet, de petits Ducs sans duché, de petits Comtes sans Comté ou avec Comté, de petits Barons d'un jour, croiront faire beaucoup d'honneur à un Artiste, à un Poëte, à un Écrivain distingués, en l'accueillant, quand ils le rencontrent, ou en lui adressant quelquefois la parole, quand ils l'admettent dans leurs sociétés!

Si ces personnages qui se pavanent devant les artistes daignoient porter un regard observateur sur les Grands qui le sont par eux-mêmes, qui, comme un Prince *Henri de Prusse*, un Prince *Kaunitz*, un Comte de *Zubow*, jouissent d'une réputation glorieuse et étendue, ils verroient que ce sont précisément ces Hommes-là qui rapprochent le plus de leur personne les Gens à talent.

On sait qu'un Seigneur de la Cour de *François I.* ayant témoigné de l'étonnement de ce que ce Monarque avoit, dans une occasion dangereuse, donné à un Peintre des marques singulières d'estime et d'attachement, „*Cessez*," lui dit ce Prince, „*d'en être surpris: *„*je puis faire vingt Seigneurs comme vous, et la Nature* „*seule fait des Hommes tels que celui-là.*"

On sait que le feu Roi de Prusse a passé les deux tiers de sa vie privée avec des Gens de Lettres, et que peu de jours après son avénement au Trône, il s'exprimoit ainsi, en écrivant à l'un d'eux: *Pour Dieu! ne m'écrivez qu'en homme, et méprisez avec moi les noms, les titres et tout l'éclat extérieur.*

On sait que dans ses voyages, l'Empereur *Joseph II.* dont l'esprit et le coeur n'étoient pas inférieurs à son rang, honoroit de sa visite les hommes à talent et que ce fut par lui que les Courtisans de *Louis XVI.* apprirent l'existence de l'estimable et ingénieux Abbé de *l'Epée.*

On sait avec quel empressement l'Autocrate du Nord accueille les talens, et avec quelle magnificence Elle a toujours récompensé ceux qui ont eu le bonheur d'être employés à son service. Tout ce qu'il y a d'utile, de grand et de beau dans le monde, est du domaine de cette Souveraine.

Ceux qui dédaignent les Artistes et qui croiroient déroger, en les honorant, sont-ils plus grands, ont-ils plus d'esprit et de raison, que l'Impératrice de Russie? Sont-ils plus amis du peuple que ne l'étoit *Joseph II.*? plus militaires que *Fréderic II.*? plus valeureux que *François I.*? plus politiques que *Charles-Quint*?

On a observé que les gens dans qui la vanité domine n'ont point le sentiment du vrai et du beau, et qu'il n'y a que ceux qui n'ont aucun germe de génie ou de talent, qui se montrent dédaigneux à l'égard de ceux qui en sont pourvus.

CHAPITRE III.

Du talent et du génie pour les Arts et les Affaires.

§. I.

Les termes dont on se sert le plus souvent sont ceux qu'il est le plus difficile de définir, parce que le sens qu'on y attache est trop divers et trop étendu. Tels sont les mots *talent* et *génie* auxquels chacun attribue une idée particulière et analogue à ses préjugés. Sans chercher à les définir, nous croyons en donner une juste idée, en disant qu'ils annoncent l'un et l'autre une heureuse organisation, qui rend l'esprit capable de cultiver, avec facilité et distinction, une science et à exercer avec succès un art ou un emploi.

§. II.

Le *talent* ne s'acquiert point; c'est un don purement gratuit de la nature, que l'étude et l'éducation peuvent développer et perfectionner, mais qu'elles ne sauroient procurer ni suppléer. De-là l'opinion qu'on naît poëte, peintre, musicien, astronome, méchanicien, général d'armée. On ne naît point poëte, mais l'heureuse organisation qu'on a reçue de la nature, donnant de l'aptitude à tout ce qui est du ressort de l'esprit, fait qu'on réussit, plus facilement que les autres, à la profession à laquelle on se voue de préférence. *Corneille*, né *Bourbon*, eut été un grand homme d'Etat ou de guerre.

§. III.

Le *génie* est quelque chose de plus que le talent; c'est la dernière faveur de la nature, c'est une vigueur d'ame extraordinaire, qui donne à l'esprit les moyens de voir plus loin, d'embrasser plus d'objets, de les combiner sous plus de rapports, de saisir plus fortement les beautés d'un sujet et de les exprimer avec plus de vivacité que les autres esprits.

L'homme qui possède cette précieuse vigueur, la reconnoît au besoin qu'il a de l'exercer. C'est un feu enfermé, qui cherche à se montrer, et qui agit avec violence, dès qu'il rencontre des matières capables de l'alimenter.

De même que les membres du corps se ressentent de sa forte constitution, de même les qualités de l'esprit

participent de sa vigueur. De-là cette vivacité de sentiment, cette force d'imagination, cette activité de conception, ces mouvemens sublimes, qui caractérisent les
productions ou les opérations de l'homme de génie.

Le feu ne brille pas toujours d'une flamme également
vive : l'homme le plus robuste a ses momens de foiblesse : pourquoi le génie n'auroit-il pas ses inégalités ?

§. IV.

Les erreurs des sots ne sont pas dangereuses ; ce
sont celles des gens d'esprit, des auteurs qui ont de la
réputation et qui font autorité : ce sont donc celles-là
qu'il convient de réfuter, quand l'occasion s'en présente.

Voltaire prétend que „*c'est le privilége du vrai Génie*
„*et surtout du Génie qui ouvre une carriere de faire im-*
„*punément de grandes fautes* *)." *Voltaire* s'est trompé :
personne n'a le privilége de faire des fautes, moins
encore de grandes fautes. Elles peuvent être excusables,
il est vrai, dans l'homme de génie et ne pas nuire à sa
gloire, puisque chez lui le bon et le beau l'emportent
sur le médiocre ; mais ce sont toujours des fautes, qui
ne sont jamais permises, qu'on remarque, qu'on condamne et qu'il a lui-même relevées, quelquefois même
exagérées dans le grand *Corneille*, dans le divin *Lafontaine*, dans le profond *Montesquieu*.

Le même Écrivain ajoute que le Génie ne doit rien
aux regles et qu'il sait s'en passer. Il appuie cette assertion sur ce que les principaux Chefs-d'oeuvre de poésie
et d'éloquence ont précédé les regles. C'est là ce qu'on

---

*) Siécle de Louis XIV. ch. 1.

appelle appuyer une erreur par une autre ; car quoique
les regles n'eussent pas été rédigées par écrit, lorsqu'
Homère, *Sophocle*, *Démosthene*, *Polignote*, *Appelle* et
Phidias composèrent leurs Chefs-d'oeuvre, elles n'existoient pas moins. Et véritablement, si les arts sont
l'imitation de la nature, et les regles, les moyens de
l'imiter, les arts et les regles doivent être fondés sur
les principes éternels et immuables du beau, c'est à
dire, du vrai dans l'imitation de la nature. Un sentiment exquis, perfectionné par l'étude du coeur humain,
fit connoître ces regles à *Homère*, ainsi qu'aux autres
hommes de génie qui ont ouvert une carrière et assez
approché de la perfection pour servir de modèles.

§. V.

L'Écrivain de génie pense profondément et fait
penser son lecteur, en étendant sans le fatiguer la
sphere de son intelligence. C'est ce qui distingue principalement *Tacite*, *Bacon*, *Montaigne*, *Montesquieu* et
Rousseau de Genève. Il y a plus de pensées dans telle
page de ces Écrivains, que dans tous les ouvrages de
beaucoup d'autres. Assigner les causes des révolutions
des Empires, les vices de leur constitution, tracer au
milieu des décombres de l'antiquité la marche de
l'esprit humain, pénétrer dans le coeur de l'homme
jusques dans ses replis les plus cachés, enseigner les
moyens de diriger ses penchans et de les assujétir à la
vertu, au bien public, s'exprimer avec énergie et simplicité, voilà ce qui place ces Ecrivains au dessus des
Auteurs qui n'ont que de l'esprit et du savoir, tels que
les *Duclos* et les *Marmontels*, ou qui n'ont que du talent
tels que les *Dorat* et les *Delille*, ou qui réunissant

l'esprit au talent, ont l'un et l'autre médiocres, comme les *La Harpe* et les *St. Lambert.*

§. VI.

Toutes les facultés et opérations de l'esprit peuvent être assimilées à celles de l'oeil qui est, pour ainsi dire, l'esprit du corps, comme l'esprit est l'oeil de l'ame.

L'Homme de génie a la vue longue, étendue et pénétrante. Il voit naturellement, dans l'horison où il l'exerce, ce que les autres ne peuvent voir qu'à l'aide d'un télescope et d'un microscope. Comme *Argus*, il a cent yeux qui lui représentent mille objets à la fois; comme *Mercure*, il est presqu'au même instant dans le ciel, sur la terre et dans les enfers; comme *Minerve*, il perce à travers la plus grande obscurité.

Galilée ressuscitant la géométrie et l'appliquant, le premier, à la philosophie naturelle, *Bacon* devinant les loix des corps célestes, *Newton* les démontrant et découvrant l'attraction, *Descartes* ouvrant, par sa *Dioptrique* et sa *Méthode*, la route de toutes les vérités découvertes par *Newton*, ont mérité d'être placés parmi les Intelligences supérieures de ce monde, et obtenu le titre d'Hommes de génie, parmi ceux qui ont cultivé les Sciences naturelles.

Shakespear et *Corneille*, parmi les poëtes tragiques, *Molière* parmi les comiques, *Malebranche* et *Pope* parmi les Métaphysiciens, *Pascal*, *Bossuet* et *Rousseau*, parmi les écrivains moralistes, *Richelieu* et *Ximenés* parmi les politiques, *Mazarin* et *Albéroni* parmi les intriguans, *Cromwel* et *Mirabeau* parmi les scélérats [*]),

---

[*]) Car *le crime a ses héros*, où il faut ôter de la liste des

ont mérité le même honneur. Tous ces Hommes-là ont été de vrais *Argus*, de nouveaux *Hercules*, chacun dans sa carrière.

§. VII.

L'Homme qui a du génie n'en a pas toujours, et ses fautes ou ses défauts sont d'autant plus sensibles et plus frappans, qu'il s'est montré plus grand et plus sublime. L'Auteur du *Cid*, de *Polyeucte* et de *Cinna*, l'est aussi d'*Agésilas* et d'*Attila*. Le Cardinal de *Richelieu* faisoit soutenir chez sa Nièce des thèses d'amour, dans la même forme qu'en Sorbonne on soutenoit des thèses de théologie. Après avoir soumis à la rigueur du calcul les mouvemens des corps célestes et fixé les regles de la marche inégale de l'Astre de la nuit, *Newton* entreprit d'expliquer les types de l'Apocalypse. Les *Voyages* de *Montaigne*, les *Sermons* de *Bossuet* sont à peine dignes d'être lus, et si on y rencontre des traits de génie, ce sont des éclairs peu fréquens au milieu d'une nuit obscure. Le génie est de sa nature inégal et irrégulier, parce que ses élans ne lui permettent pas de se plier aux loix du goût qui demande trop de sujétion. Si *Virgile*, le *Tasse*, *Racine* et *Massillon* sont plus soutenus et plus parfaits, qu'*Homere*, l'*Arioste*, *Corneille* et *Bossuet*, c'est qu'ils ont eu plus de talent et de goût, que de génie, mais aucun d'eux ne s'est élevé aussi haut, ni n'a montré autant de vigueur, que leurs devanciers. L'invention et la sublimité caractérisent principa-

---

Héros, *Alexandre*, *Sertorius*, *Sylla*, *Marius*, *Attila*, *Charles XII*. et *Mandrin*, le plus malheureux, mais non le plus coupable, de tous.

lement le génie; et l'*Iliade*, le *Roland furieux*, *Cinna*,
Héraclius, les Oraisons funèbres de *Madame* et de *Condé*
sont les premiers modéles en ce genre et offrent une
infinité de traits sublimes.

Le talent et le goût se font admirer et suivre, le
génie étonne et transporte. Le génie crée, le talent perfectionne; l'un est un pur instinct, une inspiration;
l'autre est aussi un instinct, mais moins énergique et
plus susceptible de culture, une inspiration, mais moins
impérieuse, moins ardente, et plus prolongée.

§. VIII.

Le talent, dans les arts, est au génie, ce que, dans
les affaires, la raison est au talent, un préservatif contre
les étourderies et les fautes de conduite, et une incapacité pour les grandes choses. L'Homme prudent et
raisonnable est bien placé dans les emplois où il s'agit
d'observer les loix et les usages et de dispenser la justice; mais à la tête des affaires d'État, il faut des Hommes
de génie au dessus des regles, qui ne se laissent
point captiver par les circonstances, mais qui sachent
les maîtriser et les plier aux intérêts de la patrie. On
sait que *Richelieu* eut à combattre la Maison d'*Autriche*,
les Calvinistes, les Grands du Royaume, les Princes du
sang et le Roi lui-même, à qui il fut souvent odieux; et
que non seulement il triompha de tous ces obstacles antérieurs; mais qu'il sut faire de tous les Ministres étrangers
ses propres ministres, et régler la politique des autres États
sur les vrais intérêts de celui dont il tenoit les rênes et
qu'il manioit en maître. Il faut plus que de la prudence,
l'on en conviendra, pour se rendre ainsi le mobile des
affaires du dedans et du dehors d'un grand Etat.

Quelque laborieux et éclairé que fut le Cardinal de Richelieu, il sentit qu'il ne pouvoit tout voir et tout approfondir par lui-même. Aussi avoit-il constamment au-tour de lui un petit Comité composé d'hommes d'esprit, hors de ligne, sans préjugés, gens du monde et gens de lettres. C'est là qu'il faisoit l'essai de ses idées et de ses grands projets; c'est là qu'il consultoit l'opinion publique, et qu'il trouvoit les moyens de l'assujétir à ses vues. Aussi a-t-il été de tous les Ministres le mieux averti et celui qui a fait le plus de grandes choses.

Aujourd'hui la plupart des Ministres comme plupart des Princes, ne s'entourent que de flateurs, et dédaignent les pensées et les observations des moralistes, sans songer que des hommes qui, par état, sont accoutumés à méditer, à combiner, à observer, se placent plus aisément sur ces points d'élévation d'où l'on peut appercevoir l'avenir et le défendre par le présent et le passé!

C'est au dédain et au mépris que les Ministres de *Louis XV.* et de son infortuné Successeur ont fait des Ecrivains observateurs et zélés pour l'Etat, qu'on doit surtout attribuer la chûte du trône et des autels qui en étoient le soutien. Depuis le fameux Discours de M. de *Pompignan*, c'est-à-dire depuis 50. ans, on ne pouvoit entrer à l'Académie françoise, sans avoir fait preuve d'incrédulité, ce qui annonce que les Ministres du Roi *Très-Chrétien*, qui en ouvroient et fermoient à leur gré la porte ou plutôt les portes et même cochères, n'étoient rien moins que chrétiens et politiques. Ces Imbécilles, et je n'excepte ni *Turgot* ni *Malhezerbes* tant prônés par l'ignorance ou la perversité, ne protégeoient que

. les auteurs et les ouvrages qui tendoient à faire mépriser les gens en place, le ministère, les grands, et
employoient souvent leur crédit pour imposer silence
aux adversaires des philosophes. c'est-à-dire, de ceux
qui invectivoient contre la grandeur, contre l'autorité,
contre la religion, et qui sappoient ouvertement les
fondemens de la Monarchie. Quand on songe que *Fréron*,
l'Ecrivain qui a montré le plus de zèle pour les principes du goût, des moeurs et de la religion, le plus de
constance et de talent pour les défendre contre les attentats de la nouvelle philosophie, a été toute sa vie en
proie aux persécutions; que les Philosophes ont eu plusieurs fois le crédit de faire arrêter ses feuilles, d'obtenir des ordres contre sa liberté, de le représenter sur le
premier théâtre de la capitale comme un bas scélérat *),
quoiqu'on ne lui ait jamais rien pu imputer contre la
probité; quand on songe, dis-je, que cet Ecrivain laborieux est mort martyr de son inaltérable attachement
aux bons principes, faut-il être surpris de la Révolution Françoise, et de voir le Fils de ce journaliste au
nombre des Révolutionnaires?

---

*) Tout le monde sait que *Voltaire* lui fait jouer un rôle in-
fâme dans l'*écossaise*; mais tout le monde ne sait pas que, pour
repousser les outrages de *Voltaire*, *Fréron* avoit composé une
excellente Comédie où il s'étoit borné à couvrir son ennemi de
ridicule, mais qu'il ne pût jamais obtenir de la faire jouer, ni
empêcher qu'en ne jouât celle où l'on lui fait dire, *j'en jurerois,
mais je ne parierois pas.* S'il m'est permis d'être sincère, je dois
dire que c'est autant contre les Ministres qu'ont souffert et protégé de telles indignités, que contre les Chefs des Révolutionnaires,
que doit se tourner la haine des Honnêtes gens qui sont victimes
de la Révolution.

§. VIII.

Le talent et le génie étant un don de la nature, on ne doit pas plus se mocquer de ceux qui en manquent, que de ceux qui ont la vue basse ou les jambes crochues. Ce n'est pas leur faute si le ciel les a mal partagés. Mais un homme placé aux premiers postes de l'État, qu'il ait du talent ou qu'il en manque, doit s'appliquer à connoître ceux qui en ont, pour les employer ou du moins pour ne pas les dégoûter au point de les porter à aller offrir leurs services à l'étranger. On sait ce qu'il en coûta de gloire, de succès, d'hommes et d'argent à *Louis XIV*, pour avoir refusé à l'Abbé de *Carignan*, plus connu sous le nom du Prince *Eugène*, une abbaye, et ensuite un régiment, lorsqu'il eut quitté le petit-collet. Un homme de moins dans un État et de plus dans un État voisin peut influer sur la destinée des deux Empires, s'il est pourvu de génie. Le feu Roi de Prusse qui se connoissoit en gens d'esprit et qui sentoit de quelle utilité ils peuvent être, en recrutoit de toutes parts, et on sait que ces recrues n'ont pas été infructueuses à la gloire et à la prospérité du Regne de son heureux Successeur.

A peine l'Empereur *Léopold I.* eut-il donné un régiment de dragons au Prince *Eugène*, qu'il eut sujet de se féliciter d'avoir accueilli un tel Homme. On n'ignore point les services qu'il rendit à ce Monarque et à *Joseph I.* son successeur; mais ce qui n'est pas assez connu, c'est la fermeté avec laquelle *Léopold* le soutint contre les Courtisans jaloux de ses succès. Quand il eut le commandement de l'armée Impériale contre les Turcs, ses ennemis pour diminuer la gloire qu'il alloit acqué-

rir, lui firent envoyer une défense d'engager une action
générale; mais *Eugène* ayant trouvé l'occasion d'écra-
ser l'ennemi, ne fit pas difficulté de lui livrer le combat
et remporta la victoire de Zentha fameuse par la mort
du Grand-Visir, de 17 Bachas, de plus de 20 mille
Turcs, et par la présence du Grand-Seigneur. Cette bataille procura la paix de Carlovitz. Cependant le Vainqueur ne fut pas plutôt arrivé à Vienne, qu'il fut mis
aux arrêts et qu'on lui demanda son épée. *La voilà*,
*dit-il, puisque l'Empereur la demande: elle est encore
fumante du sang de ses ennemis. Je consens de ne plus
la reprendre, si je ne puis continuer à l'employer à son
service.* Cette générosité toucha tellement *Léopold*, que
dès ce moment il voua une confiance sans bornes au
Héros et qu'il lui donna une déclaration, écrite de sa
main, par laquelle il l'autorisoit à se conduire comme
il jugeroit à propos, sans qu'il pût jamais être recherché. En effet, l'Empereur depuis cette époque se décla-
ra si hautement en sa faveur, qu'il força l'envie à se
taire. Il s'attacha le Prince *Eugène* par de nouveaux
bienfaits, le nomma Président du Conseil de Guerre et
Administrateur général de la Caisse Militaire; et le
nouveau Ministre justifia par des services encore plus signalés que ceux qu'il avoit rendus, la confiance de
son Bienfaiteur.

§. IX.

Chez les Grands, chez les Ministres et les Souverains,
qui, pour leur plaisir, leur utilité ou leur gloire, ont besoin de gens à talent, les encourager par des bienfaits
est moins une justice, qu'une politique pour en faire naitre
de nouveaux. Un Lord qui aimoit la tragédie et qui

savoit que *Shakespear* étoit gêné dans son ménage, lui envoya en don mille livres sterlings, générosité qui paroîtroit une fable, si mille autres traits de ce genre ne nous avoient appris que les Seigneurs Anglois savent honorer par des bienfaits les talens, que la plupart des Seigneurs des autres pays honorent à peine de leurs applaudissemens. La médiocrité d'esprit nécessite toutes les autres.

§. X.

Il en est du talent comme de l'esprit : il vaut mieux n'en avoir point du tout, que de n'en avoir pas assez. Les demi-talens, les demi-savans, les demi-philosophes les demi-politiques, les Généraux médiocrement éclairés font tout de travers, sont sujets à s'égarer et égarent les autres. L'obscurité trompe moins, qu'une fausse lumière. Quand la sottise n'est point fille de la passion, elle l'est toujours du faux savoir et presque jamais de l'ignorance. Celle-ci est une aptitude à l'instruction et le faux savoir un obstacle à la vérité.

§. XI.

Les hommes qui ont un vrai talent sont fiers et aiment l'indépendance; de-là vient qu'ils se prêtent difficilement aux basses flatteries et aux petits moyens qu'il faut employer pour être accueilli et faire fortune. Ils tiennent plus à la gloire qu'à l'argent; c'est pourquoi il faut leur pardonner de manquer quelquefois de modestie dans la société, et de s'estimer franchement ce qu'ils valent, quand ils rencontrent des personnes qui ne savent pas les apprécier. Il seroit indécent qu'une femme belle, jolie et bien faite ne fut pas modeste, puisque sa beauté est apparente; mais un homme dont

les talens sont moins sensibles est excusable d'en faire
sentir le mérite, quand on le méconnoit. La modestie
à l'égard des ineptes ou des impertinens seroit une
espèce d'ingratitude envers la nature.

L'Abbé de *Montgault*, le même à qui la langue
françoise est redevable d'une excellente *Traduction des
Lettres de Ciceron à Atticus*, fut employé, comme le
fameux Abbé *Dubois*, à l'éducation du Duc d'*Orleans*,
depuis Régent du Royaume. Il n'eut pour récompense
qu'une petite Abbaye, et son Collegue devint Archevêque, Cardinal et premier Ministre, quoiqu'il lui fût
inférieur en naissance, en talent, en lumieres et en
probité. L'Abbé de *Montgault* eut la foiblesse d'être
malheureux de la destinée de *Dubois*, quoiqu'il n'eût
sans doute pas voulu l'acheter au même prix. On lui
demandoit, un jour qu'il étoit plus en proie à la mélancolie, ce que c'étoit que les vapeurs mélancoliques
dont il se plaignoit : „*C'est une terrible maladie*," re-
pondit-il, „*elle fait voir les choses telles qu'elles sont.*"

Comme cette maladie est celle des bons esprits et
qu'elle passe assez injustement pour folie auprès des
esprits vulgaires, qui n'en sont guères susceptibles,
nous lui consacrerons un chapitre particulier après
avoir parlé des prodiges du talent et du génie.

CHAPITRE IV.

De l'Enthousiasme et de sa véritable nature. Des Inspirations et de leur véritable source.

§. I.

Si quelque chose pouvoit faire croire aux idées innées, aux idées qui ne viennent point par les sens, ce seroit celles des Hommes de génie, de ces Ames privilégiées qui sentent, jugent et s'expriment avec autant de force que de vivacité, de ces Esprits extraordinaires que la nouveauté des pensées qu'ils conçoivent et la sublimité des sentimens qu'ils enfantent, font regarder comme des êtres inspirés par quelque divinité. Mais malheureusement ou heureusement pour l'humanité, les pensées les plus neuves, les sentimens, les plus sublimes les conceptions les plus étonnantes sont, comme leurs signes l'effet de l'organisation et de l'expérience. On apprend à penser, à deviner, comme on apprend à parler ou à chanter, à écrire ou à peindre, à marcher ou à danser, avec cette différence seulement qu'il n'est donné qu'à un très-petit nombre d'individus d'avoir une belle main et un beau maintien; et voilà ce qui distingue réellement les hommes et ce qui justifie leurs prédilections. Tous les héros n'étant pas des *Hercules*, tous les poëtes des *Homères*, toutes les jolies femmes des *Hélenes*, ni toutes les femmes éclairées des *Aspasies*, rien n'est plus naturel que de distinguer les hommes et les femmes que le ciel a lui-même distingués dans la distribution de ses dons. Honneur donc à la force et à l'adresse qui lui résiste, au génie et au talent qui en approche, à la beauté et à l'amabilité qui en tient lieu!

§. II.

Dans les arts, la morale et la politique, on ne fait rien de beau, de grand, de merveilleux, sans enthousiasme. Il est au talent et au génie ce que le fanatisme (comme nous l'avons défini) est à la religion, au patriotisme, à l'amour de l'humanité.

L'Enthousiasme est la fièvre de l'esprit, non une fièvre ardente qui le fait délirer, mais une fièvre qui l'émeut et l'agite sans le troubler, qui l'épure et l'exalte sans l'égarer.

§. III.

L'Enthousiasme n'est point, comme on le croit communément, une espèce de fureur qui s'empare de l'esprit et le maîtrise, un mouvement subit qui enflamme l'imagination et la rend féconde, une yvresse de l'ame qui fait dire des choses extraordinaires et décousues, mais quelquefois sublimes; c'est encore moins une vision céleste, une influence divine qui gourmande et inspire le talent et le génie, comme quelques auteurs l'ont prétendu. Pour sentir le défaut de justesse de ces idées emphatiques, il suffit d'observer qu'on les a prises des Prêtres grecs qui inventerent le mot *Enthousiasme*, pour exprimer le trouble, l'agitation, le délire, les convulsions qu'éprouvoient les Pythies ou prophétesses *d'Apollon*, lorsqu'assises sur le trépied de *Delphes*, elles recevoient l'esprit ou les inspirations du Dieu*). Les pédans

---

*) Il y avoit dans le Sanctuaire du temple *d'Apollon* delphien un trou qui aboutissoit à un vaste souterrain, d'où sortoient des

de l'antiquité donnèrent le même nom d'inspiration divine ou de fureur poétique à la verve des poëtes, par
allusion aux transports et aux traits sublimes de leurs
chants, et les poëtes flattés qu'on les crût inspirés,
n'eurent garde de détromper le vulgaire. Bien loin delà,
ils assurerent dans leurs vers qu'ils l'étoient en effet:

Est Deus in nobis, agitante calescimus illo,
Il est un Dieu dans nous, c'est lui qui nous inspire,

dit *Ovide*. Les poëtes chrétiens, quoique moins persuadés
encore que les poëtes payens de la divinité et de la
puissance inspiratrice des Muses et d'*Apollon*, n'ont pas
laissé que de les invoquer comme de vraies Divinités et
de chercher faire à croire qu'ils étoient inspirés par elles.
Écoutez le *Pindare* de la langue françoise, dans sa
belle Ode sur la naissance du Duc de *Bretagne*,

Mais quel souffle divin m'enflame!
d'où nait cette soudaine erreur?
un Dieu vient échauffer mon ame
d'une prophétique fureur.

---

vapeurs sulphureuses qui causoient à ceux qui les respiroient une
sorte de délire. L'effet que produisoit cette vapeur fit croire que
l'esprit du Dieu du temple résidoit dans ce souterrain : c'est pourquoi les prêtres avoient pratiqué sur son ouverture, très-étroite,
une espèce de siége, percé par le milieu et soutenu par trois branches
qui lui firent donner le nom de trépied. Quand on vouloit faire
parler le Dieu, c'étoit sur ce siége, couvert de la peau du ser-
pent *Python*, qu'on conduisoit la Prophétesse qui tiroit son nom
de cette peau. Plusieurs Auteurs, entre autres *Origene* et *Chrysostome*,
disent qu'elle s'y plaçoit de manière à recevoir l'esprit d'*Apollon*
par un endroit qu'on n'ose nommer, et que la nature ne paroît
pas avoir destiné à recevoir des esprits. Voyez *Orig. contra Cels.*
l. 3. et 7. — *Chrysost. Hom. 20. in Corinth. 22.*

Loin d'ici profane vulgaire!
Apollon m'inspire et m'éclaire;
c'est lui! je le vois! je le sens!
mon coeur céde à sa violence:
mortels, respectez sa présence,
pretez l'oreille à mes accens.

Les poëtes sont excusables d'avoir et de donner de fausses idées de l'enthousiasme (ceci ne regarde point *Rousseau* qui en avoit de justes, si l'on en juge par celui dont il a fourni des modeles dans la plupart de ses Odes); mais nous qui cherchons la vérité jusques dans les objets d'agrément, nous devons écarter ce faste allé-gorique et considérer l'enthousiasme, comme un Sage considére les Grands, sans aucun égard pour le luxe qui les environne ni pour ce vain étalage de croix et de cordons qui supposent du mérite, et qui le plus sou-vent en tiennent lieu.

La Divinité qui inspire les Artistes de génie est sem-blable à celle qui anime les Héros dans les combats. Dans ceux-ci c'est l'honneur, le courage, l'audace, l'intrépidité que la présence même du danger ne sauroit diminuer: dans les autres, c'est un esprit juste, une imagination vive, un sentiment prompt et exquis du vrai, du beau, du grand, fruit d'une organisation heu-reuse et cultivée.

La fureur est un accès de folie, la folie une absence ou une éclipse de raison, au lieu que l'enthousiasme est un accès d'imagination, la présence d'un goût supé-rieur, un feu que la vivacité du sentiment allume et que la raison épure dans les momens de sa plus grande force. C'est, en un mot, l'hymen ou plutôt le coït de l'esprit et du coeur, dont résultent les plus belles conceptions du talent et du génie.

§. IV.

Les tempéramens les plus robustes ne sont pas toujours en activité; les jouissances les plus vives ne durent que des instans: les génies les plus vigoureux et les plus féconds ont des momens d'impuissance et de stérilité; les plus heureux sont ceux en qui le besoin de produire se renouvelle le plus souvent, ceux dont l'ame, enflammée comme d'un feu divin, éprouve le plus fréquemment cette fièvre d'esprit et de sentiment, qui leur fait concevoir et enfanter des idées qui étonnent, par leur nouveauté, leur profondeur ou leur sublimité.

§. V.

On pourroit définir l'Enthousiasme l'émotion de l'esprit et du coeur, lorsqu'ils se représentent vivement les objets, et qu'ils les peignent aussi vivement qu'ils en sont affectés; mais il n'est donné qu'à très·peu d'ames de prendre fortement l'empreinte des objets qu'elles conçoivent et de les rendre avec les couleurs qui leur sont propres. C'est le privilége du génie, c'est à dire, de ce peu de personnes que la nature a favorisées d'une organisation qui les rend propres à réussir dans les arts, les sciences et les emplois.

La définition que je propose me semble d'autant plus juste, qu'elle convient également à l'enthousiasme qui admire, comme à celui qui produit; car l'homme qui ne peut voir sans une vive émotion une belle scène, un beau morceau de peinture, ni entendre le récit d'une action héroïque, ou l'exécution d'une musique excellente, sait exprimer vivement son admiration par ses

mouvemens et ses gestes, s'il n'a pas le talent de peindre
par la parole ou le pinçeau.

§. VI.

La nature a dans ses trésors tous les traits dont les
plus belles imitations peuvent être composées: ce sont
les couleurs sur la palette du peintre, les divers tons
sur le clavier du musicien. L'homme de génie qui est
nécessairement observateur, qui a étudié les accords
des tons et des couleurs, ou les rapports des idées et
des sentimens, forme dans sa tête un ensemble de ces
différens objets, et en compose un tout; il voit ce tout,
il s'en pénetre, il s'en remplit, il s'oublie et son ame
passe dans les objets qu'il crée. Si c'est un peintre, il
est tour à tour sur un port de mer, et sur la mer même
au milieu d'un 'empête, dans la melée au fort d'un
combat, dans la tente d'*Alexandre*, lorsqu'on lui présente la famille 'de *Darius*, près de l'autel où *Calchas*
a le bras levé pour plonger le couteau sacré dans le
sein de l'intéressante *Iphigénie*. Si c'est un poëte, il est
tour à tour *Achille*, *Agamemnon*, *Ulysse*, *Nestor*, *Priam*,
Phédre, *Oedipe*, *Auguste*, *Cinna*, *Mahomet*; et si c'est
un *Lafontaine*, il est le loup et l'agneau, la colombe
et le pigeon, le chêne et le roseau. C'est dans les momens
d'enthousiasme, qu'*Homère* voit les chars et les cour-
siers, que *Virgile* entend les cris affreux de *Phlégias*
dans les enfers, que le *Corrège* voit la nuit et toutes ses
ombres, et *Claude Lorrain*, le ciel, l'air et les paysages
colorés par le lever du soleil; que *Casanova* voit le
vent, la foudre et ses victimes, qu'il entend le fracas
des armes et les cris des mourans, au sac d'Ismail; que
Duvivier, celui de tous ses éleves qui a le plus de

correction et de feu dans le dessin, et dont le coloris approche le plus de la beauté du sien, voit les Russes escalader les remparts d'Oczakow, les bergers conduisant leurs troupeaux dans les campagnes, les chévres gravissant les rochers, et les taureaux, brûlans d'amour, bondissant dans les prairies.

§. VII.

Tout ce qui est du ressort de l'imitation et du sentiment est du domaine de l'enthousiasme, et les Gens de lettres qui le resserrent dans le cercle de la poésie épique et lyrique, n'en ont point une juste idée. Supposons qu'il ait existé de vrais Oracles, que les Dieux du paganisme aient eu de vrais prophetes, comme le Dieu d'Israel, tous ces inspirés ne ressembloient point aux pythonisses; et d'autres poëtes que les *Homères* et les *Pindares*, c'est à dire, que ceux qui se plaisoient à faire parler des Héros, pouvoient être également inspirés et éprouver un véritable enthousiasme. L'imitation des objets simples, des passions et des moeurs des hommes du peuple, même des animaux, n'exige pas moins de talent, et est par conséquent tout aussi susceptible d'inspiration ou d'enthousiasme, que celle des objets relevés et des passions des Grands et des Héros. *Moliere* dans ses *Comédies*, *Lafontaine* dans ses Apologues, sont aussi poëtes et aussi grands poëtes que *Corneille* dans ses Tragédies et *Rousseau* dans ses Odes. L'espèce de désordre apparent qu'on voit régner dans l'épopée et dans l'ode n'appartient pas plus à cette espèce de poésie, qu'à toute autre; il est l'effet des fortes passions et des grands sentimens qui sont plus particuliérement du ressort de cette sorte de poésie. Un poëte ou un peintre qui s'oublie, qui s'exile de soi-même et se transporte au milieu des objets qu'il veut représenter, qui par la force de son imagination se met à la place du bourgeois, du berger et des animaux dont il fait l'objet de son imitation, éprouve un aussi véritable enthousiasme, que celui qui fait parler ou qui peint au naturel les Princes et les Héros. Le genre de *Tenieres* n'est pas sans doute aussi grand, aussi noble, que celui de *Rubens*, mais le génie de l'un n'étoit pas moins susceptible d'enthousiasme que celui de l'autre, et si le Tableau des oeuvres de miséricorde n'est pas comparable à celui de la transfiguration, c'est par la même raison, que les Églogues de *Virgile* ne valent pas son Énéide. Un Peintre, un Orateur, un Général d'armée, formant avec génie le plan d'un Tableau, d'un Discours, d'une Bataille, qui se sent ému, saisi et rempli de son sujet, voilà l'enthousiasme, la vraie fureur divine, voilà ce que *Cicéron* appelle *mentis viribus excitari, divino spiritu afflari.*

§. VIII.

Ce qui diftingue les grandes ames, les grands esprits, le talent et le génie, c'est la susceptibilité d'enthousiasme; sans enthousiasme point de sublimité ni de création, et sans sublimité ni création, les artistes, comme les hommes du monde, rampent dans la foule commune.

L'enthousiasme excite l'enthousiasme; c'est un feu qui se communique aux ames faites pour le sentir. Un homme bien organisé et qui a du goût ne voit pas sans émotion des scènes intéressantes, telles qu'en offrent les *Horaces*, le *Cid* et *Cinna*; des édifices sim-

ples et magnifiques, tels qu'à Paris le Dome des in-
valides, la Colonade du Louvre, et, à Rome, l'Église
de *St. Pierre*; des chefs-d'oeuvre de sculpture, tels que
Laocoon, la *Vénus* pudique, le *Milon* du *Pujet*; des
tableaux, tels que ceux de l'accouchement de la Reine
Marie de Medicis par *Rubens*, de la *Madelaine* péni-
tente par le *Brun*, du Déluge par *Poussin*; il n'entend
ou ne lit pas sans agitation, sans admiration, les morceaux d'enthousiasme, tels que dans l'Écriture sainte
le mot sur la création de la lumière, le *Sum qui sum*
de *Moïse*, les traits pathétiques de *David* et des autres prophêtes; dans *Bossuet*, celui où il peint l'effet
qui produisit la nouvelle de la mort de *Madame*; dans
le Père *La-Rue*, le morceau effrayant où il représente
le pécheur *environné de l'éternité et n'ayant que son
péché entre Dieu et lui*; dans *Corneille*, le mot de *Medée*, le *qu'il mourût* du vieil *Horace*, l'imprécation de
Camille; dans l'éloquent Citoyen de Genève, l'éloge
de l'Évangile, le parallele de *Socrate* avec *Jésus-Christ*
et cent autres peintures qui feroient croire que l'ame de
cet incomparable Écrivain étoit dans un enthousiasme
presque continuel.

§. IX.

Il n'est pas inutile de remarquer, en faveur des
jeunes gens et des étrangers qui lisent nos auteurs, et
qui, à ce que je me suis souvent apperçu, ne goûtent
ou ne trouvent bien écrits que les ouvrages d'un style
ampoulé et à prétention, que dans toutes les langues,
les morceaux cités comme les plus éloquens et les plus
sublimes, sont de la plus grande simplicité, parce que
la vraie beauté n'a pas besoin de parure, et que les

écrivains qui ont de bonnes idées, de belles pensées, de grands sentimens n'ont pas besoin de les envelopper de grands mots, d'expressions recherchées et souvent inintelligibles. Quoi de plus simple que les expressions des exemples d'enthousiasme que nous avons indiqués? Quoi de plus clair et de plus sublime que ce trait du Cantique de *Moïse*, concernant les impies: *dixi: ubinam sunt? j'ai parlé, où sont-ils?* et ces autres puisés aussi dans les Livres saints?

Il parle, les vents accourent et les flots de la mer s'élèvent. Il change l'aquilon en zephir, et les flots se taisent. Il parle avec menaces à la mer, et la mer est sechée.

Il s'arrête, et il mesure la terre. Il a jeté ses regards, et les nations ont été dissipées. Les montagnes du siècle ont été brisées, et les collines du monde se sont courbées sous les pas de son éternité.

J'ai vu l'impie dans la gloire et plus élevé que les cèdres: j'ai repassé, et il n'étoit plus; je n'ai pas même trouvé le lieu où il étoit.

La Mer a vu, et elle s'enfuit. O Mer! pourquoi fuyois-tu, et toi Jourdain, pourquoi remontes-tu vers ta source?

Les Cieux racontent la gloire du Seigneur. Le jour le crie au jour et la nuit à la nuit; le firmament publie qu'il est l'ouvrage de ses mains.

Tous ces traits sont sublimes et décelent l'enthousiasme ou l'inspiration divine, parce qu'ils offrent une vive image de la Puissance suprême: on la voit, on la sent, on en est ému: et rien pourtant n'est plus naturel et plus simple, que l'expression de ces idées vives et énergiques.

Si l'on daigne y faire attention l'on verra qu'il en

est de même de tous les vers, de toutes les pensées en prose, de toutes les saillies, de tous les mots, qu'on cite, pour la noblesse, la grandeur, la hardiesse, ou la sublimité des sentimens. Nous allons en rappeller quelques-uns, pour le plaisir des Étrangers à qui nos Auteurs ne sont pas encore bien familiers.

Quelle grande idée ce vers de *Sertorius* ne donne-t-il pas de ce héros?

Rome n'est plus dans Rome, elle est toute où je suis.

Corneille fait dire à *Attila*, au sujet de la France, dans les commencemens de sa grandeur, et de la chûte de l'Empire Romain,

Un grand destin commence, un grand destin s'acheve.

Ce vers du même poëte,

Il est des Assassins, mais il n'est plus de *Brute*

découvre admirablement les motifs héroïques de *Brutus*, dans sa conspiration contre *César*.

Le vers suivant tiré d'une tragédie non imprimée, donne encore de *Brutus* une plus grande idée,

Et dans le seul *Brutus* tous les Romains sont morts.

Cinna se glorifioit de voir souvent, par la faveur d'*Auguste*, des rois à ses genoux: et *Émilie* lui dit,

Pour être plus qu'un Roi tu te crois quelque chose!

Ce beau vers rappelle ceux-ci de *Voltaire*:

On ne sait de *César* où la cendre repose

et l'ami *Pompignan* croit être quelque chose!

Lafontaine, parlant de la mòrt du Sage, dit:

Rien ne trouble sa fin, c'est le soir d'un beau jour.

Pyrrhus avoit deux fois battu les Romains. Son Médecin leur offrit de l'empoisonner. *Fabricius*, général de l'armée romaine, en donna avis à ce Prince avec

U

ces mots, „*Une autrefois choisissez mieux vos amis et*
„*vos ennemis.*"

On peut placer à côté de ce mot magnanime celui
de la malheureuse Femme du malheureux Roi *Louis XVI.*
qui, interrogée par les Commissaires du Tribunal qui
recherchoit les crimes de la nuit du 5 au 6 Octobre
1789, répondit généreusement ; „*J'ai tout vu, tout en-*
„*tendu, et tout oublié.*"

En fait de style et d'élocution, les Connoisseurs sont
presqu'aussi rares que les bons Écrivains ; et puisque
le goût va chaque jour en dégénérant, et qu'il n'est pas
aussi indifférent qu'on pourroit le croire de le laisser
corrompre, parce qu'il tient essentiellement aux moeurs,
nous croyons servir les esprits qui désirent de se former
de justes idées du beau, en rappellant ici quelques-unes
des Réflexions de *Fénélon* sur la Grammaire et l'Éloquence. Les préceptes d'un Écrivain qui comme lui a
fourni un si beau modéle de style et de raison, dans le
Télémaque, doivent faire impression sur les esprits jaloux
de s'instruire. „Il faut," dit-il, „une diction simple,
„précise et dégagée, où tout se développe de soi-même
„et aille au devant du lecteur. Quand un Auteur parle
„au public, il n'y a aucune peine qu'il ne doive prendre
„pour en épargner à son lecteur. Il faut que tout le
„travail soit pour lui seul, et tout le plaisir avec tout
„le fruit pour celui dont il veut être lu. Un Auteur ne
„doit laisser rien à chercher dans sa pensée. Il n'y a
„que les faiseurs d'énigmes qui soient en droit de pré-
„senter un sens enveloppé. *Auguste* vouloit qu'on usât
„de répétitions fréquentes, plutôt que de laisser quelque
„péril d'obscurité dans le discours."

„Trop de délicatesse dégénere en subtilité. On veut
avoir plus d'esprit que son lecteur et le lui faire sentir,
pour lui enlever son admiration, au lieu qu'il faudroit
n'en avoir jamais plus que lui et lui en donner même,
sans paroître en avoir. On ne se contente pas de la
simple raison, des graces naïves, du sentiment le plus
vif, qui font la perfection réelle. On va un peu au delà
du but par amour propre. On ne sait pas être sobre
dans la recherche du beau. On ignore l'art de s'arrêter
tout court en deçà des ornemens ambitieux. Le mieux
auquel on aspire fait qu'on gâte le bien, dit un proverbe italien. On tombe dans le défaut de répandre un
peu trop de sel et de vouloir donner un goût trop relevé
à ce qu'on assaisonne. On fait comme ceux qui chargent
une étoffe de trop de broderie. Le goût exquis craint
le trop en tout, sans en excepter l'esprit même. L'esprit
lasse beaucoup, dès qu'on l'affecte et qu'on le prodigue.
C'est en avoir de reste que d'en savoir retrancher, pour
s'accommoder à celui de la multitude et lui applanir
le chemin."

„On gagne beaucoup en perdant tous les ornemens
superflus, par se borner aux beautés simples, faciles,
claires et négligées en apparence. Pour la Poésie, comme
pour l'Architecture, il faut que tous les morceaux nécessaires se tournent en ornemens naturels; mais tout
ornement qui n'est qu'ornement est de trop. Retran-
chez-le; il ne manque rien; il n'y a que la vanité qui
en souffre. Un Auteur qui a trop d'esprit, et qui en
veut toujours avoir, lasse et épuise le mien. Je n'en
veux point avoir tant; s'il en montroit moins, il me
laisseroit respirer et me feroit plus de plaisir. Il me tient

trop tendu ; la lecture de ses vers me devient une étude.
Tant d'éclairs m'éblouissent : je cherche une lumiere
douce, qui soulage mes foibles yeux. Je demande un
Poëte aimable, proportionné au commun des hommes,
qui fasse tout pour eux et rien pour lui. Je veux un sublime si familier, si doux, si simple, que chacun soit
d'abord tenté de croire qu'il l'auroit trouvé sans peine,
quoique peu d'hommes soient capables de le trouver.
Je préfere l'aimable au surprenant et au merveilleux.
Je veux un homme qui me fasse oublier qu'il est
Auteur."

„Le véritable Orateur n'orne son Discours que de
vérités lumineuses, que de sentimens nobles, que d'expressions fortes et proportionnées à ce qu'il tâche
d'inspirer. Il pense, il sent et la parole suit. „Il ne dé-
„pend point des paroles," dit *St. Augustin*, „mais les
„paroles dépendent de lui." Un homme qui a l'ame forte
et grande, avec quelque facilité naturelle de parler, et
un grand exercice, ne doit jamais craindre que les paroles lui manquent. Ses moindres discours auront des
traits originaux, que les déclamateurs fleuris ne pourront jamais imiter. Il n'est point esclave des mots. Il
remonte d'abord au premier principe sur la matiere qu'il
veut débrouiller. Il met ce principe dans son vrai point
de vue. Il le tourne et retourne, pour y accoutumer ses
auditeurs les moins pénétrans. Il descend jusqu'aux der-
nieres conséquences par un enchaînement court et sensible. Chaque vérité est mise en sa place par rapport au
tout. Elle prépare, elle amene, elle appuie une autre
vérité qui a besoin de son secours. Cet arrangement sert
à éviter les répétitions qu'on peut épargner au Lecteur.

Mais il ne retranche aucune des répétitions, par lesquelles il est essentiel de ramener souvent l'auditeur au point qui décide lui seul de tout."

„Il faut lui montrer souvent la conclusion dans le principe. De ce principe, comme du centre, se répand la lumiere sur toutes les parties de son ouvrage, de même qu'un peintre place dans son tableau le jour, en sorte que d'un seul endroit, il distribue à chaque objet son degré de lumiere. Tout le discours est un. Il se réduit à une seule proposition mise au plus grand jour, par des tours variés. Cette unité du dessin fait qu'on voit d'un seul coup-d'oeil l'ouvrage entier, comme on voit de la place publique d'une ville toutes les rues et toutes les portes égales et en symétrie. Le Discours est la proposition développée; la proposition est le Discours en abrégé."

Denique sit quodvis simplex dumtaxat et unum.

CHAPITRE V.

De l'Imagination, et Continuation du Chapitre précédent.

§. I.

Les Métaphysiciens sont le plus souvent inintelligibles aux esprits qui n'ont pas étudié la métaphysique : tâchons d'éviter ce défaut et de nous faire entendre, même de la multitude, quoique nous n'aspirions qu'au suffrage du petit nombre de Connoisseurs.

On a donné différens noms aux facultés et aux opé-
orations de l'esprit. Sa premiere faculté est la *Perception*,
c'est-à-dire, l'impression, le sentiment, la sensation
que les objets produisent sur notre ame par leur attou-
chement; car nous touchons, par la vue, les objets que
nous voyons, et par l'ouïe, ceux que nous entendons.

La faculté de conserver, de retenir les perceptions
en l'absence des objets, s'appelle *Mémoire*, et l'on a
donné le nom d'*Imagination* à la faculté de retracer,
de reproduire, de comparer les perceptions ou les images
des objets absens. L'Imagination n'est, comme on voit,
que la mémoire en mouvement ou agissante. On appelle
proprement *Idée* le souvenir ou l'image des objets, et
Pensée la considération ou l'examen des objets; mais on
emploie assez indifféremment l'une et l'autre, dans le
même sens.

§. II.

Les bêtes ont, comme l'homme, de l'imagination,
puisque le souvenir des objets absens détermine leurs
actions. Plusieurs oiseaux répétent les airs qu'on leur
a sifflés; ils retournent de préférence dans les endroits
où ils ont trouvé plus de nourriture; l'araignée fait sa
toile, pour prendre des mouches et la dispose de la manière la plus propre à son but; la vue du fouet rappelle
au chien les coups qu'il a reçus et le détermine à faire
ce qu'on exige de lui; des rêves durant son sommeil lui
retracent ses actions durant la veille, etc. *).

---

*) Peut-être sera-t-on surpris, et l'orgueil de plus d'un lec-
teur me fera-t-il un reproche de ce que j'insiste sur l'intelligence
et la sensibilité des animaux, comme si je me plaisois à humilier   o

§. III.

Rien n'entre dans l'ame, que par les sens et par des images. Il faut, pour se former l'idée d'un esprit qui est

---

ceux de notre espèce. Je pourrois répondre que mes instances sur ce point sont nécessaires aux principes politiques que je dois établir et que je n'ai fait jusqu'à présent qu'indiquer ; mais j'ai, dans ce moment, un autre motif, celui de rendre les hommes plus sociables et moins cruels. Les animaux sont comme nous l'ouvrage de Dieu, et si, comme les Philosophes le prétendent, on doit proportionner ses égards pour les êtres animés au plus ou moins d'égalité et de ressemblance qu'ils ont avec nous ; s'il est vrai que rien de ce qui appartient à l'humanité, comme le disoit *Térence* par la bouche de *Chremès*, ne doive être étranger au coeur d'un homme honnête, pourquoi tout ce qui appartient à l'animalité sensible et intelligente n'auroit-il pas aussi des droits à nos égards ? Les Philosophes ne veulent point de distinctions parmi les hommes, sous prétexte que les hommes sont égaux, que la nature les a fait également sensibles, également susceptibles de raison et qu'elle les a soumis aux mêmes besoins. D'après ce principe, ne devoient-ils pas insérer, dans leurs *Déclarations des droits*, quelque article en faveur des bêtes, aussi sensibles, aussi intelligentes, aussi raisonnables et moins à craindre, que la plupart des hommes ? Si *Gelon* stipuloit pour l'humanité, quand il interdisoit aux Carthaginois vaincus les sacrifices de sang humain, des Philosophes-législateurs conséquens auroient dû stipuler pour l'animalité, quand ils ont tracé les devoirs de l'homme. On doit d'autant plus d'attention et d'égard aux animaux, qu'ils ont toutes les passions naturelles de l'homme, l'amour et la haine, la joie et la tristesse, le desir et la crainte, la reconnoissance etc. Ecoutons sur celles du chien un Poëte plein de religion et même de piété, le digne fils de l'auteur d'*Athalie*.

Contemplez seulement ce chien qui me caresse.
Avouez, si pourtant vous connoissez l'amour,
Qu'il a bien de mon coeur mérité le retour.
A mes commandemens quelle oreille attentive !
Fût-il obéissance et plus prompte et plus vive ?
Je l'appelle, il accourt ; je me lève, il me suit ;
Je m'arrête, il m'attend ; je le chasse, il s'enfuit.

un être immatériel et sans parties, avoir eu celle de la matière, dont l'esprit est la négation. On peut se figurer

---

Ses soupirs, son œil triste, et sa tête baissée,
Expriment sa douleur, et prouvent sa pensée.
Un rival indiscret ose-t-il me flatter?
Sa jalouse fureur brûle de l'écarter.
Je m'éloigne; quel trouble et quelle impatience! _
Que de gémissemens pour un moment d'absence!
Je reviens, quels transports! que de soins empressés!
Transports toujours nouveaux, soins désintéressés.
Ardent, soumis, fidelle, il m'aime, sans prétendre
Que quelque heure à me voir, et le reste à m'attendre.

Or, un être si sensible, si intelligent, qui ressemble à l'homme par tant de côtés, qui lui est utile, n'a-t-il pas bien des titres à son humanité, ou du moins à son animalité? J'en dis autant des autres animaux, su-tout de ceux qui rendent des services.

Qu'on se dépouille, si l'on peut, des préjugés de l'habitude, et l'on trouvera moins ridicule le rôle d'avocat des bêtes. La sensibilité n'est-elle pas le ciment de la Société, le ressort le plus sûr et le plus efficace, pour porter les hommes à s'entraimer et à s'entraider? Or, rien n'émousse et ne paralyse autant cette précieuse faculté, que l'habitude de faire souffrir et de tuer les animaux sans nécessité. Ceux qui président aux Gouvernemens, qui peuvent influer par des loix ou par des actions sur l'éducation et les mœurs publiques, ne doivent point perdre de vue, que l'homme est naturellement, je ne dis pas méchant, mais cruel; que l'esprit de civilisation est tout différent de l'esprit de nature et de sauvagerie; et qu'il est de l'intérêt social, et par conséquent de leur devoir, d'inspirer le goût des sentimens qui contribuent le plus à l'utilité et à l'agrément de la vie civile. Le bien général de la société a fait une vertu de la pudeur, celui de tous les sentimens le moins naturel, quoiqu'un des plus nécessaires et des plus précieux; car la pudeur est à la fois la gardienne des mœurs et une source intarissable de plaisirs. A plus forte raison ne doit-on rien négliger de ce qui peut alimenter la sensibilité, qui est la racine de tous les sentimens avantageux à la société. Un seul sentiment a plus d'empire sur l'ame, pour la porter à la vertu, que tous les préceptes de la philosophie, et que ceux mêmes de la religion.

une montagne toute d'or, un palais tout de cristal, imaginer une République d'hommes sages et sans passions; mais ces êtres imaginaires ne sont qu'une combinaison d'objets qui ont déjà remué le cerveau, tels que les idées de métal, d'éminence, d'architecteure, de transparence, de gouvernemeut, ou de leurs accessoires. L'esprit ne crée aucune image, pas plus qu'un peintre ne crée les couleurs; mais il assemble différentes idées et les combine d'une manière plus ou moins intéressante, ingénieuse, nouvelle et originale.

Telles sont les premières bases de l'entendement, du jugement et de la raison. La bonté de ces matériaux élémentaires dépend de celle de l'organisation: on sait que les bons chiens le sont de race, et que l'éducation contribue moins, que leur nature, à les rendre ardens et habiles.

Ces notions préliminaires ne sont pas inutiles à ce qu'il reste à dire des facultés de l'esprit, et sont nécessaires à l'intelligence de ce que nous dirons de ses maladies.

§. IV.

L'homme qui a le plus de mémoire a le plus d'imagination, a le plus d'intelligence; celui qui a le plus d'intelligence, a le plus de talent, et celui qui sait le mieux employer son talent, a le plus d'esprit et de goût. Toutes ces choses dépendent de l'ame, dont l'organe principal est le cerveau, ce qui a fait regarder le cerveau, par quelques auteurs et non sans raison, comme un sixième sens. Il ne faut en effet qu'un peu de réflexion, pour s'appercevoir que ce n'est ni des mains ni des pieds ni de l'estomac, mais par la tête, que l'on pense.

Si la tête n'est pas le siège de l'ame, elle est du moins celui de l'esprit. Il est des organes qui sont, plus que la tête, le siège du plaisir et de la douleur; mais il n'en est point d'autre, que le cerveau, qui ait par lui-même la faculté de renouveller ses perceptions, en l'absence des objets. Car si la sensation du plaisir ou de la douleur se renouvelle dans quelque partie du corps, en l'absence de l'objet, c'est par le secours de l'esprit, dont le trône est dans la tête et dont l'imagination fait les fonctions de premier ministre.

Comme c'est du cerveau que partent tous les nerfs et que c'est au cerveau qu'aboutissent les impressions qu'ils reçoivent des objets, on peut regarder le cerveau comme un abrégé très-complet du genre nerveux, pour parler le langage des anatomistes, ou comme une névrologie en miniature. Le cerveau est un instrument tour à tour actif et passif. Qu'on se le représente sous l'image d'un clavecin: l'imagination est le musicien qui exécute différens airs, ou qui juge de ceux qui sont exécutés, et qui les répéte: les nerfs et les fibres représentent les touches destinées à produire certains tons. Qu'elles soient mues par les objets, ou que la force active de l'esprit leur donne le mouvement, le jeu est le même. Il ne peut différer qu'en durée et en intensité. Ordinairement l'impression des objets est plus vive, que celle de la force de l'imagination; mais dans les songes et dans certaines maladies, l'imagination acquiert autant de force que la réalité; car quel homme naturellement sensible n'a point été éveillé par la douleur vive d'un rêve fâcheux?

Pour développer toutes les opérations de l'esprit et

expliquer tous les phénomènes de l'imagination, il suffit de considérer le cerveau, comme ayant une puissance passive et active, qu'il exerce tour à tour.

Qu'on daigne se souvenir que l'amour de soi est l'unique source de toutes les passions, de tous les sentimens, de tous les besoins naturels ou factices; que c'est de cet amour que sont sortis, ainsi que nous croyons l'avoir prouvé, les principes du vrai, du beau, du sublime, dans la morale et la politique, dans les sciences et les beaux-arts; et l'on sera moins surpris du penchant de l'Homme pour l'erreur et l'illusion et pour tout ce qui flatte son amour-propre et sa paresse.

C'est à ce penchant irrésistible de l'homme, qu'il faut attribuer la cause de sa crédulité et l'origine de cette multitude de phantomes, dont il repaît son imagination.

Tous les peuples ont eu leurs théologues, leurs prophètes, leurs inspirés, leurs devins, leurs possédés, leurs magiciens et leurs sorciers. J'ai connu des gens qui ne manquoient ni d'esprit ni d'instruction, et qui croyoient aux revenans et aux possédés. J'ai long-tems cru moi-même aux inspirations surnaturelles, et ce n'est pas sans peine que la méditation° et l'amour de la vérité ont triomphé de mon erreur, ni sans regret que je m'en suis séparé, tant il est difficile de renoncer à des opinions qui nous flattent! On trouve vrai ce qui paroit beau, et beau ce qui paroit bon.

Dans les ames sensibles, l'esprit et le coeur sont tour à tour les dupes de l'imagination, et l'imagination l'est elle-même de l'amour-propre. Nos sens ne sont à la vérité que les espions et les couriers de l'imagination, mais ces espions la trompent quelquefois.

Si elle tient les rênes de l'esprit et du jugement attelés à son char, les passions qui la précedent la conduisent souvent loin des routes de la vérité, comme nous aurons occasion de le prouver dans le Chapitre suivant.

CHAPITRE I.

Des différentes maladies de l'esprit, et en particulier de la Folie. Que tous les hommes sont Fous ou Imbécilles, et qu'il n'y a d'Hommes estimables que les Fous. Des diverses espèces de Folie.

§. I.

Jaloux de connoître, autant que possible, le moral et le physique de l'Homme, j'ai long-tems fréquenté et souvent questionné les confesseurs et les médecins les plus renommés, et lu les ouvrages de morale, de politique et de physiologie les plus estimés. Après avoir joint mes observations et mes idées à celles d'autrui, je me suis convaincu, que si l'Auteur de la Nature nous permet d'étudier ses voies, pour les adorer et les suivre, il n'a pas donné à notre intelligence de les approfondir. L'étude et l'observation peuvent bien conduire à la connoifsance des organes matériels de l'homme, de ses vertus et de ses vices, des habitudes et des moeurs des autres animaux; mais elles sont incapables de nous faire connoître ni le principe ni le méchanisme de l'économie vitale, ni ce germe invifible qui conftitue l'efsence, le *moi*, la véritable *personne* de l'animal; car tout ce qu'on en connoît, par l'anatomie ou le microscope, n'en est que l'écorce ou l'enveloppe. L'oeil, l'oreille, le cerveau de l'homme et de l'insecte, de l'éléphant et du ciron, ne sont pas plus la vue, l'ouïe et la pensée, que *l'Iliade* et les superbes Tableaux de la Galerie du Luxembourg ne sont *Homère* et *Rubens*.

C'est à l'impuissance de lever le voile qui couvre la plupart des opérations de la nature, que nous devons tant de systêmes que l'ignorance et l'admiration ont mis tour à tour en faveur. On ne paroît pas assez persuadé combien nos connoifsances en tout genre sont imparfaites. Le succès du *Contract social* de *Rousseau*, et les *Déclarations des droits de l'Homme*, la propagation des principes démocratiques parmi les Gens lettrés, et l'esprit de jalousie et de rivalité qui, malgré cela, regne encore à présent parmi les Puifsances de l'Europe, prouvent combien les Nations ont fait peu de progrès dans la science de la politique, et combien ceux qui les gouvernent en ont fait peu dans la connoissance de l'esprit humain. Mais avant de parler des dangers que courent les Rois, et par conséquent des nouveaux malheurs qui menacent les Peuples, reprenons le fil de nos observations sur un sujet qui n'est point étranger à l'utilité générale.

Quoique nous ignorions ce que c'est que la substance vitale, qui nous fait sentir et penser, il suffit que nous connoissions, par les effets du sentiment et de la pensée, ce qui constitue la santé de l'esprit, appellée *Raison*, pour que nous fassions part au Public de quelques-unes de nos observations sur ce qui affoiblit ou fortifie cette qualité, si précieufe à l'Homme civilisé. Le but principal de notre Ouvrage est de faciliter à ceux

qui sont a là tête des Nations la connoissance des principes qui doivent les diriger dans l'art de gouverner les
hommes, et cette connoissance ne repose-t-elle pas sur
celle de l'esprit humain, de ses facultés, de ses per-
fections, de ses vices, et de ses travers ?

§. II.

Les sensations que nos sens éprouvent font à peu
près sur notre ame l'impression qu'un cachet fait sur
de la cire; elles y laissent l'image des objets extérieurs.
Ces empreintes sont conservées dans le magasin de la
mémoire, et l'imagination en dispose et les combine à
son gré. La netteté des images ou des idées dépend
de la qualité de la cire, c'est-à-dire, de la bonté de l'organisation. Comme les hommes ont des organes plus
ou moins délicats, la mémoire et l'imagination ne les
servent pas tous également. Cette différence se trouve
souvent dans les organes du même individu; car on
peut avoir l'ouïe meilleure que la vue, et retenir par la
mémoire et reproduire par l'imagination la variété
des sons, beaucoup plus facilement, que celle des objets de la vue, ce qui donne plus d'aptitude pour la
peinture ou le dessin.

§. III.

L'imagination s'aide de tout ce qui lui peut être
de quelque secours. L'ordre et la symétrie favorisent
principalement ses opérations, parce qu'ils sont faciles
à voir, et qu'il suffit du premier coup-d'oeil, pour s'en
former une idée. L'imagination les reproduit avec
d'autant plus de facilité, qu'elle y trouve des points
d'appui auxquels elle rapporte le tout. Le point sail-
lant ou le point milieu d'un édifice régulier, en rappelle

la façade, et les accessoires, comme le souvenir ou l'idée des yeux ou de la phyfionomie d'une belle femme rappelle son sourire, sa taille et son maintien, ou les qualités de son ame. De là vient, comme nous l'avons déjà observé, que les antitheses, les gradations, les contrastes et tout ce qui est régulier se grave aisément dans notre esprit, toujours ami de ce qui lui épargne de la peine. Il n'y a rien de relatif à l'homme, dans les arts, comme dans la morale, qui ne se ressente du sentiment primitif de l'amour de soi.

§. IV.

La raison est le résultat du jugement ou un enchaînement de jugemens qui dépendent les uns des autres, comme l'esprit est le résultat de la raison ou un enchaînement de raisonnemens sains et lumineux.

Le défaut et l'excès d'imagination font l'imbécillité et la folie. L'une et l'autre viennent, non du manque d'idées, mais de l'impuissance de les comparer. Dans l'imbécille, elles se succédent trop lentement, et, dans l'Homme d'esprit trop vîte, pour que le jugement puisse opérer.

Les *bons esprits* occupent le milieu entre l'imbécillité et la folie, et selon qu'ils s'en écartent et tendent vers les extrémités opposées, ils ont des qualités plus ou moins incompatibles, puisqu'elles doivent moins participer aux extrémités qui s'excluent tout à fait. On peut dire que le jugement et la raifon sont entre l'imbecillité et ce milieu, auxquels ils sont contigus; que l'imagination et le génie sont placés entre ce milieu et la folie; que plus les premiers s'éloignent du milieu, plus ils sont méprisables, et que plus les autres s'en écartent, sans cependant arriver jusqu'à l'extrême, plus ils sont admirables.

Par *bons esprits* nous entendons, comme tout le monde, ceux en qui la raison domine, et l'on conviendra que ce ne sont pas ceux-là qui s'élèvent au grand et au sublime, dans aucun genre.

Les esprits en qui l'imagination domine sont, à la vérité, sujets à s'égarer, mais que de belles et bonnes choses ne leur doit-on pas, en tout genre?

§. V.

Si la raison est, comme le disent les Métaphysiciens, *la connoissance de la manière dont nous devons régler les opérations de notre ame;* si elle est, comme le prétendent les Philosophes, *la Faculté de connoître la vérité et d'en tirer des conséquences;* si comme l'assurent les Théologiens, *elle consiste dans la connoissance et la pratique de ses devoirs;* si enfin elle est, comme le croient les Gens du monde et les Demi Savans, *la faculté qui nous distingue des bêtes,* quel-homme peut se flatter d'être toujours ou même habituellement raisonnable? et si pour être fou, il suffit de cesser d'être raisonnable, dans le sens de ces définitions, quel homme n'est pas sujet à des accès de folie?

Existe-t-il un grand nombre d'hommes qui connoissent la manière de régler les opérations de leur ame? qui connoissent la vérité et sachent en tirer de justes conséquences? qui remplissent régulièrement les devoirs de leur état? qui aient une raison distincte des bêtes et qui se conduisent mieux qu'elles relativement à leur destination?

D'après les idées qu'on nous donne ici de la raison, ne seroit-ce pas beaucoup, si, sur cent hommes, il y en avoit un de parfaitement raisonnable?

Et véritablement, rien n'est plus rare que de rencontrer un homme qui connoisse la manière de régler les opérations de son ame, qui sache maitriser ses idées et ses passions, tirer de justes conséquences de la vérité, et dont la raison soit plus sûre et moins sujette à l'erreur, que l'instinct des bêtes?

Les hommes qui croient des choses absurdes, destituées de tout fondement, de toute vraisemblance, tels que les Indiens, les Chinois, les Musulmans, etc. connoissent-ils la vérité, et sont-ils raisonnables? Est-ce la raison qui conseille aux peuples chrétiens de tuer leurs semblables et de s'exposer à se faire tuer eux-mêmes, dans l'espoir d'obtenir une croix ou un cordon, dont le prix réel ne vaut pas un ducat? Est-ce par raison, que les Philosophes et les Beaux-esprits s'attendrissent sur le sort de quelques négres et de quelques esclaves, qu'ils ne connoissent pas, tandis qu'ils se montrent sans pitié pour les moines, les prêtres et les nobles, leurs compatriotes, qu'on dépouille de leurs biens, qu'on chasse de leurs foyers, qu'on emprisonne et qu'on égorge, comme si la noblesse, la prêtrise, ou la vie monastique étoit une peste ou un crime? Est-ce la raison qui porte les riches à confier la premiere nourriture et l'éducation de leurs enfans à des étrangers et à des ames mercenaires? Est-ce par raison que, dans tous les pays policés, les arts frivoles et de pur agrément sont plus honorés et mieux récompensés, que les arts utiles et de premiere nécessité? etc.

Qu'est-ce que la raison, aux yeux de ceux qui se

flattent d'en avoir le plus? La raison d'un Iroquois, d'un
Huron, d'un Groenlandois ressemble-t-elle à celle d'un
Allemand, d'un Anglois, d'un Italien? Ce qui est raison
à Constantinople et à Venise, l'est-il à Amsterdam et
à Londres? La raison des François de 1789, ressembloit-
elle à celle des François de 1790? et celle des François
du commencement de 1792, à celle des François de la
fin de 1793?

> Homme, vante moins la raison,
> Vois l'inutilité de ce présent céleste,
> Pour qui tu dois, dit-on, mépriser tout le reste.
> Aussi foible que toi, dans ta jeune saison
> Elle est chancellante, imbécille:
> Dans l'age où tout t'apelle à des plaisirs divers,
> Vile esclave des sens, elle t'est inutile.
> Quand le sort t'a laissé compter cinquante hyvers,
> Elle n'est qu'en chagrins fertile;
> Et quand tu viellis, tu la perds *).

Que les pédans et les autres sots, qui se targuent si
fort de leur raison, s'irritent tant qu'ils voudront ou pourront, de mes observations; ils ne m'empêcheront pas de
penser, s'ils m'empêchent de le publier, que la raison
humaine n'est, ne fut et ne sera jamais autre chose, que
les moeurs, les loix, les habitudes, les idées et l'opinion dominante des Peuples et des Nations; que ce qui
est raison, dans un pays, dans une secte, dans un tems,
seroit extravagance et folie, dans un autre, et qu'enfin
les hommes sont si nécessairement fous, que ce seroit

*) *M*_e. *Deshouilleres.*

être fou, par un autre tour de folie, comme l'a dit *Pascal*, que de n'être pas fou, comme eux.

§. VI.

Le Sage est le moins fou, c'est à dire, celui qui voit la folie des autres, sans s'en étonner ; qui s'y prête, sans s'y livrer ; qui applaudit aux erreurs et aux folies utiles à la Société ; qui a assez de lumières, pour ne pas s'offenser de ce que les autres en manquent ou de ce qu'ils en ont plus que lui ; qui est sévère pour lui-même et indulgent pour tout le monde, excepté pour les méchans ; qui est plus occupé à régler ses passions, qu'à les analyser, et qui ne les analyse, que pour l'utilité commune ; qui attache moins de prix à l'art de bien dire qu'à celui de bien faire, qui fait plus de cas de l'honneur que des honneurs, qui respecte les dignités et n'estime que les vertus ; et si l'amour, assez vain, de la gloire lui fait sacrifier les avantages d'une paisible obscurité, il porte dans ses Écrits l'amour des verités utiles, jusqu'à braver l'opinion générale et l'injure honorable de fou.

§. VII.

Je connois trois Princes qui passent pour fous, et qui pourtant ont à eux trois plus d'esprit, de raison, de connoissances, de lumieres, et qui font plus de bien, chacun dans son genre, que les trois quarts réunis des personnes qui leur donnent cette qualification : elle est le partage ordinaire des esprits, qui ne font cas que de l'estime de ceux qu'ils jugent dignes de la leur. Les Princes dont il s'agit ont, à la vérité, le défaut de préférer la société de l'homme d'esprit à celle du fat et du sot, de marquer des égards et de la considération aux grands Artistes, aux bons Écrivains, à tous ceux qui excellent dans quelque art d'agrément ou d'utilité ; ils ont encore celui de laisser échapper des traits de franchise et de naturel, qui annoncent le peu de cas qu'ils font de ces hommes, lesquels nés dans la grandeur n'y vivent, ce semble, que pour la rendre odieuse ou ridicule. Faut-il être surpris, d'après cela, si ces Princes, si peu dignes de l'être, passent pour fous, dans la bonne compagnie où, comme on sait, il n'est plus permis de rire et de penser, où la flatterie et la fausseté ont pris la place de la gaieté et du naturel, et où une saillie de candeur excite la même surprise, qu'une incongruité.

CHAPITRE VII.

Continuation du même Sujet ; et des Hommes grands, petits, bossus, rachitiques et délicats.

§. I.

La santé est une, et le nombre des maladies est presqu'infini ; la raison, qui est la santé de l'ame, est une aussi, et les maladies de l'esprit sont très-nombreuses. Quelques-unes viennent du dérangement de la santé du corps, plusieurs, par des accidents, le plus grand nombre, de l'éducation. Il y en a d'incurables, mais non d'inguérissables.

Comme nous ne connoissons sur la Folie que l'Ouvrage d'*Erasme*, qui en est un éloge satyrique, et où il n'y a pas une seule observation physique ou métaphysique sur cette maladie, ni même aucune réflexion morale qui puisse servir de préservatif ou de remède, nous croyons devoir donner quelque étendue à nos observations sur cette matiere. Et pour ôter aux plaisans le plaisir d'une épigramme contre nous, nous dirons que nous sommes pleins de notre sujet.

§. II.

Le mot *Folie* désigne une absence de raison plus ou moins durable, une séparation de bon sens plus ou moins étendue, une démence ou aliénation d'esprit plus ou moins grande.

La crédulité, l'imprudence, l'extravagance, la tristesse, la mélancolie, la misantropie, sont de vraies folies, mais des folies sociables et tolérées dans le monde, tant elles y sont communes. Les folies intolérées, dans la société ordinaire, sont le délire continu, la manie, la phrénésie et la fureur. On doit aussi compter parmi les fous sociables ou insociables, les personnes sujettes aux visions, aux illuminations, aux vapeurs hystériques, aux affections nerveuses, à l'yvresse des liqueurs et des passions.

Pour connoître les remèdes et les préservatifs de ces différentes maladies, il est nécessaire d'en montrer les causes, et par conséquent de donner une idée de la machine humaine, ce que nous allons essayer, en évitant le plus que nous pourrons les termes scientifiques de l'anatomie.

Le corps de l'homme est composé, comme celui de l'agneau et du tigre, d'une infinité de vaisseaux différens, dans lesquels circulent diverses liqueurs, et qui en s'entrelaçant en semble et en communiquant les uns dans les autres, produisent tous les phénomènes de la vie animale. C'est pour cela que quelques naturalistes ont appellé le corps humain une machine hydraulique ou aqueuse. Les veines, les artéres, les fibres qui sont des filamens très-déliés, les nerfs, enfin les conduits dans lesquels circulent le sang, le chyle, qui est le suc ou lait qui se forme de la partie la plus subtile des alimens, les esprits, qui sont de petits corps subtils et vaporeux qui portent la vie et le sentiment dans toutes les parties, toutes ces choses et quelques humeurs particulières, dont le nom importe peu, ont une liaison intime et telle, que leurs fonctions dépendent les unes des autres; mais lorsque les *Barth* ou les *Brambilla*, c'est-à-dire, les Anatomistes les plus habiles viennent à examiner la maniere dont tous ces canaux s'abouchent, ces Docteurs sont fort embarassés à décider quelle est leur origine et leur terminaison: c'est comme ces fleuves dont les Géographes ignorent la source et l'embouchure. Dans cette correspondance intime des parties, on ne sauroit déterminer ce qu'on doit appeller cause ou effet, quel est le point où tout commence et celui où tout finit. Voila pourquoi *Hypocrate* comparoit le corps humain à un cercle qui n'a ni commencement ni fin, comparaison fautive, puisqu'elle auroit besoin d'une autre, pour laisser une image dans l'esprit.

Les différens organes dont le corps humain est composé, ont chacun leurs fonctions particulières, qu'ils exercent sans interruption et sans qu'ils paroissent presque tenir à tout le reste. On ne sauroit penser que la vie dépend du jeu de tant de mouvemens divers et de tant d'actions combinées les unes avec les autres, sans être étonné qu'elle puisse se soutenir un jour entier. Mais l'étonnement cesseroit, si nous connoissions toutes les ressources que la nature a préparées, pour prévenir tous les accidens qui pouvoient arriver: ressources admirables et que tout le monde peut remarquer, dans l'extérieur de la boëte qui renferme le cerveau, dans sa conformation, et dans la position vouteuse des os qui leur donne la force de porter les fardeaux les plus lourds et de supporter des coups assez forts, sans se briser, sans blesser essentiellement l'intérieur. On trouve la même sagesse de la nature dans les ramifications des vaisseaux, des veines et des artères. Ces canaux sont tellement multipliés, que si quelques uns viennent à s'engorger ou à s'oblitérer, le sang, ayant plusieurs issues, n'en continue pas moins sa route, et ne produit pas moins les heureux effets qu'il devoit produire. L'art qui a sçu ménager ces ressources, est au dessus de celui des médecins. Enfin, dans cette admirable économie du corps humain, il n'y a point d'accidens qui n'aient été prévenus et qui n'aient à côté leurs remèdes, ce qui prouve combien les médecins sont inutiles et nuisibles, puisque par leurs médicamens, ils ne font le plus souvent que déranger les opérations de la prévoyante nature.

Le moral répond au physique, c'est à dire, que les opérations de l'ame répondent à celles du corps et en dépendent. Le corps tient, par son organisation, aux objets extérieurs, et les objets tiennent à l'ame, c'est à dire, au coeur, par les sentimens qu'ils y font naitre, et à l'esprit, par les idées qu'ils lui communiquent. Ces sentimens et ces idées sont agréables ou désagréables, dans la rélation du degré de l'ébranlement à la nature de l'ame. Le nombre des ébranlemens modérés, d'où

naissent le plaisir et les idées sages, l'emporte de beaucoup sur celui des ébranlemens violens, d'où sortent la
douleur et les idées extravagantes. Voilà pourquoi il y a,
je ne dis pas plus de sages que de fous, mais plus de
ces fous qui n'ont pas perdu tout-à-fait la raison, de
ces fous sociables et tolérés dont j'ai parlé, que de ces
fous maniaques ou furieux qui ont perdu toute raison et
qu'on séquestre de la société.

Les penchans, les passions, les affections, les habitudes, l'esprit et la raison dérivent du tempérament;
et celui-ci est lié à l'éducation, au climat, au genre de
nourriture et de vie. De là le caractère des ames, la
variété des esprits, leur plus ou moins d'imagination,
de vivacité, de justesse, de perspicacité.

Ces observations nous ont paru nécesssaires pour
l'intelligence des faits que nous aurons occasion de rapporter. Nous ajouterons seulement, que la santé de
l'esprit consiste, comme celle du corps, à éviter tout
excès.

§. III.

Les gens riches, les gens bien nés, bien organisés,
ceux sur-tout qui ont le plus cultivé leur esprit, sont
plus sujets à perdre la raison. A quoi servent les richesses,
si ce n'est à nous donner plus de moyens de satisfaire
nos penchans, à multiplier nos besoins, nos jouissances,
et à nous rendre sujets à un plus grand nombre d'infirmités, de maladies de corps et d'esprit? Voyez ce laboureur, qui souffre les injures de toutes les saisons, sans
en être incommodé. A quoi sert une naissance distinguée, si ce n'est à allumer dans notre ame l'ambition,
celle de toutes les passions qui fait le plus de fous et de

tous les fous les plus dangereux? Voyez ce maçon, ce sabotier, cet *Irus* qui rit, qui chante, en faisant son ouvrage, et qui se regarde comme le plus heureux des mortels, quand par ses économies il est parvenu à amasser de quoi acheter un habit à la fripperie. A quoi servent une heureuse organisation et la culture de l'esprit, si ce n'est à faire des poëtes, des peintres, des musiciens, des écrivains, des géomètres, des politiques, des héros, qui ne font de grandes choses et n'excellent, chacun dans sa carriere, qu'à proportion qu'ils sont fous ou exaltés?

§. IV.

On a remarqué que les gens gras étoient moins exposés, que les autres, à devenir fous. La raison en est toute simple, c'est qu'ils ont ordinairement moins d'esprit. En revanche, ils sont en général de bonnes gens, de bons réjouis: aussi est-il rare d'en voir supplicier. Comme ils sont peu sujets aux grandes passions, ils sont aussi incapables de grands crimes et de grandes vertus. Dans les gros ventres, les hypocondres sont à leur aise; ce qui fait que les gens ventreux ont presque tous l'humeur douce et gaie. Cependant *Anaximéne* le Rhéteur avoit le ventre si gros, que *Diogéne* le prioit de lui en donner une partie, d'autant plus, lui disoit-il, que vous serez déchargé d'un fardeau, et que ce que vous me donnerez ne me sera pas à charge*). On dira qu'*Anaximéne* n'étoit pas un génie; mais *Platon* étoit aussi fort replet. Il est vrai qu'il en rougissoit, et qu'il choisit exprès le jardin

---

*) Diog. Laert. lib. 6. in *vita Diogenis*.

d'*Académus*, d'où les académies ont pris leur nom , et
qui étoit le lieu 'e plus mal sain d'Athènes, pour y demeurer avec ses disciples , afin de réprimer cet embonpoint qu'il regardoit, dit *Plutarque*, comme le superflu
de la vigne qu'il faut retrancher *).

L'exemple particulier de *Platon* et celui de quelques
fous gros et gras, ne nous empêcheront pas de conclure,
avec *Hypocrate*, que les hommes gras sont ordinairement
maigres d'esprit et de coeur. Qu'il ne s'en fâchent pas ;
c'est dans des corps comme les leurs, que la raison et le
bonheur se plaisent à fixer le plus long-tems leur modeste
séjour.

Au reste, ou sait que *Sylla* qui n'étoit pas gras,
vouloit faire mourir *César* encore jeune, parce qu'il voyoit
en lui plusieurs *Marius* ; et que *César*, qui n'étoit pas
gras non plus, craignoit *Brutus* et *Cassius*, hommes extrê-
mement maigres, qui furent en effet ses assassins, tandis qu'il se méfioit peu d'*Antoine* et de *Dolabella*, qui
avoient beaucoup d'embonpoint.

§. V.

Gens petits, malfaits, malingres, rachitiques, et
bossus, consolez - vous : plus , que les hommes grands,
bienfaits et robustes, vous avez des dispositions à l'esprit
et au génie , d'aptitude à la vertu et à l'héroïsme , c'est
à dire, que vous êtes plus souvent fous que les autres
hommes. Il n'est pas difficile d'étayer cette observation
de plusieurs exemples.

A commencer par les Dieux du paganisme, on

---

*) Oeuvres morales de *Plutarque*, dans le chap. *Comment on*
pourra distinguer le flatteur de l'ami.

peut remarquer que *Jupiter*, le plus puifsant de tous, étoit petit, en comparaison d'*Otus*, d'*Ephialte* et des autres Géans qu'il vainquit et terrassa; que l'*Amour*, presqu'aussi puissant que celui qui se rendit maître des Dieux et de l'Olympe, n'étoit qu'un enfant; que *Vulcain*, le plus ingénieux et le plus habile des Artistes et à qui la perfection de ses ouvrages valut d'épouser la plus belle des Déesses, étoit petit, laid et boiteux. *Homère* donne un petit corps à *Ulysse*, homme fin et rusé.

On sait que le Vainqueur de *Goliath*, n'eut de grand que ses passions et son génie; que l'Inventeur de l'Apologue, qui faisoit parler les bêtes avec tant d'esprit, étoit petit, bossu et tout rabougri; qu'*Hipponax*, le rival d'*Archiloque*, étoit aussi difforme qu'*Esope* et bossu comme lui; qu'*Aristote*, un des plus profonds philosophes de l'antiquité, dont le génie est plus étonnant, que celui de *Platon*, son ancien maître, avoit un tempérament très - délicat, et le corps si mince, qu'au rapport de *Diogéne Laerce*, ses jambes ressembloient à des flutes; et qu'*Alexandre* son éleve n'étoit rien moins qu'un bel homme.

Galba, un des bons esprits et des bons orateurs de Rome, du tems d'*Auguste*, étoit mal fait et bossu, ce qui a fait dire que son ame étoit mal logée.

Cratès le Thébain, philosophe cinique, comme *Diogéne* et qui n'avoit pas moins d'esprit que lui, puisqu'il étoit recherché, même des plus jolies femmes, à cause de l'amabilité de sa conversation, étoit petit, contrefait et bossu. On raconte qu'une très - belle femme, nommée *Hipparchia*, en étant devenue amoureuse, il se mit tout

nud devant elle avant de l'épouser, afin de lui épargner
des regrets; et que cette espèce d'antidote fut sans effet
sur la passion de cette Grecque.

On lit dans une vie latine d'*Horace*, qu'il étoit
très-petit, qu'il avoit les yeux chassieux et les cheveux
prématurément blancs, *Corpore brevis, lippus, praecanus
fuit.*

On n'ignore pas que le Maréchal de *Luxembourg*,
un des bons Généraux de *Louis XIV.*, étoit petit et
bossu; que *Scarron* qui avoit beaucoup d'esprit et de
gaieté, et qui ne manquoit pas de talent, puisqu'on
lui doit le *Roman comique*, étoit tout contrefait, presque
toujours malade; et que *Pope*, un des génies de l'Angleterre, étoit bossu et très-dégoutant.

Il n'est pas étonnant que les bossus, et en général
les hommes petits aient plus d'esprit que les hommes
grands : leur cerveau est plus près du coeur, le sang y
monte avec plus de force et de vitesse, leurs esprits vitaux sont plus ramassés.

Le Chancelier *Bacon* comparoit les hommes grands
à ces palais élevés, dont le plus haut étage est presque
toujours le plus mal meublé *).

---

*) Il étoit passé en proverbe chez les anciens, qu'un homme
haut étoit rarement sage: *Homo longus, raro sapiens;* ce qui ne
veut pas dire qu'il ne se rencontre des gens d'esprit et de sagesse,
parmi les Hommes de haute taille. La justice m'engage autant
que l'inclination, à nommer parmi ceux de ma connoissance qui
font exception, le Censeur de mon ouvrage, M. *Joseph* de *Retzer.*
Peu de têtes m'ont paru mieux *meublées* que la sienne: il écrit en
latin, en anglois, en italien, en françois, avec autant de facilité,
que dans sa langue maternelle, et son goût égale son savoir. On lui
doit un excellent choix de poësies angloises en 6 Vol. et l'édition la

Il semble que plus les organes sont foibles et délicats, et plus les impressions qu'ils reçoivent et trans-
mettent au cerveau, sont nettes et profondes. Il est certain que les enfans rachitiques, ou dont l'organisation est
si foible, qu'elle ne sauroit les faire vivre longtems,
ont cela de particulier, que leur esprit est plus mûr à
cinq ou six ans, que les autres à quinze ou seize. Ils
ont une pénétration et une raison qui n'est pas naturelle à leur âge. De-là l'expression commune: *Cet enfant a trop d'esprit, il ne vivra pas.*

§. VI.

Les personnes, dont l'organisation est délicate, ont
l'imagination plus vive: ils doivent par cette raison s'é-
loigner de tous les objets désagréables. Ce seroit ici le
cas de prouver, comme nous l'avons avancé dans une
Note, que presque toutes les maladies des femmes et
des hommes délicats et sensibles, viennent de l'imitation ; mais ces preuves développées rempliroient un livre
entier. Nous nous contenterons d'avertir ici les pères et
les mères, jaloux de la santé du corps et de l'esprit de
leurs enfans, de ne confier leur éducation qu'à des personnes bien conformées et dont l'ame soit aussi saine
que le corps, et ne nous permettrons que de leur citer
une observation faite par *Boerhaave.* Il y avoit, dit-il,
près de Leyde un maître d'école qui étoit louche. Les
parens de ses écoliers s'étant apperçus, que leurs enfans
avoient acquis le même défaut dans la vue, se virent
forcés, mais trop tard pour la plupart, de les retirer.

---

plus complette des Ouvrages latins du célebre *Jérome Balbi*, évêque
de Goritz, qu'il a enrichie d'une *Vie de l'auteur et de Notes très-
instructives*, écrites aussi en latin.

Dans les pays chauds, et même dans les pays tempérés, quand on a une organisation délicate et le genre nerveux très-sensible, il suffit de regarder avec attention un épileptique, durant son accès, pour être attaqué du même mal. *Robert Bayle*, dans son second Traité de Philosophie expérimentale, assure, d'après plusieurs expériences qu'une femme hystérique communique sa maladie aux femmes délicates qui sont présentes à ses accès. Les nourrissons des femmes bègues, sont bègues. Je n'ai conservé mon accent languedocien, malgré vingt-cinq ans de séjour à Paris ou à Versailles, que parce qu'il est presque impossible de détruire les premières impressions, quand elles sont profondes. Il en est même de nos premières idées, qui ne sont ordinairement que des erreurs. Quand nos cervelles ont contracté de mauvaises habitudes, il est bien difficile de les leur faire perdre. Delà vient que tant de gens ont toujours l'esprit faux ou désordonné, et que les vérités qui contrarient leurs préjugés leur paroissent des erreurs ou des paradoxes. Le mal, comme le bien, n'est qu'imitation, et au physique comme au moral, il est beaucoup plus contagieux qu'on ne l'imagine. On participe sans s'en appercevoir aux moeurs de ceux dont on fait habituellement sa société. Il est certain que la fréquentation des gens d'honneur et et d'esprit, inspire et entretient le goût des grands sentimens et la justesse des idées; comme la société des Grands, qui ne le sont que par leurs dignités et leur fortune, accoutume l'ame aux petites choses, en leur voyant mettre tant de valeur à des biens d'imagination, tant de prix à des vanités puériles, tant d'intérêt à de vraies folies.

Il est peu d'esprits assez purs, assez sains et assez fermes, pour se garantir des maladies de leurs voisins. Nous sommes des éponges que nous imbibons de toutes les vapeurs qui nous environnent; et nos habitudes, nos préjugés, nos erreurs et nos délires, dépendent bien plus de la foiblesse de nos organes et de notre tempérament, que des causes extérieures qui agissent sur nous. Il ne faut donc pas s'étonner de la facilité avec laquelle les hommes embrassent les opinions les plus destituées de raison et de vérité, sur-tout quand ces opinions flattent leurs penchans et leur amour-propre. Ce qui doit seulement surprendre, c'est l'indifférence de la plupart des Gouvernemens sur les objets de l'éducation publique et leur négligence à encourager les Curés et les Vicaires de paroisse à consacrer, dans les temples, certaines heures des jours de repos à l'instruction religieuse et civile des enfans de l'un et de l'autre sexe. C'est là, et ce n'est guères que là, qu'on peut donner au Peuple des impressions ineffaçables de respect pour les autorités établies, l'armer de défiance contre les séductions, et lui inspirer un amour invincible pour ses devoirs. Si les Philosophes mêmes ont de la peine à déraciner de leur ame ce qu'ils appellent les préjugés de l'enfance, combien les Gouvernemens ne sont-ils pas intéressés à graver de bonne heure, dans l'ame des enfans du Peuple, les idées imposantes et salutaires de la Religion?

CHAPITRE VIII.

Continuation du même sujet; et des différentes
espèces de Mélancolie, de Manie, etc.

§. I.

Un Écrivain, qui aspire à être utile, doit chercher les
moyens de se faire lire, et on ne se fait pas lire, quand
on est monotone et ennuyeux. Je suis donc obligé de
varier mes sujets et même mes observations sur le
même sujet. Que les esprits séveres me pardonnent donc
en faveur du motif les digressions que je me permets
de tems en tems, sans cependant perdre de vue mon
but principal. On verra, quand je parlerai particulièrement des objets politiques, on verra que parmi ceux
dont j'ai déjà parlé, il n'y en a pas un seul qui ne
vienne à l'appui des principes que j'ai à établir, et
que je réserve pour la fin de mes observations. Quoique
je n'ambitionne que le suffrage du petit nombre de penseurs, c'est à la multitude que je cherche à être utile,
et voilà ce qui m'engage à entrer dans de nouveaux
détails sur les divers genres de folie: car, comme dit
Salomon, le nombre des fous est infini; et je puis ajouter avec ce Sage, *que je me suis appliqué à connoître le*
savoir et la prudence, les erreurs et la folie*).

---

*) *Dedique cor meum ut scirem prudentiam atque doctrinam,*
erroresque et stultitiam. Eccles. C. I.

§. II.

Les passions fortes et vives sont l'écueil de la raison. La joie et le chagrin, l'amour et la haine, portés trop loin, produisent une yvresse qui empêche de voir les objets tels qu'ils sont, qui offusque le jugement, égare l'imagination. Les impressions immodérées et imprévues dissipent les esprits vitaux, relâchent les nerfs, arrêtent la circulation, causent la paralysie et quelquefois la mort. *Chilon* de Sparte, voyant revenir son fils victorieux des Jeux Olimpiques mourut de joie, en l'embrassant *), *Sophocle*, qui avoit hazardé, à l'âge de près de quatre-vingt-dix ans, sa tragédie d'*Oedipe à Colonne*, mourut subitement, en apprenant qu'elle avoit obtenu le prix **) aux mêmes jeux d'Olympie. La Nièce héréditaire de *Leibnitz*, à la vue des sommes d'argent que ce Philosophe lui laissa en mourant, éprouva une joie si grande, qu'elle en fut suffoquée.

Il y a plusieurs exemples de nouveaux mariés, morts la première nuit de leurs noces; mais comme ceux-là seuls, sont sujets à ces sortes d'accidens qui ont vécu chaftement, cela fait que ces exemples sont très-rares de notre tems.

Tout le monde sait l'impression que fit sur le Grand-Prêtre *Héli* la prise de l'Arche du Seigneur; à cette nouvelle, il tombe à la renverse, se casse la tête, et meurt.

Marcel Donat et *Paul Jove* rapportent qu'au siège

---

*) *Diogen. Laert. l.* 1. *in vita Chilonis.*
**) Pline fait mention de ces deux faits *liv.* 7. *e.* 32. *et* 53.

de Bude, dans la guerre de *Ferdinand I.* contre les Turcs, un jeune homme combattoit avec tant de valeur, qu'il excitoit l'admiration des deux partis. Ayant enfin succombé sous le nombre, on désira de savoir qui il étoit. On apporte son corps, on leve la visière de son casque. *Rasciat* de Souabe reconnoît son fils, demeure immobile, les yeux fixés sur lui, et tombe mort, sans proférer une parole.

Peu de gens ignorent, que le Surintendant des finances *Fouquet*, prisonnier depuis plusieurs années, et sans espérance de recouvrer sa liberté, l'ayant pourtant obtenue, éprouva un tel saisissement, à cette nouvelle, qu'il mourut subitement.

§. III.

La crainte, la peur, qui est une crainte violente, l'épouvante, qui est une crainte continuée, la frayeur, qui est une crainte accompagnée de frémissement ou de frisson, l'effroi, qui est une frayeur prolongée et horrible, la terreur, qui est un effroi redoutable et terrassant, sont autant de passions qui ébranlent l'ame, abattent le coeur, ôtent la liberté d'esprit, égarent l'imagination, chassent la raison, sont, en un mot, autant de sources de folie qu'il faut tâcher d'éviter; d'autant plus, que ces ébranlemens subits, ces troubles de l'ame peuvent causer des infirmités & des maladies corporelles. On a observé qu'à la suite d'une grande frayeur, il est arrivé à plusieurs hommes, de voir blanchir leurs cheveux, et à plusieurs femmes, de voir survenir à leurs mamelles des glandes qui ont dégénéré en cancer. On cite des exemples d'enfans qui ont perdu la mémoire et sont devenus imbécilles, pour avoir été éveillés en sursaut.

C'est sans doute ce qui détermina le père de *Montaigne* de ne le faire jamais réveiller, que par le son ménagé d'un instrument de musique.

§. IV.

La folie ou la maladie d'esprit la plus commune parmi les gens sédentaires, tels que la plupart des Grands, des Riches, des Artistes, des Gens de Lettres et de Cabinet, est la tristesse ou la mélancolie. Cette maladie a plusieurs graduations, que je n'ai vu nulle part caractérisées ni énoncées. Je vais tâcher d'en indiquer les principales.

La *tristesse* est le sentiment passager de notre imperfection, la mélancolie une tristesse habituelle. L'une est l'effet du malaise et des afflictions de la vie: elle suspend et émousse le goût des plaisirs ; l'autre est l'effet du tempérament, et inspire de l'indifférence et du dégoût pour les dissipations et la société. La tristesse est l'opposé de la satisfaction et de la joie, la mélancolie l'est du contentement et de la gaieté.

Les hommes, en qui le sentiment de la vie est plus agréable que fâcheux, qui sont plus touchés de leurs avantages que de leurs imperfections, sont enjoués, modérés dans leurs desirs, incapables de grandes passions, se plaisent en eux-mêmes, dans leurs desirs, dans leurs entours, sont contens de leur esprit et peu mécontens de celui des autres. Ceux au contraire, en qui le sentiment des misères de la vie est plus vif, que celui de ses agrémens, sont mélancoliques, timides, inquiets, susceptibles d'ardeur et d'exaltation dans leurs passions, et souvent mécontens d'eux-mêmes et d'autrui.

§. V.

Il y a différens degrés dans la mélancolie, et ce sont ces degrés qui caractérisent les mélancoliques ordinaires, des mélancoliques misanthropes et des mélancoliques attrabilaires.

Les mélancoliques *ordinaires* ont, dans l'humeur, plus de douceur que d'acreté, dans le coeur, plus de tendresse que de dureté, dans l'imagination, plus d'activité que de désordre. Ils évitent le monde, sans le haïr; aiment la solitude, sans fuir la société; attachent peu de prix aux choses, sans les mépriser; et ayant une sensibilité plus profonde et plus irritable que les hommes enjoués, ils portent l'inquiétude, la joie, l'amour, la jalousie, l'estime, la libéralité et tous les sentimens qu'ils éprouvent, beaucoup plus loin que les autres hommes.

L'aigreur domine dans l'humeur et la bile des *misanthropes*, et c'est ce qui fait qu'ils méprisent plus, qu'ils n'estiment les hommes; qu'ils les haïssent plus, qu'ils ne les aiment; qu'ils les évitent plus, qu'ils ne les recherchent, et qu'ils sont plus les ennemis, que les amis de l'espèce humaine.

Dans les *attrabilaires*, la bile est tout à fait noire, résineuse et tenace, et l'humeur, qui en est viciée, envoie des vapeurs épaisses au cerveau qui offusquent la mémoire, troublent le jugement et égarent l'imagination. L'*attrabilaire* est dur, cruel, peu touché des prévenances, insensible aux peines de ses semblables, crédule pour le mal, incrédule pour le bien; il déteste les hommes et goûte une sorte de satisfaction à les voir malheureux.

Le mélancolique *ordinaire* est dans un état d'inquiétude et de langueur: sa tristesse est tantôt morne, tantôt expansive et parlante. Le mélancolique *misanthrope* est dans un état d'anxieté et de sauvagerie: sa tristesse est sombre et farouche. Le mélancolique *attrabilaire* est dans un état de fermentation et d'angoisse: sa tristesse est féroce et cruelle.

Une Organisation foible et délicate, la sensibilité des nerfs, une vie sédentaire, disposent à la mélancolie proprement dite: les contradictions, les peines d'esprit, les injustices qu'on éprouve, augmentent la mélancolie et rendent misanthrope : l'abondance de la bile, l'abus des plaisirs amoureux, le desséchement et la roideur des nerfs, l'intempérance d'étude et d'application, augmentent la misanthropie et rendent attrabilaire.

Ces trois espèces de mélancoliques sont naturellement pensifs, prompts à s'irriter, souvent tristes sans sujet, et ont également besoin de dissipation, de distractions variées, d'exercices capables de faciliter la transpiration, d'alimens propres à diviser les humeurs. Ils doivent observer un régime frugal, et sur-tout s'abstenir de médicamens et de médecin.

§. VI.

Pour prouver que les loix sur les fous ont été faites par des fous, il n'est besoin que d'observer, qu'en général les fous qu'on tient enfermés ne sont pas plus fous, ni si fous, que ceux à qui l'on permet de se marier, de tester, et qu'on laisse en pleine liberté. Cette preuve est facile à faire, mais avant d'entrer dans les détails qu'elle exige, continuons de caractériser les différentes espèces de folie, afin que le lecteur soit

plus à portée de sentir la vérité de notre observation.

On s'accorde généralement à compter parmi les fous
les visionnaires et les illuminés, les maniaques et les
lunatiques, les furieux et les frénétiques.

Les *visionnaires* et les *illuminés* sont ceux qui sont
sujets à de fausses visions, à de fausses révélations, à
de fausses lumieres, à voir les objets qui n'existent
qu'en apparence, et n'ont de réalité, que dans leur imagination. C'est la maladie des superstitieux et fanatiques
de religion. Les ames tendres et mélancoliques y sont
plus sujettes que les autres; elles aiment Dieu et les
saints, comme elles aimeroient, ou ont aimé, leur amant,
avec excès. Le nombre de ces fous là, la plupart bienfaisans, charitables, édifians, diminue chaque jour, et
c'est peut-être tant pis pour le bonheur particulier et
pour le bien général de la Société.

Les *maniaques* et les *lunatiques* sont une même
espèce de fous, à prendre leur nom dans sa signification primitive. Le premier tire son origine du grec et
l'autre du latin, et ils désignent tous deux un dérangement de tête, produit par les influences de la lune.
Mais l'usage a mis cette différence dans leur signification, que les maniaques sont regardés comme des fous
dont la maladie est irrégulière, d'une intermittence variable, tandis qu'on entend par lunatiques ceux qui ont
des accès de folie réguliers et périodiques. La folie de
ces derniers dépend plus du physique ou du tempérament, que du moral ou du dérangement de l'esprit;
telle est celle des vaporeux, des hystériques, des épi-
leptiques, dont les accès reviennent à des tems marqués.

La folie des maniaques, quoique produite par le dérangement du cerveau, ne dépend presque plus du physique, ce qui la rend incurable, mais non inguérissable, et telle est celle des personnes qui se croient Rois, Empereurs, Généraux d'armée, le Christ, la Mere de Dieu, le Pere éternel.

Les *furieux* et les *phrénetiques* sont des maniaques, dont le délire, produit à la fois par un vice de tempérment et d'esprit, est continuel, et suppose une éclipse totale de raison, un renversement absolu d'esprit, tels sont les fous qui, sans fiévre apparente ou avec fiévre prononcée, se jettent sur tout ce qui se présente à eux, supportent même nuds le froid le plus piquant, dont les muscles dans certains momens ont une telle force, qu'ils sont en état de briser jusqu'à de grosses chaines. De cette espèce de fous, il n'y a guères de curables et de guérissables, que ceux dont la fureur ou la phrénesie sont l'effet d'une fiévre chaude, survenue en état de maladie, comme dans les fiévres malignes.

Pour n'oublier aucun genre de fous, je remarquerai qu'il y en a qui ne le sont que de corps, et que ce ne sont peut-être pas les moins intolérables. J'appelle *fous de corps*, ceux qui le sont, par leurs gestes, par leurs mouvemens, qui ont ce qu'on appelle des tics, des travers dans les habitudes corporelles, travers aussi insupportables, que ceux de l'esprit, et dont il est plus difficile de se défaire.

Les gestes et les mouvemens du corps sont autant, et même plus, les signes des idées et des sentimens, que la voix et les paroles, et si on passe pour fou, pour dire des choses hors de propos, pour lâcher des paroles qui n'ont

pas le sens commun, d'où vient ne seroit-on pas également
regardé comme fou, quand ont fait habituellement des
gestes oiseux, inutiles, à contre sens, et dont le retour
fréquent impatiente, supplicie ceux qui en sont les témoins? J'ai connu des gens qui avoient la manie ou le
tic de sortir le bout de la langue, presqu'à chaque phrase
qu'ils disoient; d'autres qui, en parlant, s'interrompoient
à chaque instant, pour faire avec leur nez ce bruit, dont
j'ignore le nom technique et qui est tout l'opposé du reni-
flement. J'en connois encore plusieurs, dont la tête, quand
ils parlent et même quand ils écoutent attentivement,
fait continuellement le signe désaprobateur ou négatif;
d'autres, dont la tête fait le signe opposé. quelques-uns
qui clignotent continuellement des yeux; d'autres enfin
qui font des grimaces, dont la répétition affecte désagréa-
blement ceux qui les regardent.

Ces observations sont je crois plus que suffisantes,
pour mettre les Gouvernemens en état de juger quelles
sont les espèces de fous qu'ils doivent surveiller et sé-
quester de la Société. Je me permettrai seulement d'ajouter, que les trois quarts des malades d'esprit, qu'on est
dans l'usage d'enfermer, sont guérissables, non par les
remedes employés par la médecine ou les médecins ordinaires, mais par des remedes naturels employés par
des observateurs métaphysiciens*). Je crois devoir ajouter

---

*) Cette idée paroîtra sans doute extravagante, comme l'a déjà
paru celle qui a donné lieu à la note de la page 245 à deux personnes d'esprit. Mais la crainte de passer pour un extravagant
seroit une vraie extravagance, si elle me détournoit de publier les
idées que je crois utiles à la Société.

aussi, que ces trois quarts de malades d'esprit sont moins dangereux, que ceux qu'on laisse en liberté, et que le

---

Depuis que j'ai écrit la dite note, le hazard m'a fait rencontrer un passage de *Galien*, qui vient merveilleusement à l'appui de mon opinion. Ce médecin observateur, dans son livre, *Que les moeurs de l'esprit suivent le tempérament du corps*, soutient, chap. 9, que, par un régime approprié au tempérament, on peut modifier le caractère, changer les inclinations des hommes, donner du courage à ceux qui en manquent, aiguiser l'esprit de ceux qui l'ont grossier, rendre plus doux les naturels aigres, etc. ,,Que ceux, dit-il, qui ont de la peine à croire à la possibilité de ces métamorphoses viennent à moi, et ils ne tarderont pas d'en être convaincus Ils apprendront par quels alimens, par quelles boissons, par quel régime, ils pourront changer de caractère et de moeurs, profiter dans la pratique de la vertu, devenir plus clairvoyans, plus prudens et acquérir plus de mémoire.'' Et veritablement, si la bonne éducation ajoute plusieurs mesures de bonté au naturel, si elle tempère et corrige le mauvais, si le médiocre devient bon et le bon excellent, d'où vient un sage régime, qui est l'éducation de l'âge mûr, ne produiroit-il pas les mêmes effets sur l'esprit?

Or, c'est à l'étude de ce régime que je me suis particulièrement attaché. M'étant bien trouvé de mes expériences sur moi-même, j'en ai fait part à quelques hommes de cabinet, qui se plaignoient de leur mémoire et du peu de prestesse de leur esprit, et en qui j'ai avivé ces facultés, sans néanmoins employer aucune espèce de médicamens. Les plus grands ennemis de la santé du corps et de l'esprit, sont l'intempérance et ce qu'on appelle l'art de la médecine. Lisez les Voyageurs, et voyez si les Peup' sans médecins sont sujets à la centième partie des maladies qui regnent parmi vous. Mais puisqu'il vous faut des médecins, ne leur confiez du moins que vos corps. Les maladies d'esprit ne se guérissent point par des drogues.

Un savant Portugais (*Antoine Nunés Ribeiro-Sanchés*), raconte qu'un Homme de Lettres, que trop d'application à l'étude avoit rendu mélancolique, s'imaginoit avoir des jambes et des cuisses de verre, et qu'en conséquence il demeuroit toujours assis, dans la crainte de les casser. Un jour, son domestique, en balayant,

moyen de les rendre inguérissables est de les enfermer
avec d'autres fous. Je le demande à tout lecteur sensé,
y a-t-il quelque différence entre le berger, le soldat, le
dévot, qui, par un excès d'ambition ou de superstition,
se croit roi, général d'armée, illuminé, et le versificateur, le peintre d'enseignes, le faiseur de symphonies, qui,
par un excès d'amour-propre, se croient autant de talent

---

donna par mal adresse un tel coup sur les jambes du pauvre malade imaginaire, que la violence de la douleur lui fit changer son
idée, et le guérit totalement de sa folie, en lui persuadant que ses
jambes étoient de chair et d'os.

Des médicamens donnés à ce malade d'esprit n'auroient fait
qu'affoiblir la santé de son corps, sans améliorer sa raison.

Les passions et leurs ravages se guérissent par d'autres passions.
On raconte qu'un médecin arabe, renommé pour la simplicité de
ses remedes, fut appellé pour guérir une des femmes favorites du
Calife *Haroun Al-Raschid*, devenue paralytique d'un bras, à la
suite d'un emportement de jalousie. Le sage médecin, après s'être
mis au fait de la cause du mal, demanda la permission au Calife
de faire semblant d'insulter la malade, en présence de tout le monde,
et il l'obtint. Il s'approche de la dame, et après lui avoir fait quelques questions, il se baisse, porte la main à la frange de sa robe
et fait mine de vouloir la retrousser. Ce geste, qui mit la malade
en fureur, lui fit porter subitement la main sur le bas de sa robe,
et elle fut guérie sur le champ.

On sait que ce ne fut point, par des médicamens, qu'on vint à
bout de guérir les Filles de Milet, qui se tuoient en foule, dans cet
âge, où l'ame étonnée de ses desirs inquiets, de ses nouveaux besoins, sent succéder l'agitation ou la mélancolie au calme et aux
jeux de l'enfance. On frappa leur imagination, déreglée par une
autre passion, qui, quoique folle aussi, ne laissa pas de produire
son effet: ces jeunes Filles qui bravoient la mort, n'osèrent braver
la honte après la mort; tant il est vrai que l'art de gouverner les
hommes n'est guères que celui de faire concourir leurs préjugés,
leurs travers, et leurs folies au bien général! Les vrais médecins, en tout genre de maux, sont ceux qui connoissent le mieux
l'esprit et le cœur humain.

pour la musique, la peinture et la poésie, qu'en avoient *Pergolèse*, *Raphael*, *et Lafontaine?* Enferme-t-on l'insensé qui, ayant une femme jeune et jolie, dont il est aimé, la quitte pour se ruiner avec une courtisanne, dont le coeur n'est jamais à celui qui l'achete? La folie de l'avare, qui se refuse tout ce qui pourroit lui rendre la vie agréable, qui ne se permet aucune jouissance que les autres puissent partager, qui est dur, insensible et qui prive la Société des trésors qu'il amasse pour un héritier souvent prodigue et toujours impatient de jouir, cette folie n'est-elle pas plus sotte et plus préjudiciable au bien public, que celle du Mélancolique, dont la bile enflammée par quelque violent chagrin, trouble le jugement et égare l'imagination sur des objets assez indifférens à la Société? Quoi! parce qu'un Homme vif, sensible et aimant, aura porté jusqu'à l'excès l'indignation que la perfidie et l'ingratitude inspirent aux ames franches et bien nées; que, pendant l'exaltation de sa douleur et le bouillonnement de ses pensées, il aura surpris, étonné, les témoins de son enthousiasme, par l'abondance de ses idées, la sublimité de ses sentimens, l'énergie de ses expressions, la nouveauté de ses images, cet Homme, dis-je, qui n'a que le délire momentané et trop-rare du sentiment, doit-il être enlevé à la Société et relégué parmi des fous d'habitude, réunis dans un même cloître, enfermés, chacun dans sa loge, comme des bêtes dans une ménagerie? . . . . . .

Est modus in rebus, sunt certi denique fines . . . .

L'excès de sensibilité, l'exaltation d'esprit, l'intempérance de langue, sont sans doute autant de symptomes de folie, mais cette folie est passagère et n'est pas assez

dangereuse, pour qu'on doive se presser de séquestrer de
la société et de loger dans une hopital de fous ceux
qui en sont attaqués, à moins qu'on ne veuille leur faire
éprouver le sort du malheureux Comte de *Balbi*. Ombre
chere aux coeurs tendres et jaloux de leur honneur! sors
du tombeau, et vois comme le Ciel, protecteur des ames
honnêtes et sensibles, t'a cruellement vengé du Gouvernement qui a souffert qu'on t'immolât à des passions
libidiueuses. Vois comme le premier auteur de tes infor-
tunes traîne à sa suite l'exécration de la noblesse françoise et le mépris des étrangers. Vois comme. . . . .

Il n'est point d'homme susceptible d'une passion violente, qui ne le soit de folie. S'il falloit mettre entre les
mains des médecins, un homme qui éprouve un accès de
démence, il faudroit y mettre tous ceux qui, pendant leur
sommeil, font des rêves extravagans; car les rêves sont
un véritable délire de l'imagination, et les effets de ce
délire sont aussi réels, pour les imaginations foibles et
délicates, que ceux du délire d'un homme éveillé.

Les rêves disparoissent avec le sommeil: les délires,
causés par les passions, disparoissent aussi avec elles;
ces délires sont les rêves des hommes éveillés, comme
l'excès des passions est le sommeil de la raison.

§. VII.

Nous aurions beaucoup d'autres observations à faire
sur la folie, mais les bornes que nous nous sommes
prescrites nous obligent de passer à d'autres objets. Cependant, avant de quitter celui-ci, nous croyons devoir
observer, en forme de récapitulation, qu'il suffit de se
rappeller quelques traits de la vie de presque tous les
grands hommes, entre autres, de *Lycurgue*, d'*Alexandre*,

de *Sylla*, des deux *Caton*, des deux *Brutus*, etc. pour se convaincre qu'ils n'eussent pas fait de si grandes choses, s'ils n'eussent consulté que la raison ; que *César* et *Mahomet* étoient sujets à des attaques d'épilepsie ; que *Lucrece* est mort fou ; que *Pascal* croyoit voir un abyme sans cesse ouvert à ses côtés ; que *Salomon*, le Sage par excellence, le *Socrate* des Rois, se glorifioit d'être *le plus fou des hommes* et de n'avoir rien de commun avec leur prétendue sagesse *) ; que *Petrarque* perdit, non l'esprit, mais la raison, le lundi 26 Avril 1327, qu'il vit pour la premiere fois la belle *Laure* ; que les meilleurs Vers de l'antiquité ont été faits dans l'yvresse d'amour ou de vin ; que l'enthousiasme et le fanatisme, sans lesquels on ne fait jamais rien de grand, sont des espèces d'yvresse, et que toute yvresse est une véritable folie.

CHAPITRE IV.

Des Femmes et du Mariage. Que les Femmes ont plus d'esprit, de courage, de vertus, et moins de vices, que les Hommes.

§. I.

Parler des Femmes, après avoir traité de la folie, n'est-ce pas rentrer dans son sujet, et faire contre elles une épigramme ? Nous répondrons que, d'après l'idée que nous avons donnée de la folie, et sur-tout d'après le texte que nous avons mis à ce chapitre, il est aisé

*) *Stultissimus sum virorum, et sapientia hominum non est mecum.* prov. c. 30. v. 2.

de voir, que notre intention n'est pas de les offenser par ce rapprochement. Organisées plus délicatement et plus sensibles, que les hommes, elles ont plus de titres à nos éloges; et c'est, en partie, pour les venger de l'injustice masculine, que nous allons en faire l'objet de quelques-unes de nos observations.

Nous remarquerons d'abord que, de tout tems et en tout pays, leur sexe a été subordonné au nôtre, ce qui appuie la maxime, que tout droit dérive de la force et qu'aucun contrat social n'a présidé à la formation des Sociétés; car les Femmes n'auroient pas manqué de stipuler en faveur de l'égalité. Elles sont hommes, comme nous; elles ne sont pas plus pour nous, que nous pour elles; leurs besoins sont les mêmes que les nôtres; et cependant, dans aucune Société policée, pas même dans les États où elles héritent du Gouvernement, leur droits n'égalent les nôtres. Partout, en se mariant, elles entrent dans la famille de l'Homme qui les épouse et en reçoivent le nom. Partout, en rendant hommage à leurs attraits naturels et à leurs charmes séducteurs, l'homme s'est prévalu de sa force à leur égard. Malheureuses, chez les peuples sauvages qui ne connoissent que le physique de l'amour et dont le nombre égale celui des hommes civilisés; traitées, chez les Indiens, commes les Ilotes l'étoient chez les Spartiates; enfermées, chez les Turcs, les Persans, les Japonois, où leurs triomphes sont d'un moment, où leurs jalousies sont de tous les jours, où elles n'ont pour compagnes, que leurs rivales, et pour serviteurs, que des monstres noirs ou blancs qui, n'étant d'aucun sexe, les deshonorent tous deux, et où elles sont exposées à une vieillesse affreuse; soumises, dans les climats tempérés ä des loix qui les tiennent sous un joug moins rude, mais non moins injuste; gênées dans leurs desirs et dans la disposition de leurs biens; asservies à des noeuds indissolubles, qui souvent joignent la douceur à la dureté, la jeunesse à la vieillesse; esclaves de l'opinion qui les domine avec tyrannie; environnées de juges qui sont en même tems leurs séducteurs et qui, après avoir préparé leurs fautes, les en punissent par le deshonneur; tourmentées, quand on les aime; méprisées, quand on ne les adore pas; en un mot, il semble que les Hommes les regardent comme des êtres d'une espèce inférieure, créés pour leurs plaisirs, pour partager et soulager leurs miseres, mais non pour participer aux avantages de la Société.

§. II.

Les Femmes sont nos nourrices dans notre jeunesse, nos compagnes dans l'age mûr, notre soutien dans la vieillesse, notre consolation dans le malheur, et nos victimes dans tous les tems.

§. III.

Le mariage est l'écueil de la vertu des femmes et du bonheur des hommes. Mais si l'on voit aujourd'hui tant de mariages malheureux, à qui doit-on s'en prendre qu'à vous, Peres et Mères? Dieu vous a donné une juste autorité sur vos enfans: vous ne l'avez reçue, que pour travailler à les rendre heureux. Leur bouillante jeunesse et l'effervescence de leurs passions demandent à être tempérées, par le calme de votre âge mûr: voilà les bornes de cette autorité: Elle est moins propre à former des noeuds entre des personnes que l'amour et de la vertu avoient déjà unies, qu'à rompre ceux qu'une folle passion a commencés.

Quand c'est moins l'amour du bonheur que l'amour effréné du plaisir; quand c'est le desir d'unir les corps, et non les coeurs, qui sollicite vos enfans à s'engager sous les loix de l'hymen, usez alors de toute votre autorité; dépouillez vous de cette condescendance que les larmes et les prières vous arrachent quelquefois, et revêtez vous de cette fermeté d'ame, qui ne plie qu'à l'aspect de la vérité et du bonheur de vos enfans. Un plaisir passager leur cache, sous des roses qui vont se faner, des épines que le tems rendra plus fortes et plus piquantes. C'est à votre intelligence, à votre amour pour eux, d'appercevoir ces épines qu'ils ne voyent pas, et de les garantir de leurs blessures, par une sage prévoyance.

Mais leur amour est-il fondé sur l'assortiment d'âge et de caractere? Porte-t'il l'empreinte d'une passion commencée par l'agrément du corps, augmentée par les qualités de l'ame, confirmée par l'estime réciproque? Vous n'avez plus à délibérer, il ne vous reste qu'à consentir : votre autorité se réduit à l'approbation d'une société que la nature a déjà faite : elle finit où le bonheur de vos enfans commence.

Il n'est pas aisé, direz-vous peut-être, de discerner le vrai d'avec le faux, dans ces circonstances délicates : il est des nuances dans les passions, comme dans les couleurs, qui échappent à la vue la plus perçante; et de toutes les passions, l'amour est celle qui en a le plus.

Je conviens de cette difficulté; mais elle n'est pas insurmontable. On en vient à bout avec un certaiu dégré d'attention sur la nature de cette passion, et avec du zèle pour la félicité des enfans. Voulez-vous apprendre la passion que vous devez condamner d'avec celle qui mérite votre approbation? Transportez-vous dans l'isle de *Calypso*: voyez l'enfant de *Vénus* allumer le feu de la discorde dans le séjour de la paix. Voyez le jeune *Télémaque* et la Nymphe *Eucharis* en proie au trouble et à la violence d'une passion effrénée.

L'ardeur du desir brule leurs ames, et la honte les consume. La jalousie de *Calypso* fait trembler *Eucharis*; la présence de *Mentor* devient importune à *Télémaque*. Ce n'est plus le fils d'*Ulysse*, qui écoutoit avec docilité les avis de son sage conducteur, c'est un séditieux qui se révolte contre tout ce qui s'oppose à sa passion. Telle est celle que vous devez combattre. Soyez autant de *Mentor* en pareil cas; usez de votre autorité et séparez même avec violence les deux objets, qui attisent par leurs yeux le feu qui brûle leurs coeurs.

Passez ensuite dans l'Hespérie: voyez les sentimens respectueux de ce même *Télémaque* pour la fille d'*Idoménée*. Ce n'est point ce feu dévorant qu'il sentoit dans l'Isle de *Calypso*; c'est la douce chaleur du printemps, qui échauffe la nature sans l'altérer. Il n'appréhende plus ni la présence, ni les leçons de *Mentor*: il va au devant de lui, et ne craint pas de le faire confident des sentimens qu'il a conçus pour *Antiope*. La vertu en est le principe, et l'hymenée le but. *Mentor*, loin de s'opposer à cette passion, l'approuva et ne fit qu'en différer l'accomplissement.

C'est en réfléchissant sur la nature de ces deux passions de *Télémaque*, que vous réglerez votre jugement:

Z

c'est sur la ressemblance que l'inclination de vos enfans aura avec l'une ou l'autre, que vous vous déterminerez à refuser ou à consentir.

§. IV.

Reprocher aux Femmes leur fausseté, c'est leur reprocher la délicatesse de leur organisation: car, de la foiblesse naît la timidité; de la timidité, la ruse, de la ruse la fausseté. Il est naturel que la force déploye tous ses mouvemens en liberté; mais la foiblesse doit observer et mesurer les siens. La nécessité où l'on a mis les femmes de cacher les sentimens qu'elles ont, les conduit à montrer ceux qu'elles n'ont pas.

On est faux, quand on se montre différent de ce qu'on est; et quand on est laid ou foible, et que la foiblesse ou la laideur provoquent les injures et les outrages, n'est-il pas naturel et même nécessaire de les déguiser? C'est le défaut de teint qui a fait recourir au fard, et le défaut de force à l'adresse. S'il est reçu, que les Femmes mettent du rouge et qu'elles mentent, par le visage, pourquoi s'offenseroit-on de ce qu'elles mentent quelquefois par la langue qui est le visage de l'ame!

§. V.

La plupart des désordres des société civiles naissent des mariages mal assortis. C'est rarement le bonheur particulier et jamais l'intérêt général qui préside aux noeuds de l'hymen. *Platon*, dans sa République, vouloit que les gens de vigueur et de vertu fussent mariés ensemble, afin que la race se perpétuât forte et vertueuse. Quand on veut avoir de bons chevaux, ne choisit-on pas une belle jument pour un étalon superbe? La force et la noblesse sont-elles moins précieuses dans les hommes, que dans les animaux à leur usage ?

Les mésalliances, devenues si fréquentes en Europe, sont un des symptomes de corruption dans des États monarchiques. Elles étoient devenues très-communes en France, depuis le progrès des lumieres philosophiques. On ne craignoit pas des marier une belle et jeune fille avec un richard vieux et laid, ni le fils des *Scipions* avec la veuve ou la fille d'un maltotier. Si la Noblesse d'Allemagne s'est maintenue, plus pure elle en a l'obligation à la sage institution des Chapitres nobles. Nous ne saurions trop le répéter, les destructeurs des préjugés sont les plus grands ennemis des Etats. La Société ne vit que de sacrifices, et les préjugés seuls peuvent porter les individus à immoler leur intérêt à l'intérêt public.

§. VI.

Pour encourager les mariages et réparer les pertes d'hommes, causées par les guerres civiles et les gueres avec les étrangers, les Romains accordoient des récompenses et des distinctions aux citoyens qui avoient beaucoup d'enfans, *César* défendit aux femmes qui avoient moins de quarante-cinq ans et qui n'avoient ni mari ni enfans, de porter des pierreries et de se servir de litiéres. Les loix d'*Auguste* furent plus pressantes: il ne se contenta pas d'augmenter les priviléges de ceux qui étoient mariés, il attacha des privations et des peines à ceux qui ne l'étoient pas.

Les loix romaines, pour augmenter la population, étoient si sages et si simples, qu'il est plus qu'étonnant qu'elles n'aient pas été adoptées par les États modernes

les plus exposés à la guerre. Le gens mariés qui avoient
le plus grand nombre d'enfans avoient la préférence
dans la poursuite des honneurs, dans la concurrence
des emplois civils et militaires, dans le choix des places
au théâtre, et dans l'exercice des dignités. Le Consul
qui avoit le plus d'enfans prenoit, le premier, les fais-
ceaux, et avoit le choix des provinces; le Sénateur,
dont les enfans étoient plus nombreux, avoit le pas
sur les autres Sénateurs et opinoit le premier dans les
délibérations. On pouvoit parvenir aux Magistratures
avant l'âge requis, parce que chaque enfant donnoit dispense d'un an. Ceux qui en avoient un certain nombre
étoient exempts de toutes charges personnelles. Les
Affranchis qui avoient quatre enfans, étoient entiérement délivrés des restrictions mises à leur liberté, par
les anciennes loix du Sénat. Ceux au contraire qui
n'étoient point mariés, Sénateurs et simples Citoyens,
ne pouvoient hériter de rien de ce qui leur étoit légué
par le testament des personnes dont ils n'étoient pas
apparentés; et ceux qui, étant mariés, n'avoient point
d'enfans, ne recevoient que la moitié du legs : Ce qui
a fait dire à *Plutarque*, dans son traité *De l'amour des
peres pour leurs enfans*, que les Romains se marioient
pour être héritiers, non pour avoir des héritiers.

§. VII.

Il n'y a point de héros, aux yeux du moraliste,
dont les exploits surpassent en difficulté et en vertu la
conduite d'une belle femme, élevée à notre manière,
livrée au commerce du grand monde, environnée de
tant d'exemples contagieux et contraires à la fidélité
conjugale, continuellement en bute aux traits séduc-

teurs de la flatterie, l'objet des poursuites de l'amour et de la vanité, et qui cependant résiste à tant d'assauts et se maintient ferme et inébranlable dans cette route périlleuse. Plus foibles que les hommes, les femmes ont besoin de plus de courage pour vaincre, et devroient avoir plus de gloire d'avoir vaincu. C'est ce que fit sentir une Françoise de qualité à qui on vantoit les exploits du Maréchal de *Saxe*. „Il a triomphé, dit-elle, des ennemis de l'Etat, mais il n'a pu vaincre ses passions; toute la France est témoin de l'excès de ses foibblesses galantes. S'il a défendu nos provinces, j'ai fait peut-être plus; car je lui ai résisté, et je l'aimois. Il a gagné des batailles, et moi, sans grilles ni verroux, j'ai gardé et conservé mon honneur."

Si les triomphes de la vertu des femmes ne sont pas appréciés dans le monde autant qu'ils devroient l'être, ils ne sont du moins jamais sans récompense. Outre la paix et la tranquillité de l'ame dont jouissent les femmes fideles à leur devoirs, elles jouissent encore du plaisir d'être, non seulement plus estimées, de ceux mêmes qui cherchent à les séduire, mais aussi d'en être plus aimées. Un homme sensible et honnête ne s'irrite point des refus, il en aime davantage, et se plaît à admirer la résolution vertueuse et sublime qu'on lui oppose. Telle qui, en lui cédant, n'eût été qu'une femme ordinaire, devient par ses refus une divinité. Il l'adore auprès du sanctuaire; s'il pénétroit jusqu'à l'autel, il finiroit peut-être par la profaner avec mépris.

§. VIII.

La nature, en douant les femmes d'une extrême sensibilité, semble s'être plus occupée de leurs charmes que

de leur bonheur. Tous nos maux leur sont communs,
et elles en ont qui leur sont particuliers. Elles ne peuvent
donner la vie sans s'exposer à la perdre elles-mêmes.
La Société ajoute encore à leurs maux naturels, la sujétion et la contrainte. Presque tous leurs devoirs sont
des sacrifices, et la Société ne leur en tient aucun compte.
Pourquoi, si elles ont des droits aux vertus, n'en ont-
elles pas aux éloges comme les autres citoyens? Ne ser-
vent-elles pas l'Etat comme eux? En lui donnant leurs
fils et leurs époux, le sang répandu sur les champs de
bataille n'est-il pas le leur? Un fils chéri, en perdant
la vie pour la défense de la patrie, ne fait que mourir:
une mere tendre est plus à plaindre, elle a la douleur
de lui survivre. C'est elle que l'Etat doit consoler et honorer.

Les moeurs publiques se forment des vertus domestiques. Négliger d'encourager celles-ci, c'est appauvrir
et corrompre les autres. Pourquoi le silence et l'oubli
seroient-ils le partage des femmes qui, dans le tour-
billon du monde et dans l'atmosphère dangereux des
richesses et de la grandeur, se sont conservées pures et
constamment montré fidelles à leurs devoirs? Pourquoi
leur nom ne franchiroit-il pas quelquefois l'enceinte
étroite des sociétés dont elles font l'édification et l'ornement? Persuadé, que c'est étendre l'empire de la vertu, que de rendre des hommages publics à celles qui
en fournissent des modeles, je me fais un devoir de
nommer la Comtesse de *Wurben**), comme une des plus

---

*) Née Comtesse de *Kaunitz*, et petite-fille du Prince qui a attaché à ce nom une gloire immortelle.

dignes de ces sortes d'hommages. Aimable, jeune et belle, entraînée par son âge et par son rang dans la société du grand monde, et y apportant tout ce qui peut en augmenter les agrémens, elle as çu garantir sa raison et son coeur des écueils multipliés qu'on y rencontre. Sensible et douce, comme la Comtesse de *Schönfeld**), son Amie et sa rivale en bonté et en beauté, elle fait, comme elle, de sa maison la demeure des sentimens religieux, de l'amour conjugal, de la tendresse maternelle, et de ces douces jouissances, qui ne troublent ni le repos, ni la santé.

Malgré le relâchement presque universel des principes, malgré la fureur générale d'être estimé sans mérite, et la fureur plus grande encore, de ne trouver rien d'estimable, il y a dans ce Siecle, et à Vienne sur-tout, des Femmes, qui honoreroient un fiecle moins corrompu que le nôtre; qui, comme l'auguste et digne Compagne du vertueux *François II.* savent joindre à la vivacité et aux agrémens d*Hébé* la pureté de *Diane* et la sagesse de *Minerve*, et dont l'élévation des sentimens égale celle de leur rang. Il y a des épouses tendres, qui jeunes et belles, et asservies par état aux conventions et aux usages du grand monde, ne perdent de vue ni la nature, ni la religion, ni l'honneur; qui s'honorent de leurs devoirs; qui regnent sur leur époux par la complaisance, sur leurs enfans par la douceur, sur leurs amis par l'indulgence, sur leurs domestiques par la bonté, et sur les malheureux par la bienfaisance.

---

*) Femme du Ministre plenipotentiaire de la Cour Electorale de Saxe, auprès de celle de Vienne. Ce Ministre, dont la probité et la bienfaisance égalent les talens, est un de ceux, qui représentent leur Souverain avec le plus de magnificence et de dignité.

Le nombre en seroit plus considérable, si les Gouvernemens se montroient plus empressés à honorer et à
encourager, par des distinctions, les vertus du beau sexe.

§. IX.

Les Femmes fidelles à leur mari sont d'autant plus
estimables, qu'étant naturellement portées à l'amour, il
est rare, qu'elles puissent long-tems éprouver cette passion,
sous les loix de l'hymenée. La facilité des plaisirs en
émousse la pointe. L'amour disparoît, quand il n'a plus
d'obstacles à surmonter ; c'est un feu, qui s'éteint, s'il
n'est agité par le vent des contradictions et des craintes.

§. X.

La vie des femmes aimables, belles ou jolies, est
une épreuve continuelle, et cependant il en est, même
parmi les femmes de théâtre, qui résistent à tout, à
l'amour des richesses, aux illusions de la vanité, aux
louanges séduisantes de l'esprit inspiré par l'amour, aux
amorces du plaisir. Entre cent exemples connus, il suffit
de citer celui d'*Isabelle Andréini*, comédienne italienne,
de l'académie de Pavie, à qui *Bayle* a consacré un article dans son Dictionnaire historique, qui devenue
l'objet de l'admiration de Rome, de Venise, de Paris,
de Lion, et des poursuites de tout ce qu'il y avoit de
plus aimable et de plus riche, dans ces différentes villes,
préféra à toutes les autres jouissances l'honneur d'être
fidelle à son mari. Quand une femme est fermement
vertueuse, elle l'est avec un courage dont peu d'hommes
seroient capables, puisque les séductions les mieux préparées ne peuvent l'égarer. L'essentiel pour le mari dont
la femme est aimable, et qui veut la conserver fidelle,
est de se montrer supérieur en sentimens et en com-

plaisances, à tous les rivaux qui conspirent contre son honneur; car l'honneur des femmes fait celui des maris.

§. XI.

Pour se former une idée des différentes espèces de courage, dont les femmes sont capables, et du degré de sublimité auquel le gouvernement, les circonstances et les loix peuvent élever leur ame, il ne faut que lire l'ouvrage de *Plutarque* intitulé, *Les actions vertueuses des femmes*. On y trouve un grand nombre d'exemples d'un mépris généreux pour la mort, donnés par des femmes de toutes les nations. On connoît celui de *Camma* dont *Sinorix*, l'assassin de son mari, étoit éperdument amoureux. Elle ne feignit de consentir à épouser ce Tyran, que pour se ménager le moyen de le punir de son atrocité. C'étoit la coutume en Galathie que les mariés bussent ensemble dans la même coupe. *Camma* prit le vase, qu'elle avoit empoisonné, et après avoir bu, le présenta à *Sinorix* qui, ne soupçonnant aucun artifice, avala sans défiance la liqueur fatale. „*Je n'ai vécu,*" dit-elle alors, „*que pour venger mon époux: il l'est. Toi,* „*maintenant, au lieu d'un lit nuptial, ordonne qu'on te* „*prépare un tombeau.*"

Plutarque nous apprend dans le même Ouvrage que, dans une île de l'archipel, il s'est passé sept cens ans de suite, sans qu'on ait vu un seul exemple ni d'une foiblesse parmi les filles, ni d'une infidélité parmi les femmes mariées.

Il existe du même Auteur un autre Ouvrage en l'honneur des femmes lacédémoniennes, où l'on cite une foule de mots qui annoncent le courage, la force, et des ames tout différentes de celles que nous connoissons, tant une législation conçue par un homme de génie, tel que *Lycurgue*, et combinée dans tous ses rapports, peut donner d'énergie à ce qui en paroît le moins susceptible.

Si les femmes ne sont pas ce qu'elles devroient ou pourroient être, si la passion de l'amour fait leur principale occupation, la faute en est aux Gouvernemens, aux moeurs, aux hommes, qui dirigent leur ame vers des objets frivoles, qui n'occupent leur esprit à rien de solide, qui les destinent à plaire et à ne plaire que par des qualités superficielles. Ce qu'il y a de singulier, c'est qu'en les formant pour l'amour, on leur en fasse un crime; qu'en les obligeant de cultiver leurs agrémens, on leur en interdise l'usage, au moins pour tout autre que pour un mari, c'est à dire, pour celui de tous les hommes qui en sent moins le prix.

§. XII.

Le courage est une énergie de sentiment qui nous met au dessus des craintes, qui nous fait braver les dangers et supporter la douleur en patience. Ce sentiment est plus commun chez les femmes, que chez les hommes, parce qu'elles sont plus vives, plus sensibles, plus faciles à s'exalter, exposées à plus de dangers et plus sujettes à la douleur.

De toutes les espèces de courage la plus utile peut-être, mais assurément celle qui suppose le moins de force et de vertu, est le courage militaire. Un peu d'eau de vie, le bruit des trompettes et des tambours qui exalte, l'exemple qui entraîne, le point d'honneur qui subjugue, suffisent pour faire d'un poltron, un homme vaillant, téméraire et même féroce: Aussi de toutes les espèces de courage est-ce elle qui annonce et exige le moins de vertu.

Il y a un courage d'esprit, qui consiste à voir les dangers et les maux tels qu'ils sont, sans les grossir ni les diminuer; il fait envisager les uns sans crainte, et supporter les autres sans pusillanimité. Il y a un courage de raison, qui met au-dessus des accidens de la vie, et qui les fait éprouver avec calme et sang froid; un courage de sentiment qui, né de la vivacité et de l'énergie de la passion, élève l'ame et la porte aux plus grands sacrifices; un courage d'habitude, qui est de tous les jours, s'applique à tous les objets et qui sait souffrir. Il y a un courage d'enthousiasme, qui fait taire le jugement, égare l'imagination, exalte l'esprit, enflamme le coeur et qui divinise ou dénaturalise ceux qui l'éprouvent et leur fait braver et souffrir, pour ainsi dire, sans douleur, les suplices les plus cruels.

Or, ces différentes espèces de courage sont beaucoup plus communs chez les femmes, que chez les hommes. Il seroit trop long d'appuyer cette assertion de preuves: nous nous bornerons à quelques exemples qui pourroient les appuyer.

On connoît celui de cette Lacédémonienne qui, prisonnière et vendue comme esclave, fut interrogée ainsi *Que sais-tu? Etre libre* répondit-elle; et qui, voyant son maître lui commander un chose injurieuse, se fit mourir, en lui disant, *Tu ne me méritois pas.*

On connoît aussi, mais il est bon de le rapporter en faveur des personnes qui l'ignorent, le trait courageux de *Porcie*, fille de *Caton-d'Utique* et femme de *Brutus.* Ayant appris la mort de son mari et ne voulant point

lui survivre, ses parens s'empresserent de lui ôter toutes
les armes qui pouvoient seconder son dessein; mais elle
avala des charbons ardens, dont elle mourut.

Lors du second Triumvirat, les trois Assassins maîtres de Rome, après avoir épuisé toutes les manières
de piller, s'aviserent de mettre une imposition exorbi-
tante sur les femmes. Elles chercherent un avocat pour
les défendre, et n'en trouverent point, tant il paroissoit
dangereux d'avoir raison contre les Proscripteurs. La
fille du célébre *Hortensius*, s'offrit seule, défendit avec
intrépidité la cause des femmes et la sienne, et parla
avec tant d'éloquence que les Triumvirs révoquerent
leurs ordres. *Hortensia* fut reconduite en triomphe et,
comme l'a dit un orateur moderne, „une femme eût la
„gloire d'avoir donné, dans le même jour, un exemple
„de courage aux hommes, un modele d'éloquence aux
„femmes, et une leçon d'humanité aux tyrans.”

Arrie femme de *Coecina Poetus* emprisonné par ordre
de l'Empereur *Claude*, n'ayant pu obtenir sa grace, va
le trouvér. Voyant qu'il hésitoit à se donner la mort,
elle se perce elle-même le sein, et retirant le poignard,
Tiens, *Poetus*, lui dit-elle en tombant, *cela ne fait point
de mal.*

Je pourrois multiplier à l'infini les exemples de courage d'esprit et de sang froid, fournis par les femmes;
mais il me suffit d'observer que celui donné, cette année, par Mlle. de *Cordai*, est resté sans imitateur, comme
il étoit sans modele, dans l'histoire des révolutions.

Pour les autres genres de courage, dont les femmes
ont donné des exemples, ils sont trop nombreux, dans
les fastes de toutes les Nations, pour entreprendre d'en

rappeller seulement le souvenir. Il suffit de connoître l'histoire des premiers siècles du christianisme, pour savoir que les femmes se livrerent à des vertus qui les flattoient d'autant plus, qu'elles étoient plus pénibles, et que, pour conserver leur foi, on les vit braver les persécutions, courir aux échafauds, aux bûchers, et présenter avec fermeté aux tourmens leurs membres foibles et délicats.

§. XIII.

Les femmes ont l'esprit facile, naturel, pénétrant et fin. Elles ont, plus que les hommes, le talent de rendre leurs idées avec clarté. Elles saisissent avec facilité dans les objets les rapports les plus éloignés et donnent des couleurs et de l'ame aux idées les plus fines et les plus métaphysiques. La vivacité de leur esprit leur permet rarement l'examen et la réflexion, mais le sentiment y supplée, en leur donnant un tact infaillible et un conception rapide qui leur fait deviner les effets des causes d'une maniere prophétique. Douées d'une imagination vive et d'une ame ardente, les femmes portent plus loin que les hommes, le zèle des vertus religieuses, et ont plus de mérite à les pratiquer, parce qu'elles ont plus d'obstacles à surmonter. Les dévotes aiment Dieu, comme elles ont aimé leurs amans, de tout leur coeur, de tout leur esprit, de toute leur imagination, de toutes les facultés de leur ame.

Les femmes sont plus attachées à la religion et ont en général plus de foi que les hommes, soit que par leur foiblesse même, elles tiennent davantage à des opinions divines, qui sont un appui de plus; soit que la persuasion chez les hommes soit plus liée à la réflexion, et chez les femmes au sentiment qui, comme on sait, a bien plus d'activité que la raison ; soit que leur imagination plus vive et qui a plus besoin d'exercice et d'aliment, s'enflamme plus aisément sur des objets qui sont hors de la nature et hors des bornes ordinaires de l'esprit ; soit enfin qu'elles regardent la religion, qui égale tout, comme une défense pour elles et un contrepoids à l'oppression des loix civiles.

Malgré toutes nos institutions, peu favorables à la liberté du beau sexe, les femmes auront toujours sur les affaires et sur les mœurs publiques cette influence que donne la souplesse de caractère et le talent de l'insinuation, cette dextérité d'esprit à se prévaloir des droits du plus foible sur la complaisance du plus fort, ce coup-d'oeil perçant, cette finesse de tact, ce goût pour la plaisanterie qui les a mises comme en possession de la Carte des ridicules. Enfin ce peu de conséquence qu'on attache à leurs discours et qui leur donne le droit de tout dire, celui de leurs droits dont elles usent le plus volontiers. Il est donc de l'intérêt des Gouvernemens de diriger l'influence des femmes qui prédominent dans la société vers des objets qui favorisent les principes de l'Autorité ou qui du moins ne les contrarient point. Les esprits observateurs savent combien les femmes en crédit qui protégeoient, en France, les philosophes et les aspirans aux places, ont contribué à la corruption des mœurs et au renversement de la Monarchie.

§. XIV.

Si la terrible Révolution, qui m'a fait fortir de France, a été funeste à ma fortune, elle a du moins été utile

à mon instruction, par les comparaisons et les observations que j'ai été à portée de faire dans les diverses
contrées où j'ai séjourné, depuis la fin de Juillet 1789.
Tant s'en faut que du côté des mœurs et des sciences,
mes observations soient à l'avantage des François.
La seule ville de Vienne auroit suffi pour me guérir de
plusieurs préventions, de celle entre autres que les
femmes d'esprit, que les femmes belles, jolies, aimables, n'étoient nulle part, proportion gardée, en si
grand nombre qu'à Paris. Vienne offre en quantité des
modeles dans tous ces genres d'agrément. On peut même dire, sans craindre d'être accusé d'injustice ni de
flatterie par les étrangers, que les femmes y sont en
général beaucoup plus aimables, que les hommes, et, si
non aussi instruites, du moins plus spirituelles. Parmi celles qu'on y distingue, par leur esprit et leur amabilité,
il est une Baronne que la France dans ses beaux jours
auroit placée au dessus des *Damville* et des *Tessé*. Elle
tient Cercle tous les jours, et c'est là que s'assemble
tour à tour l'élite des nationaux et des étrangers de
l'un et l'autre sexe, et où l'on pourroit prendre le ton
de la vraie politesse, si chacun des présentés ne l'avoit
déjà. Mais ce qui n'est donné qu'à peu de personnes,
c'est le talent de tenir tête et de plaire à tant de caractères différens, sans en mécontenter aucun, et c'est
le talent de la Baronne de *Reischach*. Son Cercle, chaque jour plus ou moins étendu, est pour elle comme
un clavecin, dont elle connoît les touches; sachant
d'avance le son que chacune doit rendre, elle ne les
interroge qu'à propos et pour le plaisir commun. Cette

excellente Excellence n'a pas le desir de briller, par la
raison qu'elle en a les moyens: Car la prétention est
au dessous de ceux qui possèdent pleinement. Elle ne
se sert de son esprit, que pour faire valoir celui des
autres, et de sa sagacité, que pour déguiser ses propres avantages, quand ils humilient les personnes qui
ne les ont pas. L'indulgence est ordinairement la vertu
de ceux qui en ont le moins besoin, et c'est la sienne.
Comme la Comtesse de *Pergen*, sa digne émule
en esprit et en raison, elle a, dans le commerce
ordinaire de la vie, l'art de ne point voir les foiblesses
qui se montrent, et de garder le silence sur celles qui se
cachent; de se prêter aux idées frivoles, en se livrant
aux vertus domestiques, et d'exercer envers tout le
monde cette politesse, qui peut-être n'est pas la franchise, mais qui en a le charme, qui donne des regles
à l'amour-propre, force le vice à se voiler, fait que
l'orgueil passe à côté de l'orgueil sans le heurter, et
corrige ce que les passions mettroient de trop rude dans
le commerce de la société. Rien n'adoucit autant les
moeurs des hommes, que la politesse, et la politesse,
née du desir de plaire, est le partage ordinaire des
femmes. Elle tient à leur caractère, à la douceur
qui leur est naturelle, à leur esprit délicat et flexible,
à leur finesse, à leur intérêt même. Elle est le supplément de la beauté fugitive, rend aimables celles qui
ne sont plus jeunes, et fait succéder à l'ardeur enyvrante
de l'amour, la chaleur douce et toujours égale de la con-
solante amitié.

§. XV.

Il n'y a point de sorte de science ou d'art, du ressort

de l'esprit, dans lequel les femmes ne puissent s'élever aussi haut que les hommes, et fi leurs succès, dans les genres qu'elles ont cultivés, n'ont pas approché de ceux des hommes de génie, on n'est pas en droit d'en conclure, qu'elles n'en ont pas les moyens. Il faut songer que le nombre des femmes qui ont cultivé la poésie, l'éloquence, l'histoire, la morale, le dessin, la peinture, la musique, est très-petit, en comparaison de celui des hommes. Est-il surprenant que sur cinq ou six femmes qui se sont exercées, comme à la dérobée, dans l'art de *Melpoméne* et de *Thalie*, aucune n'ait montré du génie, lorsque sur un nombre incalculable d'hommes, il ne s'en est trouvé que cinq ou six qui en aient montré? L'infériorité du beau Sexe, dans les travaux d'esprit, ne vient point de la nature, mais des moeurs et de l'éducation. Pourquoi, avec plus de moyens, n'auroient-elles pas produit des *Corneille* et des *Racine*, des *Lafontaine* et des *Boileau*, des *Bossuet* et des *Massillon*, des *Moliéres* et des *Destouches*, des *Mallebranche* et des *Pascal*? Ce qui doit étonner, c'est qu'avec l'éducation qu'elles reçoivent, que malgré leur vie molle et représentative; que, plus occupées de parer leur corps, que d'orner leur esprit; qu'en un mot, malgré le ridicule jetté sur les femmes instruites et lettrées, plusieurs aient trouvé encore le moyen de produire des ouvrages qui font le charme, et quelques-uns, l'admiration des connoisseurs.

§. XVI.

La science la plus importante sans doute et la plus difficile est celle du Gouvernement, et de l'aveu de tous les bons observateurs, c'est celle dans laquelle les femmes réussissent le mieux. Elles aiment la domination; mais, quand elles en jouissent, c'est avec modération qu'elles en usent. Le Trône même ne peut les guérir de leur sensibilité, et cette sensibilité leur donne plus de douceur. Elles portent dans leur ame le contrepoids de leur puissance. Pour prouver qu'elles réussissent également dans le gouvernement modéré et dans le gouvernement despotique, *Montesquieu* cite*) l'exemple de l'Angleterre et de la Russie.

Sans parler de *Sémiramis*, dont le regne fut aussi long que glorieux, ni de *Zénobie*, princesse qui sçut régner comme elle sçut vaincre, ni des autres Reines qui ont brillé dans l'antiquité, il suffit de rappeller les Regnes *d'Isabelle de Castille* en Espagne, *d'Elisabeth* en Angleterre, de *Marie-Thérèse* en Allemagne, et le Regne actuel de l'Impératrice de toutes les Russies, plus glorieux qu'aucun de ceux-là, pour prouver que les Femmes ont, autant que les Hommes, le génie politique et le talent de l'administration; qu'elles sont susceptibles, comme eux, de cette attention forte et soutenue qui embrasse plusieurs objets à la fois, qui les assujétit tous à une seule idée, pour en former un systême.

NB. Le desir ou plutôt le besoin de terminer promptement l'impression de ce Volume de Pensées, m'oblige de supprimer quelques observations sur les moyens de rendre les Femmes utiles à la prospérité des Monarchies, et de sacrifier un chapitre entier, et assez piquant, sur

---

*) Esprit des loix Liv. 7. c. 17.

les Gens heureux et sur le parti que les Gouvernemens peuvent en tirer; un autre sur l'Éducation publique convenable aux Monarchies; des Conseils à un jeune Seigneur près d'être lancé dans le monde, etc.

Le même motif m'oblige de mettre à l'écart les deux tiers des observations qui devoient entrer dans le Livre suivant, et de réduire ce livre aux seuls objets politiques annoncés dans le cours de cet Ouvrage. Mais, pour peu que la partie éclairée du Public dont j'ambitionne le suffrage, daigne encourager mon zèle pour la recherche des vrais principes du Gouvernement, je donnerai une suite à ce Volume, et ne négligerai rien de ce qui pourra en rendre la lecture aussi agréable, qu'instructive et utile.

LIVRE VI.

PENSÉES ET OBSERVATIONS
RELATIVES A LA POLITIQUE
ET AU GOUVERNEMENT DES ETATS.

———

CHAPITRE I.
Vues générales de l'Auteur sur la Politique.

§. I.

Prêtons-nous sagement aux miseres humaines;
Plaignons l'homme captif sans partager ses chaines.
Un esprit libre et sage erre avec sureté
Dans les cercles divers de la Société.
　　Que je vous plains, ô vous! dont l'esprit tributaire
De qui veut l'asservir esclave volontaire,
Prêt à tout soutenir comme à tout renverser,
Attend avec respect un ordre pour penser!
Et vous, froids complaisans, dont l'ame mercenaire
Epouse sans remords le vice qui peut plaire,
Flexibles instrumens des passions d'autrui,
Nourrissez-vous d'erreurs et mourez dans l'ennui.

le Cardinal de Bernis.

§. II.

La Politique est la science du gouvernement des Etats. Cette Science comprend les régles de l'administration intérieure et des rapports extérieurs de l'Etat.

Le but de ces régles est la conservation, le perfectionnement, la prospérité du corps politique et le bien-être
général des membres qui le composent. La Politique
est, à proprement parler, l'art de connoître les véritables intérêts de l'État et ceux des Puissances voisines
ou rivales.

De toutes les Sciences, c'est, sans contredit, la plus
importante à l'Humanité, et cependant c'est peut-être,
après la théologie et la médecine, celle qui a fait le
moins de progrès vers la vérité. Les Écrivains qui l'ont
cultivée avec le plus de célébrité ne sont point d'accord
sur ses principes fondamentaux. *Machiavel*, pour ne
parler que des modernes, *Grotius*, *Bodin*, *Sydney*,
Hobbes, *Shaftersbury*, *Puffendorf*, *Montesquieu*, *Burlamaqui*, *Rousseau* de Genève, *Mably*, pensent différemment,
et sont même opposés les uns aux autres, sur les notions du droit politique, de la justice, de la liberté, sur
la nature et la bonté des différentes espèces de gouvernement, sur les loix qui leur conviennent, etc. La plupart de ces Auteurs, en répandant quelques lumières sur
la route qui conduit à la connoissance des vrais principes politiques, l'ont embarrassée et rendue plus pénible,
par la grande quantité d'erreurs et de préjugés qu'ils y
ont apportés, et aucun d'eux ne nous a fait connoître
la véritable source des droits des Monarques et des
autres Monocrates.

§. III.

Pour parvenir à là découverte des vrais principes du
Gouvernement, il est indispensable de connoître la nature de l'Homme, ses besoins factices et réels, ses inclinations, son physique et son moral, l'influence du

climat sur l'un et l'autre, les conditions aux quelles il
lui est permis d'être heureux; et, dans l'histoire des institutions sociales, je ne vois guères que *Lycurgue*, *Numa* et *Mahomet*, qui aient bâti sur cette connoissance;
comme parmi ceux qui ont écrit sur la politique, je ne
vois guéres que *Machiavel*, *Hobbes* et *Rousseau*, qui aient
connu la vraie source des principes politiques, sans cependant l'avoir fait connoître aux autres, parce que les
circonstances et des intérêts particuliers ne le leur ont
point permis. Le seul *Hobbes* l'a montrée quelquefois,
mais il l'enveloppe de tant d'erreurs et de préjugés, qu'il
la rend méconnoissable aux esprits sans perspicacité ou
sans ardeur pour la vérité. On peut conjecturer, par quelques traits des *Lettres persanes*, que *Montesquieu*, non
moins profond penseur que ces trois Ecrivains, l'a aussi
connue; mais, soit que l'amour du repos l'ait porté à
respecter des erreurs accréditées, soit qu'il n'entrât pas
dans le plan de *L'esprit des loix* de remonter aux principes du droit politique, il s'est contenté de traiter du
droit positif des Gouvernemens établis.

Cependant, pour juger sainement des Gouvernemens
tels qu'ils sont, il est nécessaire de connoître l'origine
de leur droits. Si la vérité est utile, c'est sur-tout dans
les matières politiques. Elle est un des besoins des
hommes d'Etat. C'est servir l'Humanité que de la leur
faire connoître, puisque l'Humanité n'est jamais malheureuse que par leurs fautes, et que leurs fautes ne
viennent que de leurs erreurs.

§. IV.

Je n'ai fait jusqu'à présent que soulever le voile qui
couvre les vérités morales et politiques. J'acheverai de

le lever, avant de terminer mes Observations, persuadé
que les fausses idées et les préjugés qui, sans être utiles
aux Rois et aux Peuples, rétrécissent la raison et asser-
vissent l'esprit humain à des erreurs hereditaires, ne
peuvent qu'être nuisibles à l'Humanité. Nous dirons et
nous prouverons, au risque d'exciter les clameurs de
ces demi-savans qui ne pensent point par eux-mêmes,
que tout droit politique dérive de la force ou de l'habileté, qui est une force cachée; que les seuls droits de
l'homme civilisé sont ceux qui résultent des conventions
et des loix établies, qui ne sont que des concessions plus
ou moins sages de la force; que ces droits sont toujours
dépendans de la Souveraineté ou de la force; que tous
les pouvoirs appartiennent essentiellement à la Souveraineté, mais que la Souveraineté doit respecter les
droits établis, sous risque d'être déclarée tyrannique et
d'être anéantie; que le Monde politique ou policé a été,
de tout tems, et sera toujours gouverné par la force, à
moins que l'Auteur de toutes choses ne change le physique de l'homme; que le moins mauvais des Gouvernemens qui ont existé, qui existent et qui existeront, a
été, est, et sera, celui dont la puissance fut, est ou sera
la plus absolue et la plus concentrée; que le Gouvernement d'un seul est en conséquence le moins vicieux de
tous, à considérer les hommes en masse; qu'enfin ce
Gouvernement est si conforme à la nature humaine, que
jusques dans les Démocraties les mieux organisées, ce
n'est jamais et ce ne peut jamais être qu'un seul individu
qui gouverne. Et, pour tranquilliser les esprits droits et
amis de l'ordre, à qui le développement de ces vérités
pourroit paroître dangereux, j'annonce, que je prouve-

rai, d'une manière aussi claire qu'irrévocable, que ces
vérités qui semblent si favorables aux Rois et à tous les
Princes monocrates existans, ne tendent qu'à leur faire
sentir la nécessité de rendre leurs sujets heureux, qu'à
leur démontrer que leur intérêt est indivisible de celui
de l'Etat, et celui de l'Etat du bonheur général des membres qui le composent, etc.

Et véritablement, un Écrivain ami de l'ordre ne doit
mettre sous les yeux des Rois et des Peuples, que des
vérités dont les uns et les autres ne puissent abuser:
telles sont celles, j'ose le dire, que j'ai développées dans
le cours de mes observations, et telles seront aussi les
vérités que je semerai dans le peu de terrain qu'il me
reste à parcourir. Sous prétexte d'éclairer la raison, il
ne faut point fournir un nouvel aliment aux passions,
plus fortes qu'elle, et qui en deviendroient plus impé-
tueuses et plus intraitables. Mais depuis que, par l'affoiblissement ou plutôt le mépris général de la Religion,
il n'est permis qu'à peu de Souverains, de tirer du Ciel
l'origine de leurs droits, il est nécessaire d'en découvrir
la vraie source, d'autant que cette découverte intéresse
également les Gouvernans et les Gouvernés, sans que
les uns ni les autres puissent s'en prévaloir pour mal
faire. On verra que leurs intérêts sont essentiellement
les mêmes.

CHAPITRE II.

De la force ou de la Souveraineté. Des droits naturels de l'Homme. Que tous les droits dérivent
de la force. Que la force a gouverné et gouver-
nera toujours le Monde politique.

§. I.

Philosophes, qui dites et répétez sans cesse, que la
Vérité est utile aux hommes; qu'elle ne peut leur nuire;
que c'est les trahir, que de la leur cacher; vous qui
n'aimez, qui ne cherchez, qui n'estimez que la Vérité,
la voici, et brûlez vos livres, pour lui rendre hommage,
car c'est en son absence que vous les avez écrits.

§. II.

L'étude de la nature physique conduit à la connoissance de la nature morale. C'est dans les livres d'histoire
naturelle, qu'on apprend les regles de la politique et de
la morale. C'est là qu'on ne tarde pas à découvrir que
cet Etre, si petit et si vain, qu'on appelle l'Homme, a
des rapports de divers genres avec tous les êtres qui l'environnent. Quelques Naturalistes les ont fait connoître.
Profitant de leurs recherches, j'y joindrai mes observations.

Des rapports de l'Homme avec les autres êtres dé-
coule, comme d'une source limpide et féconde, la théorie
des loix naturelles de l'Homme, et de celle-ci la connoissance de ses devoirs.

Les loix naturelles de l'homme sont les résultats de
ses rapports avec les divers êtres dont il est environné.

L'observateur, doué d'un peu de sagacité et dépouillé de toute prévention, parvient à la connoissance de ces rapports, en étudiant sa propre nature et celle des êtres qui l'entourent, en examinant les liaisons qu'il a avec eux et qu'ils ont avec lui. Il est d'autant plus intéressé à acquérir cette connoissance, que c'est uniquement sur elle que repose son intérêt ou son bonheur; car il ne peut être heureux, en violant les loix du monde dont il fait partie, puisque c'est par elles seules qu'il peut se conserver. La faim, qui fait partie de ces loix, l'avertit de manger, et les inconvéniens qui résultent du trop de nourriture, lui font un devoir de la tempérance. La santé dépend de ces rapports.

Il y a donc dans la Nature un ordre préétabli dont la fin est le plus grand bien possible des êtres sensibles et intelligens. L'Homme connoît cet ordre, et il s'y conforme, s'il est sage.

Appellé, par son organisation et par la perfectibilité de sa raison, à dominer sur les autres animaux, il a sur eux le droit de primauté et de Souveraineté, qui n'est autre chose que le droit de la force, ou de l'adresse qui en est le supplément de la force.

La moralité de l'homme consiste dans la conformité de ses jugemens et de ses actions avec l'ordre établi, ou ce qui revient au même avec l'état des choses, qui est proprement leur nature particuliere et leurs rélations. L'homme choqueroit donc la moralité, s'il traitoit un animal sensible comme un caillou. Il n'usera donc de sa domination ou Souveraineté sur les animaux, qui lui donne le droit de vie ou de mort sur eux, que pour son besoin, son intérêt, ses commodités; il ne les fera pas souffrir sans raison; ne pouvant se dissimuler qu'ils sont sensibles à la douleur, comme lui, il soulagera leurs maux, adoucira leur servitude et modérera leurs fatigues, en proportion qu'il sera plus sage, plus moral, ou plus ami de l'ordre.

Cette esquisse du droit de la Souveraineté animale n'est pas précisément conforme aux idées du droit qu'on enseigne dans les écoles; mais les amis de la vérité décideront, si elle en est moins raisonnable.

§. III.

Il est de l'essence ou de la nature de l'Homme de s'aimer de préférence à tout, comme nous l'avons prouvé dans le premier livre. Cet amour de soi-même, qui ne l'abandonne jamais, l'écarte quelquefois de l'amour de l'ordre et le porte à faire son bonheur aux dépens de ses semblables.

Les liaisons ou les rapports de l'Homme avec ses semblables, sont encore plus intimes qu'avec les autres animaux.

La Nature étant inépuisable et ne formant point d'être parfaitement ressemblant à un autre, les hommes naissent et demeurent inégaux, les uns plus ou moins bien organisés, les uns robustes, les autres foibles, comme nous l'avons aussi prouvé.

L'exercice des facultés physiques et morales, étant différent, doit donner et donne effectivement des résultats différens. Ces inégalités sont fortifiées, par la différence des esprits et par les circonstances.

Le droit de vaincre et de subjuguer les hommes est donc aussi naturel à l'homme, que celui de dominer les autres animaux. Ce droit appartient à la force, comme celui de plaire à la beauté, celui de persuader à l'éloquence. Ainsi, la souveraineté que quelques hommes, exercent sur des nations entieres, est aussi raisonnable, aussi conforme à la nature humaine, à son essence, que la Souveraineté des hommes sur les animaux. Cette Souveraineté acquise par la force du courage, de l'esprit, de la persuasion, ou par la faveur des circonstances, qui est une vraie puissance, se maintient aussi par la puissance ou la force.

Comme la nature a ses favoris, la fortune et la gloire ont aussi les leurs, et c'est ce qui fait les riches, les héros, les nobles, les esclaves, en un mot l'inégalité des conditions.

Toutes ces inégalités naissent du cours de la nature des choses. Si ce sont des mau.., ils sont inévitables, parce qu'ils sont le résultat nécessaire des inégalités physiques et morales des hommes, de leurs besoins, de leurs passions naturelles ou factices.

Dire après cela, comme le disent les Ecrivains philosophes, que la dignité de l'Homme rejette les fers de l'esclavage; qu'on peut être immoléd dans le combat et dépouillé par la conquête, mais qu'on ne peut demeurer esclave après la victoire; que l'Homme est né libre, qu'il ne peut aliéner sa liberté, en avouant toutefois qu'il peut l'engager, par un pacte équitable, ou la perdre par des actions criminelles; que l'Homme peut se prêter et non se vendre; que la Souveraineté appartient de droit au Peuple et que tout Peuple est une confédération de Souverains, quoique par tout le très-grand nombre soit sous le joug du très-petit, quoique les femmes qui font partie de l'espèce humaine, soient

exclues des affaires de l'État: dire cela, c'est dire des
mots vuides de raison et pleins de contradictions.

§. IV.

Rousseau de Geneve, m'objectera-t-on peut-être,
dont vous vantez si fort les lumieres, les talens et la profonde connoissance de l'ésprit humain; *Rousseau*, dont
le *Contrat social* a servi de base aux deux *Déclarations
des droits*, données par les nouveaux Législateurs de
France, a donc avancé de faux principes dans cet
ouvrage politique? Eh! quel bon esprit en a jamais
douté? Je vous ai dit, et c'est ici le cas de vous le
répéter, que les demi-savans de France n'ont guères
adopté de *Rousseau* que ses erreurs ou plutôt ses fausses maximes; car il connoissoit la vérité, mais les
circonstances et des considérations personnelles l'ont
détourné de la publier, souvent déterminé à la défigu-
rer, et quelquefois à mentir même à sa devise et à sa
propre conscience. C'est ce qu'il est facile de voir, en
comparant les principes qu'il établit dans le *Contrat
social*, avec ceux qu'il avance dans ses autres Ecrits
politiques. D'ailleurs, quand les principes du *Contrat
social* seroient aussi vrais, qu'ils le sont peu, ils ne
seroient tout au plus applicables qu'à un petit et très-
petit Etat, ainsi que M. *Gudin*, le Continuateur prétendu et l'admirateur très-digne de cet ouvrage, en
fait l'aveu *).

Rousseau pose en principe ce qui est en question.
Il dit, en débutant, que l'*Homme est né libre*, ce qui

---

*) Dans l'*avant-propos* de son *Supplément au Contrat Social*.

est faux, et avoue que *par-tout il est dans les fers*, ce qui est faux aussi. *Tel se croit le maître des autres,* ajoute-t-il avec vérité, mais par hors d'oeuvre, *qui ne laisse pas que d'etre plus esclave qu'eux. Comment ce changement s'est-il fait? Je l'ignore.* C'est qu'il n'a pas voulu le dire ou prendre la peine de l'examiner. *Qui est-ce qui peut le rendre legitime? Je crois pouvoir résoudre cette question.* Cela n'est pas difficile : il ne faut avoir, pour cela, que les premieres notions de l'ordre social.

Voici le reste de ce premier chapitre. *Si je ne considérois que la Force et l'effet qui en dérive, je dirois : tant qu'un peuple est contraint d'obéir et qu'il obéit, il fait bien :* cela n'est pas toujours vrai, sur tout dans le cas de tyrannie : *Sitôt qu'il peut secouer le joug et qu'il le secoue, il fait encore mieux :* cela n'est pas non plus généralement vrai ; car si le joug est doux et léger, le peuple auroit tort d'en prendre un autre, d'autant qu'en changeant de constitution, on ne fait que changer de chaines, et que celles des Gouvernemens appellés *libres,* sont ordinairement plus pesantes, que celles imposées par un Monarque. *Car recouvrant sa liberté par le même droit qui la lui a ravie :* cela est vrai *ou il est fondé à la reprendre ou on ne l'étoit pas à la lui ôter.* Ceci n'est qu'un jeu de mots, ou plutôt qu'un sophisme. Il est fondé à la reprendre, s'il en a la force ou les moyens, et l'on étoit également fondé à la lui ôter, puisqu'on y a réussi. *Mais l'ordre social est un droit sacré qui sert de base à tous les autres.* L'ordre social n'est point un droit, dans aucun sens : mais l'ordre social invite à établir et exige qu'on établisse des droits. *Cependant ce* droit ne vient point de la nature; mais l'ordre en vient, et il suffit de connoître le nature de l'homme, pour se faire une juste idée de cet ordre: *Il est donc fondé sur des conventions.* Oui, tous les droits sont fondés sur des conventions, et c'est la nature et l'intérêt social qui dictent ces conventions. *Il s'agit de savoir quelles sont ces conventions.* Oui, sans doute, mais c'est précisément ce dont l'Auteur s'est le moins occupé dans le corps de son ouvrage. *Avant d'en venir là je dois établir ce que je viens d'avancer.* Et c'est ce qu'il n'a point fait.

Voilà mot pour mot le premier chapitre du *Contrat social*, de ce Livre, dont on n'a adopté que les faux principes et les fausses idées, qui ne sont pas nouvelles, qui datent presque de la renaissance des lettres, et que *Rousseau* n'a fait que rajeunir *) et accréditer par

---

*) Sans parler des maximes républicaines de *Calvin* ni des écrits des autres Apôtres de la Religion Réformée, dont nous avons donné une idée, pag. 155., il existe des ouvrages entiers, publiés dans le siècle dernier, où l'on trouve tous les principes du *Contrat Social.* Tels sont, entre autres, quelques écrits du jurisconsulte *Althasius* qui se fit des affaires auprès des Etats-généraux de Hollande, pour avoir soutenu que tous les membres de l'Etat populaire faisoient partie du Souverain. Mais celui des ouvrages qui a le plus d'anologie avec le *Contrat Social*, est le livre du Professeur hollandois *Ulric Hubert*, intitulé *de jure civitatis*, comme on peut en juger par ces passages: *la force a établi l'oppression; mais un jour vient où l'on peut et où l'on doit repousser la force... Toute Société dérive d'un pacte écrit ou tacite, ou du moins elle le suppose... Ce pacte est né de l'intérêt de tous... Le peuple seul a droit d'établir ou de changer la constitution de l'Etat... La Majesté et le pouvoir appartiennent au peuple. Le prince n'est que ce que le peuple lui prescrit d'être. S'il enfreint les loix fondamentales, c'est à dire, les loix sur lesquelles reposent*

son éloquence prestigieuse ; de ce Livre qui a changé l'esprit public de l'Europe, et servi à renverser celui des Trônes qu'on croyoit le plus inébranlable, à faire couper deux Têtes couronnées, et à inonder du sang de presque toutes les Nations de l'Europe la France et ses frontières ; de ce Livre, en un mot, qui sape par les fondemens tous les Trônes, et qui, à la honte des Hommes d'État, attachés au service des Puissances monarchiques, est resté sans réfutation. Les Ministres des Rois peuvent-ils se dissimuler combien l'influence de l'opinion est supérieure à celle des Cabinets ? Et s'ils ne l'ignorent pas, d'où vient négligent-ils de lui livrer des combats, quand elle se montre si contraire aux intérêts qui leur sont confiés, ou plutôt, d'où vient ne s'empressent-ils pas de la rendre favorable à ces intérêts mêmes, en attachant à l'esprit monarchique

---

l'intérêt public et le bonheur général, le peuple a le droit de chasser un mandataire infidèle, (nous n'avons pas besoin de faire observer qu'il y a peu de Princes monocrates qui soient *mandataires,* et qu'aucune grande Monarchie n'a commencé par des Chefs ou des Rois mandataires) *de se donner une constitution à moins que ce peuple lâche n'aime mieux servir que combattre… La majorité seule peut obliger la minorité. Le seul cas où la minorité ne doit plus obéir à la majorité, c'est lorsque celle-ci, renversant la base du Contrat, qui est le bonheur de tous, rend alors à la première ses droits, puisqu'elle n'a pu consentir à ce qui détruisoit le but et la fin du contrat.* Ces passages et beaucoup d'autres de ce genre prouvent que les principes du *Contrat Social* ne sont pas nouveaux, mais ne prouvent pas que *Rousseau* les ait puisés dans le livre d'*Hubert.* D'ailleurs il ne suffit pas de trouver des pierres plus ou moins taillées : il s'agit d'en former un édifice, et c'est ce que le génie de *Rousseau* a exécuté.

les plumes des Écrivains éloquens, qui dirigent l'opinion ?

§. VI.

Il est évident que l'homme civilisé nait dans la dépendance des coutumes et des loix établies*); qu'il est dans l'obligation de se conformer à ces loix; et que cette obligation constate le droit et la légitimité de toutes les Souverainetés existantes.

La Souveraineté ou la force prédominante et le droit, sont une même chose, dans l'ordre naturel. Ceux qui ont blâmé *Hobbes* d'avoir dit, que dans la nature chacun a droit à tout, et que l'état de l'homme naturel est un état de guerre, ne l'ont pas entendu, ou n'ont pas voulu l'entendre, pour ne pas renoncer à leurs préjugés ou à leurs systèmes. Voici la justification ou plutôt l'explication du sentiment de ce profond Politique.

Puisque la nature nous porte à nous conserver, c'est à dire, à rechercher tout ce que nous croyons capable de rendre notre existence agréable, il n'est pas contraire aux loix naturelles d'employer nos facultés à augmenter et assurer notre bien-être. De même que chacun a le droit de se servir de son esprit, pour se procurer ce qu'il juge lui être utile, il a aussi le droit de se servir de sa force et de son adresse, pour le même but. La nature ne mettant à nos desirs d'autres bornes que l'impuissance de les satisfaire, chacun par nature a droit à tout ce qui est en son pouvoir. L'utile et le droit, la supé-

---

*) Rousseau lui-même dit, que *L'Homme civil naît, vit et meurt dans l'esclavage.* Emil. L. 1.

riorité de force et la souveraineté, sont donc une même chose dans l'ordre naturel.

Mais le droit donné à tous sur tout ne seroit d'aucun avantage et équivaudroit à rien, si tous en jouissoient. Tous desirent leur bien‑être; tous le recherchent avec le même droit; mais il n'y a que les forts et les plus habiles qui écartent ou soumettent leurs concurrens. Tous ayant des desirs, il n'en est aucun qui ne subjuguât, n'écrasât, n'anéantît son rival, surtout son vainqueur, son oppresseur, si sa puissance égaloit sa volonté. La vertu de la plupart des hommes consiste dans l'impuissance de nuire et de mal faire. Les villes seroient désertes et les villages de même, si la pensée de ceux mêmes qui passent pour bons, avoit la vertu d'un coup de pistolet. Il n'y a point d'enfant, qui n'eût détruit sa nourrice ou son précepteur, si dans le moment qu'on contrarioit ses appétits, il eût suffi de sa volonté pour les détruire. Or, si loin d'affoiblir cet amour naturel de nous‑mêmes, l'âge ne fait que le fortifier et le rendre plus tyrannique, par les besoins d'opinion qu'il ajoute aux besoins naturels, *Hobbes* a‑t‑il eu tort de dire que l'état naturel des hommes est un état de guerre? n'a‑t‑il pas eu raison de demander, pourquoi si les hommes ne sont pas naturellement en état de guerre, vont‑ils armés, et ont‑ils des clefs et des verroux à leurs portes? Même dans les sociétés les plus civilisées, l'homme n'est‑il pas continuellement dans un état d'attaque ou de résistance, combattant ou combattu, opprimé ou oppresseur?

Que *Grotius*, *Puffendorf*, *Barbeyrac*, *Burlamaqui* et quelques autres érudits, aient regardé *Hobbes* comme un adoteur, cela ne me surprend nullement: des savans qui ne sont que savans ne sont pas en état d'apprécier le génie; mais que *Montesquieu*, qui avoit lui-même de la profondeur dans l'esprit, ait parlé avec une sorte de mépris des idées politiques de *Hobbes*, voilà ce qui me surprend et ce qui décèle, non un défaut de lumières, mais un défaut de vérité et de bonne-foi.

Ce qui est singulier, c'est qu'après avoir dit, (dans le chapitre 2. de l'*Esprit des loix*) que le desir que *Hobbes* donne d'abord aux hommes de se subjuguer les uns les autres *n'est pas raisonnable*, *Montesquieu* dise, dans le chapitre suivant: „Sitôt que les hommes sont en Société, „ils perdent le sentiment de leur foiblesse; l'égalité qui „étoit entre eux cesse; l'état de guerre commence."

„Chaque Société particuliere vient à sentir sa force; „ce qui produit un état de guerre de nation à nation. „Les particuliers dans chaque Société commencent à „sentir leur force; ils cherchent à tourner en leur faveur „les principaux avantages de cette Société; ce qui fait „entre eux un état de guerre."

Ces idées ne donnent-elles pas à penser, que *Montesquieu* regardoit lui-même la force, comme la mere des institutions politiques et la source des droits? Et si, de son aveu, l'état de guerre pour l'homme commence du moment qu'il entre dans la société, l'opinion de *Hobbes* est-elle si *déraisonable*, et ce Politique a-t-il eu tort de dire, que ce n'est point par amour pour ses semblables, que l'homme est poussé vers eux, mais parce que sans leur assistance, il ne peut vivre en sureté et à son aise?

L'orgueil humain aura beau s'en offenser, il ne sera

pas moins vrai que l'Homme, sauvage ou policé, ne fait jamais rien et ne peut jamais rien faire, dont son avantage personnel ne soit l'objet et le but. *Codrus*, *Regulus*, *Curtius*, en se sacrifiant pour leur patrie, *Caton*, *Brutus*, la sublime *Arrie*, en se donnant la mort, tous les martyrs de la religion et de l'honneur, n'ont cherché, dans le sacrifice de leur vie, que leur propre intérêt *).

§. VII.

Tous les Empires qui ont brillé et disparu, ceux qui brillent et qui disparoîtront, ceux qui tombent comme ceux qui s'élevent ont été établis par la violence, le meurtre, le crime, le brigandage, l'imposture, la trahison, la perfidie; et l'Autorité la plus légitime n'eut d'abord d'autres titres que la force.

L'enlevement des Sabines n'en a pas moins été un acte de violence et d'injustice, quoiqu' aucun politique ni aucun historien n'ait blâmé, que je sache, cette violation du droit des gens.

La force, le besoin et le succès légitiment tout, en politique. La conservation ou l'intérêt de l'Etat est la

---

*) Ceux qui disireront de voir cette vérité développée dans tout son jour et sous toutes ses faces, doivent se procurer le *Commentaire des pensées de la Rochefoucault*, par M. *Manzon*, le même qui, depuis près de 30 ans, rédige le *Courier du Bas-Rhin*, et à qui nous devons le meilleur Journal qui ait encore paru de la Révolution françoise. M. *Manzon*, pour le dire en passant, est un des meilleurs et des plus honnêtes esprits qui existent parmi les Écrivains du Siècle; mais, par une fatalité funeste aux Gouvernemens, ses lumières, ses talens et son mérite personnel n'ont été sentis que de ceux qui sont hors d'état de les employer plus utilement pour le bonheur général.

loi suprême des Etats, et cette loi à laquelle on immole le plus souvent l'équité, la religion, l'honneur, est la mere de toutes les autres.

Le crime heureux et prépondérant force la religion et la vertu même à lui rendre des hommages de légitimité. Parmi des milliers d'exemples que je pourrois citer en preuve, il me suffira de rappeller le souvenir d'un *Attila* que *St. Léon* courtise, d'un *Phocas* que *St. Grégoire* flatte avec la plus lâche bassesse, d'un *Alexandre VI.*, souillé de tant d'incestes, de tant d'homicides, et avec lequel le Roi *Louis XII.* qu'on appelle *bon*, fait la plus étroite alliance; d'un *Cromwel*, dont le Cardinal *Mazarin* recherche la protection et pour qui il chasse de France les héritiers de *Charles I*, Cousins germains de *Louis XIV*. Toutes les Cours de l'Europe ne prirentelles pas le deuil à la mort de ce *Cromwel?*

§. VIII.

Ce n'est que dans le cerveau vaporeux des philosophes qu'existe une morale universelle et invariable, une justice commune et éternelle. A moins que l'Espece humaine ne change de nature, la justice et la morale tireront toujours leurs principes des rapports de la société particuliere, de la secte religieuse, de la sorte de gouvernement, aux quels on est soumis. Nous ajouterons à ce que nous avons déjà dit sur ce sujet, qu'il seroit ridicule, déraisonnable et impossible d'exiger les mêmes devoirs de l'enfance et de la vieillesse, de la force et de l'infirmité, de l'africain du groënlandois, du mexicain et du lapon; que les vertus et les vices des sujets d'une République aristocratique ou populaire, ne sont pas les vertus et les vices des sujets d'une Monarchie absolue

ou tempérée, que le monde moral et politique est et
sera toujours aussi varié, que le monde physique.

La morale humaine n'est et ne sera jamais, que le
résultat ou la régle des moeurs ; les moeurs ne sont et
ne seront jamais, que le résultat des usages ou loix tacites, et du gouvernement ou loix écrites ; et les usages
et le gouvernement, que le résultat de la force, soit du
courage, soit du climat, soit des circonstances. S'il y
avoit un principe de morale universelle, il seroit universel, sensible et commun à tous les Peuples ; tous les
Peuples auroient les mêmes notions du bien et du mal,
du juste et de l'injuste, et alors il faudroit jetter au feu
tous les livres de morale.

§. IX.

De ce que nous avons dit et tâché de démontrer,
que le bien et le mal, le beau et le laid, le juste et l'injuste, le vice et la vertu, la raison et la folie, étoient et
ne sont en effet que des choses relatives, de convention
et nullement universelles, on auroit tort d'en conclure,
que nous ne reconnoissons ni bien ni mal, ni beau ni
laid, etc. dans la morale, les arts et la politique, comme
il a paru à quelques personnes qui ont eu communication des premières feuilles de notre Ouvrage.

Autant vaudroit nier l'existence de la sensibilité et
de l'intelligence de l'Homme, que de ne pas reconnoître
celle du bien et du mal, et nier l'existence des Sociétés
civilisées, que de contester celle du vice et de la vertu.
On ne doit et on ne peut conclure autre chose de nos
observations et de nos raisonnemens sur cet objet, si
non, que nous ne reconnoissons dans la nature ou le
monde physique, ni bien ni mal, ni ordre ni désordre ;

que tout est ce qu'il doit être; que tout est enchaîné et nécessaire; que chaque effet est dû à une cause naturelle connue ou inconnue, qui le produit selon des loix nécessaires; et que, dans la politique ou le monde moral, nous ne reconnoissons ni mal ni bien, ni beau ni laid, ni juste ni injuste, qui ne soit le résultat des rapports de l'Homme avec son organisation, avec son amour de lui-même, avec son intérêt; qu'il n'y a, selon nous, ni raison, ni justice absolues; que la raison et la justice des hommes, ne sont que relatives à leur manière d'être; que si, comme la Religion nous fait un devoir de le croire, il y a des êtres intelligens organisés différemment que nous, tels que les Anges, ils ont nécessairement des sensations, des idées, un bien, un beau, une raison, une justice, différens des nôtres, relatifs à leur existence et aux lieux qu'ils habitent: de même que l'Impératrice de *Russie*, le Duc de *Brunswick*, le Maréchal de *Lacy*, *Pitt*, *Bezbarodko*, *Lucchesini*, *Wieland* et d'autres Esprits supérieurs, pensent, jugent, raisonnent et jouissent autrement, que des Iroquois, des Hurons, des Topinambous ou des marchands d'allumettes.

De ce que tout est relatif, dans les opinions humaines, de ce que l'intérêt est le mobile et le seul mobile des actions des hommes, de ce que la force est le principe de tous les droits politiques, il ne s'ensuit pas qu'il n'y ait point pour les hommes une vraie raison qu'on doit consulter, une vraie vertu qu'on doit encourager, de véritables droits qu'on doit respecter, une morale qu'on doit suivre. Nous avons déjà fait connoître en quoi consistent cette morale, cette vertu, cette

raison. Il nous reste à montrer quels sont les droits et
par conséquent les devoirs des Princes et des Peuples;
mais avant de prouver la légitimité des uns, la nécessité des autres et de remonter à la source de tous, il
est nécessaire de donner de nouvelles preuves de l'im-
pureté de cette source.

§. X.

L'équité est la vertu des particuliers, et un Etat où
elle ne seroit pas respectée et en honneur ne pourroit
pas se soutenir; mais l'équité est-elle et peut-elle être
la vertu des Etats, considérés relativement les uns aux
autres? Elle ne préside ni à leur formation, ni à leur
aggrandissement, ni même à leur soutien, tant-il
est vrai, que la morale est variable et relative! Et
véritablement, le Monde politique étant composé
de Sociétés indépendantes les unes des autres, différemment organisées, dont le régime et les intérêts sont différens et le plus souvent opposés, il seroit absurde que
les principes moraux de ces Sociétés fussent les mêmes
que ceux de chacune de ces Sociétés.

La morale des corps politiques naît de leurs rapports les uns aux autres; elle est le résultat de leurs
usages, de leurs habitudes, de leurs facultés, de leurs
moyens, autant de choses qui constituent proprement
les *moeurs.* Or je le demande, les passions, les penchans, l'esprit, le caractère, la conduite et les intérêts
des Etats, sont-ils les mêmes que ceux des particuliers?
Des Géans et des nains, ayant une constitution, des forces, un régime, et des rapports si différens, peuvent-
ils avoir les mêmes moeurs, une même morale? Les
membres d'une Société civile sont également intéressés

à exercer la bonté, parce que la bonté enchaîne les cœurs, l'indulgence, parce qu'ils en ont besoin eux-mêmes, la douceur, parce qu'elle alimente l'affection, à être reconnoissans, parce que la reconnoissance attire de nouveaux bienfaits, à éviter l'injustice et le crime, parce que le crime et l'injustice deshonorent et provoquent la vengeance des loix; mais les Etats ont-ils les mêmes intérêts? peuvent-ils exercer les mêmes vertus?

Je n'étois donc pas si absurde, lorsque causant un jour avec un grand Ministre, vieilli dans les affaires, et dont l'esprit vigoureux soutient la haute réputation dont il jouit, quelques prétendus politiques, qui faisoient cercle autour de lui, poussèrent impertinemment des éclats d'un rire mocqueur, en m'entendant dire, que la morale des États ne devoit pas toujours se régler sur celle des particuliers!

Petits hommes, gonflés d'orgueil et d'erreurs, qui croyez tout savoir, sans avoir rien étudié, et qui, pour me servir d'une des expressions du Prince à qui j'avois l'honneur de parler, ne savez rien, même en apprenant tout, ou soyez modestes et circonspects envers les Gens qui ne pensent pas comme vous, et qui n'en valent pas moins, ou souffrez qu'ils cessent de l'être eux-mêmes à votre égard. Exiger le Silence de ceux dont on se mocque sans raison, est une tyrannie. La suffisance est, en tout genre, un signe de médiocrité, et l'impertinence, un signe de mauvaise éducation ou d'un mauvais naturel. La sagesse, et même la justice, demande, qu'avant de condamner une proposition on l'ait examinée, discutée et approfondie: mais combien peu d'hommes sont sages ou se piquent d'être justes !

§. XI.

Ce n'est pas ici le lieu de développer les principes qui conviennent aux différens États; il ne s'agit, pour le moment, que de voir ceux qu'ils suivent encore.

Les Nations qui sont ou qui croient être assez puissantes, pour se conserver indépendantes, ne pensent, comme de raison, qu'à se maintenir dans leur indépendance; mais, comme elles ne sont pas entre elles, dans le rapport où sont les membres d'une même Société, elles n'ont pas encore trouvé une puissance capable de les protéger, et sont par conséquent soumises à la loi du plus fort. La supériorité de puissance fait seule leurs droits; car ce qu'on appelle droit public de l'Europe et le droit des Gens ou des Nations, n'est réellement que le droit de la force prépondérante.

Si le droit des Gens eut pû avoir quelque part des principes fixes, et fondés sur l'équité, c'eût été en Grece, où d'heureuses circonstances tendoient à réunir par les usages, qui sont des loix tacites, ou par des traités, qui sont des loix écrites, les différentes Sociétés dans une espèce de Confédération générale; mais il ne paroît pas qu'il y ait eu, parmi ces peuples, d'autre droit stable, que celui de la force. Les Spartiates et les Athéniens tinrent tour à tour les autres États voisins sous leur dépendance. Non seulement la supériorité de force étoit chez eux un droit ou loi de *fait*, mais un droit ou loi de *principe*, comme on peut en juger par cent traits de leur Histoire, entre autres, par l'entreprise des Athéniens contre les habitans de l'île de Mélos, et

par les maximes que leurs Députés débiterent, dans
cette circonstance, pour engager les Méliens à prendre
parti contre les Lacédémoniens. „Ne pensez pas vous
„sauver, leur dirent-ils, en alléguant, que nous n'avons
„pas le droit de vous attaquer, parce que nous n'avons
„reçu de vous aucune injure et que nous vous avons
„au contraire de l'obligation de ne vous être pas décla-
„rés pour les Lacédémoniens, dont vous tirez votre
„origine ; parce que vous n'ignorez pas que cette exacte
„justice ne s'observe qu'entre les égaux et que nous
„sommes les maîtres .... Si nous ne vous réduisions
„pas, ce seroit une marque de notre foiblesse et un
„exemple éternel aux colons nos sujets de se soustraire
„à notre domination, et aux autres de conserver leur
„liberté, voyant que nous n'aurions pu vous assujétir.”
Les Magistrats de Mélos, ayant observé aux Députés
de l'armée Athénienne, que leurs sujets auroient assez
de discernement, pour ne pas confondre leur cause et
leurs droits avec ceux des autres Insulaires: „ils ne les
confondront point, reprirent les Députés, parce qu'ils
„ne croient pas que ce soit par justice qu'on obéit, mais
„par force; et qu'ils tiennent que nous sommes leurs
„maîtres, parce que nous sommes plus forts qu'eux,
„et que nous ne sommes pas les vôtres, parce que
„nous n'avons pu l'être, si bien qu'en le devenant,
„outre que nous étendrons par-là les bornes de notre
„Empire, il en sera plus sûr, parce qu'il sera plus re-
„douté. Ce seroit une honte que des insulaires ne vou-
„lussent pas reconnoître notre puissance, nous qui som-
„mes les arbitres de la mer .... Les hommes n'ont

„recours aux dieux, que quand les moyens leur man-
„quent. Les dieux ne nous seront pas plus défavora-
„bles qu'à vous, puisque nous ne faisons rien en ceci
„contre le droit et la coutume. C'est de tout tems, que
„le plus foible le céde au plus fort. Nous n'avons pas
„fait cette loi; elle est aussi vieille, que le monde et
„durera autant que lui. Vous-même, à notre place,
„n'agiriez-vous pas comme nous agissons? Bien loin donc
„d'avoir les dieux défavorables, c'est une marque de leur
„faveur, que de nous avoir mis en état de vous assujé-
„tir. Pour les Lacédémoniens, vous en espéreriez en vain
„du secours, et si votre simplicité en cela est excusable,
„votre jugement ne l'est pas; car, outre que leur intérêt
„fait la plus grande partie de leur vertu, et qu'ils ne trou-
„vent honnête, que ce qui leur est utile, ils ne sont pas
„en état de vous secourir*)."

L'Histoire Romaine fourmille de traits qui appuient
notre thèse et que leur abondance même nous dispense
de citer; mais nous ne saurions passer sous silence le
Discours d'un Ennemi des Romains, où l'on trouve comme
l'abrégé historique de leur morale pratique, et qui
prouve en même tems, que les principes des Gaulois sur
le droit naturel et politique, ne différoient pas de ceux
de la Grece et de Rome.

Les Gaulois, ayant pénétré en Italie, faisoient le siége
de Clusium. Les Clusiens eurent recours aux Romains
qui envoyerent aux Gaulois trois Ambassadeurs de l'illustre Maison des *Fabiens*. Les Députés, ayant demandé

---

*) Thucyd. l. 5. trad. par *d'Ablancourt*.

aux Gaulois quel tort leur avoient fait les Clusiens, pour
être venus assiéger leur ville, *Brennus*, leur Roi, se
prenant à rire, leur répondit en ces termes: „Les Clu-
„siens nous font le tort de prosséder plus de terres qu'ils
„n'en peuvent cultiver, et de ne pas nous en faire part, à
„nous qui sommes étrangers, en fort grand nombre et
„pauvres. C'est le même tort, que vous avoient fait an-
„ciennement les Albains, les Fidénates, et ceux d'Ardées,
„et que vous ont fait encore tout récemment les Véiens,
„les Capenates, et la plupart des Falisques et des
„Volsques, contre lesquels vous marchez avec toutes
„vos forces; et s'ils ne partagent avec vous leurs for-
„tunes, vous les faites esclaves, vous pillez leurs biens,
„et vous ruinez leurs villes. Et en cela, Romains, vous
„ne faites rien d'étrange ni d'injuste, mais vous suivez
„la plus ancienne de toutes les loix, qui ordonne, que
„le plus foible obéisse au plus fort, depuis Dieu-même
„jusqu'aux bêtes brutes, à qui la nature a imprimé ce
„sentiment, que le plus fort domine le plus foible. Cessez
„donc d'avoir tant de pitié des Clusiens assiégés, de peur
„que votre exemple ne nous apprenne à avoir aussi pitié
„de tant de peuples que vous avez opprimés *)."

Si les Princes ne tiennent plus de pareils discours à
leurs voisins, à leurs rivaux, à leurs ennemis, leur conduite est-elle différente? N'est-ce pas la force qui a
gouverné et qui gouverne les différens Etats de l'Europe,
depuis la destruction de l'Empire Romain? L'expérience, les lumieres, les progrès dans la civilisation
ont-ils rendu la politique plus sage, plus juste? La

---

*) *Plutar.* Vie de *Camille*, trad. par *M. Dacier.*

conquête cesse-t-elle d'être un brigandage, parce qu'au
lieu de dépouiller quelques particuliers, elle dépouille
ou démembre ou détruit des Etats? Peut-il y avoir aucune guerre qui soit absolument juste? Si elle l'est pour
l'offensé, peut-elle l'être pour l'offenseur? A voir ce qui se
passe dans toutes les guerres, la variation de conduite
et même de principes qui regne entre les Etats, la maniere dont se font, s'exécutent les traités, n'est-ce pas
se mocquer du monde, que de parler de la légitimité du
droit de la guerre, du droit des gens ou des Nations,
du droit public ou des Etats, et de les réduire en regles
ou principes, pour en faire une Science? Y a-t-il rien
de plus incertain et de plus équivoque que les regles
qui déterminent les droits respectifs des États? Ne doi-
vent-elles pas varier, quand les prétentions varient, pour
ainsi dire, chaque jour; quand la maniere de les envisager n'est pas moins variée; quand la prépondérance,
passant tour à tour d'une Puissance à l'autre, change
les intérêts respectifs de tous les petits Etats, forcés de
suivre les impulsions qu'ils reçoivent de l'Etat prédominant?

L'homme qui observe et qui pense voit les choses
bien différemment que les Compilateurs diplomatiques
et les autres esprits vulgaires. A ses yeux, ce n'est pas
la justice, mais l'intérêt, ce n'est pas la liberté, mais
la force, qui rédige et signe les Traités entre les Nations.
A ses yeux, les paix ne sont que des trèves. Il ne voit
dans les promesses et les sermens, que des jeux d'enfant
ou des appâts pour les sots et les dupes. Et véritablement, une Nation, ou le Prince qui la représente, n'ayant
en vue que son avantage, le fait, et toujours aux dé-

pends d'autrui, s'il est le plus fort. Celui qui juge, qu'il n'a pas les moyens de vaincre ou de résister, a-t-il la liberté de refuser les conditions qu'on lui propose? Et le droit de celui, qui a eu le pouvoir d'imposer des conditions avantageuses à ses intérêts, peut-il être assuré, si sa force cesse d'être prépondérante? Le Prince ou le Peuple qui a subi la loi, s'il devient plus puissant, observera-t-il des conditions qu'il n'a acceptées que de force, et ne croira-t-il pas avoir le droit de commander à son tour?

Tel est le sort des Nations, même des plus grandes : formées dans l'indépendance, elle ne peuvent s'y maintenir. Elles forcent et sont forcées tour à tour. Les petits Etats sont encore plus à plaindre, ... Mais ce qu'il y a de plus triste pour l'Humanité, c'est qu'il n'y a point de remède à ce mal, parce que les Etats, qui composent le monde politique, n'auront jamais une force constante et capable de retenir les Souverains, sous les loix qu'ils sont dans le cas d'établir entre eux.

Il n'en est pas heureusement de même des loix; qui lient les Souverains et les Peuples et qui dérivent des rapports qui existent entre eux. Quoiqu'elles soient méconnues et rarement observées, elles ne sont pas moins certaines et impérieuses. Nous allons essayer d'en donner une juste idée et de faire sentir la nécessité de s'y conformer pour le bonheur commun.

CHAPITRE III.

Principe des principes de toute Société humaine. Loix, Droits, Devoirs, etc. de l'Homme.

§. I.

C'est ici le lieu de rappeller ce que nous avons établi et prouvé, dans le cours de nos observations, que l'Homme est né pour vivre avec ses semblables, quoiqu'il ne soit pas évident que la nature l'ait destiné à la civilisation, puisqu'en s'écartant de la vie agreste et sauvage, il en devient plus malheureux; qu'il n'apporte en naissant qu'un seul et unique sentiment, l'amour de soi ou des choses pour soi; que tous ses autres sentimens ne sont que des émanations ou des modifications de celui-là; qu'il seroit méchant, injuste, cruel, insociable, s'il suivoit ses inclinations naturelles; et qu'il les suivroit, si ses rapports avec ses semblables ne lui apprenoient, qu'il est de son plus grand intérêt de réprimer ses appétits naturels, et de conformer ses actions à ce qu'on est convenu d'appeller *bonté, justice, beauté, vertu.*

Quelque vrais et simples que soient nos principes, ils sont si opposés aux opinions accréditées, que nous ne croyons pas, non plus, inutile de prier nos lecteurs, de se rappeller les observations du premier Chapitre de notre Ouvrage, et de songer que c'est principalement, en fait de doctrine politique et législative, que tout n'est qu'erreur et préjugés. Et véritablement, la plupart des principes établis par *Puffendorf, Grotius* et *Burlamaqui* ne posent que sur des bases chimériques, sur des préjugés aussi contraires à la vérité, qu'au perfectionnement de la politique. Ces auteurs étoient plus érudits que savans, plus savans qu'hommes d'esprit, et plus hommes d'esprit, que penseurs et bons observateurs. Ce n'est pas dans la religion ni dans les faits matériels de l'histoire, qu'il faut chercher l'origine des droits et les principes du gouvernement des Sociétés civilisées, mais dans le caractère et les moeurs des peuples, dans la connoissance approfondie de l'homme, dans l'étude et les calculs de cet amour de nous-mêmes, passion indomptable, mais susceptible de modifications, qui préside à toutes nos actions.

L'objet et les principes de la politique sont dans notre esprit et dans notre coeur; c'est là qu'il faut aller les puiser. Tout observateur capable de plier et replier l'ame sur elle-même, de forcer son esprit à s'arrêter sur ses propres opérations, peut découvrir des choses qu'il chercheroit vainement dans les livres. Mais il est bien plus aisé, comme l'a dit un Naturaliste*), d'étudier les productions du cerveau d'autrui, que son propre cerveau, et de-là vient qu'il y a si peu d'auteurs originaux. L'esprit semble plus fait pour regarder hors de lui qu'au dedans de lui. Son activité naturelle le rend inconstant et impatient; il ne peut s'arrêter long-tems sur le même objet; il aime mieux voir superficiellement, voir mal et voir beaucoup d'objets, que de prendre la peine de se concentrer, pour voir profondément et saisir de nouveaux rapports. Aussi que de Compilateurs de

*) *M. Bonnet*, dans le Tom, 13 de son Histoire naturelle.

Platon et d'*Aristote*, pour un *Machiavel**), un *Hobbes*, un *Rousseau* de Geneve! Car si *Rousseau*, né républicain et idolâtre de l'indépendance, a quelquefois sacrifié à la vérité à sa passion pour la liberté, il ne s'est pas moins montré supérieur à tous les Écrivains politiques qui n'ont pensé que par autrui ou comme le vulgaire.

La honte d'appartenir par la naissance à un Pays devenu l'exécration des autres pays, jointe au chagrin de n'avoir éprouvé, depuis quelque tems, que des méchancetés et des noirceurs de la part des hommes, m'ont donné de l'éloignement pour la Société et m'auroient rendu mysantrope, si mon ame pouvoit haïr. La solitude porte naturellement à méditer. Celle où je vis, depuis ma prétendue maladie, ma fait chercher dans les ressources de l'esprit une distraction que l'état de mon ame rendoit nécessaire. Mon cerveau, qu'on a cru dérangé, parce qu'il sentoit l'échauffé, est devenu pour moi un livre, dont la lecture m'a été d'autant plus avantageuse, qu'en m'instruisant elle charme mes afflictions.

Je n'ai osé hazarder, dans le cours de cet ouvrage,

---

*) Quoique tout ce qu'il y a de faux et d'immoral dans *le Prince* de *Machiavel* pût se réduire à une demi-page nous croyons, pour ôter tout prétexte à la méchanceté de calomnier nos intentions, devoir déclarer qu'en parlant avec tant d'estime des ouvrages de ce Grand-homme, nous ne comprenons point celui là dans nos éloges, quoiqu'il ne soit méprisé que des esprits qui ne l'ont pas lu ou qui n'étoient pas dignes de le lire. La Réfutation, pour le dire en passant, que le feu Roi de Prusse en a publiée, est celui de tous les Écrits de ce grand Prince qui fait le plus d'honneur à sa politique et le moins à son esprit.

que la moindre partie des idées que je dois à cette étude. Quoique je les croie justes et utiles à l'Humanité *), j'ai craint que leur singularité ne justifiât, auprès d'un trop grand nombre de personnes, les détracteurs de ma raison. J'en connois mieux qu'un autre la foiblesse et la fragilité; mais j'avoue avec une franchise qui tient, sans doute, de cette foiblesse, que je me crois aussi raisonnable, que ceux qui n'ont vu qu'un manque de raison, dans l'excès de ma sensibilité. Malgré cela, je n'ai pas cru devoir mettre au jour celles de mes observations politiques les plus propres à faire impression sur les Hommes d'état et à ramener les Peuples à l'esprit de soumission et d'obéissance, sans lequel ils chercheroient vainement le repos et le bonheur. Cependant si les amateurs des vérités peu communes et utiles à l'Humanité daignent encourager mon zele, je donnerai une suite à

---

*) Il n'est pas aussi indifférent qu'on pourroit le croire de connoître le physique de l'Homme, pour traiter pertinemment de son moral. Les principes de l'éducation reposent sur cette connoissance, et l'on n'ignore pas que c'est du système de ces principes que dépend le grand art de diriger et de perfectionner l'homme social. Il s'agit de mettre en valeur ses facultés corporelles et intellectuelles, d'en tirer le plus grand avantage pour la société; et pour cet effet, il faut les connoître à fond, et pour les approfondir, il faut étudier leur nature, leur dépendance réciproque, savoir comment l'exercice des unes détermine l'exercice des autres, quelles sont les causes de leurs obstructions, par quels moyens ou peut réparer leur dérangement, modifier et perfectionner le jeu de leurs ressorts. La dignité de l'homme ne seroit point dégradée aux yeux de la politique, quand il seroit démontré que son intelligence, sa volonté et sa vertu, tiennent en partie à certaines fibres de son cerveau, et que le plus ou moins d'activité, d'élasticité, de souplesse des fibres, dépend de l'éducation et du régime de vie.

cet Essai, où je montrerai moins d'égard pour ces Ames
froides et indolentes, qui, gouvernées par l'habitude,
repoussent les idées qui ne sont pas homogènes avec
leurs préjugés. En attendant, c'est ici le lieu de développer le principe moral qui sert de base à tous les principes politiques.

§. II.

Il n'y a rien de bon, de beau, de vrai, dans la morale, la politique et les arts, qui ne soit relatif à l'amour
de nous-mêmes, à ce sentiment constitutif de tous les
êtres sensibles et intelligens, sentiment inné qui agit dans
l'Homme avant le développement de son intelligence et
qui ne cesse d'agir, qu'au moment où il cesse d'être animé ou d'user de son intelligence, fille de ce sentiment.

L'amour de soi est donc l'objet et le mobile de tous
les mouvemens de l'Homme, le principe de toutes ses
actions, la mesure de tous ses intérêts, en un mot, la
nature morale de l'homme.

La raison, que chacun définit à sa guise, n'est et ne
peut être autre chose, que l'intelligence ou la faculté de
connoître perfectionnée par l'expérience. Elle est instinct, tant que l'exercice de l'intelligence n'est point à
nos ordres, et qu'elle veille, comme à notre insçu, à notre
conservation. Telle est la raison ou intelligence des animaux et des enfans. L'instinct, ou l'intelligence sans réflexion, la raison, ou l'intelligence fortifiée de l'expérience et de la réflexion, sont ce qu'on doit entendre
par *loi de nature*, relativement aux habitudes, aux
usages, aux inclinations, en un mot, aux moeurs des
hommes et des bêtes. Ainsi, d'après ces principes si
simples et si évidens, nous devons regarder comme dé-

raisonnable ou contraire à la loi de nature, tout ce qui n'est pas conforme au sentiment de l'amour de nous-mêmes ; Ainsi, la raison de l'homme est la conformité de ses actions avec cet amour de soi ; Ainsi, la morale est la science qui apprend à accorder la conduite de l'homme avec la raison, avec la loi de nature ; Ainsi, la politique, qui est la morale de l'homme civilisé, est la science des regles qu'il faut suivre, pour constituer la Société d'une manière raisonnable ou conforme à la loi naturelle de l'homme vivant avec ses semblables ; Ainsi, en dernière analyse, l'intelligence, la loi de nature, l'instinct, la raison ou l'instinct éclairé par l'expérience, sont des modifications ou le résultat de l'amour de soi, n'ont et ne peuvent avoir que cet amour pour objet, et ne forment qu'une même chose, sous des noms différens. La raison est donc le principe de tous les principes, celui qui doit servir à établir tous les principes, tous les droits et tous les devoirs sociaux.

Voilà une observation que d'autres, sans doute, au-ront faite avant moi, mais que je n'ai vue nulle part présentée de cette manière, et qui me semble juste dans tous ses points.

§. III.

Le sentiment naturel qui porte l'homme à se con-server, à chercher le plaisir, à améliorer son existence, ne lui défend rien de ce qu'il croit lui être avantageux et lui donne naturellement droit sur tout ce qui est en son pouvoir: de là le proverbe adopté par *Hobbes*, que la nature a donné tout à tous, *natura dedit omnia omni-bus*; mais comme ce qui appartient à tout le monde n'appartient à personne, cette observation spéculative

seroit oiseuse, si elle ne préparoit l'esprit à des observations plus utiles et de pratique.

§. IV.

La première chose que l'amour de nous-mêmes, ou
l'intelligence éclairée par l'expérience, nous fait connoître, c'est nôtre foiblesse et le secours que nous pouvons tirer de notre union avec nos semblables. Nos associés, ayant les mêmes besoins que nous, ont le même
intérêt, et s'il ont le même intérêt, la raison nous dit
de le ménager, si nous voulons qu'ils ménagent le nôtre.
Dès-lors cet amour de nous-mêmes, qui sembloit élever
un mur de séparation entre chacun de nous, nous fait lui-
même une obligation de nous rapprocher les uns des
autres, de sortir de nous et de nous répandre sur nos
semblables devenus, pour ainsi dire, une partie de nous
mêmes. En effet, plus les hommes réfléchissent sur leurs
besoins, leurs plaisirs, leurs peines et sur toutes les circonstances par où ils passent, plus ils sentent combien
il leur est nécessaire de se secourir réciproquement. De
là les conventions de ce qui est permis ou défendu, et ces
conventions sont autant de *loix*, comme qui diroit de
liens qui unissent les hommes entre eux, et qui les obligent
de subordonner leur conduite à ce qu'elles prescrivent.

§. V.

Les loix, dans leur signification générale, sont les
effets nécessaires de l'essence ou de la nature des choses
et de leurs rapports.

Les loix naturelles de l'homme sont ses besoins
dont le plus impérieux est l'amour de soi-même: ses
autres besoins ne sont que les sentinelles ou les esclaves
de celui-là.

Les loix *morales* de l'homme sont ses rapports avec ses semblables, ses habitudes, ses usages, ses conventions tacites ou écrites; ses loix *civiles*, sont celles de la Société où il vit; ses loix *divines* sont les préceptes de la religion qu'il professe.

Les loix *politiques* sont celles qui concernent le gouvernement des Sociétés, les rapports du Souverain avec ses sujets, et du Souverain d'une Société avec les Souverains des autres Sociétés.

Voilà les espèces de loix qu'il nous importoit de définir, pour connoître les devoirs et les droits des hommes en Société.

§. VI.

Montesquieu, celui de tous nos Écrivains que j'honore le plus, après *Rousseau*, a adopté, dans les premiers chapitres de *l'esprit des loix*, des préjugés absurdes et différentes erreurs, qui équivalent aux faux principes de l'Auteur du *Contrat social*. Il confond les *loix* avec les *droits*; il reconnoît une raison primitive, des *loix primitives que les hommes ne suivent pas constamment*, des rapports d'équité antérieurs à la loi qui les établit, et il se perd dans une métaphysique de *possibilités* indigne d'un homme d'un génie aussi austère que le sien *).

---

*) Par exemple, voici comme il s'y prend, pour prouver qu'il y a une justice et une injustice, antérieures aux loix: „Les êtres „particuliers, dit-il, intelligens *peuvent* avoir des loix qu'ils ont „faites: mais ils en ont aussi qu'ils n'ont pas faites. Avant qu'il „y eut, des êtres intelligens, ils étoient *possibles*; ils avoient donc „des rapports *possibles* et par conséquent des loix *possibles*. Avant „qu'il y eût des loix faites, il y avoit des rapports de justice pos- „*sibles* etc." Tout ce chapitre d'ailleurs fourmille de contradictions qui sautent aux yeux des lecteurs attentifs.

Soit qu'on entende par *droit* ce qui est conforme à la raison, à la justice et à l'équité; soit qu'on l'envisage comme l'exercice de la raison ou de l'équité, comme les jurisconsultes romains qui disoient *jus est ars œqui et boni*; soit qu'on le considére comme la faculté de faire quelque chose ou de jouïr de quelque chose, qui est son sens générique et celui dont il s'agit ici, je ne vois pas qu'on puisse confondre le *droit* avec la *loi*. Celle-ci est la puissance qui prescrit une chose. Le droit est la liberté que la loi nous laisse, et la loi est la contrainte de cette liberté *) : rien n'est donc plus opposé que ces deux mots. Le droit est la faculté, le titre, le privilége que donne la loi. La force fait la loi ou est la loi même, et dans le sens de *Montesquieu*, ni dans le sens générique, tant s'en faut que la force soit le droit quoique, dans le système naturel et par le fait, il n'y ait aucune différence entre la force, la loi, le droit et la souveraineté **)

---

*) *Est autem jus, libertas naturalis, à legibus non constituta, sed relicta. Remotis enim legibus, libertas integra est: Hobb. Elem. phil. de Cive. c. 14.*

**) Le mot de *force*, pris originairement des mouvemens moteurs et déterminans du monde physique, est le synonime de vigueur, puissance, violence, et annonce la production d'un effet ou changement. On l'a ensuite appliqué à l'entendement et à la volonté, parce que la force ou prépondérance ou domination de l'entendement et de la volonté produisent des changemens - - - - -

Nous aurons occasion de prouver et de démontrer jusqu'à l'évidence, que la force gouverne le monde moral et politique, aussi essentiellement que le monde physique et matériel, et qu'il ne peut y avoir de gouvernement vraiment légitime que dans un très-petit Etat.

Nous avons déjà assez prouvé, qu'il ne sauroit y avoir d'autre justice, d'autre équité, d'autre bonté, d'autre bien et d'autre mal, pour l'homme, que ce qui lui est relatif, que ce qui résulte de ses rapports avec les êtres dont il est environné; nous ajouterons seulement ici, que s'il y avoit une raison primitive, invariable, universelle, il ne faudroit étudier que celle-là, pour en faire la regle de tous les principes de la morale, de la politique et des arts. Mais malheureusement, il n'y a, dans le monde, rien d'*invariable*, que les loix générales de la nature et la variation des loix humaines, rien d'*universel* que l'univers, et rien de *primitif* que l'Éternel.

Voilà de ces vérités peu communes, qui ne peuvent être découvertes par des esprits communs, ni senties ou développées par des esprits vulgaires ou mal sains.

§. VII.

Les principes de la politique ne sauroient être obscurs, que pour ceux qui n'ont pas médité suffisamment la nature de l'homme et le but de son association avec ses semblables. Ceux qui auront réfléchi sur ces objets importans, trouveront que la saine politique n'a rien de surnaturel ni de mystérieux, et qu'en approfondissant les intérêts des souverains et des peuples, on peut déduire de cette connoissance un système de loix, de droits et de devoirs, un enchaînement de vérités et de principes aussi certains. que ceux des auteurs Sciences. Qu'on en écarte les idées romanesques des autres qui ont considéré l'homme, non tel qu'il est, mais tel qu'ils voudroient qu'il fût, les idées métaphysiques et surhumaines de la théologie, les idées scientifiques et grotesques de la pédanterie scholastique, les idées ténébreuses et despo-

tiques des Cours, les idées philosophiques et extravagantes des zélateurs du gouvernement populaire; qu'on
considére la politique sans prévention, sans préjugé,
sous son vrai point de vue, et on parviendra sans peine
à la connoissance de ses vrais principes.

Tout gouvernement suppose des rapports entre le
Souverain et les sujets, entre les gouvernans et les gouvernés: les droits et les devoirs des uns et des autres sont
les résultats de ces rapports. Quelque origine qu'on
donne à l'autorité Souveraine, soit qu'on la suppose
emanée du ciel ou fondée sur le consentement des hommes, la raison enseigne à l'homme d'avoir la justice
pour base et le bien de la Société pour objet.

On ne peut nier que la plupart des Gouvernemens
n'aient été établis par la force, par les armes, par la
conquête; que les nations subjuguées par des guerriers
ou des brigands heureux, n'aient été forcées de recevoir
la loi du vainqueur; que contens de sauver leur vie, leurs
biens, les peuples n'aient renoncé à une partie de leur
liberté et de leurs propriétés. Mais si les droits de la
raison sont méconnus dans le tumulte des armes et pendant les accès de l'ambition, ils ne sont pour cela ni
suspendus ni abrogés. Le conquérant devenu maître,
l'usurpateur devenu propriétaire, cesse d'être ennemi,
et la raison lui dit, qu'il est de son intérêt de bien traiter, de ménager sa propriété, pour en tirer le plus grand
parti possible et la maintenir en sa possession. Cette
raison, principe de tous les principes moraux, lui dit
que la force et la conquête ne donnent point de droits,
que la force et la conquête ne puissent détruire. Et
quel homme peut se flater d'être toujours plus fort qu'une

nation entiere ? Tout Souverain, jaloux de conserver sa puissance doit donc ne jamais oublier, que si les sujets renoncent à l'usage de leur force et de leurs droits naturels, c'est en faveur des avantages qu'ils attendent de leur soumission, et que le premier de ses devoirs, parce que c'est le premier de ses intérêts, est de travailler à leur faire le plus de bien possible.

Ainsi, la loi de nature ou la raison suffit pour prouver que, de quelque manière que le Gouvernement se soit établi, les peuples conservent des droits; que le Souverain demeure soumis à des regles suffisamment indiquées par l'Intérêt de la Société, qui doit être pour lui la loi suprême; qu'il ne peut dans aucun cas substituer sa volonté à cette loi; qu'il ne le peut du moins sans se nuire à lui-même, parce que son intérêt est indivisible de l'intérêt de la Société.

CHAPITRE IV.

Du Gouvernement Monarchique et de ses avantages sur les autres Gouvernemens. Que le Gouvernement de Sparte et de Rome ne fut point Républicain ou Démocratique. Que le Peuple ne doit ni ne peut avoir part au Gouvernement.

§. I.

L'Homme est un être foible, imparfait, et son intelligence, quoique supérieure à celle de tous les êtres sensibles et raisonnables que nous connoissons, est bornée et imparfaite, comme lui. Les institutions politiques se ressentent de sa foiblesse plus que ses autres ouvrages.

Établis par le besoin, par la force, par l'enthousiasme, formés au sein des orages, du désordre, des alarmes et des meurtres, les Gouvernemens doivent se ressentir de leur origine. En effet, toutes les constitutions modernes sont vicieuses et portent avec elles le germe des maladies qui causeront leur ruine. La meilleure est la moins imparfaite, et l'expérience et l'observation nous apprennent que la moins imparfaite est la constitution monocratique ou monarchique. Forcés à nous restreindre, pour ne pas trop grossir le volume, nous nous bornerons aux principales observations qui appuient cette assertion.

§. II.

Nous ferons d'abord observer que si, comme notre Religion nous oblige de le croire, le Genre humain a commencé par un seul homme, cet homme fut le Roi ou le maitre de ses enfans, et que dans l'ordre naturel il avoit le droit de les fouetter, de les châtier, de les punir, de les traiter, en un mot, comme sa propriété. Ce commencement n'est pas défavorable, comme on voit, ni au systême monarchique, ni aux droits des Souverains sur leurs sujets.

Quelque opinion qu'on adopte sur l'origine de l'Homme: car j'écris pour les hommes de toutes les religions; soit que nous descendions du Roi *Adam*, soit que notre espèce ait toujours subsisté, tantôt barbare, tantôt civilisée, selon les révolutions du globe terrestre, au moins est-il vraissemblable, que la famille qui fit les premiers pas vers la civilisation, avoit un Chef et que le premier gouvernement fut le gouvernement paternel ou *monarchique*, qui veut dire d'un seul. Ainsi le premier Roi ne fut ni un conquérant ni un usurpateur, mais un pere de famille, à qui la supériorité d'expérience ou de raison, donnoit naturellement le commandement des autres membres de la famille. Ce vers de *Voltaire*.

Le premier qui fut Roi fut un Soldat heureux, qu'on se plait tant à citer, manque donc de vérité.

La supériorité d'esprit et de raison a, chez tous les premiers peuples, devancé celle des armes. Plus on s'enfonce dans la nuit de l'antiquité, plus les foibles lueurs qui nous restent de ces tems obscurs nous prouvent, que les premiers Rois furent les premiers bienfaiteurs du Genre humain et les premiers hommes placés au rang des Dieux. Les *Osiris*, les *Hermés*, les *Zoroastre*, les *Orphée*, les *Triptolème*, furent le premiers chefs, les premiers pasteurs d'hommes ou les premiers Rois qu'on connoisse.

§. III.

Différentes familles s'étant réunies, pour les secours et les avantages qu'elles pouvoient se procurer réciproquement, durent d'abord conserver en s'unissant la forme du gouvernement paternel. Les volontés réunies des Chefs réglèrent la Société, et c'est là l'origine des États aristocratiques et des ligues fédératives. L'aristocratie peut donc être regardée comme la forme de gouvernement qui est la plus naturelle, après celle du gouvernement paternel ou royal.

Mais, comme il n'y a point de parfaite égalité, dans le moral, non plus que dans le physique, la réflexion et les inconvéniens de la discordance des opinions, des intérets, des passions, des volontés, durent bientôt faire sentir aux hommes le besoin d'harmonie, et les ramener à l'unité. Des chefs inégaux en lumieres et en talent, doivent le devenir en force et en autorité. La division se mit parmi eux, les plus forts vainquirent les plus foibles, et on en revint au gouvernement d'un seul. L'histoire des anciens peuples nous montre, en effet, que la monarchie fut presque toujours le refuge volontaire ou forcé des grandes Sociétés lassées de se déchirer; tant les nations, comme les individus qui les composent, gravitent vers l'esclavage ou le repos.

§. IV.

Plus les corps politiques s'éloignent de la forme monarchique, et plus ils s'écartent de la nature et sont désordonnés. Aussi la Démocratie est-elle le pire de tous les Gouvernemens, de l'aveu même de ceux qui, par des intérêts particuliers, se sont déclarés en sa faveur. Le Gouvernement populaire, que les Philosophes regardent comme le seul *libre,* n'est véritablement qu'une modification de l'Anarchie; et rien ne prouve plus la légereté ou la superficialité d'esprit des françois, que ce que leur trois Assemblées ont graduellement dit et fait en faveur de cette sorte de Gouvernement: comme rien ne prouve plus la fausseté des lumieres du Siècle, le délire de la classe lettrée des peuples, et l'aveugle sécurité des Gouvernemens monarchiques, que l'admiration générale pour les discours des membres de ces Assemblées, souvent ingénieux, quelquefois brillans, mais toujours superficiels, pleins de sophismes et d'erreurs; que le goût général qu'on a manifesté pour les principes et les maximes démocratiques ; que le devouement des Journalistes et des Gazettiers pour leur promulgation ; que le zèle de Gens de lettres pour leur fructification ; et que l'insouciance des Cabinets pour la propagation de ces germes de sédition, de trouble , de désordre et de révolution.

Ministres des Princes de l'Empire germanique et des autres États de l'Allemagne, vous tous qui présidez à la police et à l'administration des Sociétés monarchiques , et qui, entraînés par le torrent des affaires journalières, ne pouvez promener vos regards sur les classes inférieures de la Société, pour en observer les mouvemens et les inclinations, qui, forcés d'agir, n'avez ni le tems de méditer ni celui de lire les méditations d'autrui, je n'espère pas que vous lirez mes observations, mais je prie les personnes qui les liront et qui vous approchent, de mettre seulement sous vos yeux le Chapitre où je traite *de la puissance de l'opinion*, pour que vous y preniez une idée de l'urgente nécessité de détruire l'erreur déjà si accréditée, que la *Souveraineté appartient de droit aux peuples*, que *les Rois ne sont que les mandataires des peuples*, etc. Car vous n'ignorez pas, que le cours des événemens suit toujours celui des idées, quelque absurdes qu'elles soient, et que les canons se tournent du côté de l'opinion dominante. Songez que les idées théologiques de *Luther* et de *Calvin* étoient beaucoup moins à la portée de l'esprit du peuple et beaucoup moins favorables à son amour pour l'indépendance, que celles des Docteurs modernes; que, malgré cela, elles ont fini par s'établir dans plusieurs contrées de l'Europe, et que si vous ne vous hâtez de prendre des mesures efficaces pour arrêter le progrès des erreurs anti-monarchiques, vous n'êtes pas assurés de jouir jusqu'à la fin de vos jours de l'héritage de vos peres et du fruit de vos services.

Que l'aveuglement et la surdité des ministres de *Louis XVI.* que j'ai inutilement avertis et menacés du flot philosophique qui a emporté le trône et eux avec lui, ne soient pas des leçons perdues pour votre sagesse et votre propre intérêt. Daignez considérer que la force du pouvoir n'est pas dans le pouvoir même; que l'opinion est plus puissante que les Rois, puisqu'ils ne sont forts que par elle, et que les Rois sont donc intéressés à former avec elle une alliance indissoluble; que l'opinion est l'esprit de la multitude; que la multitude, essentiellement ignorante et crédule, est toujours de l'avis de ses prédicateurs, et que pour la maintenir sous la domination monarchique, vous êtes indispensablement obligés, ou de mettre les prédicateurs dans les intérêts de la Royauté, ou de leur imposer un silence rigoureux, ce qui est beaucoup plus difficile. Les imprimeries sont les forges de l'opinion, et son artillerie a cela de particulier, qu'elle résiste aux canons, et qu'elle force les canons à se ranger de son côté *).

---

*) Les Académies littéraires et les imprimeries, qu'on peut regarder comme les écoles publiques de l'opinion et ses instrumens, ont fait peu de bien et beaucoup de mal aux Princes et aux mœurs de l'Europe. Dans tous les Etats monarchiques, ces écoles sont d'institution royale et ces instrumens se trouvent sous la main immédiate du Gouvernement. Pourquoi donc les Ministres des Princes Souverains ne feroient-ils pas servir les Académies à produire le bien qu'elles auroient dû faire, et à réparer le mal que l'imprimerie a fait? Qu'on oblige les Sociétés littéraires à ne proposer, pour

§. V.

Le Gouvernement démocratique pose sur de fausses bases, sur des principes destructeurs, L'amour de l'égalité auquel le peuple sacrifie, jusqu'à la vertu même, est une source intarissable de jalousies, de haines, d'ingratitudes, qui entretiennent la division dans l'Etat et font le malheur des particuliers. Quelque chimérique et impraticable que soit l'égalité sociale, l'amour qu'on en a, et qui n'est qu'une envie déguisée, arme continuellement les citoyens de défiance contre le talent, et les aveugle sur les services les plus signalés. Chacun redoute les

les Prix, que des sujets utiles et propres à ramener l'opinion aux principes monarchiques; mais qu'au lieu de cinquante ou cent ducats, on en promette mille ou deux mille au meilleur Discours, et l'on verra alors les meilleures plumes concourir au prix proposé. Il n'y a que les productions du génie et du talent qui fassent des impressions profondes et durables, et les Écrivains de génie ou qui ont un vrai talent ne se mettent pas en frais pour peu de chose. Un éloquente Réfutation du *Contrat social*, lorsque cet ouvrage parut, n'aurait pas été trop payée de cinq ou six mille louis, aux yeux d'un véritable Homme d'Etat, puisqu'elle auroit pu épargner aux Nations un second exemple d'un Roi condamné par ses propres sujets à mourir sur un échafaud. C'est la tête de *Charles I.* qui a fait tomber celle de *Louis XVI.* et Dieu sait si les Peuples, encouragés par ce double exemple, ne saisiront pas l'occasion de fournir, chacun à leur tour, un pareil sujet aux terribles pinceaux de *Clio* et de *Melpoméne?*

Quoi qu'il en soit de l'avenir, il est certain que, l'esprit public de l'Europe est infecté de plusieurs maximes, dont il est urgent de le purger, si l'on veut préserver de trouble et de révolutions les Etats monarchiques. Le mal n'est pas sans remede, et si les Princes d'Allemagne, qui sans contredit sont les plus intéressés à cette importante épuration, veulent sérieusement s'en occuper, j'offre de leur indiquer, dans un Mémoire de moins de six pages, des moyens infaillibles et les seuls praticables pour y réussir.

hommes qu'il est forcé d'estimer et de respecter; on tremble qu'ils n'abusent de l'ascendant de leur mérite pour asservir la nation, et les injustices qu'on se permet à leur égard découragent les talens, affoiblissent les vertus, éteignent l'amour de l'État et invitent à la vengeance, à la trahison et au crime. L'inquiétude et l'atrocité sont le partage de tous les membres du gouvernement populaire. Un Roi qui commet une injustice ou une atrocité ne montre qu'un seul criminel. L'exil d'*Aristide* fut l'iniquité de tous les Athéniens; l'accusation contre *Scipion*, l'ingratitude de tout le peuple Romain; le meurtre de *Barneveld*, le crime de tous les bataves; comme la mort de *Louis XVI.* et de la Reine, sa Femme, après une longue et cruelle Captivité, est le sacrilége et l'atrocité de la nation françoise.

§. VI.

Le Gouvernement démocratique est inapplicable à un vaste État et ne pourroit s'y soutenir. Celui des Spartiates et des Romains ne fut rien moins que républicain.

Si par le mot *République*, on entend la chose publique, la forme dont on administre les affaires du peuple ou des sujets, selon la vraie signification de ce mot, tous les Etats, sans en excepter les Mouarchies, sont des Républiques; mais si l'on entend, comme le vulgaire, par République un Gouvernement démocratique ou populaire, un Gouvernement libre, Sparte, ni Rome ne furent jamais des Républiques.

Sparte fut gouvernée par un Roi, depuis l'époque de sa fondation jusqu'au tems où les Héraclides s'emparerent du gouvernement. On sait qu'étant divisés en deux

branches, ils se partagerent, non l'État ni la Souveraineté, mais le Gouvernement et les honneurs de la
Royauté, et que depuis ce tems Lacédémone, c'est à
dire, tout le pays dont Sparte étoit la Capitale, eut toujours deux Rois qui gouvernoient conjointement et avec
une égale autorité; mais qui n'alloient jamais ensemble
à la guerre; l'un deux restoit à la ville, tandis que
l'autre commandoit les armées. On sait aussi que cette
espèce de double Royauté fut conservée par les loix de
Lycurgue qui, pour empêcher qu'elle ne devînt tyrannique, créa un Sénat et attribua à ce Sénat une autorité
capable de servir de contrepoids à celle des Rois.

Le Gouvernement d'Athènes fut moins populaire que
celui de Sparte. Les citoyens y étoient divisés en quatre
classes et ceux de la quatrième, plus nombreuse que les
autres trois réunies, étoient exclus des délibérations et
du droit de voter. Une loi de *Solon* même ne permettoit
d'élever aux charges de la République aucun citoyen qui
eût en revenus moins de deux cent mesures de froment
d'huile ou de vin. On sait qu'*Aristide* ayant aboli cette
loi, le peuple devint si insolent et si perturbateur, qu'on
eut regret de lui avoir ouvert l'entrée aux magistratures.
De là vient que *Platon* ne reconnoissoit pour citoyens
que les possesseurs d'héritages, et qu'il rejettoit de leur
nombre les artisans, les ouvriers et même les marchands. „*Si la loi*, dit-il, *les déclare libres, la politique
„les regarde comme serfs, parce qu'ils ne vivent que du
„salaire qu'ils reçoivent.*" de Legib. l. 2.

Rome ne fut jamais non plus ce qu'on appelle un
Etat libre, une Démocratie, un Gouvernement populaire.
Elle fut jusqu'à l'expulsion des *Tarquins*, une véritable

monarchie, et quand les Nobles mirent en leur place
deux Consuls, ils ne firent qu'abolir le nom de Roi,
sans abolir la puissance ou l'autorité royale ; mais quand,
à la rigueur, l'autorité monarchique eût été véritablement éteinte par l'autorité consulaire, elle n'auroit fait
place qu'à l'Aristocratie.

Et véritablement, tant que les *Tarquins* subsisterent,
les nobles qu'ils tenoient en bride et qui redoutoient leur
tyrannie, se montroient les amis du peuple et le flattoient
d'un meilleur sort, si l'on réusissoit à abolir la Royauté ;
mais à peine les *Tarquins* furent-il morts, que la Noblesse,
délivrée de la crainte qu'ils lui inspiroient, commença
à devenir insolente et bientôt elle ne laissa échapper
aucune occasion de maltraiter le peuple, c'est à dire,
la classe des plébéïens ou non nobles. On sait que le
peuple, lassé de la tyrannie des nobles, se retira sur le
Mont-sacré et ne voulut plus rentrer dans la ville, qu'on
ne lui eût permis de créer des Magistrats pour soutenir
et défendre ses intérêts, ce qui donna naissance aux
Tribuns. Mais la création des Tribuns donna-t-elle au
gouvernement romain une forme vraiment démocratique?
Les droits des Romains furent-ils en aucun tems établis
sur l'égalité et sur la liberté? Et quand le peuple Romain eut pu être dûment représenté par les Tribuns, qui
ignore que le peuple de Rome formoit à peine la cen-
tiéme partie du peuple de l'Empire? On sait que le dernier dénombrement donna plus de quatre millions de
citoyens, sans compter les sujets, les étrangers, les
femmes, les enfans et les esclaves. Mais quand chaque
province de l'État et même chaque ville des provinces
auroient eu des représentans parmi les Tribuns, l'éga-

lité fut-elle jamais connue dans la République Romaine, où les patriciens, les chevaliers ou nouveaux nobles, les plébéïens, les affranchis et les esclaves, formoient autant de classes séparées qui se méprisoient ou se portoient envie réciproquement? Comme Sparte, la République Romaine eut ses Ilotes, ses Nobles, ses Éphores, ses Rois, mais sous d'autres noms. En un mot, il n'y a jamais eu et il ne peut y avoir de vaste État démocratique. Les petites Républiques de Geneve et de St. Marin, qui sont celles où l'égalité regne le plus, méritent à peine le nom de vraies Démocraties, puisque ni les enfans, ni les femmes n'ont aucune part aux délibérations, quoique leur classe soit la plus nombreuse de l'État.

§. VII.

Quelque partisan que *Rousseau* se soit montré du gouvernement populaire, il convient que rien n'est plus dangereux que l'influence des intérêts particuliers dans la législation, l'administration et les affaires d'Etat; que de toutes les espèces de gouvernement, il n'y en a pas de si sujets aux guerres civiles et aux agitations, que le démocratique, parce qu'il n'y en a aucun qui tende si fortement et si continuellement à changer de forme, ni qui demande plus de vigilance et de courage pour être maintenu dans la sienne; qu'il est contre l'ordre naturel que le grand nombre gouverne et que le petit soit gouverné; qu'à prendre le terme à la rigueur de l'acception, *il n'a jamais existé et il n'existera jamais de véritable démocratie*)*; et qui s'y attendroit? après tous ces

***

*) *Du contrat social* liv. 2 chap. 4.

aveux, il finit par dire que *s'il y avoit un peuple de Dieux, il se gouverneroit démocratiquement. Un gouvernement si parfait*, ajoute-t-il, *ne convient pas à des hommes**).

Voici comment le même Auteur s'exprime, quelques pages plus loin, sur la nature du Gouvernement monarchique: „Tout au contraire des autres administrations, „où un être collectif représente un individu, dans celle-„ci un individu représente un être collectif; en sorte que „l'unité morale qui constitue le Prince est en même tems „une unité physique, dans laquelle toutes les facultés „que la loi réunit dans l'autre avec tant d'efforts se trou-„vent naturellement réunies."

„Ainsi la volonté du peuple, et la volonté du prince, „la force publique de l'Etat, et la force particuliere „du gouvernement, tout répond au même mobile, tous „les ressorts de la machine sont dans la même main, „tout marche au même but, il n'y a point de mouvemens „opposés qui s'entredétruisent et l'on ne peut imaginer „aucune sorte de constitution dans laquelle un moindre „ressort produise une action plus considérable. *Archi-*„*méde* assis tranquillement sur le rivage, et tirant sans

---

*) Ce sont les termes de *Rousseau* qu'il oublie bientôt après, lorsque dans une note du chap. 10. il dit que ce ne fut qu'après l'établissement des Tribuns, qu'il y eut à Rome *un vrai gouvernement et une véritable démocratie*. Ce qu'il y a de plaisant, c'est que dans la même note, il détruit lui-même son affirmation en d'autres termes, puisqu'en parlant des Tribuns, il dit que *quand le peuple a des chefs qui gouvernent pour lui, quelque nom que portent les chefs, c'est toujours une aristocratie*. Le Contrat social est farci de contradictions et d'erreurs de ce genre.

„peine à flot un grand vaisseau, me représente un Mo-
„narque habile gouvernant de son cabinet ses vastes
„Etats, et faisant tout mouvoir en paroissant immo-
„bile."

Ces contradictions dans cet Ecrivain seroient moins
étonnantes, que l'attachement aux maximes et aux formes démocratiques que ses ouvrages ont inspiré aux
diverses Législatures de france, si l'on ignoroit qu'en
général, dans toute espèce de discussion et de choix,
les hommes s'attachent moins au vrai et à l'utile, qu'à
ce qui flatte leurs passions et leur intérêt du moment.

§. VIII.

Dans un État républicain ou populaire, il n'y a point
de réciprocité d'attachement et d'affection, entre le
peuple et ceux qui le gouvernent; au lieu que la majesté
d'un Prince a tant de force et de puissance, dit *Polybe*,
qu'elle laisse toujours dans les ames l'aliment de l'amour
et de la soumission. La multitude obéit plus volontiers
à un Prince censé ne tenir sa puissance que de Dieu ou
de son épée, qu'à des magistrats nés dans la dépendance et dans la subordination. Les hommes, en général, ne respectent que ce qu'ils honorent et n'honorent
que ce qui leur en impose. Des simulacres de grandeur
en imposent même aux plus sages. Un homme tapissé
de plaques d'or ou d'argent, bariolé de cordons, de
croix, d'aigles et de toisons, en impose plus que le plus
Grand homme qui n'est point décoré. Et les hommes le
savent si bien, que les plus raisonnables font quelquefois
divorce avec la raison pour obtenir et s'orner de ces enseignes de la vanité.

§. IX.

Le Gouvernement monocratique est si naturel, si conforme à la gravitation des choses humaines vers l'unité, vers l'ordre et l'harmonie, qu'à mesure qu'on s'en écarte, on s'éloigne de la perfection. Lui seul peut tenir les hommes réunis et faire subsister la Société; car, à proprement parler, les Etats aristocratiques ne sont gouvernés que par le pouvoir monarchique. Et véritablement, par tout où il y aura des hommes réunis en Société, il s'élevera nécessairement un pouvoir dominant, une puissance prépondérante, visible ou cachée; cette puissance se concentrera dans un nombre d'individus toujours moins considérable, et tombera enfin par nécessité entre les mains d'un seul. L'observation de ce qui se passe dans les Etats les plus démocratiques, ne nous apprend-elle pas que la multitude est toujours l'instrument du petit nombre, et que la prétendue volonté générale n'est jamais que la volonté de quelques Démagogues qui, par force ou par adresse, sont parvenus à s'arroger la confiance publique? On peut dire avec vérité que les États populaires sont gouvernés par des Aristocrates, les Aristocratiques par des Monocrates, et que les uns et les autres ne sont, sous différentes formes, que des Monarchies dont le Monarque n'est pas toujours connu, quoiqu'il existe toujours. Il est incontestable que *Barnave, Thouret, Chapelier* et *Mirabeau* ont dominé et gouverné tour à tour l'Assemblée nationale, comme il l'est que *Brissot, Vergniaux, Danton* et *Roberspierre*, ont dominé tour à tour dans la Convention, et que ce dernier, resté le prédominant, gouverne depuis quelque tems la france, sans avoir le nom de Roi, ou plutôt celui de Despote tyrannique, quoiqu'il en exerce les fonctions. C'est ainsi que les Romains, qui détestoient le nom de Roi, obéissoient tantôt à un Consul, tantôt à un Tribun, et tantôt à un Dictateur, mille fois plus injustes et plus cruels, que n'auroit pu l'être un Monarque héréditaire.

CHAPITRE V.

De l'autorité Souveraine. Qu'elle doit être absolue. Que la Constitution angloise si vantée est une des plus vicieuses qui existent.

§. I.

Avant d'établir ou de parler de l'Autorité Souveraine, il n'est pas inutile de rappeler quelques principes sur la Souveraineté elle-même.

La Souveraineté n'est, à proprement parler, que le droit de commander. Que ce droit soit fondé sur la force, la conquête, la violence, ou qu'il soit l'ouvrage des circonstances ou l'effet de la raison et du libre consentement des peuples, ce droit est obligatoire par sa nature et tout membre de l'Etat lui doit soumission et obéissance.

Que la Souveraineté réside en un ou en plusieurs individus, elle est et doit être une, indivisible, indépendante et absolue. On peut l'envisager sous la forme d'un Corps, dont elle est la tête, et dont les sujets sont les membres. Le bien commun oblige également l'une et les autres à s'entr'aider, et leur défend de se nuire. Car leur

intérêt est le même, quoique leurs devoirs soient différens, comme leurs fonctions.

La force physique du corps humain est dans ses
membres; mais cette force seroit inerte et nulle, sans
réunion, et leur réunion ne peut s'opérer que par la volonté de la tête,

Il en est de même de la puissance du corps politique:
elle consiste dans les membres de l'État, mais le Souverain peut seul les diriger selon la fin de l'institution sociale, qui est l'utilité commune.

§. II.

La Souveraineté est une, parce qu'elle ne sauroit être
partagée, et par la raison que la Souveraineté est une,
elle est indivisible; car la Souveraineté est ou la volonté d'un seul ou la volonté réunie de plusieurs, et dans
l'un ou l'autre cas, elle est censée être la volonté du bien
général ou commun. Pour que la volonté soit une, dans
les États où la Souveraineté est formée de plusieurs volontés, il n'est pas nécessaire qu'elle soit unanime; il
suffit qu'elle soit générale, et que les volontés de la gé-
néralité soient réunies en une seule.

§. III.

La volonté du Souverain est la loi; il ne peut y en
avoir d'autre, dans l'ordre civil, qui soit obligatoire.

La volonté souveraine impliqueroit contradiction, si
elle n'étoit pas libre et indépendante. Il est donc de l'essence de la Souveraineté, de n'avoir aucune entrave qui
gêne sa détermination, à la vue de l'intérêt du corps
politique ou du bien commun.

L'Autorité souveraine ne seroit pas indépendante, si
elle n'étoit absolue, hors de toute convention, si elle

ne pouvoit réformer ses propres loix et en faire d'analogues aux événemens et aux circonstances qui changent les intérêts du corps politique. Le Souverain est donc hors de la loi, par cela seul qu'il est Souverain et qu'il fait la loi: Il seroit en effet absurde qu'il s'imposât une loi qu'il ne pût enfreindre et révoquer. On auroit tort de conclure de ce principe que le Souverain doive ou puisse tout faire: Nous avons prouvé et nous insisterons encore sur cette vérité, que la raison, la sagesse ou la loi de nature, qui conseille à chaque individu tout ce qui tend à sa conservation et à son bien-être, doit être principalement la regle du Souverain.

Ces principes sont incontestables et ne peuvent être combattus que par des mots.

Or, il suit évidemment de ces principes ou que l'Autocrate de Russie, le Roi de Dannemark, le Roi de Hongrie et de Bohême, le Roi de Prusse, le Roi d'Espagne, le Roi de Naples, le Roi de Sardaigne et le Roi d'Angleterre, ne sont pas des Souverains, ou que s'ils le sont, ils ont ou doivent avoir nécessairement une puissance indivisible, indépendante, absolue, qui n'ait d'autres limites, d'autres loix, que celles de l'intérêt de l'Etat; et qu'il est contradictoire et absurde, que le pouvoir législatif soit séparé du pouvoir exécutif, puisque ce n'est précisément que la réunion des pouvoirs qui constitue la Souveraineté. L'Autorité souveraine est essentiellement une comme la Souveraineté, et ceux qui l'ont divisée ont pris pour des parties de cette autorité ce qui n'en est que des émanations. *Rousseau*, dont, je le répéte, on n'a adopté que les faux principes ou que les principes qu'il avoit appliqués au Gouvernement d'un

État démocratique de peu d'étendue; *Rousseau*, dis-je,
en fait l'aveu, même dans son *Contrat social*. Voici
comme il se mocque de ceux qui, comme les membres
de la premiere assemblée nationale de france, ont divisé
la Souveraineté en puissance législative et en puissance
exécutive, en droits d'impôts, de justice, de guerre,
d'administration intérieure et extérieure: „Tantôt, dit-il,
„les Politiques confondent toutes ces parties et tantôt ils
„les séparent; ils font du Souverain un être fantastique
„et formé de pièces rapportées; c'est comme s'ils com-
„posoient l'homme de plusieurs corps, dont l'un auroit
„des yeux, l'autre des bras, l'autre des pieds et rien de
„plus. Les Charlatans du Japon dépecent, dit-on, un
„enfant aux yeux des Spectateurs, puis jettant en l'air
„tous ses membres l'un après l'autre, ils font retomber
„l'enfant vivant et tout rassemblé. Tels sont à peu près
„les tours de gobelets de nos politiques: après avoir dé-
„membré le corps social par un prestige digne de la foire,
„ils en rassemblent les pièces je ne sais comment.”

Les *Brissot*, les *Condorcet*, les *Danton*, les *Roberspierre* et les autres membres de la troisieme Législature
se sont montrés plus conséquens et plus connoisseurs,
en voulant, pour ne pas séparer les pouvoirs, établir
le gouvernement démocratique; ils n'ont erré que dans
l'application des principes inapplicables à un État riche
par lui-même ou un peu étendu.

Tous les droits, qu'on prend pour des parties de la
Souveraineté, tel que le droit de déclarer la guerre, celui
de mettre des impositions sur l'industrie et les propriétés
territoriales, sont des droits essentiels, constitutifs et
résultans de l'Autorité souveraine, droits tous subor-

donnés à sa volonté suprême et qui n'en sont que l'exécution.

§. IV.

D'après les principes que nous venons d'établir et
d'après les idées mêmes de *Rousseau* sur la Souveraineté, il s'ensuit que la volonté souveraine est toujours droite
et tend toujours à l'utilité commune de l'État, ce qui ne
veut pas dire qu'elle soit toujours conforme à cette utilité. On cherche toujours son bien, mais on ne le voit
pas toujours; notre jugement n'est pas toujours éclairé:
jamais on ne corrompt la puissance Souveraine, mais
souvent on la trompe et quelquefois elle se méprend elle-
même sur ses intérêts. Le plus pressant pour elle est de
s'environner de sujets qui lui fassent connoître la volonté générale, qui la garantissent de la séduction des volontés particulières, qui lui montrent les objets tels qu'ils
sont, qui lui indiquent le bon chemin qu'elle cherche,
qui balancent à ses yeux les avantages présens et sensibles, par le danger des maux éloignés et cachés. Quand
on veut être juste, on ne craint point de s'éclairer, et les
Princes qui ont un pouvoir indépendant, sont nécessairement justes; car on ne fait le mal que par foiblesse,
que parce qu'on n'est pas assez fort pour se passer de
mal faire. Il est donc de l'intérêt même des Peuples de
laisser ou de donner le plus de latitude à l'exercice de la
Souveraineté. La nation Danoise étoit pénétrée, sans
doute, de cette vérité, lorsqu'elle consentit à être gouvernée despotiquement par ses Rois, et on ne voit pas
qu'elle ait eu lieu de se repentir de son abandon à la
volonté Souveraine. *Choisissez parmi nous un Homme
fort*, dit l'Écriture, *pour qu'il vous commande dans la*

guerre, et qu'il vous juge dans la paix. Voilà le cri de la
raison naturelle, le conseil de la sagesse, le principe de
l'autorité suprême. Entre cette autorité et l'obéissance,
toute barriere empêcheroit et détruiroit l'unité. Au lieu
d'entraver la marche du protecteur né ou élu de la Société, l'expérience et la raison enseignent qu'il est de
l'intérêt commun de la simplifier, d'applanir son chemin.
Un *Homme fort* m'est donné pour me défendre, et je
chercherois à lui lier les mains ! Je signe un traité de confiance, et j'y mettrois des restrictions qui annonceroient
la défiance ! Le défenseur de la Société ne doit trouver
d'adversaire, que dans les ennemis de la Société. C'est
exagérer aux yeux de l'Autorité même son pouvoir, que
de l'environner de précautions,

Comme la nature donne à chaque homme un pouvoir
absolu sur tous ses membres, la raison, qui est la nature sociale, donne au Chef du corps politique un pouvoir qui porte le nom de Souveraineté.

Il s'ensuit encore des principes qui précedent et qui
sont, je le répete, les mêmes que ceux du *Contrat social*,
diversement appliqués, que tous les services qu'un citoyen peut rendre à l'État, il les lui doit, sitôt que le
Souverain les demande, observant toutefois que de son
côté le Souverain ne peut ni ne doit charger ses sujets
d'une chaine inutile à la communauté ; car de même que
sous la loi de nature rien ne se fait sans nécessité, de
même sous la loi sociale ou de raison, rien ne peut ou
ne doit se faire sans cause, et la cause éternelle de la
volonté Souveraine ne peut être que le bien de la société.

On voit qu'il résulte encore des droits constitutifs de la Souveraineté, que tout Souverain a un droit immédiat sur la fortune, sur l'industrie, sur les biens, sur la liberté, sur la vie même de chaque membre de l'État; car l'organisation et l'esprit de la Société, qui ont pour fin la conservation et le plus grand bien de ses membres, exigent que chacun des membres, n'ait d'autre volonté que celle du Souverain, seul juge de ce qui est utile ou nuisible à la communauté. „Qui veut con-„server sa vie aux dépens des autres, dit *Rousseau*), „doit la donner aussi pour eux, quand il le faut, ... „et quand le Prince a dit au Citoyen, il est expédient „à l'État que tu meures, il doit mourir.”

Le bien commun de la Société exige cet ordre de choses. Personne n'ignore que le Prince peut abuser de ce droit; mais s'il en absusoit, il agiroit alors contre lui-même et ressembleroit à un particulier qui se couperoit la main ou tel autre de ses membres sans nécessité, et qui, s'il répétoit fréquemment ces actes de démence, finiroit par se détruire.

On voit par-là que le pouvoir Souverain, tout indépendant, tout absolu et tout sacré qu'il est, ne passe et ne peut passer les bornes prescrites par la raison ou loi de la nature sociale, sans se nuire à lui-même; et que tout membre de la société peut disposer librement des biens et de la liberté que lui laissent les loix ou conventions sociales, toujours censées établies sur

---

*) *Contrat Social.* Liv. 2. Chap. 5.

l'intérêt de la communauté ou des rapports qui existent entre le Souverain et les membres de l'État.

§. VI.

Le Peuple se conduit toujours par passion, jamais par raison, lors même qu'il agit raisonnablement. Flatté par ceux qui ont sçu capter sa bienveillance, il devient leur esclave et l'instrument de leur ambition, jusqu'à ce que changé par son inconstance ou par l'habileté de quelques nouveaux factieux, il renverse et brise lui-même les idoles qu'il avoit élevées. La faveur, le discrédit et la haine, qu'ont éprouvé tour à tour *Mirabeau*, *Bailly*, *Pethion*, le Duc d'*Orléans*, *Manuel*, de la part du Peuple parisien, sont de nouvelles preuves de cette observation. Le peuple n'est fait que pour être gouverné et non pour avoir part au Gouvernement. Il n'y a que des ignorans ou des esprits de mauvaise foi qui puissent louer la démocratie.

Pour exercer les fonctions de la Souveraineté et même pour avoir quelque part au gouvernement au moins faut-il avoir quelques lumieres, et le Peuple ne peut en acquérir.. On aura beau écrire, publier des cathéchismes de morale et de politique, on ne donnera jamais de la raison au peuple; jamais les vues générales, les idées combinées ne seront à sa portée. Outre que la multitude est inéclairable, et que les besoins qui la forcent au travail ne lui permettront jamais de s'instruire et de connoître les vrais intérêts de l'État, l'instruction et les lumières, loin de lui être utiles, ne serviroient qu'à la rendre plus inquiéte et plus malheureuse. Si les Savans et les Beaux esprits ne sont pas d'accord entre eux; s'ils différent d'opinion, même sur les choses les moins abstraites, sur les objets qui leur sont les plus familiers, tels que ceux de la poésie, de la peinture, de la musique, de la danse; s'ils disputent et sont divisés sur le mérite d'un livre, d'un opera, d'un tableau; sur le talent d'un Comédien et d'un Danseur, comment espérer que toute une Nation puisse jamais s'accorder sur le bon, le raisonnable, le juste et l'utile? Le peuple sera toujours le peuple, et ceux là sont peuple et les ennemis du peuple, qui veulent que le peuple gouverne.

Depuis l'époque où, par les conseils du plus inepte des Ministres et du plus vil des hommes *), puisque

---

*) Quand on pense que les premiers qui ont provoqué ou servi la révolte, tels que le Duc de la *Rochefoucault*, de *Lessart*, le Cte de *Montmorin*, le Cte de *Sillery*, *Manuel*, *Custines*, *Houchard*, *Carra*, *Gorsas*, l'Abbé *Fauchet*, *Brissot*, *Bailly*, le Duc d'*Orléans*, etc. en ont été les victimes; que la Noblesse, qui avoit contribué et applaudi à la dépouille du Clergé, a été dépouillée à son tour de ses propriétés; que les Agioteurs, qui se sont enrichis des biens du Clergé et de la Noblesse, ont été obligés de rendre gorge; que les Prêtres, qui avoient lâchement abjuré leur religion et leurs sermens, pour conserver des places et des pensions, ne les ont pas conservées; Quand, en un mot, on a vu le Monstre de la révolution dévorer ses peres, ses enfans et ses propres défenseurs, on a reconnu la main de la Providence dans tous ces événemens; mais comme les hommes ne jugent de la justice divine que d'après la leur, quelques-uns regardent comme une contradiction ou au moins comme un oubli de la Providence l'existence scandaleuse du Cardinal de *Loménie*, celui de tous les Ministres de *Louis XVI.* qui a montré le plus d'impéritie et de suffisance; celui de tous les Philosophes qui a fait le plus de mal à la Monarchie françoise et à toutes les Monarchies, en invitant au nom du Souverain les plumes philosophiques à discuter les droits de la Souveraineté; celui de tous les Evêques qui a marqué le plus de mépris pour les moeurs et la religion; en un

le Duc d'*Orleans* ne vit plus ; depuis le jour, dis - je, où *Louis XVI.* promit d'assembler sa Nation et eut la foiblesse de la consulter, pour la rendre libre et heureuse, cette Nation a - t-elle cessé de faire des bévues, des in-justices, de commettre des crimes et des sacriléges dans tous les genres, d'appésantir ses chaînes, de marcher vers l'anarchie, l'oppression et la tyrannie la plus odieu-se, mais la mieux méritée?

Toute multitude est incapable de sagesse. En se réunissant, les hommes s'électrisent, se passionnent, s'exaltent, et ce qu'ils gagnent en courage, ils le per-dent en raison. Ce ne sont jamais les avis du plus raisonnable, mais du plus passionné ou du plus éloquent qui prédominent.

Les Princes et les Rois ne doivent jamais oublier que les hommes sont plus sensibles que raisonneurs;

---

mot, celui de tous les illustres coupables, dont le supplice, à l'époque de sa retraite ignominieuse du ministère, auroit récon-cilié le Gouvernement avec la Nation, et sans doute, épargné aux *Bourbons*, à la Noblesse, au Clergé, à la France entiere, à l'Europe, à l'Humanité, les calamités passées, présen-tes et futures de la Révolution. J'avoue que l'impunité et l'existence de ce Personnage ont droit de surprendre et même d'étonner; mais ce n'est pas une raison pour accuser la Provi-dence de sommeil ou de contradiction. Notre intelligence est trop bornée pour qu'il nous soit permis de sonder ses desseins et de mesurer sa justice sur la nôtre. Si cependant le ciel avoit besoin de justification, il nous suffiroit d'observer, que pour peu que le sang dartreux et virulent qui coule dans les veines de l'ex - prê-tre *Loménie* lui laisse de sensibilité, et pour peu que son esprit corrompu par les poisons philosophiques ait conservé de moralité, sa vie ne doit être pour lui qu'un supplice prolongé. Dans ce cas, diront tous les bons françois: *Serus ad tartara redeat.* Amen!

plus touchés d'un charlatan qui parle à leurs sens, que d'un sage qui parle à leur entendement; que le peuple est avide d'émotions; qu'il aime tous les genres de spectacle, tout ce qui frappe ses yeux, et que beaucoup de gens bien nés sont peuple.

Pour faire sentir aux zélateurs de la démocratie que le peuple n'est ni ne sauroit être raisonnable, et qu'il ne connoît point ses intérêts, il suffit de leur rappeler l'exil d'*Aristide*, la mort de *Phocion*, l'accusation de péculat intentée contre *Scipion* l'Africain, la tranquillité de *Sylla*, après son abdication, le crédit de *Rienzi*, l'ascendant de *Cromwel*, l'enthousiasme pour *Broussel*, la feue considération de *Necker*, la fin de *Louis XVI.*, celui de tous les Rois qui a montré le plus d'égards pour le peuple.

Le peuple dans tous les âges et dans tous les pays a caressé, idolâtré ses plus grands ennnemis, et maltraité ou déchiré ses meilleurs amis. Il est toujours aveugle, parce qu'il est toujours passionné, quand il agit. Mettez une arme dans les mains d'un aveugle et dites lui qu'il va frapper son oppresseur: il vous croira, et tuera son bienfaiteur.

§. VII.

L'autorité tend d'elle-même à se concentrer, et plus elle est concentrée, plus elle a de force et d'énergie. De là vient que, dans les Monarchies, quand la jeunesse ou la foiblesse du Chef ne lui permet pas de gouverner par lui-même, la machine politique va beaucoup mieux sous un premier ministre, que sous plusieurs Ministres, qui, chacun dans son Département, suivent leurs vues particulières, croi.

sent souvent celles de leurs collégues, et compromettent l'Autorité Souveraine, en la mettant quelquefois en contradiction avec elle-même.

§. VIII.

Plus l'Autorité Souveraine est concentrée, plus elle est simple, et le Gouvernement le plus simple est le meilleur en soi, par cela seul qu'il est simple. D'après ce principe, dont personne ne contestera la vérité, il est clair qu'une constitution monarchique est plus ou moins bonne, selon qu'elle favorise plus ou moins la concentration de l'autorité Souveraine, et que la constitution angloise, une des moins favorables à cette concentration, est par conséquent une des plus vicieuses de celles, qui existent. Par cette constitution, le pouvoir législatif, une des parties les plus importantes de la Souveraineté, se trouve séparé du pouvoir exécutif, ce qui divise et affoiblit nécessairement la puissance Souveraine.

Un véritable Roi ne doit avoir d'autre volonté générale, d'autre intérêt, que l'intérêt commun, et pour qu'il puisse avoir toujours cette volonté et cet intérêt, il est nécessaire de le dépouiller de tout intérêt personnel, et le moyen d'y réussir, s'il n'a dans ses mains la plénitude des pouvoirs ? Ce n'est que lorsqu'on peut tout pour soi, qu'on peut avoir une volonté libre et plénière pour les autres. Dieu n'est souverainement juste, que parce qu'il est souverainement puissant. Si les Rois étoient tout-puissans à l'égard des membres de l'État, s'ils n'avoient aucun intérêt de ménager les grands, qui oppriment quelquefois les petits, il y auroit moins d'injustices et moins d'oppressions.

§. IX.

Rien ne fait mieux sentir la nécessité de l'indépendance du pouvoir monarchique ou royal, que la nécessité
où se trouve le Roi d'Angleterre de recourir à la corruption, pour suppléer à la puissance que la loi lui refuse.
Plus il est porté à faire le bien de la Nation, dont il connoît mieux les intérêts que la Nation même, puisqu'ils
sont l'objet continuel de ses fonctions, et plus il se voit
obligé de s'assurer de la majorité du corps législatif qui
pourroit contrarier ses vues. Une constitution qui met
le Chef de l'Etat dans la nécessité d'en corrompre les
principaux membres, peut - elle être regardée comme une
bonne constitution? C'est la corruption qui affoiblit et
perd les États, et ici la corruption commence par celui
qui devroit en être le préservateur!

§. X.

Pour que la machine politique ait des mouvemens
faciles et réguliers, il est nécessaire que le ressort principal ait une force prépondérante, soutenue, toujours
dirigée à l'extérieur, c'est à dire, vers les rouages qui
communiquent et perpétuent les mouvemens jusqu'à
la dernière roue. En partageant, en limitant la puissance royale, et en la mettant dans le cas de s'occuper
d'abord d'elle - même, la constitution angloise expose
le jeu de la machine politique à des intermittances et
à des irrégularités nuisibles à l'harmonie politique.

Modifier ou limiter la puissance Souveraine, c'est
l'obstruer, la paralyser, avancer sa destruction. Qu'on
y fasse attention, et l'on verra que les tems de force
et de prospérité, que les beaux jours de toutes les Monarchies sont ceux où leurs Rois étoient absolus et in-

dépendans. Quand *Auguste*, qui sous le nom d'*Octave* avoit commis tant d'injustices, de crimes, de cruautés, se fut rendu maitre absolu de Rome et du Sénat, n'ayant d'autre intérêt que celui de l'État, il fut juste et ne s'occupa que de la félicité commune. Dans aucun tems les peuples de la domination Romaine ne furent plus tranquilles et plus heureux, que sous le long regne de ce Prince devenu tout-puissant. C'est à la politique de *Louis XI.* souvent cruelle, mais toujours avantageuse au peuple, et qui débarassa l'autorité Royale des ses entraves, que les François (je parle de la masse générale du peuple) ont dû le peu d'années d'aisance et de bonheur, dont ils ont joui sous le ministère, d'ailleurs indépendant et absolu, du Cardinal d'*Amboise*, du Duc de *Sully*, du Cardinal de *Richelieu* et du Cardinal *Fleuri.* La foiblesse politique et morale des Rois est le plus grand fléau de l'Etat et du peuple.

§. XI.

Il n'y a qu'une voix en Europe sur l'excellence de la constitution angloise. *Montesquieu* lui a prodigué dans son *Esprit des loix* des éloges qui n'ont pas peu contribué à accréditer ce préjugé. Le suffrage des hommes célébres fait toujours autorité, auprès de ceux qui n'ont ni le goût ni le talent de l'observation. Mais si l'on daigne réfléchir, que les esprits les plus clairvoyans et les plus profonds ne peuvent ni tout voir ni tout combiner, et que d'ailleurs il se mêle trop souvent dans leurs décisions quelque chose de leurs passions, on verra qu'ils ne sont pas exempts d'erreurs, et qu'il est des rapports que des vues moins pénétrantes peuvent mieux saisir. De ce qu'une chose est généralement reçue, il ne s'ensuit pas qu'elle soit vraie. Tout l'Univers a long tems cru aux faux Dieux, et aujourd'hui la Nation qui passe pour la plus éclairée ne croit même pas au véritable Dieu.

Quelque vantée que soit une constitution, elle ne sauroit être bonne, lorsque ses principes élémentaires sont incohérens, inharmoniques, contradictoires, opposés les uns aux autres, et incapables de cette unité et réunion de mouvemens qui compose la force et la santé du corps politique. La division des pouvoirs qui constituent la Souveraineté entraine celle des intérêts, et celle-ci enfante le désordre.

Si tous les pouvoirs émanent du peuple, lorsque la Nation angloise s'en est saisie ou ressaisie, lors de la révolution de 1688, elle devoit ou les conserver tous, en établissant un gouvernement démocratique, ou les céder tous à *Guillaume III.*, en conservant la Royauté. Les restrictions qu'elle mit alors à la prérogative royale pour se préserver des inconvéniens du despotisme de ses anciens Rois et de la tyrannie d'un nouveau Protecteur, ont produit et devoient produire d'autres abus, non moins funestes à l'intérêt public et à la durée de l'Etat. En bornant les revenus du Roi, la Nation l'a mis dans la nécessité de s'affranchir des loix, pour s'affranchir de l'indigence; en ôtant au Monarque le droit de faire des loix, on a dénaturé la Souveraineté, dégradé la Royauté et avili la législation, sans remédier aux désordres. Privée du pouvoir législatif, la Royauté n'est qu'un vain fantôme; soumis à la sanction Royale, le pouvoir législatif n'est lui-même qu'un corps fantastique, puisqu'il dépend du Roi de suspendre ses délibérations, d'annuler ses décisions et de l'empêcher de s'assembler. Conçoit-on rien de plus bizarre ni de plus inconséquent, qu'une Nation qui hait les Rois et qui ne peut se passer de Royauté; qui charge son Roi de chaines, et qui lui laisse les moyens de s'en servir contre elle; qui se croit plus honorée, en se laissant mener au gré d'un Esclave, que si elle obéissoit à un Maitre; qui se regarde comme libre, quoiqu'elle n'use de sa liberté que pour la vendre; et qui se glorifie de sa liberté prétendue, parce que les fers qu'elle porte sont de son choix?

§. XII.

La prérogative Royale et les restrictions sont une contradiction sociale, une répugnance morale, un solécisme politique; car celui qui a l'exercice de la force publique, la distribution des honneurs, des dignités et des emplois, le commandement des armées, est toujours le maitre, et l'intérêt commun exige qu'il le soit, de droit ou de fait. Si le Roi d'Angleterre cessoit de réunir dans ses mains, par la corruption ou par l'habileté de ses ministres, les pouvoirs que la constitution lui refuse, l'Etat seroit aussitôt en proie aux dissentions civiles et aux usurpations étrangères, et ce Royaume qui a duré tant de siécles, malgré le despotisme de ses anciens Rois et qui se soutient, malgré les nouveaux vices de sa nouvelle constitution, tomberoit dans l'anarchie et la dissolution, en passant de la puissance, mal acquise, mais indispensable d'un seul, sous le despotisme et la tyrannie de tous. Une force unique, indépendante et absolue, visible ou cachée, est donc nécessaire, et si une telle force est nécessaire, n'est-on pas obligé de convenir que la constitution angloise est une des plus vicieuses qui existent?

§. XIII.

Que si l'on m'objectoit la prospérité de la Nation angloise dans les armes et le commerce, dans l'administration intérieure et extérieure de l'Etat, je répondrois, que ce n'est point à sa constitution, mais à son gouvernement, à la sagesse et à l'habileté du ministére qu'elle doit ses succès, et que sa gloire et ses succès lui auroient moins coûté et seroient plus durables, sans les vices de sa constitution. C'est, en effet, à celle-ci qu'on doit imputer la cause de cette dette immense, qui passe quatre milliards de livres tournois, et dont tout l'or et l'argent monnoyé des trois Royaumes ne suffiroit pas au remboursement de la moitié; c'est à la constitution qu'on doit imputer aussi l'excès des impôts et des taxes qui forment une somme de 17 millions de livres sterlings; la grande quantité de voleurs qui infestent ce Royaume; la liberté corruptrice et souvent scandaleuse qui regne dans les écrits; la licence perturbatrice du peuple, qui expose les citoyens les plus paisibles aux insultes et aux outrages de la canaille; la fréquence des émeutes, des soulevemens, et mille autres inconvéniens qui déterminent les Anglois peu riches, mais aisés, à déserter leur patrie, et à aller terminer paisiblement leur carriere dans des pays moins agités et plus heureux.

§. XIV.

Quand les Anglois, après avoir chassé *Jacques II.* mirent *Guillaume III.* à sa place, ils firent les conditions qu'ils jugerent les plus favorables à la liberté nationale; mais agités par des impressions trop récentes, exaspé-

rés par le souvenir des abus ministériels et de la tyrannie de *Cromwel*, ils conçurent une méfiance incurable
et un dédain exagéré pour la Royauté. La passion leur
ferma les yeux aux considérations les plus importantes
de la politique, et croyant stipuler pour la liberté, ils
stipulèrent pour le libertinage, la licence, l'irréligion et
toutes les sources de corruption, de désordre et de trouble.
Ils ne s'apperçurent pas qu'un Etat, et sur-tout un Etat
monarchique, ne peut être bien gouverné, que lorsque
le Prince jouit d'une autorité indépendante et capable
de vaincre les obstacles que les passions opposent à la
loi; que la puissance exécutrice doit disposer de tous
les pouvoirs, pour n'abuser d'aucun, et de toutes les
forces de l'Etat, pour n'en détourner aucune vers l'acquisition de celles qui lui manquent, et pour les diriger toutes vers l'utilité générale; que sans la réunion
des pouvoirs dans les mains du Prince, la Royauté n'est
qu'une forme illusoire, le Diadême qu'un vain ornement
et point un lien; que le Sceptre est sans force et sans
vertu; que refuser au Prince le pouvoir législatif, c'est
l'inviter à abuser des pouvoirs qu'on lui laisse, pour se
procurer celui dont on le prive; que c'est tomber en
contradiction avec soi-même, que d'ôter au Prince la
puissance législative, sous prétexte qu'il peut en abuser,
lorsqu'on lui laisse la puissance exécutrice, beaucoup
plus dangereuse, dont il peut aussi abuser; que la puissance législative est d'autant plus inséparable de l'exécutive, que dans les intervalles des assemblées du Parlement, dans les cas non prévus par les loix faites, dans
les événemens inopinés et urgens, l'Etat pourroit être
en danger, si le Prince n'avoit pas le droit de faire sou-

dain des loix analogues à la circonstance ; qu'enfin la
liberté de penser et de publier ses pensées, sans l'aveu
du Prince, dégénere toujours en licence, peut contrarier
les vues les plus sages du Gouvernement, dénaturer les
principes, jetter des doutes sur les vérités les plus utiles,
affoiblir la foi religieuse, élargir les consciences, relâcher
le ressort de l'honneur, porter le trouble et la division
dans les familles et la corruption dans les moeurs.

Les loix tyranniques et cruelles publiées contre les
catholiques, sous le regne de *Guillaume III.*, sont encore
une preuve de la passion et de l'aveuglement de la Nation
angloise, à l'époque dont il s'agit. On peut se former
une idée de la barbarie de ces loix, d'après ce que nous
en rapportons pag. 147.

Pour prouver, en un mot, que c'est en l'absence de
la saine politique et de la raison, que la constitution
angloise a été rédigée, il suffit d'observer, que c'est à la
sagesse, à l'habileté, à l'infatigable vigilance du Gouvernement et aux soins qu'il prend pour s'assurer de la
pluralité des voix du corps législatif, que l'Angleterre
est redevable de la conservation des moeurs, du maintien de la religion qui en est la sauvegarde, des intervalles de sa tranquillité intérieure, et de la considération
dont elle jouit au dehors. Nous ajoutons, que si le Roi
cessoit de se rendre maître de la puissance législative,
le parti de l'opposition deviendroit aussitôt prédominant, et l'État, en proie aux factieux, tomberoit dans
les horreurs de l'anarchie.

C'est la division et l'affoiblissement de l'Autorité
Royale, qui a amené sa chûte en France. On opposoit
souvent le Roi à lui-même, pour éluder ses ordres, et

c'étoit par respect pour le *Seigneur-Roi*, que les Tribunaux Souverains lui désobéissoient. L'espèce de *veto* qu'exerçoient les Parlemens contre les Édits a plus contribué, que le dérangement des finances à la perte de la Monarchie.

§. XII.

Pour achever de faire sentir les vices de la constitution Britannique nous aurions pu observer qu'elle autorise des abus contraires à l'égalité, à la liberté, aux droits naturels des citoyens; qu'il est des Provinces, celle de Cornouailles entre autres, dont les priviléges écrits (charters) sont plus considérables, que ceux des autres provinces; que la représentation de quelques Districts aux Communes n'est pas proportionnée an nombre des habitans; que le Comté de Rutland et le Comté d'Yorck envoient un nombre égal de députés, quoique ce dernier ait cent fois plus d'habitans; que le bourg d'Old-Sarum, qui n'est composé que de quelques habitations, députe deux Représentans, tandis que la ville de Manchester, composée de près de 60 mille ames, n'a pas le droit de députation. Nous aurions pu observer encore, que la dette contractée par le Gouvernement, dette énorme, dont les seuls intérêts suffiroient à l'entretien d'un vaste État bien constitué et qui vont tous les jours en grossissant, ne date que de cette constitution si vantée, et qu'elle ne peut tarder d'amener une révolution qui forcera de la réformer. Nous aurions pu ajouter à d'autres observations de ce genre, des considérations morales, non moins propres à faire ressortir les vices de cette constitution; mais outre, que nous sommes pressés par le peu d'espace, nous croyons

en avoir assez dit, pour prouver que la constitution angloise ne seroit qu'une forme illusoire, vaine, insoute-
nable, sans la prérogative Royale qui donne au Gouvernement les moyens ruineux de la maintenir.

Les défectuosités de la constitution, et la prospérité
de la Nation britannique, qui n'est due qu'à la sagesse
du Gouvernement, donnent lieu à une observation importante, que *J. J. Rousseau* ni les autres zélateurs des
formes légitimes n'ont pas faite, c'est que quelque dé-
fectueuse que soit une constitution, la machine politique ne laisse pas d'aller et même de prospérer, pourvu
que les pouvoirs se trouvent réunis dans une même
main, et que cette main soit tant soit peu habile;
de même que le succès d'une navigation dépend souvent
moins de la construction du vaisseau, que de l'expérience et de la sagesse du pilote. C'est ainsi que, malgré les vices de sa constitution, on a vu la Monarchie
françoise croître et se soutenir, pendant près de treize
siècles, et jetter par intervalles le plus grand éclat:
sujet de réflexions profondes pour les esprits politiques
et législateurs, que cette extrême facilité avec laquelle les vices et les abus se naturalisent dans les
institutions sociales, sans en déranger d'une maniere sensible ni le jeu ni la marche. C'est ce qui me
persuade, que la durée des États et leur prospérité dépendent moins de leur constitution, que de leurs mœurs
et de leur Gouvernement: comme on voit des hommes
d'un tempérament délicat parvenir, à la faveur d'un
sage régime, à une vieillesse extrême, à laquelle n'arrivent pas des tempéramens plus robustes et mieux constitués. Mais, j'ose le dire, quelque sage et habile que

soit le M....stère Anglois, il ne reculera que de très-
peu d'années la catastrophe qui menace la Grande - Bretagne, et qui démontrera à tous les esprits combien étoit
vicieuse la constitution qui a forcé le Gouvernement le
plus éclairé à contracter une dette immense et insolvable. Je ne connois pas de moyen capable de prévenir
la révolution dont je parle; mais il en est plusieurs pour
l'empêcher de nuire à la prospérité de l'État; et je ne
pense pas qu'aucun échappe à la sagacité du Ministère
Britannique *).

Un Ecrivain qui s'estime doit penser tout ce qu'il
dit, mais ne doit pas dire tout ce qu'il pense. Forcés
par les circonstances de nous partager entre l'amour de
la vérité et la crainte de déplaire à un Gouvernement que nous estimons, nous nous contenterons d'observer que les moyens du Ministère anglois pour ren-
forcer ou soutenir l'État, ressemblent à ceux d'un maçon qui éleveroit ou répareroit un édifice avec des matériaux tirés de ses fondemens.

*) On ne peut disconvenir que le Ministère anglois ne soit un des
plus actifs et des plus éclairés de l'Europe. Ayant à lutter contre des partis acharnés, toujours vaincus et toujours renaissans, et
à se défendre contre les attaques dangereuses de l'ambition et de
l'envie qui, sous le masque du patriotisme, peuvent donner un
libre essor à leurs fureurs, le Goûvernement est dans la nécessité
de ne choisir ses Agens, que parmi les hommes d'un mérite reconnu. Ses Ministres du dehors sont dignes de ceux de l'intérieur,
surtout si l'on en juge par M. le Chevalier *Moreton Eden*, Frere
de Milord *Auckland*, qui, après avoir été employé avec succès
à la diète de Ratisbonne, aux Cours de Coppenhague, de Dresde
et de Berlin, réside actuellement auprès de celle de Vienne, en
qualité d'Envoyé extraordinaire.

CHAPITRE VI.

De la propriété et de la liberté. Que la Noblesse est la premiere des propriétés. Qu'il est dans l'ordre politique et naturel, que les Nobles soient distingués des autres citoyens. Que les principes du droit de propriété ont été méconnus dans la destruction des Jésuites et dans la suppression de plusieurs Communautés religieuses et de plusieurs droits de la Noblesse seigneuriale.

§. I.

Il est un droit qui a précédé tous les droits, qui sert de base à toutes les loix civiles, un droit que toutes les loix civiles, ont maintenu, et que personne n'a encore contesté, c'est le droit de propriété.

Avant l'établissement des Sociétés, la terre appartenoit à tout le monde, parce que chaque terrein étoit libre; mais du moment qu'un homme s'est mis en possession d'un terrein libre; qu'il y a construit une cabane, pour se mettre lui et sa famille à l'abri des intempéries du tems, et qu'il en a cultivé les environs, pour se nourrir, il l'a acquis à titre de premier occupant. Ce terrein et ses productions se lient à la personne du possesseur, à ses besoins, et devient par le travail et la culture, le fruit de ses sueurs, son ouvrage, une partie de lui-même, en un mot, sa propriété.

J. J. Rousseau et les autres zélateurs de la Démocratie ont adopté, sur l'article des propriétés, les principes de *Hobbes*, qui dit que tout homme a naturellement
droit à tout ce qui lui est nécessaire, pour se conserver
et se rendre l'existence agréable, et qui ajoute, que tout
homme qui entre en Société avec ses semblables se
donne à la communauté lui et tous les biens qu'il pos-
sede. *Car*, dit *Rousseau* , *l'État, à l'égard de ses membres , est maitre de tous leurs biens par le contract
Social*).

De ce principe, que les bornes que nous nous sommes prescrites ne nous ont pas permis de mettre en
avant, parce qu'il auroit fallu le développer, il suit
que le Souverain, qui est Représentant de l'État ou
plutôt l'État personnifié, est maître de disposer des
biens et de la personne de tous les membres de l'État.
C'est d'après ces idées, que les Princes souverains s'in-
titulent encore, Rois d'*Espagne*, de *Hongrie* , de *Prusse*,
d'*Angleterre*, et non Rois des Espagnols, des Hongrois,
des Prussiens, et des Anglois. En effet, le droit de
Souveraineté s'étendant des sujets auterrein, ou du
terrein aux sujets, ce droit devient à la fois réel et
personnel, ce qui prouve, pour le dire en passant,
l'absurde inutilité de la distinction faite par les membres
de la première Assemblée nationale, qui avoient décré-
té, que *Louis XVI.* substitueroit désormais le titre de
Roi des François à celui *de Roi de France;* comme si
la domination des propriétaires étoit moindre que celle
des propriétés.

---

*) Du Contrat Social l, 1. ch. 9.

En mettant leur personne et leurs biens à la disposition de l'Etat, ou du Souverain qui le représente, les
particuliers, loin d'exposer leur personne et leurs biens,
ne font que s'en assurer la légitime possession, changer l'acquisition en droit et la jouissance en propriété.
L'homme, dans l'état de nature, réduit à sa force individuelle, est amené par l'expérience et la raison à mettre en commun sa force particulière, pour s'investir de
la force de tous, à sacrifier une possession ou un droit
incertain et précaire, pour s'assurer un droit fixe et in-
disputable.

La même expérience, la même raison conduit l' Souverain à mettre sous la protection de tous la propriété
d'un chacun, et à la respecter lui-même, jusqu'à ce
que le bien de la communauté exige qu'on en détache
une portion, pour le maintien et l'avantage de la communauté.

Il suit encore de ces principes, avoués par les zélateurs conséquens de la démocratie, que tout homme, né
dans la Société, est soumis aux conventions ou loix établies dans cette Société, et que par conséquent, dans
l'État civil, il n'y a pas d'homme qui naisse parfaitement
libre.

Et véritablement, dès qu'il existe pour l'homme des
rapports, l'homme est soumis à des régles et à des devoirs. La liberté de l'homme naturel ne consiste pas
à pouvoir se détruire, mais à pouvoir se conduire et
se conserver. Le libre arbitre n'est donc que la faculté
d'obéir à soi-même, de faire ce que l'expérience ou la
raison nous montre comme avantageux. La liberté civile est fondée sur le même principe: Elle consiste à

F f

suivre un ordre d'institutions conformes à l'amour de
nous-mêmes, au bien général de la Société formé du
bien-être des individus.   La conviction que les loix
contribuent à ce bien particulier et général fait qu'on
s'y attache volontairement. En les suivant, on marche
sur le chemin qu'on s'est tracé soi-même. Ainsi en
obéïssant, on obéït à l'amour de soi, et cette obéïssance volontaire ou raisonnée est ce qui constitue la
liberté privée et la liberté sociale. *Etre libre*, dit *Montesquieu*, *n'est pas de faire ce qu'on veut, mais faire ce
qu'on doit vouloir.* La liberté civile est donc la faculté de
faire tout ce que les loix ordonnent ou ne défendent pas.

Ces idées, si simples et si vraies, avouées de tous
les politiques sensés, suffisent pour faire sentir l'absurdité ou au moins l'inutilité de la double *Déclaration
des droits* donnée par les prétendus *Lycurgues* de france.

§. II.

Toute loi n'étant que l'expression ou le symbole de
la volonté générale ou de l'intérêt de l'Etat, l'intérêt
de l'Etat et des membres qui le composent étant le
même que celui du Souverain ou du Chef, il s'ensuit
que les Princes qui violent les loix, méconnoissent la
volonté générale, qu'ils sont en contradiction avec eux-
mêmes, et qu'ils vont directement contre leurs propres
intérêts.

§. III.

Une des premieres propriétés de l'homme, et sans
doute la moins contestée, est son nom, c'est à dire, ce
qui qui le distingue d'un autre homme. Cette propriété,
qu'il tient de ses peres, est si liée à sa personne, qu'elle
est, pour ainsi dire, inhérente à son existence. Or, la

Noblesse ou la notabilité n'est qu'un nom illustre, ou, pour parler plus clairement, que le souvenir d'un nom illustré et distingué.

Un nom peut être riche d'honneur et de gloire, couvert d'obscurité ou de flétrissure. Comme une terre ou tel autre bien, il fait partie de l'héritage patrimonial. La noblesse, n'étant autre chose qu'un nom illustré, honoré, distingué des autres noms, par quelque mérite dont il rappelle le souvenir, est donc une des premieres propriétes et la seule dont il n'est pas au pouvoir des hommes de dépouiller ceux qui en sont investis. Si la race des *Héraclides* existoit encore, comme celle des *Montmorenci*, elle seroit honorée, distinguée, en dépit des Édits et des Décrets des Rois et des Nations.

§. IV.

L'inégalité des conditions est le résultat inévitable de l'inégalité de force, d'esprit et de talent, comme nous l'avons démontré. La distinction de la naissance est une suite nécessaire de ces inégalités. Partout, où il y a des hommes réunis en société, quelle que soit la forme du Gouvernement, il a y des nobles et des roturiers, c'est à dire, des noms illustres et des noms non illustres, non distingués ou obscurs. Dans les États démocratiques ou populaires, il y a des nobles, comme ailleurs, c'est à dire, des noms distingués par les vertus ou les services signalés de ceux qui les ont portés.

Rien n'est plus conforme à la raison publique et particuliere que, pour récompenser ceux qui se sont élevés par leurs talens et leur mérite au dessus des autres hommes, on attache à leur postérité même ou à leur nom les distinctions, les honneurs, les respects, les hommages qu'ils ont obtenus ou mérités. L'intérêt de la société exige cette continuation de reconnoissance, puisqu'elle enchaine le citoyen à la prospérité de l'État, par l'intérêt le plus puissant, celui de transmettre à son nom, à son sang, à sa postérité l'honneur qui s'acquiert par des actions héroïques, par des talens ou des vertus rares; puisqu'elle porte les hommes à se rendre utiles à la société dont ils sont membres; puisqu'elle crée un trésor inépuisable, pour payer des services qu'on ne sauroit acquitter avec de l'argent. La Démocratie n'a pu se défendre de ce respect pour les grands noms. Le fils de *Miltiade* ou d'*Aristide* ne fut jamais rabaissé au niveau de l'homme obscur.

Il est donc dans l'ordre, qu'à mérite égal, on marque plus d'égards et qu'on donne la préférence au descendant d'un homme qui, par de grandes vertus, a mérité la reconnoissance de sa patrie ou excité par de grands talens l'admiration du Genre-humain. Cette préférence est d'autant plus conforme à l'équité, qu'une multitude de ressources honnêtes peuvent conduire les autres citoyens à la fortune, tandis que les Nobles et surtout les Nobles pauvres n'ont que celle des armes, qui rarement procure la richesse.

§. V.

Le même intérêt qui fait un devoir d'honorer les descendans des hommes illustres et de leur accorder un rang distingué parmi les différentes classes de la société, en fait un aussi de ne pas porter ce respect jusqu'à la superstition. L'illustration du sang et du nom est un droit de préférence, mais n'en doit pas être un exclusif. Tout citoyen est appellé à servir la patrie dans le poste que lui marquent ses talens, et dès-là même il est appellé aux récompenses que la patrie assigne aux services qu'il pourra lui rendre. Jamais donc Ordonnance ne fut plus impolitique, plus opposée à l'intérèt national, à la prospérité publique, à la raison sociale et à tous les principes de l'ordre naturel, que l'Ordonnance de *Louis XVI.* qui excluoit les non Nobles des grades militaires, même de celui de Sous-Lieutenant. Les Parlemens s'étoient aussi mis sur le pied de n'admettre que des Nobles dans leur corps. C'étoit une espèce de conjuration contre le reste des citoyens. Faut-il être surpris si le Tiers-État s'est porté à des excès contre le Gouvernement et la Noblesse? Les passions irritées ne gardent point de mesure et ressemblent à des bêtes féroces qui ont brisé leurs chaines.

§. VI.

Dans les Gouvernemens monarchiques, il est d'une sage politique de ranger les individus illustrés et consacrés, pour ainsi dire, par les services et les vertus de leurs péres, dans une classe particuliere, de les lier en semble par un noeud commun et distingué. Ce noeud d'honneur et de gloire les marquera comme les enfans chéris de la patrie, les désignera comme les victimes qui doivent les prémières se devouer aux intérêts et au salut de l'État. Le Corps de la Noblesse est nécessaire à la dignité royale; c'est son accompagnement naturel; cet Ordre intermédiaire sert d'échélon aux idées et aux sentimens de respect pour le rang suprême. On a observé que l'esprit humain a besoin de ces graduations, pour se former à la conception d'une autorité sans égale. Une trop grande distance, égareroit l'imagination; une distance trop rapprochée introduiroit les dangers de l'habitude, de la familiarité destructive du respect.

Il faut donc que les loix travaillent à soutenir cette Noblesse dont, comme l'a dit *Montesquieu*, l'honneur est l'Enfant et le Père. Il faut qu'elles la rendent héréditaire, non pas pour être le terme entre le pouvoir du Prince et la foiblesse du peuple, mais le lien de tous les deux. Le terres nobles doivent avoir des didistinctions et des priviléges, comme les personnes; mais non des priviléges pécuniaires ou dispensateurs des contributions; car les Nobles doivent contribuer autant que les autres au soulagement des besoins de l'État. On ne peut guères séparer non plus la dignité des Nobles de celle des leurs Fiefs. La même politique exige que les prérogatives des terres nobles cessent, quand ces terres passent en la possession des non Nobles. Ce seroit choquer tous les principes, que d'associer des hommes non illustrés à des priviléges attachés à l'illustration. Mais rendre la Noblesse elle-même vénale et en ouvrir l'entrée à la richesse, c'est le comble de l'impolitique dans les Monarchies. L'argent ne peut être la caution du mérite et de la vertu. L'honneur et la gloire s'acquierent et se perdent, mais ne s'achetent ni ne se vendent. Il n'est pas au pouvoir d'un Souverain d'anoblir aucun de ses sujets, puisque qui dit noblesse dit illustration, et que l'illustration est fille de la vertu et n'existe que dans le souvenir. Per-

sonnelle au moment de sa naissance, elle devient héréditaire et se transmet aux enfans du même sang, comme un bien patrimonial; mais celle cesse avec ce sang.
Une Prince peut associer, par des patentes, aux priviléges de la Noblesse un de ses sujets, mais il ne l'anoblit
pas, et il abuse de son autorité, si ce sujet ne s'est lui-
même anobli par des services rendus à l'État. Des lettres de Noblesse ne doivent être qu'un témoignage ou
qu'une sanction d'illustration ou d'anoblissement.

§. VII.

La Noblesse est l'appui des trônes; les Souverains
sont donc intéressés à ne pas l'avilir.

La Noblesse est une barriere contre le despotisme;
Le Peuple est donc intéressé qu'il y ait une Noblesse.
Elle est, à la vérité, une espéce d'aristocratie dans l'Etat
mais elle tient en respect l'aristocratie des Riches, la
plus concussionnaire de toutes, et est tenue elle-même
en respect par le Monarque, à qui elle a intérêt de plaire, pour obtenir la préférence dans la distribution des
charges, des dignités, des bénéfices et des honneurs.

La Noblesse est dans le mains du Souverain un
moyen de diriger l'orgueil vers le bien général et de
faire produire à la vanité les effets de la vertu.

La Noblesse s'est composé un honneur, qui a sur elle
plus d'empire que la morale même, et qui la préserve
des vices bas, qui sont ceux qui nuisent le plus à la
société. Elle adoucit et polit les moeurs, et est une
école de sentimens généreux. Placée sur un théâtre
plus élévé, étant en vue à plus de spectateurs, elle
est plus attentive à se concilier l'estime publique.

Et véritablement, les Nobles et les Grands ne doivent jamais oublier que la naissance n'est pas un mérite, mais le présage du mérite et l'obligation d'en acquérir. Le public, opposant toujours ce qu'ils doivent être à ce qu'ils sont, les met dans la nécessité de se rendre dignes de leurs ayeux, sous peine d'être l'objet du mépris de la Société.

§. VIII.

Quoique forcés d'abréger nos Pensées et d'en supprimer un grand nombre, nous ne terminerons point ce chapitre, sans observer que les principes qui naissent des droits éternels et invariables de la propriété, sont encore méconnus de la plupart des Gouvernemens. Ils furent foulés aux pieds, lors de la destruction des Jésuites, et l'ont été, depuis, dans la suppression de plusieurs Communantés religieuses de l'un et l'autre sexe, ainsi que dans celle des prérogatives de la Noblesse seigneuriale, de plusieurs hommages féodaux et droits patrimoniaux, le gage et le prix de propriétés concédées par la richesse à la pauvreté . . . . Ces scandales n'ont point autorisé, mais ont facilité et rendu moins étonnante la conduite de la Nation françoise à l'égard des propriétés de la Couronne, de la Noblesse, du Clergé et des Riches.

Que la Société des Jésuites fut coupable ou non d'enseigner une doctrine, devenue depuis la doctrine des philosophes, les membres qui la composoient n'étoient pas tous coupables. Que le bien des Moines ait été dans le principe une usurpation, les individus qui en jouissoient, n'en jouissoient pas moins légitimement. Que ce bien appartint ou non au Domaine national, la jouissance viagère appartenoit aux possesseurs: c'étoit une de leurs propriétés; il falloit donc leur libre volonté ou attendre leur mort, pour réunir leur bien au Domaine public. Aucune autorité, aucun prétexte ne peut dépouiller un membre de la société de son état, le priver de ses habitudes, de ses liaisons, de sa vie morale. Une pension, quelque considérable qu'elle soit, ne sauroit dédommager un Chartreux du genre d'occupations ou de devoirs auxquels il s'est voué, de la cellule à laquelle il s'est attaché, comme un liére au chêne qui le soutient et le fait vivre, ni ne peut lui tenir lieu du petit jardin qu'il a cultivé, pendant 10, 15 ou 20 ans, et des arbres qu'il y a plantés, et qu'il chérissoit, comme un pere chérit des enfans élevés par ses soins.

Si, comme nous le pensons et comme nous cherchons à le persuader à ceux qui le nient, les Rois et les autres Princes monocrates sont de vrais Souverains, s'ils sont le symbole de la volonté générale, ils doivent agir en Souverains et ne pas détruire cette volonté générale qu'ils représentent. Le Souverain est l'ame et la tête du corps politique; il ne peut vouloir, que tout ce qui tend à l'harmonie, à la conservation, au bien-être de ses membres, dont la base est l'assurance de leurs propriétés. Cette assurance est le noeud qui lie les membres les uns aux autres et au chef, et qui fait un tout des diverses parties du corps social. Le Souverain ne peut troubler cet ordre sans démence, c'est-à-dire, sans aller contre l'intérêt politique et contre le sien propre. Il n'est aucun motif qui puisse abolir ou suspendre cet intérêt commun; et tout réglement, toute loi, toute réforme qui lui est contraire, est un désordre, un com-

4

58

PENSÉES

mencement de dissolution, une tyrannie, une provo-
cation à la révolte et à l'insurrection.

C'est un paralogisme, comme l'a remarqué *Montesquieu*, de dire que le bien particulier doit céder au
bien public; cela n'a lieu que dans les cas où il s'agit
de politie, de la tranquilité civile, de la liberté du
citoyen; mais cela n'a pas lieu dans les cas où il s'agit
de la propriété des biens, parceque le bien public est
toujours que chacun conserve invariablement la propriété que lui donnent les loix civiles. Le même *Montesquieu* pose pour maxime que, lorsqu'il s'agit du bien
public, le bien public n'est jamais qu'on prive un particulier de son bien, ou même qu'on lui en retranche
la moindre partie, par une loi ou un réglement politique. Ainsi, lorsque l'Etat ou le Public a bêsoin du
fouds d'un particulier, il ne faut jamais agir par la rigueur de la loi politique; mais c'est là que doit triompher la loi civile qui, avec des yeux de mere, régarde
chaque particulier comme toute la communauté même.
C'est le respect pour les droits de chaque sujet qui distingue le Souverain, du Tyran, le pouvoir absolu, du
pouvoir arbitraire.

Pour exercer la Souveraineté, porter la Couronne,
tenir le Sceptre, pour occuper le premier rang, un Roi
ne cesse point d'être un homme. Son élévation ne le
soustrait point aux passions de la nature humaine. Il
peut donc se tromper; s'il peut se tromper, il doit se
défier de ses lumieres et consulter la volonté générale,
dont les loix sont ou doivent être l'expression. Un
pouvoir qui s'écarte des loix établies par le voeu ou
l'intérêt général, est un pouvoir contre nature, incapa-

ble d'assurer ni l'autorité du Souverain ni la tranquillité des sujets. L'autorité n'est plus qu'un abus de puissance et un désordre, dés qu'elle contredit le voeu géné
ral, le bien public, les loix fondamentales, dont une
des plus sacréés est celle qui assure à chacun la jouissance de sa propriété. On ne peut violer cette loi à
l'égard d'aucun particulier, sans que chacun des autres
membres de la Société ne soit exposé à la même injustice. Pour dépouiller le dernier des individus d'une propriété, dont les loix lui assurent la jouissance, il faut
que cet individu se soit rendu coupable d'un délit social, et que la loi établie prononce cette peine contre
lui. Or, est-ce là la régle qu'on a suivie à l'égard des
Religieux et des Seigneurs territoriaux, qui, avant la
revolution de france, ont été dépouillés des propriétés
viagéres ou héréditaires, dont l'équité, l'intérêt public
et loi de l'État leur assuroient la jouissance? Un pouvoir qui cesse d'être fondé sur l'intérêt général, c'est à
dire, sur les loix, devient un pouvoir arbitraire et ne
fait plus autorité. Il n'existe plus que dans la force,
et nous avons fait voir que si la force est un droit, une
plus grande force en est un aussi. Quel respect les
Peuples peuvent-ils avoir pour les loix, lorsqu'ils les
voient violées, foulées aux pieds par leurs Maitres?
Leur soumission cesse d'être volontaire, lorsque l'autorité cesse de tourner à leur avantage; ils n'obéissent
plus qu'à la force, et cette force leur devenant nuisible
et odieuse, il est naturel qu'ils sefforcent de la détruire.

Il est donc de l'intérêt des princes de ne regner que
par les loix. Les Empereurs Romains les plus amou-

reux du pouvoir suprême ont dit que *Régner*, 'c'étoit
Régir, et l'on sait que régir, c'est administrer un bien
de la manière la plus avantageuse pour le possesseur,
et que ce qui fait l'avantage des sujets fait nécessairement celui du Monarque.

CHAPITRE VII.

De l'inutilité des Découvertes, des Lumieres et du
   Commerce, pour le bonheur des Peuples. Que
   les Gouvernemens seront toujours plus ou moins
   vicieux, et les Peuples policés, toujours plus ou
   moins malheureux.

§. I.

Depuis la dissolution de l'Empire Romain , l'Europe
replongée dans la barbarie marchoit lentement de la ver-
deur de l'ignorance à la maturité de la civilisation , quand
tout a coup, en moins d'un demi-siécle, la découverte
de la boussole, de la poudre et de l'imprimerie lui a
fait faire des pas de géant vers l'accomplissement de sa destinée. Ces trois inventions ont présenté de nouveaux
rapports, donné de nouvelles idées à l'esprit humain,
redoublé les mouvemens du monde moral, et préparé une
vieillesse prématurée aux peuples civilisés.

§. II.

Il faut le dire et le répéter, jusqu'à ce qu'on en soit
persuadé, plus les peuples s'éclairent, et plus ils sont
malheureux.

L'ignorance est l'enfance des hommes en Société. L'enfance n'a qu'une sagesse négative et d'impuissance. Donnez à l'enfant qui tette les forces d'*Alcide*, il battra et blessera sa nourrice, si elle l'arrache de son sein, lorsqu'il est encore affamé de lait. Mettez dans les mains des enfans sevrés, des canifs, des couteaux, ils s'en blesseront par inexpérience et s'en serviront au besoin pour blesser leurs camarades. Plus on a de force et d'activité, quand on manque de raison, plus on fait de mal aux autres et à soi-même. Or, les peuples, dont les dix-neuf vingtiemes sont par état condamnés à l'ignorance, ne sont, comme *Hobbes* l'a sagement observé, que des enfans robustes. Ils sont incapables de raison, et à la moindre contradiction, ils étrangleroient leurs peres nourriciers, leurs plus grands bienfaiteurs, et s'égorgeroient entre eux, si on leur en laissoit les moyens. Ils ne sont pas faits pour se conduire, mais pour être conduits.

§. III.

Les mouches naissent, pour être mangées par les araignées, les carpes, pour être dévorées par les brochets, et les hommes, pour se servir et se nuire réciproquement. Tel est l'ordre établi par la nature humaine, animale et sociale, sensible et intelligente, sauvage et civilisée. Le Ciel a condamné les peuples civilisés au travail, aux sueurs, à la pauvreté, pour repaître l'ambition et la vanité de quelques individus. Cela est dur sans doute, mais cela n'est pas moins réel. La Philosophie aura beau crier, déclamer, raisonner, jamais la multitude ne jouira des douceurs d'une vie oisive et aisée. Si c'est un mal, ce mal est inévitable dans les Sociétés civilisées. On peut le rendre moindre, et c'est le travail réfervé aux Législateurs. Les loix sont les remèdes à ces maladies, mais les loix les plus sages n'ont et n'auront jamais que le pouvoir d'affoiblir le mal, sans pouvoir le détruire.

§. IV.

On peut dire à tous les peuples mécontens de leur constitution, ce que *J. J. Rousseau* disoit en 1772 aux Polonois, dont cependant il regardoit le Gouvernement comme vicieux et déteftable: „Prenez garde que pour „vouloir trop bien être, vous n'empiriez votre situa- „tion; en songeant à ce que vous voulez acquérir, „n'oubliez pas ce que vous pouvez perdre. Corrigez, s'il „se peut, les abus de votre constitution, mais ne mépri- „sez pas celle qui vous a fait ce que vous êtes."

Remerciez la Providence, peut on ajouter à ces sa- ges paroles, de la leçon qu'elle a bien voulu vous don- ner, dans l'exemple actuel des françois, qui, sous pré- texte de réformer les abus de leur ancien Gouverne- ment, se sont rendus le peuple le plus exécrable et le plus malheureux de la terre. Songez que le plus grand des abus est de vouloir réformer tous les abus; qu'en changeant de Gouvernement, on ne fait que changer de maitres, et que les nouveaux sont toujours pires que ceux qu'on quitte, parce qu'ils ont plus de besoins, sans avoir moins de passions et de foiblesses.

§. V.

Il est de la nature des hommes civilisés d'abuser de tout. Si nous avions cent bras, comme *Briarée*, un pe- tase et des talonieres, comme *Mercure*, une force éga- le à celle d'*Hercule*, si nous possédions chacun l'an-

neau de *Gigés*, nous ne nous en servirions, que pour
contenter nos passions, et l'Humanité n'en seroit que
plus malheureuse.

La poudre, en redoublant dans nos mains les moyens de deſtruction, l'imprimerie, en facilitant l'influence et la propagation des idées, la boussole, en livrant le champ des mers à nos entreprises et en nous ménageant toutes les communications, ont-elles rendu les
peuples plus heureux? Ces découvertes, utiles sans
doute à la classe peu nombreuse d'individus pour laquelle toutes les autres classes travaillent, n'ont fait
qu'ajouter d'autres maux à ceux auxquels nous étions
déjà exposés. Autrefois on se tuoit de plus près, avec
plus de courage et de lenteur; depuis l'invention de la
poudre, on se tue de loin et de près, on détruit les hommes et leurs habitations, avec plus de promptitude et de
lâcheté.

Nous avons trop détaillé, dans le Livre IV, les maux
que nous devons à l'imprimerie, pour avoir besoin de
les rappeller ici.

Ceux qu'on doit à la découverte de la boussole ne
sont pas moins grands. Sans parler de cette maladie qui
empoisonne jusqu'aux sources de la vie, et dont les venins sont d'autant plus contagieux, qu'ils se mêlent au
plus attrayant des plaisirs, maladie inconnue en Europe avant cette découverte, que de guerres sanglantes
causées par cette facilité de navigation! En nous enri-
chissant de productions étrangères, le Commerce n'a
fait que multiplier nos besoins et appauvrir l'Europe de
ses productions de première nécessité. Que de sang ver-
sé, que d'hommes enlevés à l'agriculture, que de vil-

les ambulantes, que de trésors de toute espèce, ont été engloutis dans les abymes de l'Océan, pour un peu de poivre et de caffé, dont nous pouvions nous passer!

§. VI.

On reproche au Gouvernement Autrichien de ne pas assez favoriser les Arts d'agrément et de luxe, et j'entends tous les jours des Etrangers se plaindre de ce que Vienne, la Capitale des États héréditaires, et depuis longtems le Siége du Chef de l'Empire d'Occident, n'est point au niveau de Londres et de Paris, pour les objets de commodité et de luxe.

La Politique doit mépriser ces plaintes et ces reproches, qui décélent l'ignorance des vrais principes d'une adminiſtration éclairée. Outre que les Arts d'agrément et de luxe entraînent la corruption des moeurs, ils ne peuvent fleurir, que lorsque la culture des terres et les autres arts d'utilité sont arrivés à leur comble. On ne peut ou du moins on ne doit employer au superflu, que les bras superflus. Les arts de commodité sont nés de la surabondance du nécessaire, et vouloir produire ces arts avant cette surabondance, c'est troubler l'ordre de la nature, c'est demander à la jeunesse les fruits de l'age viril, c'est provoquer la vieillesse et la corruption. Tant que le Gouvernement Autrichien aura besoin d'une nombreuse Armée pour la défense de ses États, et que la production des denrées de premiere nécessité ne surpassera pas la consommation, il sera de son intérêt d'encourager l'Agriculture de préférence au Commerce, le commerce de préférence aux Arts d'agrément, et de se tenir le plus qu'il pourra éloigné du point de maturité qui amene la chûte des Etats, comme celle des fruits.

§. VII.

Depuis un siècle, on ne cesse de vanter les avantages du Commerce. Mais si l'on examinoit sans prévention ce qu'il a ajouté de réel au bonheur des Peuples, les amis, je ne dis pas des hommes riches, mais de la masse des nations, modéreroient cet enthousiasme. À dater de la découverte des deux Indes, le fer et la flame ont ravagé les quatre parties du Globe, pour des productions dont on s'étoit passé jusqu'alors, et qui n'ont point amélioré le sort de la multitude. Le plus commerçant de tous les Etats actuels, est le plus endetté et le plus voisin d'une révolution. Les bénéfices résultans du Commerce accumulés en quelques mains, ont produit plus d'inégalité dans les fortunes, dans les conditions, et les liens de la société en ont été relâchés. Avec les grandes richesses sont venus les goûts dépravés, la dissipation, l'audace, la licence des écrits, la multiplicité des gazettes, la facilité des communications, l'augmentation des scandales, la publicité et la propagation de nouveaux principes, autant de germes de trouble et de désordre. Le besoin d'argent, étant plus impérieux, a rendu les moyens d'en acquérir moins honnêtes. Les Arts d'agrément, devenus presque partout plus importans, ont fait mépriser les Arts nécessaires. Les campagnes se sont dépeuplées pour les villes. L'aspect extérieur des États a été plus brillant, mais la force intrinséque en a été affoiblie : aussi n'est-il pas un seul Gouvernement, en Europe, qui ne se trouve aujourd'hui épuisé, au bout de deux ou trois campagnes. Tous ou presque tous sont endettés, obérés; tous ou presque tous vivent d'anticipations et dévorent l'avenir.

Aussi en est-il de la plupart des grands Etats de l'Europe, comme de ces palais antiques qui , sous un aspect imposant et sous des lambris dorés, ne renferment que des murs délabrés et des charpentes cariées, qui n'attendent qu'un vent du Nord ou qu'un ébranlement intérieur, pour être renversés et tomber en ruine.

§. VIII.

La corruption est inhérente à l'Espèce humaine civilisée. Il faut donc que les Législateurs règlent leurs institutions, non sur ce que les hommes devroient être, mais sur ce qu'ils peuvent être. Quelque sages et prévoyantes qu'on suppose les loix d'un Peuple nouvellement constitué, bientôt les intérêts particuliers se détacheront de l'intérêt commun. L'inégalité des forces morales et physiques produit nécessairement l'inégalité des fortunes et des conditions. Dès lors l'Autorité Souveraine, instituée pour réprimer tout genre d'injustice, se trouve en butte aux attaques, aux artifices, aux séductions des intérêts particuliers ; et comme la Souveraineté a des hommes pour organes et pour ministres , elle est entraînée vers la corruption; souvent c'est elle-même qui la provoque, par les moyens abusifs qu'elle prend pour se maintenir.

On peut à la rigueur organiser un petit État, d'après les régles de la sagesse et de l'équité ; mais pour le régir selon ces régles, il faudroit en rendre les sujets impassibles, et pour le mettre à l'abri des intérêts et des violences des États voisins , il faudroit le transporter dans un Monde où il n'eut point de voisins . . . .
. . . En un mot, il est aisé de créer, plus aisé de détruire, mais presqu'impossible de réformer. Ce n'est pas

de *Lockes* , de *Montesquieus* , dè *Rousseaus,* que les Etats ont besoin; c'est des l'*Hopital*, des *Ximenez*, des *Sully* , des *Richelieu* , qu'il leur faudroit, pour se préserver des désordres et des convulsions qui menacent l'Europe. L'ordre naturel ou raisonnable des Sociétés civilisées est le renversement de l'ordre philosophique. C'est surtout dans l'art de régir les peuples, que la pratique est éloignée de la théorie. La raison n'atteindra jamais que la superficie des esprits, et les passions posséderont toujours les coeurs. On saura ce qu'il faut faire, mais on ne fera jamais que ce qu'on pourra.

Il faut donc prendre les hommes tels qu'ils sont, non tels qu'ils devroient être, et partir du point de dépravation où nous sommes parvenus, et d'où la boussole et l'imprimerie ne nous permettent plus de nous écarter, qu'en avançant. Mais quelque progrès que fassent les Sociétés humaines vers le mal ou vers la civilisation, on peut prédire que l'esprit philosophique ne prévaudra jamais contre les passions, et que par conséquent le Gouvernement monarchique prédominera toujours sur les autres Gouvernemens; que la Royauté sortira toujours triomphante des combats que lui livreront les *Sydney* et les *Rousseaux* futurs; et on peut ajouter, que plus elle étendra ses branches dans le monde civilisé, moins il y aura d'hommes malheureux.

CHAPITRE VIII.

Pensées diverses, relatives au Gouvernement des Peuples *).

§. I.

On est en droit d'exiger que les Hommes préposés pour gouverner aient plus d'intelligence, d'instruction et d'activité que les autres, puisque c'est de leurs lumieres que dépendent la prospérité de l'État et le bonheur des sujets. Les Princes, ou tout au moins les Dépositaires de leur autorité, doivent avoir une connoissance approfondie du coeur humain, des ressorts qui le font agir, des moyens d'assujétir ses passions, pour les diriger vers l'utilité générale. Il est indispensable aussi qu'ils aient fait une étude particulière des moeurs, du caractère et des préjugés des peuples soumis à leur administration, afin d'éviter les méprises et les résistances également préjudiciables à l'Etat et au Souverain.

§. II.

Les Princes, dont le pouvoir n'a d'autres limites que la loi suprême de l'intérêt général, ne sont jamais tentés d'être injustes, et n'ont besoin que d'être éclairés pour rendre leurs peuples heureux. On ne fait jamais le mal et on ne refuse jamais de faire le bien, que par impuissance. Les Peuples n'auroient jamais sujet de se plaindre, si pour instruire les Princes, on prenoit seulement la moitié des précautions qu'on prend pour les

---

* Ces Pensées sont un court extrait des Chapitres supprimés.

tromper et les corrompre. Quand on considère que tout conspire à leur donner de fausses idées d'eux-mêmes et de leurs sujets; quand on songe combien d'obstacles ils ont à surmonter pour faire le bien, combien de gens sont intéressés à leur intercepter la lumiere de la vérité et à détourner l'effet de leurs bonnes intentions, on est porté à leur savoir autant de gré du mal qu'ils ne font pas, que du bien qu'ils font.

§. III.

Un Prince jaloux de perfectionner la législation ne doit jamais perdre de vue la distinction entre les loix *bonnes* et les loix *convenables*. *Platon* a présenté de bonnes loix dans sa *République*, mais elles n'étoient pas praticables. De bonnes loix qui ne conviennent pas, sont pires que les abus.

Les innovations sont toujours dangereuses, dans les États monarchiques. Un usage utile ou nuisible, mais affermi par le tems, est à sa place, dans l'enchaînement de la machine politique. Les changemens que le tems apporte dans le cours de la nature arrivent pas à pas : il faut imiter cette lenteur, dans les innovations qu'on introduit. C'est à la surveillance d'empêcher les abus, de lutter sans cesse contre les altérations insensibles du tems. En politique, comme en médecine, il est plus aisé de prévenir le mal, que de le guérir. Il ne s'ensuit pas, qu'il faille laisser les choses dans l'état de dépérissement où elles sont, mais je veux faire entendre qu'il n'y faut toucher qu'avec une extrême circonspection et que lorsqu'on est assuré, que le changement ne produira aucun ébranlement dangereux. *Rousseau*, dont, je le répete, les François n'ont adopté que les idées spéculatives et théoriques, sans vouloir profiter des observations critiques et pleines de justesse, dont il a semé ses écrits, *Rousseau* avoit fait sentir combien il étoit dangereux de toucher aux formes antiques de la Monarchie françoise. Apres avoir fait remarquer le défaut des projets de l'abbé *de St. Pierre*, qui est de n'appliquer jamais assez bien ses vues aux hommes, aux tems, aux circonstances, et d'offrir toujours comme des facilités pour l'exécution des avantages qui lui servent d'obstacle; après avoir blâmé cet Auteur, d'ailleurs estimable, de vouloir modifier un Gouvernement que sa longue durée avoit rendu déclinant, „Quand tous „les avantages du nouveau plan, dit-il, seroient incon- „testables, quel homme de sens oseroit entreprendre „d'abolir les vieilles coutumes, de changer les vieilles „maximes et de donner une autre forme à l'État, que „celle où l'a successivement amené une durée de treize „cents ans? Que le Gouvernement actuel soit encore „celui d'autrefois, ou que durant tant de siècles il ait „changé de nature insensiblement, il est également im- „prudent d'y toucher. Si c'est le même, il faut le re- „specter; s'il a dégénéré, c'est par la force du tems „et des choses, et la sagesse humaine n'y peut rien." Qu'on juge, d'après ce passage et tant d'autres du même Auteur que nous avons cités, de la sagesse ou du bon sens des Législateurs de France qui se sont vantés d'en être les disciples. La postérité pourra-t'elle croire que de pareils hommes aient pourtant trouvé des admira- teurs et même des partisans, parmi les Gens de lettres de l'Allemagne, ou du moins parmi les Allemands qui ont de la prétention à l'esprit? Mais ce qui étonnera davantage nos neveux, c'est qu'une Monarchie, qu'on croyoit si inébranlable et qui le paroissoit effective-ment, jusqu'au moment de sa chûte, ait été renversée par des hommes de plume, à la honte des hommes d'épée, si intéressés à la soutenir.

§. IV.

L'esprit et le demi-savoir ont perdu la France. Le génie et la vertu pouvoient seuls repousser leurs atta-ques avec succés, et sauver l'Etat; mais depuis long-tems, la vertu et le génie habitoient loin du Trône et n'y avoient aucun accès. *Favier*, qui en savoit plus à lui seul, pour la politique extérieure, que toute la diplo-matie françoise réunie, et qui avoit servi plus de vingt ans l'Etat à la suite des Ambassades, n'a obtenu, qu'a-près bien des efforts et de longues sollicitations, deux mille écus de retraite, tandis que des valets, non de Cour, mais de la Cour, tels que *Bazin* et *Campan*, avoient chacun, en places ou en pensions, plus de cinquante mille livres de revenus. Le génie sent ces disconvenances et en sourit; mais les petits esprits en sont révoltés, et ne laissent point échapper l'occasion de s'en venger sur l'innocence, et même sur les propres victimes de ces abus.

§. V.

Jamais les François n'ont eu moins de raison, que quand, par amour pour la raison, ils l'ont érigée en Divinité, et qu'ils ont substitué son culte à celui de l'Être suprême. Nouveaux Athéniens, ils auroient pu mettre pour inscription sur le frontispice du Temple qu'ils ont consacré à la Raison, *Deo ignoto*, au Dieu qui nous est inconnu.

Et véritablement, de toutes les facultés de l'esprit,

la raison est sans contredit celle qu'on a de tout tems
le moins exercée en France, sur-tout depuis le jour où
le plus inhabile des Ministres engagea si légérement le
Roi à promettre la convocation des Etats généraux.
La raison fut dès ce moment le cri de ralliment
des esprits mécontens, des esprits ambitieux, des
esprits patriotes, mais aucun d'eux ne fut assez
raisonnable, pour s'appercevoir que la saine raison avoit été entiérement expulsée de France par les
Jansénistes, les Molinistes, les Convulsionistes, les
Encyclopédistes, les Economistes, les Piccinistes, les
Glukistes, les Mesméristes, les Journalistes, et que,
depuis un demi-siècle, elle n'existoit plus pour les
François. Dans un pays, où l'on faisoit moins de cas
d'un Général d'Armée, que d'un histrion, où la musique étoit devenue une affaire d'Etat, les affaires d'Etat
ne pouvoient être traitées, que comme des chansons.
Chez une Nation, dont le haut et très-haut Clergé faisoit plus d'estime d'un Cuisinier que d'un Missionnaire;
dont la Noblesse attachoit moins de prix à l'honneur,
qu'aux honneurs; dont la Magistrature étoit vénale et
au dessus des loix; dont la Bourgeoisie étoit exclue des
grades militaires, cette Nation assemblée ne pouvoit
faire que des sottises et des absurdités.

Nous avons prouvé que les Hommes, réunis et formés en nations, ne sont que des enfans robustes et pas-
sionnés, incapables de sagesse: la conduite qu'ont
tenue les François, depuis le moment où ils ont secoué
le joug de l'Autorité royale, n'a cessé de confirmer cette
fâcheuse vérité. Mais qui eut prévu, que dans le Siècle
de la philosophie et de l'indulgence, ce Peuple enfant,

qui passoit pour la politesse et la douceur mêmes, auroit trempé ses hochets dans le sang de ses Pere et Mere, et qu'après avoir donné à l'Europe l'exemple de tous les genres de cruauté et de délire, et méconnu, contrarié, étouffé jusqu'à l'instinct même, il eut encore eu la prétention d'être le plus raisonnable des Peuples?

En vérité, les hommes ne valent pas la peine d'être plaints; ils ne sont bons qu'à observer, et sont trop heureux que des *Tibères* et des *Louis XI.* daignent être leurs maitres, et qu'ils leur ménagent par-là des *Titus*, des *Henri IV.* et des *Cathérine II.*

§. VI.

Il est à craindre que les travers de la Nation françoise ne se renouvellent chez d'autres peuples. Les Sages ont des admirateurs et les Fous des imitateurs. L'Europe a montré plus de curiosité que de sensibilité, plus de surprise que d'indignation, à la vue de cette chaine d'extravagances, de cruautés, de crimes et d'infamies, dont la Nation françoise a décoré les fastes du Siècle de la philosophie, et cette conduite n'est pas d'un bon augure pour l'avenir.

§. VII.

Tout commence, croît, dégénère et finit, pour recommencer sous d'autres noms et d'autres formes. Le Tems de son aile inaltérable balaye les générations et renverse les Empires au moment qu'on s'y attend le moins. Le Sceptre du monde est plus souvent dans les mains de la Fortune, que dans celles de la Politique. Tout ce que peut celle-ci, c'est d'appercevoir et de diriger, non de former, les fils de ces liens qui unissent

ou séparent les Nations, au gré des caprices du sort.
La politique est moins l'art de créer, que celui de mettre à profit les créations d'autrui; de faire de grandes
choses, que d'éviter de faire des fautes et de tirer parti de celles de ses rivaux; d'amasser, que de répandre
à propos.

Tel Cabinet ne jouit d'aucune considération, que
parce qu'il ne sait point dépenser, ni récompenser hors
des régles établies. Rien n'appauvrit tant un Etat et
n'est plus opposé à la véritable économie, que l'esprit
parsimonieux. Dans une vaste Monarchie, la plus
certaine et la plus grande des économies consiste à ne
pas faire de fausses opérations. Un plan mal conçu,
un projet mal combiné, une imprévoyance coûte souvent plus au Trésor public, sans qu'on le sache, que
ne lui auroient coûté vingt gratifications ou pensions
ostensibles, accordées à d'habiles Généraux, à de bons
Négociateurs, à des Gens d'esprit, dont quelquefois
une combinaison ou une seule idée suffit, pour valoir
ou épargner à l'Etat mille fois plus, qu'il n'a distribué.
La Fortune se plait à marcher à la suite de la libéralité.
Si jamais Souverain ne se montra plus magnifique et
plus libéral, que *Catherine II*, jamais Regne aussi ne
fut plus glorieux et plus fortuné que le sien. Sa bienfaisance poursuit jusqu'après leur mort les hommes qui
ont servi l'Etat par leurs talens et leurs vertus. Les
Monumens qu'elle a érigés et fait placer dans son Olympe de Czarko-Zélo, en l'honneur du Maréchal de *Cser-*
nichew *), du Comte et du Prince *Orlow*, sont un dou-

---

*) Frere de M. le Comte de *Czernichew*, ci-devant Ambassadeur de la Cour de Russie à celle de Londres, à qui il ne man-

ble témoignage de la bonté de son ame et de la grandeur de sa politique *) puisque de pareilles distinctions
sont ce qu'il y a des plus propre à faire revivre les vertus
qui les ont obtenues. Si le patriotisme est une vertu, il est
de l'intérêt et du devoir des Souverains de l'encourager.
C'est ce qui a fait dire au *Nestor* des Politiques vivans,
dans un Mémoire non imprimé, mais qui mériteroit
de l'être, pour l'instruction des Princes et des Ministres
que „Le talent de savoir récompenser est une des par-
„ties les plus essentielles de l'art de gouverner, et que
„tout Prince qui saura manier ce ressort moral, avec
„équité et sagacité, fera des hommes tout ce qu'il vou-
„dra, et rendra faciles les choses qui souvent parois-
„sent impossibles. **)"

---

que qu'une meilleure santé, pour être encore un des hommes les
plus aimables, comme il est un des plus estimés et des plus aimés.

*) Il n'est peut-être pas inutile d'observer, en faveur de ceux
qui pourroient prendre pour de l'enthousiasme, ce qui n'est en
nous que l'effet d'une admiration raisonnée, qu'un des Esprits les
plus éclairés du siécle appelle *Catherine II, le plus Grand homme
d'Etat qui ait jamais existé.* Voyez la Vie et le Martyre de Louis
Seize, par M. de *Limon*, pag. 23. édit. de Bruxelles, Juillet 1793.

**) *Mémoire du Prince de Kaunitz adressé à S. M. l'Impéra-
trice-Reine Marie-Thérese, sur plusieurs objets de réforme, proposés
par l'Empereur Joseph II.* Cet Ecrit, de près de cent pages in
4to, ajouteroit à la réputation de son illustre Auteur, s'il étoit
rendu public. Pour qu'on ne taxe point de flatterie la maniere
dont nous nous sommes exprimés, dans le cours de notre
Ouvrage, à l'égard de ce Ministre, il nous suffira de rapporter
la premiere phrase du Portrait qu'en a fait M. de *Meilhan.* „Au
Milieu, dit-il, des spectacles étonnans que présente le Siecle, il faut
„compter l'existence du *plus Grand génie politique qui ait éclairé
„et gouverné les Etats,* d'un Ministre célèbre qui s'est élevé et
„maintenu sans intrigue, qui a joui à l'ombre de sa renommée de
„la confiance de cinq Empereurs, et dont le tems a respecté le
„génie."

En effet, le desir d'être considéré, honoré, distingué, est si naturel aux hommes bien nés, qu'il se développe avant la raison, et se fortifie à mesure qu'on s'éclaire et qu'on avance dans le voyage de la vie. C'est ce desir qui a enfanté cette immortalité qui prolonge notre existence sur la terre, lorsque nous n'y sommes plus, en nous faisant vivre dans la mémoire des hommes; et il dépend des Princes de faire servir cet appétit général d'estime et d'honneur au bien de la Société.

———————

Du rivage hospitalier où m'a jetté la plus horrible des tempêtes, ce n'est qu'avec effroi que je tourne mes regards vers cette Mer orageuse, sur laquelle vogue encore sans Pilote le Vaisseau démâté de la France, et le voyant prêt à périr, sans pouvoir lui porter une main secourable, il ne me reste qu'à gémir sur le cruel destin de ma patrie, qu'à solliciter par mes voeux le miracle de son rétablissement, et qu'à mériter, par d'utiles travaux, l'accueil généreux que mon zéle pour les bons principes m'a obtenu des valeureux Habitans de la Germanie.

Mais j'aurois bien peu profité de mes méditations sur l'Homme et sur les Hommes, si, malgré la protection du Gouvernement Autrichien, je me croyois à l'abri des rivalités littéraires, des injustices de l'erreur, et des persécutions de la méchanceté. On ne s'éleve pas impunément contre des opinions accréditées et contre l'inertie des Gens de bien. Déjà quelques-uns de mes Compatriotes, dont le malheur n'a pu réformer le caractère, informés de ce que, dans mes *Pensées et mes Observations*, je n'ai pas eu la lâcheté d'excuser des fautes, qui ont causé le renversement de la Monarchie françoise, ont profité de leurs liaisons avec quelques Ministres étrangers, pour leur donner de mauvaises impressions contre mon Ouvrage et leur ôter le desir d'en recommander l'Auteur à leur Souverain. Les bien-faits des Princes sont en effet les seuls, qu'un Homme de lettres qui s'estime puisse ambitionner, quelque infortuné qu'il soit d'ailleurs; mais si la sagacité de mes ennemis égaloit leur loyauté, ils se seroient dispensés de donner cette nouvelle preuve de leur équité, et au-roient vu que ce ne sont pas les faveurs de la fortune que recherche un Écrivain qui n'est ni flatteur ni hypo-crite, et qui, malgré ce terrible défaut, a été assez heureux jusqu'à-présent, pour ne jamais manquer du nécessaire, et assez sage, pour savoir s'en contenter.

Quoiqu'en travaillant à mériter ma propre estime, j'aye appris à me passer de celle du vulgaire, cependant je fais cas de l'approbation des coeurs honnêtes, des es-prits droits, des vrais amis de l'ordre et de l'humanité. C'est ce qui m'engage, avant de quitter la plume, à les prier de peser les raisons sur lesquelles j'appuie mes idées, et de se tenir en garde contre les insinuations de la malveillance. Je ne pense pas comme la plupart des autres gens de Lettres : il y a long tems qu'on me l'a reproché; mais les événemens ont fait voir que si le nombre de ceux qui pensent comme moi eut été plus considérable, en France, la Religion et la Monar-chie y subsisteroient encore.

C'est ce que quelques-uns de mes Compatriotes ont paru trop oublier; car, si l'on excepte le Professeur allemand, qui a cherché à me faire passer pour un ami déguisé du Jacobinisme, ce n'est que de la part des Émigrés que j'ai éprouvé, en pays étranger, des tracasseries et des persécutions.

Qui le croiroit? j'ai été, il y a peu de jours, insulté, outragé, menacé, par un d'entre eux, pour avoir dit que la Noblesse Françoise avoit elle-même contribué au renversement de la Monarchie, en privant, par son émigration trop peu réfléchie, le Monarque et le Trône de ses défenseurs naturels. Je dois observer que je n'avois parlé de l'émigration des Nobles, que comme d'une méprise politique, et non comme d'une lacheté, fruit de l'égoisme et de la corruption nationale: cependant il n'a pas dépendu de l'injuste et violent Émigré dont il s'agit, de persuader aux autres Émigrés, dont j'estime et honore le plus grand nombre, que j'étois l'ennemi de la Noblesse françoise, que j'ai pourtant toujours défendue et que je défends encore aujourdhui, quoique à la verité elle ait toujours méconnu mon zéle. C'est ainsi que la plupart des Évêques de France (je parle sur tout de ceux qui prédominoient dans les Assémblées générales du Clergé) n'ont jamais tenu aucun compte de ma persévérance courageuse à défendre la Religion et leurs propres intérêts, contre les attaques multipliées de la Philosophie, et qu'au contraire ils n'ont encouragé que les plumes timides ou recommandées par les Philosophes. Faut-il être surpris si, dans la Révolution, ils n'ont trouvé, parmi leurs protégés, que des expoliateurs ou des bourreaux? mais

ce qui a droit d'étonner, c'est de voir, malgré cette expérience, la plupart des Seigneurs émigrés continuer
de dédaigner les défenseurs des bons principes, et
leur susciter des persécutions, quand, pour l'instruction
des contemporains et de la postérité, ces intrépides zélateurs de la bonne cause osent parler des travers et des
abus qui ont amené la chute du plus beau des Royaumes.

Triste destinée des Écrivains animés de l'amour du
bien public! s'ils taisent la vérité, ils trahissent leur
conscience et se rendent méprisables, et s'ils la publient,
ils irritent les passions et se font autant d'ennemis de
ceux que la vérité choque.

F I N.

Fautes principales à corriger.

15. ligne 5. que de vers : *lisez* que des vers.

28. vers la fin : ce que remue : *lis.* ce qui remue.

39. ligne 3. tel qu'il est, et : *supprimez* et.

59. —— 3. du §. VIII. qui ne vaut le : *lis.* qui ne vaut pas le

118. —— 12. convenir : *lisez* convenir le moins.

180. —— 27. il y a plus de savans : *lisez* il y a le plus de savans.

218. —— 13. fait sur lui : *lisez* qui fait sur lui.

220. —— dernière : le medecin : *lis.* la médecine.

240. —— 4. du §. III. le son n'est pas instrument : *lis.* n'est pas l'instrument.

244. —— 14. le concentrer : *lisez* se concentrer.

313. —— 2. du §. IV. après le mot : imagination *ajoutez* : celui qui a le plus d'imagination, a

316. —— 5. CHAPITRE I. *lisez* CHAPITRE VI.

338. —— 6. *Rasciat* : *lisez Reischach* de Souabe, un des ayeux du ministre d'État actuel de ce nom.

349. CHAPITRE IV. *lisez* CHAPITRE IX.

371. —— 9. dont l'ambitionne : *lisez* dont j'ambitionne.

378. —— 22. en est le supplément : *lis.* est le supplément.

436. —— 1 du 2, alinea : d'autre volonté, *ajoutez* : que la volonté.

=====

TABLE

DES LIVRES ET DES CHAPITRES.

———————

LIVRE I.

Pensées et observations préliminaires.

LIVRE II.

Pensées et observations relatives aux moeurs.

LIVRE III.

Pensées et observations relatives à la Religion.

LIVRE IV.

Pensées et observations relatives aux Sciences et aux Arts.

LIVRE V.

Pensées et observations relatives aux facultés de l'esprit et à l'éducation.

LIVRE VI.

Pensées et observations relatives à la politique et au Gouvernement des Etats.

www.ingramcontent.com/pod-product-compliance
Lightning Source LLC
Chambersburg PA
CBHW050551270326
41926CB00012B/2000